Steuervergünstigungen von
Religionsgemeinschaften

Europäische Hochschulschriften

European University Studies

Publications Universitaires Européennes

Reihe II **Rechtswissenschaft**

Series II Law

Série II Droit

Band/Volume **5654**

Tobias Clasen

Steuervergünstigungen von Religionsgemeinschaften

PL ACADEMIC RESEARCH

Bibliografische Information der Deutschen Nationalbibliothek
Die Deutsche Nationalbibliothek verzeichnet diese Publikation in der Deutschen Nationalbibliografie; detaillierte bibliografische Daten sind im Internet über http://dnb.d-nb.de abrufbar.

Zugl.: Bonn, Univ., Diss., 2014

D 5
ISSN 0531-7312
ISBN 978-3-631-65519-1 (Print)
E-ISBN 978-3-653-04896-4 (E-Book)
DOI 10.3726/978-3-653-04896-4

PL Academic Research ist ein Imprint der Peter Lang GmbH.
Peter Lang – Frankfurt am Main · Bern · Bruxelles · New York · Oxford · Warszawa · Wien

Diese Publikation wurde begutachtet.

www.peterlang.com

Tobias Clasen

Steuervergünstigungen von Religionsgemeinschaften

PL ACADEMIC RESEARCH

Bibliografische Information der Deutschen Nationalbibliothek
Die Deutsche Nationalbibliothek verzeichnet diese Publikation in der Deutschen Nationalbibliografie; detaillierte bibliografische Daten sind im Internet über http://dnb.d-nb.de abrufbar.

Zugl.: Bonn, Univ., Diss., 2014

D 5
ISSN 0531-7312
ISBN 978-3-631-65519-1 (Print)
E-ISBN 978-3-653-04896-4 (E-Book)
DOI 10.3726/978-3-653-04896-4

PL Academic Research ist ein Imprint der Peter Lang GmbH.
Peter Lang – Frankfurt am Main · Bern · Bruxelles · New York · Oxford · Warszawa · Wien

Diese Publikation wurde begutachtet.

www.peterlang.com

Vorwort

Die vorliegende Arbeit wurde von der Rechts- und Staatswissenschaftlichen Fakultät der Rheinischen Friedrich-Wilhelms-Universität Bonn Ende des Sommersemesters 2013 als Dissertation angenommen, Rechtsprechung und Literatur konnten bis Ende 2013 berücksichtigt werden.

Meinem Doktorvater Herrn Prof. Waldhoff danke ich für die Anregung des Themas, die Unterstützung bei meinem Promotionsvorhaben und die wertvollen Anregungen. Dem Zweitkorrektor Herrn Prof. Hüttemann danke ich für die zügige Erstellung des Zweitgutachtens.

Ein besonderer Dank gilt meinen Eltern, die mich bei meinem Promotionsvorhaben stets und umfassend unterstützt haben; ihnen ist diese Arbeit gewidmet.

Frankfurt am Main Juni 2014 *Tobias Clasen*

Inhaltsverzeichnis

A. Einleitung

Das Verhältnis von Religionsgemeinschaften zum Steuerstaat ist ambivalent. Ausgehend von den Toleranzedikten zu Beginn des 4. Jahrhunderts wurde das Verhältnis der damaligen Kirche zum römischen Reich vollständig verändert[1]. Indem Kaiser *Galerius* im April 311 ein Edikt erließ, erkannte der römische Staat erstmals die christliche Religion an[2]. Dies war auch der Türöffner für Steuerprivilegien; bereits zwei Jahre später wurde im Mailänder Toleranzedikt eine Privilegierung der Kirche angezeigt, indem die unentgeltliche Erstattung ihres Eigentums aus staatlichem oder privatem Besitz verfügt wurde[3]. Unter der kaiserlichen Alleinherrschaft Konstantins waren schließlich die Besitzungen der Kirche (immunitas realis) und Kleriker (immunitas personalis) von allen Abgaben befreit[4].

Jedoch forderte erst die Kirche des Hochmittelalters diese Immunität und die darin enthaltenen Steuerprivilegien als eigenes Recht und beharrte auf den Vorrechten[5]. Schließlich wurde die Immunität der Kirchen seit dem 12. Jahrhundert vom Staat und vom dritten und vierten Laterankonzil 1179 und 1215 kirchenrechtlich festgelegt[6]. Wohl auch mit Rücksicht hierauf wurde die

---

1 Vgl. *von Haehling*, Artikel Toleranzedikte, in: Lexikon für Theologie und Kirche Bd. 10, Sp. 102; zum Prozess des Christentums zur Staatsreligion vgl. *Veyne*, Als unsere Welt christlich wurde. Aufstieg einer Sekte zur Weltmacht; aus sozialgeschichtlicher Perspektive *Norbert Brox*, Kirchengeschichte des Altertums, S. 42 ff.

2 *Von Haehling*, Artikel Toleranzedikte, in: Lexikon für Theologie und Kirche, 3. Auflage, Bd. 10, Sp. 102.

3 *Von Haehling*, Artikel Toleranzedikte, in: Lexikon für Theologie und Kirche, 3. Auflage, Bd. 10, Sp. 102.

4 *Weinzierl*, Artikel Immunität, in: Lexikon für Theologie und Kirche, 2. Auflage, Bd. 5, Sp. 634; *Martin*, Artikel Konstantin, in: Lexikon für Theologie und Kirche, 2. Auflage, Bd. 6, Sp. 295 (297); *Pfeffer*, Church, State and Freedom, S. 183.

5 So beanspruchte die Kirche für Kleriker und Kirchengut die völlige Immunität, nur mit der Genehmigung des Papstes oder der Bischöfe sollten sie ausnahmsweise zu allgemeinen und dringenden öffentlichen Lasten herangezogen werden, *Pree*, Artikel Steuerfreiheit der Kirche, in: Lexikon für Theologie und Kirche, 2. Auflage, Bd. 9, Sp. 996.

6 Mit Verweis auf Bestimmungen von Friedrich I. (1158) und Friedrich II. (1220) *Weinzierl*, Artikel Immunität, in: Lexikon für Theologie und Kirche, 2. Auflage, Bd. 5, Sp. 634.

Steuerimmunität auf dem dritten Laterankonzil als eines der stolzesten Privilegien des Klerus bezeichnet[7]. Auch in den folgenden Jahrhunderten hat die Kirche an den Immunitätsprivilegien festgehalten[8]. Die Befreiung der katholischen Kirche von Steuern hatte daher ihre Wurzeln bereits im spätrömischen Recht, welche sich im Mittelalter als privilegierte Stellung des Kirchengutes entwickelt hat.

Mit dem aufkommenden Prozess der modernen Staatenbildung schwand die Immunität im weltlichen Recht immer mehr. Ausdrücklich begrüßt hat diese Entwicklung das zweite Vatikanische Konzil. Die Konzilsväter betonten, dass die Kirche sich nicht grundsätzlich auf Privilegien verlasse, die ihr von der staatlichen Autorität angeboten werden; doch erklärte die Versammlung auch, dass der öffentlichen Gewalt grundsätzlich die Förderung der Religion zufällt, indem sie für das religiöse Leben günstige Rahmenbedingungen schafft[9].

Dieser Veränderungsprozess setzt sich bis heute fort. Obgleich in Deutschland den Religionsgemeinschaften in der Steuergesetzgebung weiterhin Steuervergünstigungen zugesprochen werden, hat sich auch hier das Verhältnis von Staat und Religion zueinander in den vergangenen 60 Jahren verändert. Festzustellen ist, dass – ausgehend von klaren Strukturen im rechtlichen Verhältnis zwischen Staat und Kirche im Einklang mit der gesellschaftlichen Situation im Anfangsstadium der Bundesrepublik Deutschland – bedingt durch die gesellschaftliche Entwicklung ein Pluralismus zulasten der religiösen Homogenität eingesetzt hat[10]. Eingebettet und erklärbar ist diese Entwicklung mit allgemeinen

---

7 *Mack*, Die kirchliche Steuerfreiheit seit der Dekretalengesetzgebung, S. 2; *Werminghoff*, Die deutschen Reichskriegssteuergesetze von 1422 bis 1427 und die deutsche Kirche, S. 122 f.

8 Das Konzil von Trient (1545–1563) redet in diesem Sinne den weltlichen Fürsten ins Gewissen: „Sie [die Kirche] vertraut darauf, dass sie [die weltlichen Fürsten] als Katholiken, die nach Gottes Willen Beschützer des heiligen Glaubens und der Kirche sind, [...] nicht zulassen, dass ihre Beamten oder untergeordneten Magistrate die Steuerfreiheit der Kirche und der kirchlichen Personen, die auf göttliche Anordnung und kanonische Vorschriften beruht, aus Begehrlichkeit oder Unbesonnenheit verletzen.", vgl. *Wohlmuth*, Dekrete der ökumenischen Konzilen. Bd. 3, S. 795.

9 Vgl. *Heimerl/Pree*, Handbuch des Vermögensrechts der katholischen Kirche, S. 198 f.

10 Siehe hierzu die Statistik des Religionswissenschaftlichen Medien- und Informationsdienstes e.V. zu den Mitglieder/Anhängerzahlen von Religionsgemeinschaften in Deutschland; eigene Angaben zum religiösen Leben der beiden großen christlichen Kirchen sind zu finden in deren statistischen Jahresberichten der deutschen Bischofskonferenz unter www.dbk.de/zahlen_fakten/statistik sowie für die evangelische Kirche Deutschlands unter http://ekd.de/statistik/download.html; religiöse Homogenität wird bereits mit Rücksicht auf die Entwicklung seit dem 18. Jahrhundert eher als

gesellschaftlichen und religiösen Tendenzen[11]. Seit Jahren zeigen die üblichen Indikatoren in Form der Mitgliederzahlen, Gottesdienstbesuchen und Zustimmung zu Glaubensaussagen einen Trend nach unten an[12]. Hieraus muss sich zwar trotz der Veränderungen nicht zwingend ergeben, dass die Dominanz des Christentums als quantitativ überwiegende Religion verloren geht[13]. Der Größe und der gesellschaftlichen Bedeutung nach stehen die beiden großen christlichen Kirchen aufgrund der nach wie vor vorhandenen gesamtgesellschaftlichen Bedeutung aber oftmals im Fokus der Betrachtung[14]. Zumindest kann festgestellt werden, dass neben der Abwendung von Teilen der Bevölkerung von institutionell organisierter Religion eine Art von religiöser Renaissance und Spiritualität bei Teilen der Gesellschaft in Deutschland eingetreten ist, so dass sich aufgrund der daraus folgenden Pluralität ein Strukturwandel ergibt[15]. Es kann daher diesbezüglich von einer „Durchmischung der Gesellschaft" gesprochen werden[16].

Ausnahmefall bezeichnet, *Graf*, Die Wiederkehr der Götter, 2004, S. 18; zum religiösen Wandel in Deutschland und Europa siehe *Pollack*, Rückkehr des Religiösen?

11 Zum empirischen Befund dieser Entwicklung vgl. *Gabriel*, Christentum zwischen Tradition und Postmoderne, S. 27 ff.

12 Dazu grundlegend *Gabriel*, Kirche, Religion und Religiosität in Deutschland, in: Mörschel, Macht Glaube Politik? Religion und Politik in Europa und Amerika, S. 103 ff.; *Pollack*, Säkularisierung - ein moderner Mythos? Studien zum religiösen Wandel in Deutschland?, S. 77 ff.

13 *Waldhoff*, Neue Religionskonflikte und staatliche Neutralität, Gutachten für den 68. Deutschen Juristentag, S. 13; zur religionssoziologischen Entwicklung *Waldhoff*, Neue Religionskonflikte und staatliche Neutralität, Gutachten für den 68. Deutschen Juristentag, S. 8 ff.; weiterhin siehe hierzu *Nolte*, Religion und Bürgergesellschaft; zu den Wandlungen in Rolle und Bedeutung der Kirchen und deren Verhältnis zur Verfassungsstaatlichkeit in 60 Jahren Gültigkeit des Grundgesetzes siehe *Waldhoff*, Die Kirchen und das GG nach 60 Jahren, in: Hillgruber/Waldhoff, 60 Jahre Bonner GG - eine geglückte Verfassung?, S. 151 (S. 166 ff.).

14 Zur Entwicklung und Entstehung der Kirche und ihres Rechts siehe *de Wall/Muckel*, Kirchenrecht, S. 7 ff.; ausführlich auch zu den Wechselbeziehungen mit den Wandlungen in Staat und Gesellschaft siehe *Link*, Kirchliche Rechtsgeschichte S. 8 ff.

15 *Waldhoff*, Die Zukunft des Staatskirchenrechts, Essener Gespräche zum Thema Staat und Kirche, Bd. 42, 2008, S. 55 (S. 65); *Nolte*, Religion und Bürgergesellschaft, S. 26 ff.; wobei aufgrund der eher geringen Anzahl von Anhängern neuer Individualformen des Religiösen insgesamt von einer Abschwächung ausgegangen werden kann, *Pollack*, Rückkehr des Religiösen?, S. 100 ff., S. 103.

16 *Waldhoff*, Neue Religionskonflikte und staatliche Neutralität, Gutachten für den 68. Deutschen Juristentag, S. 18.

Neben der sichtbaren Präsenz des Islams[17] als drittgrößte Religionsgruppe – der allerdings nur bedingt als homogene Religion eingeordnet werden kann[18] – existieren weitere, neue religiöse Bewegungen[19].

Dieser Feststellung einer strukturellen Veränderungen im Bereich der Religionsgemeinschaften stehen die rechtlichen Rahmenbedingungen gegenüber: die Regelungen des Staatskirchenrechts und die durch diese bedingten und beeinflussten einfachgesetzlichen Regelungen – wie der hier zu thematisierenden Steuervergünstigungen – sind in ihren Grundstrukturen seit dem Inkrafttreten des Grundgesetzes dieselben geblieben. Rückblickend auf die aufgezeigte historische Entwicklung und vor dem Hintergrund der aktuellen religionssoziologischen Situation stellt sich in Bezug auf das geltende Recht die Frage, auf welche systematische Weise Steuervergünstigungen zugunsten der verschiedenen Religionsgemeinschaften gewährt und begründet werden.

I. Thematische Einordnung

1. Bedeutung des Themas

Ein wesentlicher Aspekt im Kontext der Steuervergünstigungen ist die Bedeutung der Religionsgemeinschaften. Deren Tätigkeit, vor allem im sozialen und kulturellen Bereich, entlastet den Staat und trägt – wie auch die Arbeit anderer freier Träger – zu größerer Pluralität und zu mehr Freiheit, nämlich zu mehr

17 Nach Angaben des REMID Instituts leben um die 4 Millionen Muslime in Deutschland, Statistik des Religionswissenschaftlichen Medien- und Informationsdienstes e.V. zu den Mitglieder/Anhängerzahlen von Religionsgemeinschaften in Deutschland für das Jahr 2010; in Europa leben schätzungsweise um die 30 Millionen Muslime, *Matyssek,* in: Muckel, Der Islam im öffentlichen Recht des säkularen Verfassungsstaates S. 158 (S. 222); genaue Angaben sind jedoch nicht möglich, siehe *Sen,* in: Heuberger, Der Islam in Europa, S. 117 ff.; zum Islam in der deutschen Gesellschaft *Waldhoff,* Neue Religionskonflikte und staatliche Neutralität, Gutachten für den 68. Deutschen Juristentag, S. 29 ff.

18 So *Waldhoff,* Neue Religionskonflikte und staatliche Neutralität, Gutachten für den 68. Deutschen Juristentag, S. 29; zur heteronomen Einordnung des Islams *Sen,* in: Heuberger, Der Islam in Europa, S. 117 f.; Religionsmonitor 2008 Muslimische Religiosität in Deutschland, 2008, S. 26;

19 Ein Überblick sowie eine rechtliche Einordnung dieser bietet *Waldhoff,* Neue Religionskonflikte und staatliche Neutralität, Gutachten für den 68. Deutschen Juristentag, S. 25 ff.; eine Aufteilung beziehungsweise Aufzählung neuer religiöser Gruppierungen ist zu finden bei *Hero,* Auf dem Weg zum religiösen Markt?, S. 165 ff.

Wahl- und Entscheidungsmöglichkeiten der Bürger bei[20]. Aus diesen Gründen fördert der Staat die Religionsgemeinschaften als wesentliche Kulturträger und Kulturvermittler, nicht zuerst um der Religionsgemeinschaften, sondern um der Bürger willen[21].

Einerseits existiert diese Förderung in aktiver Form durch finanzielle Zuwendungen; andererseits unterstützt der Staat die Religionsgemeinschaften passiv durch den Verzicht der Besteuerung dieser, so dass dadurch deren finanzielle Lage ebenfalls gefördert wird[22]. Insbesondere fördert der Steuergesetzgeber durch Steuervergünstigungen vielfältige Aktivitäten von verschiedenen religiösen Gemeinschaften, die den Staat in seiner sozialen Verantwortung entlasten oder bestimmte öffentliche Aufgaben erfüllen[23]. Diese Förderung wird aufgrund der Bedeutung der Einnahmeverzichte auch kritisch gesehen[24]. *Carsten Frerk* kommt beispielsweise zu dem Ergebnis, dass den Religionsgemeinschaften – gemeint sind wohl insbesondere die beiden großen christlichen Kirchen – Steuervergünstigungen in einer Höhe von 3,2 Milliarden Euro zugute kommen[25].

Zurückzuführen ist diese umfangreiche Förderung unter anderem auf die erwähnte Übernahme von sozialer Verantwortung, insbesondere durch die sozialen und karitativen Einrichtungen der Religionsgemeinschaften (zum Beispiel das diakonische Werk der evangelischen Kirche Deutschlands e.V. oder der deutsche Caritasverband e.V.). Wie umfangreich und bedeutend diese Tätigkeiten sind, wird unter anderem anhand der Beschäftigtenzahlen dieser beiden Einrichtungen deutlich: Der Caritasverband beschäftigt 559.000 Menschen hauptberuflich in den 24.939 Einrichtungen und Diensten

---

20 *Clement*, Politische Dimension und Praxis der staatlichen Förderung der Kirchen, Essener Gespräche zum Thema Staat und Kirche, Bd. 28, 1994, S. 41 (S. 46).

21 *Clement*, Politische Dimension und Praxis der staatlichen Förderung der Kirchen, Essener Gespräche zum Thema Staat und Kirche, Bd. 28, 1994, S. 41 (S. 45).

22 *Heimerl/Pree*, Handbuch des Vermögensrechts der katholischen Kirche, 2/398.

23 *Hammer*, Steuer- und Gebührenbefreiung der Kirchen, Handbuch des Staatskirchenrechts der Bundesrepublik Deutschland, Bd. 1, S. 1065.

24 Kritisch zur Bedeutung des staatlichen Verzichts auf Einnahmen im Bereich des Steuerrechts gegenüber den Religionsgemeinschaften siehe *Frerk*, Finanzen und Vermögen der Kirchen in Deutschland, S. 92 ff.; *Stemmler* spricht von einem „auffälligen Missverhältnis" zu der tatsächlichen Substanz kirchlichen Lebens, *Stemmler*, Evangelische Kirche und Staat in der Bundesrepublik Deutschland, in: Denzler, Kirche und Staat auf Distanz, S. 132.

25 *Frerk*, Violettbuch Kirchenfinanzen, S. 112; wobei offen bleibt, mit welcher Berechnungsmethode *Frerk* zu diesem Ergebnis kommt.

bundesweit[26], während für das diakonische Werk 452.592 hauptberufliche Mitarbeiter tätig sind[27].

2. Fragestellung

Vor dem Hintergrund der eingangs beschriebenen Entwicklung und der wirtschaftlichen Bedeutung der Steuervergünstigungen stellt sich die Frage danach, ob deren Bestand aus juristischer Sicht noch gerechtfertigt ist. Hierfür ist zu untersuchen, wie das System der Steuervergünstigungen derzeit überhaupt strukturiert ist; unter welchen Voraussetzungen Steuervergünstigungen zugunsten der Religionsgemeinschaften möglich sind und in welchem Umfang diese rechtlich gewährt werden. Hierfür ist zu erörtern, wie auf einfachgesetzlicher Ebene in den wesentlichen Steuergesetzen die Religionsgemeinschaften in Bezug auf Steuervergünstigungen behandelt werden und ob sich hieraus eine erkennbare Systematik ergibt. Die Stellung der Religionsgemeinschaften im Steuerrecht zeichnet sich dabei durch eine Vielzahl unmittelbar oder mittelbar begünstigender Steuertatbestände aus. Damit ist eine beachtliche Förderung der religiösen Betätigung durch entsprechende Einnahmeverzichte verbunden, welche aber nur schwer quantifizierbar sind[28]. Betrachtet man einerseits das finanzielle Volumen, welche die Steuervergünstigungen zugunsten von Religionsgemeinschaften aufgrund vielfältiger einfachgesetzlicher Regelungen einnehmen und andererseits die dem gegenüber stehende unklar werdende Stellung von Religionsgemeinschaften in der Gesellschaft und im Rechtssystem, so schafft die hier sichtbare Diskrepanz den Bedarf der Klärung dieser Aspekte.

In jüngster Zeit wurde etwa vor verschiedenen Finanzgerichten und dem Bundesfinanzhof darüber entschieden, ob privatrechtlich organisierten islamischen Kultusgemeinden in Hinblick auf die Grundsteuerbefreiung von privatrechtlich organisierten jüdischen Kultusgemeinden gemäß § 3 Abs. 1 S. 1 Nr. 4 S. 2 GrStG – gleich den als Körperschaften des öffentlichen Rechts verfassten Religionsgemeinschaften – ebenfalls eine Grundsteuerbefreiung

26 Http://www.caritas.de/2246.html.

27 Http://www.ekd.de/statistik/diakonie.html.

28 *Droege*, Staatsleistungen an Religionsgemeinschaften im säkularen Kultur- und Sozialstaat, S. 110; vgl. hierzu auch den 21. Subventionsbericht der Bundesregierung für die Jahre 2005 bis 2008, S. 95 ff.; wie eingangs erwähnt nimmt einzig *Frerk* mit der Zahl von 3,2 Milliarden Euro eine konkrete aktuelle Schätzung vor, *Frerk*, Violettbuch Kirchenfinanzen, S. 112.

zugute kommen kann[29]. Ferner wird mit Rücksicht auf die angespannte finanzielle Lage der öffentlichen Haushalte im politischen Bereich eine Debatte über finanzielle Leistungen des Staates an Religionsgemeinschaften geführt, welche zum Teil als abschaffenswerte Privilegien eingeordnet werden[30]. Auch sind in jüngster Vergangenheit die vom Staat zugunsten von Religionsgemeinschaften gewährten finanziellen Privilegien – wie die hier behandelten Steuervergünstigungen – veranlasst durch den kostenintensiven Neubau des Bischofssitzes in Limburg und die Frage nach dessen Finanzierung verstärkt in den Fokus der Öffentlichkeit geraten[31].

Angesichts dieser Problemanzeige besteht durchaus die Notwendigkeit für die Bearbeitung der Thematik von Steuervergünstigungen zugunsten von Religionsgemeinschaften.

In Anbetracht der vielfältigen spezifischen Regelungen im Zusammenhang mit den Steuervergünstigungen stellt sich die grundsätzliche Frage, ob sich aus den Regelungen eine Systematik der Steuervergünstigungen ergibt und ob diese im Lichte des Grundgesetzes und des Europarechtes gerechtfertigt ist. Auf dieser juristischen Grundlage kann in einem nächsten Schritt beurteilt werden, inwiefern mit Rekurs hierauf eine Anpassung an die religionssoziologischen Veränderungen der Gesellschaft erfolgen sollte. Dies ist mit einer umfassenden rechtlichen Perspektive als Grundlage möglich, so dass neben den einfachgesetzlichen Strukturen der Steuervergünstigungen auf Bundesebene auch die verfassungs- und europarechtlichen Aspekte der Steuervergünstigungen zu erarbeiten sind.

Darüber hinaus können die Darstellung der einfachgesetzlichen Systematik der Steuervergünstigungen und deren verfassungsrechtliche Begründung im Verhältnis der Religionsgemeinschaften zum Staat auch zur Klärung des grundsätzlichen Verhältnisses dieser beitragen. Insofern kann die Frage nach

---

29 BFH, Urteil v. 30.06.2010 – II R 12/09, BStBl. II 2011, S. 48; FG Niedersachsen v. 22.01.2009 – 1 K 128/07, DStRE 2008, S. 365; FG Niedersachsen v. 04.09.2007 1 V 129/07, EFG 2007, S. 1980; FG Düsseldorf v. 28.06.2007 – 11 V 1910/07 A BG, EFG 2007, S. 1463; FG Düsseldorf v. 14.11.2008 – 11 K 1674/08 BG, BeckRS 2008, 26027238; FG Hessen v. 08.05.2008 – 3 K 1844/07, BeckRS 2008, 26025049; FG Hessen v. 08.02.2008 – 3 V 1508/07, BeckRS 2008, 26025049; FG Köln v. 05.09.2007 – 4 V 2092/07, EFG 2007, S. 1981; FG Münster, 26.03.2008 – 3 V 4751/07 EW, EFG 2008, S. 1321.

30 Siehe beispielsweise Jagd auf die Kirchenmäuse, Der Spiegel, Ausgabe 30/2010, S. 30 ff. wo der sozialdemokratische Politiker *Schneider* die finanziellen Privilegien als unangemessen und nicht mehr zeitgemäß bezeichnet; vgl. auch „Was des Bischofs ist", Süddeutsche Zeitung vom 28.07.2010; *Frerk*, Violettbuch Kirchenfinanzen.

31 Beispielsweise Gottes teurer Diener, Der Spiegel, Ausgabe 42/2013, S. 64 ff.

den Steuervergünstigungen zugunsten der Religionsgemeinschaften und deren Systematik als pars pro toto für die allgemeine Diskussion über die rechtliche Beziehung der Religionsgemeinschaften zum Staat mit Rücksicht auf die gesellschaftliche Entwicklung dienen.

II. Forschungsstand

Bezogen auf die allgemeine Finanzierung der Religionsgemeinschaften existiert Literatur, welche die Finanzierung dieser als Schnittstellenthema zwischen wirtschaftlicher und juristischer Perspektive begreift und behandelt[32]. So bearbeitet beispielsweise *Hans Nachtkamp* den Aspekt der Abgeltung der Erfüllung gesamtgesellschaftlicher Aufgaben durch Religionsgemeinschaften durch Steuervergünstigungen aus finanzwissenschaftlicher Sicht[33]. *Eugen Mack* bietet eine historische Darstellung bezogen auf die Reichsgesetzgebung und deren Bezug zum kanonischen Recht[34]. Diese Darstellungen sind jedoch entweder finanzwissenschaftlich, kirchenrechtlich oder historisch geprägt.

Zwar existieren darüber hinaus juristische Darstellungen der Steuervergünstigungen zugunsten von Religionsgemeinschaften[35]. Diese sind jedoch auf die reine Darstellung der Steuervergünstigungen beschränkt. Einerseits befassen sie sich daher nicht eingehend mit der damit zusammenhängenden Systematik und greifen andererseits nicht die darauf bezogenen und damit verbundenen verfassungsrechtlichen Aspekte auf, welche jedoch für eine rechtliche Bewertung

---

32 Zu den wirtschaftswissenschaftlichen Aspekten im Zusammenhang mit der Finanzierung der Religionsgemeinschaften siehe, *Rinderer*, Finanzwissenschaftliche Aspekte von Religionsgemeinschaften; allgemein zur Finanzierung der Religionsgemeinschaften siehe beispielsweise *Lienemann*, Die Finanzen der Kirche – Studien zur Struktur, Geschichte und Legitimation kirchlicher Ökonomie; *Marré*, Die Kirchenfinanzierung in Kirche und Staat der Gegenwart; *Fischer*, Finanzierung der kirchlichen Sendung.

33 *Nachtkamp*, Erfüllung gesamtgesellschaftlicher Aufgaben durch Religionsgemeinschaften und deren Abgeltung durch Transferzahlungen und Steuervergünstigungen, in: Rinderer, Finanzwissenschaftliche Aspekte von Religionsgemeinschaften, S. 101 ff.

34 Eine historische Darstellung der Entwicklung der Reichsgesetzgebung und deren Zusammenhang zur kanonischen Gesetzgebung ist zu finden bei *Mack*, Die kirchliche Steuerfreiheit seit der Dekretalengesetzgebung, S. 42 ff., S. 47ff.

35 *Weides*, Die Religionsgemeinschaften im Steuerrecht, in: Rüfner, Festschrift zur 600 Jahr-Feier der Universität Köln, S. 885 ff.; weitgehend übernommen wurden nach *Weides* Tod die Ausführungen von *Hammer*, Steuer- und Gebührenbefreiung der Kirchen, in: Handbuch des Staatskirchenrechts der Bundesrepublik Deutschland, Bd. 1, S. 1065 ff.

und einer darauf basierenden rechtspolitischen Debatte notwendig sind. Andere Erwähnungen dieser Thematik sind in thematisch allgemeinerem Kontext wie beispielsweise der Darstellung des gesamten staatskirchenrechtlichen Systems zu finden, so dass diese ebenfalls nicht umfassend und ausreichend konkretisiert sind[36]. So wird bei der Darstellung der mit dem Status einer Körperschaft des öffentlichen Rechts im Sinne des Art. 140 GG i.V.m. 137 Abs. 5 WRV verbundener Rechte oftmals auf „verschiedene Steuervergünstigungen" als vorteilhafte Rechtsposition verwiesen[37]. Insoweit bleiben die Steuervergünstigungen der Religionsgemeinschaften dort nur ein Teilaspekt. Da die Verleihung dieses Status im Zuge der Pluralisierung zunehmend Probleme – aufgrund von religiösen und strukturellen Eigenarten diverser Religionsgemeinschaften – bereitet, kann dieser Status auch in Bezug auf die Steuervergünstigungen als problematisch angesehen werden[38]. Folglich ist die Auseinandersetzung mit dem Status ein wesentlicher Bestandteil der folgenden Untersuchung. Aus diesem Blickwinkel ist das Phänomen der Steuervergünstigungen zugunsten von Religionsgemeinschaften und deren Systematik bisher nicht umfassend untersucht worden.

Darüber hinaus existiert eine übergreifende Untersuchung, die diese Thematik auf steuerrechtlicher als auch verfassungsrechtlicher Ebene sowie unter europarechtlichen Vorgaben zu behandeln versucht, bisher nicht. Es fehlt daher eine ausführliche Darstellung und eine Untersuchung, ob die Steuervergünstigungen in einer bestimmten Systematik erfolgen und eine daran anknüpfende verfassungsrechtliche Diskussion darüber. Die vorliegende Arbeit soll auf diese Weise deutlich machen, wie die Steuervergünstigungen und deren systematischen Unterscheidungen verfassungsrechtlich verankert und damit auch legitimiert sind. Letztlich dient dies dem Ziel, die systematischen Unterscheidungen in

---

36 So beispielsweise bei der Darstellung staatskirchenrechtlicher Systeme in der Europäischen Union *Mückl*, Europäisierung des Staatskirchenrechts, S. 309 ff.

37 Vgl. *Lehmann*, Die kleinen Religionsgesellschaften des öffentlichen Rechts im heutigen Staatskirchenrecht, S. 76; *Korioth*, in: Maunz/Dürig, GG, Art. 137 WRV, Rn. 92; *Mückl*, Grundlagen des Staatskirchenrechts, in: Handbuch des Staatsrechts, Bd. 7, Rn. 108; *Magen*, in: Umbach/Clemens, Mitarbeiterkommentar, Bd. 2, Art. 140 Rn. 102; *Unruh*, Religionsverfassungsrecht, Rn. 313; *v. Campenhausen/Unruh*, in: v. Mangoldt/Klein/Starck, GG, Art. 137 WRV Rn. 240; *v. Campenhausen/ de Wall*, Staatskirchenrecht S. 267; *Classen*, Religionsrecht, Rn. 336.

38 *Unruh*, Religionsverfassungsrecht, Rn. 291 f.; *Weiß*, Gleichheit oder Privilegien? – Zur Stellung öffentlich-rechtlicher Religionsgemeinschaften, KritV 2000, S. 104 (S. 128 ff.); auch *Czermak* sieht keine sachlichen Gründe für die pauschale Unterscheidung zwischen den Religionsgemeinschaften bei den Steuervergünstigungen, *Czermak*, Religions- und Weltanschauungsrecht, S. 196.

steuerrechtlicher Hinsicht durch die verfassungsrechtlichen Anknüpfungspunkte verständlich zu machen.

III. Gang der Darstellung

Die vorliegende Arbeit umfasst eine systematisierende Darstellung der Steuervergünstigungen von Religionsgemeinschaften durch Bundesrecht. Dabei soll untersucht werden, unter welchen Voraussetzungen und mit welchen Differenzierungen Steuervergünstigungen von Religionsgemeinschaften im deutschen Steuerrecht erfolgen. In diesem Zusammenhang sind diejenigen Tätigkeiten zu berücksichtigen, die nicht unter die Steuervergünstigungen fallen. Dies ist insbesondere im Bereich der wirtschaftlichen Aktivitäten der Religionsgemeinschaften der Fall[39]. Wie bereits erwähnt, kommt dem Status der Körperschaft des öffentlichen Rechts gemäß Art. 140 GG i.V.m. Art. 137 Abs. 5 WRV eine grundlegende Bedeutung im Zusammenhang mit den Religionsgemeinschaften zu. Entsprechend wird in der nachfolgenden Untersuchung mit Hilfe des Status zwischen den verschiedenen Religionsgemeinschaften differenziert.

Darüber hinaus stellt sich die Frage, wie die Steuervergünstigungen der Religionsgemeinschaften – insbesondere unter dem Aspekt der Differenzierungen zwischen den verschiedenen Arten von Religionsgemeinschaften – verfassungsrechtlich verankert und zu rechtfertigen sind. Denn neben den als Körperschaften des öffentlichen Rechts verfassten Religionsgemeinschaften existieren weitere, privatrechtlich organisierte Religionsgemeinschaften, die ebenfalls für ihre Tätigkeiten steuerliche Vergünstigungen beanspruchen[40]. Hierbei ist im Wesentlichen bei der Bearbeitung auf die möglicherweise vorliegende einfachgesetzliche Systematik und deren Kriterien für die Steuervergünstigungen Bezug zu nehmen. Diese Kombination aus einfachgesetzlichen Strukturen und den darauf bezogenen verfassungsrechtlichen Vorgaben ermöglicht es, einen umfassenden Blick auf die pauschal als Privilegien bezeichneten Steuervergünstigungen zu werfen. Der wachsenden Bedeutung europarechtlichen Vorgaben entsprechend wird im Anschluss die europarechtliche Perspektive der Thematik erörtert.

39 Eine Darstellung der wirtschaftlichen Aktivitäten der Religionsgemeinschaften ist zu finden bei *Starosta*, Religionsgemeinschaften und wirtschaftliche Betätigung, S. 7 ff.

40 Eine Erhebung über die derzeit in Deutschland vertretenen Religionsgemeinschaften und deren Mitgliederzahlen bietet der Religionswissenschaftliche Medien- und Informationsdienst e.V. unter www.remid.de; Nach Angabe des statistischen Bundesamtes gehörten 2007 den katholischen und evangelischen Kirchen 61,3 % der Gesamtbevölkerung der Bundesrepublik Deutschland an.

Aufbauend auf den Ergebnissen dieser Arbeit ist eine rechts- und gesellschaftspolitische Bewertung und Debatte der Steuervergünstigungen zugunsten von Religionsgemeinschaften möglich.

B. Steuervergünstigungen zugunsten der Religionsgemeinschaften

Um eine Systematisierung zu ermöglichen, sind zunächst die bestehenden einfachgesetzlichen Regelungen zu betrachten, die Steuervergünstigungen zugunsten von Religionsgemeinschaften regeln.

I. Die Steuervergünstigung

Als Ausgangspunkt der hier behandelten Thematik ist vorrangig klärungsbedürftig, was unter Steuervergünstigungen zu verstehen ist. Der Begriff der Steuervergünstigung ist nicht eindeutig[41], da hier neben der rechtlichen zumindest auch die ökonomische Perspektive relevant ist. Im Nachfolgenden bleibt die begriffliche Bestimmung auf die juristische Ebene beschränkt.

1. Begriff der Steuervergünstigung

Joachim Lang bezeichnet die Steuervergünstigung als Rechtssatz, der nicht auf einem steuerartbegründenden Prinzip beruht und die Rechtsfolge der Steuerpflicht für bestimmte Sachverhalte oder für bestimmte Steuerrechtssubjekte nicht oder nur eingeschränkt eintreten lässt[42]. Umfassender hat *Georg Jochum* die Steuervergünstigung als eine vom Staat an abgabepflichtige Personen gewährte Verschonung gleich welcher Art von einer an sich zu tragenden Abgabenlast definiert, die nicht in der gleichzeitigen Zuwendung eines andersartigen Sondervorteils besteht und den Zweck verfolgt, in interventionistischer Weise ein Verhalten hervorzurufen oder zu belohnen oder eine als ungünstig

41 So auch *Jochum*, Die Steuervergünstigung, S. 20 f.

42 Ausführlich zum Begriff der Steuervergünstigung *Lang*, Systematisierung der Steuervergünstigungen, S. 44 ff., S. 78; *Jochum*, Die Steuervergünstigung; *Jochum*, Steuerrecht I, S. 186 ff.; denkbar wäre es auch, den Anwendungsbereich zu erweitern, da es bei der Betrachtung der Folge der Steuervergünstigung keinen Unterschied macht, ob die Vergünstigung bei der Steuerentstehung oder nachträglich durch eine behördliche Entscheidung erfolgt, wobei dadurch die klare Begrenzung auf die Steuertatbestände nicht mehr gegeben ist, vgl. *Jochum*, Die Steuervergünstigung, S. 60 f.; Das Gegenstück zu den Steuervergünstigungen sind Steuerbenachteiligungen in Form von belastenden Ausnahmevorschriften, *Seer*, in: Tipke/Lang, Steuerrecht, § 6, Rn. 53.

empfundene Wohlstandsverteilung zu korrigieren[43]. Als Steuervergünstigungen werden daher alle die Steuerschuld mildernden Vorschriften bezeichnet, die ein Abgehen von der Regelbesteuerung aussprechen, so dass hierunter Steuerbefreiungen, Steuerermäßigungen, Steuererleichterungen, Bewertungsfreiheiten, Sonderabschreibungen, Freibeträge, Freigrenzen und Abzüge von der Bemessungsgrundlage fallen[44]. Die Steuervergünstigung stellt demnach eine Ausnahme von der allgemeinen Steuerregel dar[45]. Eine Steuervergünstigung ist damit grundsätzlich gegeben, wenn der Gesetzgeber bei der Ausgestaltung des Steuergesetzes ausnahmsweise von der grundlegenden Belastungsentscheidung zugunsten des Steuerpflichtigen und damit von der steuerlichen Belastungsgleichheit abweicht[46].

Grundsätzlich kann eine Steuervergünstigung nur in jenem Umfang vorliegen, in welchem die Religionsgemeinschaften zunächst überhaupt als Steuersubjekt in dem jeweiligen Einzelsteuergesetz erfasst sind. Denn nur wenn eine Steuerpflicht besteht, können bezogen auf diese auch Vergünstigungen erfolgen. In den Anwendungsbereich würden danach lediglich die Sachverhalte fallen, welche nach den Voraussetzungen des jeweiligen Einzelsteuergesetzes eine Steuervergünstigung ermöglichen[47]. Wenn jedoch eine Religionsgemeinschaft nicht als Steuersubjekt in dem jeweiligen Einzelsteuergesetz vorgesehen ist, so hat dies faktisch zur Folge, dass die Religionsgemeinschaft nicht steuerpflichtig ist und die Steuerlast nicht zu tragen hat. Um eine umfassende systematische Darstellung zu ermöglichen, sind diese Konstellationen unter dem Aspekt der dargestellten Steuervergünstigungen zu berücksichtigen. Entsprechend wird im Folgenden der Begriff der Steuervergünstigung als einheitlicher Oberbegriff für beide Varianten verwendet.

---

43 *Jochum*, Die Steuervergünstigung, S. 86.

44 *Wollny/Strickrodt,* Artikel Steuervergünstigung, in: Strickrodt/Wöhe/Flämig/Felix/Sebiger/Hartz, Handwörterbuch des Steuerrechts, S. 1366; zu den Arten des durch Steuervergünstigungen gewährten Vorteils siehe *Jochum*, Die Steuervergünstigung, S. 59 ff.

45 In Abgrenzung hierzu liegt lediglich eine vorteilhafte Regelung vor, wenn der Vorteil nicht eine Ausnahme sondern die Regel darstellt, *Jochum*, Die Steuervergünstigung, S. 63.

46 BVerfG, Beschluss v. 30.09.1998 – 2 BvR 1818/91, BVerfGE 99, S. 88, (S. 95); BVerfG Beschluss v. 11.11.1998 – 2 BvL 10/95, BVerfGE 99, S. 280, (S. 290); BVerfG Beschluss v. 04.12.2002 – 2 BvR 400/98, 1735/00, BVerfGE 107, S. 27, (S. 47).

47 Kritisch zur Verwendung des Begriffs der Steuervergünstigung: *Seer,* in: Tipke/Lang, Steuerrecht, § 6, Rn. 50 ff.

2. Zweck der Steuervergünstigung

Wie der Begriff an sich besagt, handelt es sich also um eine steuerliche Vergünstigung, die gegeben ist, wenn der Staat als Begünstigender einem Begünstigten einen Vorteil zu einem bestimmten Zweck gewährt[48]. Mit den Steuervergünstigungen werden Umverteilungs- oder Lenkungszwecke verfolgt[49]. Insbesondere können soziale und wirtschaftliche Zwecke oder andere Gemeinwohlgründe als Rechtfertigungsgrund gegeben sein[50]. Als Idealtypen steuervergünstigter Tätigkeiten werden konkurrierende Gemeinwohlaufgaben genannt, die auch dem Staat obliegen, wie die Wohlfahrtspflege, pluralistische Gemeinwohlaufgaben wie karitatives Engagement aus religiösen Gründen, die Erfüllung kirchlicher Zwecke und die Organisation von Selbstverwirklichung und Freizeitaktivität im Zusammenhang mit dem Gemeinnützigkeitsrecht[51].

Bezüglich der Zwecksetzung gehören die Steuervergünstigungen daher zu den Sozialzwecknormen, welche politisch und nicht fiskalisch motiviert sind[52]. Zu berücksichtigen ist, dass durch Lenkungszwecke bestimmte Verhaltensweisen des Steuerpflichtigen hervorgerufen werden[53]. Im Zusammenhang mit den Steuervergünstigungen der Religionsgemeinschaften stehen die Lenkungszwecke und nicht der Aspekt der Umverteilung im Vordergrund[54]. Denn es

---

48 *Jochum*, Die Steuervergünstigung, S. 31 ff.; ausführlich zum Zweck der Steuervergünstigung siehe *Jochum*, Die Steuervergünstigung, S. 74 ff.

49 Mit einer Steuervergünstigung wird ein Lenkungszweck verfolgt, wenn der Vorteil in interventionistischer Weise gewährt wird, um ein bestimmtes Verhalten des Begünstigten hervorzurufen oder nachträglich zu belohnen, während ein Umverteilungszweck gegeben ist, wenn der Vorteil in interventionistischer Weise gewährt wird, um einen bestimmten Zustand der Wohlstandverteilung zu korrigieren, *Jochum*, Die Steuervergünstigung, S. 74 ff., S. 84; möglich ist auch die differenzierende Bezeichnung als technische unechte Steuervergünstigungen, welche den Grundtatbestand einengen und der Herstellung steuerlicher Lastengleichheit dienen, während die subventiven Steuervergünstigungen als echte Steuervergünstigungen einzuordnen sind, *Birk*, Steuerrecht, Rn. 103.

50 *Seer*, in: Tipke/Lang § 6, Rn. 51; *Jochum*, Die Steuervergünstigung, S. 74.

51 Gutachten der Unabhängigen Sachverständigenkommission, Sondervotum Isensee/Knobbe-Keuk, S. 350 ff.; zur systematischen Einordnung von Steuervergünstigungen im Zusammenhang mit dem Spenden- und Gemeinnützigkeitsrecht siehe *Hüttemann*, Spenden- und Gemeinnützigkeitsrecht, § 1, Rn. 55 ff.

52 *Seer*, in Tipke/Lang, Steuerrecht, § 6, Rn. 49; *Tipke*, Die Steuerrechtsordnung I, S. 78 f.

53 *Jochum*, Die Steuervergünstigung, S. 79.

54 Zum Unterschied zwischen Umverteilung und Lenkung siehe *Jochum*, Die Steuervergünstigung, S. 81 f.

geht nicht um die Veränderung eines ungünstig empfundenen Zustandes der Vermögensverteilung als vielmehr um Vergünstigungen, die aufgrund der inhaltlichen Eigenschaften und Tätigkeiten der Religionsgemeinschaften erfolgen. Der Frage nach der politisch motivierten Zwecksetzung kommt somit im Zusammenhang mit den hier behandelten Steuervergünstigungen zugunsten von Religionsgemeinschaften und deren rechtlicher Bewertung eine wesentliche Rolle zu.

3. Einordnung als Steuersubvention

Aufgrund der verfolgten Zwecksetzung ist auch die begriffliche Einordnung der Steuervergünstigungen als Subvention denkbar[55]. Diese Einordnung ist im Hinblick auf die in § 1 Abs. 1 Nr. 6 KStG inzident enthaltene Steuerbefreiung für Körperschaften des öffentlichen Rechts außerhalb ihrer Betriebe gewerblicher Art bei staatlichen Körperschaften des öffentlichen Rechts fraglich, da dieser Steuerbefreiung zwar Subventionscharakter zugesprochen werden kann, andererseits diese schlicht als Fiskalzwecknorm der Tatsache geschuldet ist, dass diese Körperschaften selbst Steuergläubiger sind, so dass eine Besteuerung nicht nur in sich widersprüchlich wäre, sondern in das staatliche System des Finanzausgleichs eingreifen würde[56], was auf die hier betrachteten Religionsgemeinschaften als Körperschaften sui generis nicht zutrifft.

Für die Einordung spricht, dass diese von ihrer ökonomischen Wirkung her Subventionen gleichwertig sind[57]. Eine Subvention liegt vor, wenn der Staat als Träger der öffentlichen Gewalt einem Privaten eine vermögenswerte Begünstigung unter Bestimmung zu einem konkreten Verhalten zur Erreichung eines bestimmten öffentlichen Zweck gewährt, die weder eine angemessene Gegenleistung für privates Verhalten, noch eine Ersatzleistung für erlittene Nachteile darstellt[58]. Dabei hängt die Sicherung des verfolgten Zwecks von der tatbestandlichen Ausgestaltung der materiellen Rechtsgrundlagen ab, die

---

55 *Rodi*, Die Subventionsrechtsordnung, S. 657 ff.; zur Zwecksicherung bei Steuervergünstigungen im Steuersubventionsrechtsverhältnis am Beispiel der Vergünstigungen auf Grundlage des Einkommensteuerbescheids und bei der Mineralölsteuer siehe *ebendort*, S. 695 ff.

56 *Hüttemann*, Die Besteuerung der öffentlichen Hand, S. 13 ff.

57 *Franz*, Grundlagen der Besteuerung gemeinnütziger Körperschaften bei wirtschaftlicher Betätigung, S. 24 ff.

58 *Rodi*, Die Subventionsrechtsordnung, S. 43; ausführlich zum Begriff der Subvention siehe *ebendort*, S. 29 ff.

einen Anspruch auf die Steuervergünstigung gewähren[59]. Insoweit unterscheidet sich die Subvention von der Vergünstigung[60]. So ist auch der finanzielle Vorteil der Vergünstigung auf den steuerlichen Vorteil an sich begrenzt[61]. Denn dieser erfolgt nicht durch eine vermögenswerte Zuwendung, wie bei einer Subvention üblich, sondern in Form der Verschonung von der Erhebung der entsprechenden Steuer[62]. Dies steht der Einordnung der Steuervergünstigungen als Steuersubvention trotz der steuerspezifischen Besonderheiten – etwa auch dem fehlenden spezifischen Verwaltungsrechtsverhältnisses – nicht entgegen[63]. Denn die entstehenden Zwecksicherungsverhältnisse weisen eine weitreichende Parallele zu Subventionen in Form von Zuwendungen auf[64]. So sind Steuervergünstigungen auf der Grundlage des Steuergesetzes, der Durchführungsverordnungen sowie der Steuerrichtlinien normativ stark vorgeprägt und sind ein unselbstständiger Bestandteil des Steuertatbestandes[65]. *Michael Rodi* etwa ordnet die Steuervergünstigungen aufgrund der über einen längeren Zeitraum einzuhaltenden Voraussetzungen als Ex-Post-Subventionen ein[66].

Im Ergebnis sind Steuervergünstigungen eine Vergünstigung aufgrund des steuerlich bedingten finanziellen Vorteiles und können im Falle eines vorhandenen Lenkungszweckes begrifflich auch als Subvention eingeordnet

59 *Rodi*, Die Subventionsrechtsordnung, S. 695.

60 *Jochum*, Die Steuervergünstigung, S. 48 ff.; insofern können die Subventionen als Unterfall der Vergünstigung angesehen werden, die als lenkende Vergünstigung einzuordnen sind, *Jochum*, Die Steuervergünstigung S. 50; zu subventiven Steuervergünstigungen siehe *Lang*, Systematisierung der Steuervergünstigungen, S. 124 ff.; zur Abgrenzung der Subvention von Staatsleistungen siehe *Isensee*, Staatsleistungen an die Kirchen und Religionsgemeinschaften, in: Handbuch des Staatskirchenrechts der Bundesrepublik Deutschland, Bd. 1, S. 1009 (S. 1020).

61 *Jochum*, Die Steuervergünstigung, S. 50 f.

62 *Jochum*, Die Steuervergünstigung S. 58 f.; in Abgrenzung zu anderen Abgabenarten muss die Abgabe voraussetzungslos oder fremdnützig erhoben werden, da andernfalls nicht von der Verschonung von der eigentlich zu tragenden Abgabenlast auszugehen ist, sondern dies vielmehr die gleichzeitige Zuwendung eines Sondervorteils bedeutet, *Jochum*, Die Steuervergünstigung, S. 65 ff., S. 73 f.

63 *Rodi*, Die Subventionsrechtsordnung, S. 657 f.

64 *Rodi*, Die Subventionsrechtsordnung, S. 658.

65 *Rodi*, Die Subventionsrechtsordnung, S. 657.

66 *Rodi*, Die Subventionsrechtsordnung, S. 658, die Erfüllung der Vergünstigungsvoraussetzungen wird verfahrenstechnisch häufig durch die Einschaltung eines Bescheinigungsverfahrens abgesichert, S. 696.

werden[67]. Es handelt sich dabei nicht um eine Subvention im Rechtssinne aus den Rechtssätzen der Leistungsverwaltung sondern auf Grundlage eines eingriffsrechtlichen Tatbestandes. Daraus ergibt sich die Kompetenz der Steuergewalt für diese Subventionen[68].

4. Formen der Steuervergünstigung

Die einzelnen Steuerarten und deren Voraussetzungen sind in den so genannten Einzelsteuergesetzen geregelt[69]. Hieraus ergibt sich, wer steuerpflichtig im Sinne des jeweiligen Gesetzes ist. Daher regeln die Einzelsteuergesetze auch die Tatbestände der Steuervergünstigungen. In der praktischen Ausgestaltung der Steuervergünstigungen sind verschiedene Typen beziehungsweise Arten erkennbar[70]. Hierbei sind persönliche Steuerbefreiungen, sachliche Steuerbefreiungen, Steuerbefreiung in der Bemessungsgrundlage und Steuerermäßigung beim Steuertarif zu unterscheiden[71]. Der Begriff der Steuerbefreiung wird dabei als Unterbegriff im Verhältnis zu dem der Steuervergünstigung als Ober- oder Sammelbegriff für die verschiedenen Formen verwendet[72].

a) Persönliche und sachliche Steuerbefreiungen

Persönliche Steuerbefreiung bedeutet, dass ein an sich Steuerpflichtiger ausnahmsweise und umfassend von einer Steuer befreit wird, wobei für die Einordnung als Steuervergünstigung auf die Tätigkeit und Funktion des Steuerpflichtigen abzustellen ist[73]. Dem gegenüber sind sachlichen Steuerbefreiungen dadurch gekennzeichnet, dass bestimmte Steuerobjekte – beispielsweise bestimmte Einnahmen oder Zuwendungen – grundsätzlich von einer an sich bestehenden Besteuerung ausgenommen werden, so dass aufgrund der niedrigeren Steuerlast

---

67 *Jochum*, Die Steuervergünstigung, S. 51; zur Abgrenzung der subventiven Steuervergünstigungen von den technischen Steuervergünstigungen siehe *Birk*, Steuerrecht Rn. 104.

68 *Lang*, Systematisierung der Steuervergünstigungen, S. 127.

69 *Seer*, in: Tipke/Lang, Steuerrecht, § 1, Rn. 78.

70 Ausführlich hierzu *Jochum*, Die Steuervergünstigung, S. 142 ff.; *Lang*, Systematisierung der Steuervergünstigungen, S. 91 ff.

71 *Jochum*, Die Steuervergünstigung, S. 190; *Lang*, Systematisierung der Steuervergünstigungen S. 116, S. 161.

72 *Lang*, Systematisierung der Steuervergünstigungen, S. 26.

73 Dies dient der Abgrenzung von Steuerbefreiungen aufgrund von Vereinfachungszwecken oder Abgrenzungen und Erweiterungen des die Steuerpflicht begründenden Tatbestandes, *Jochum*, Die Steuervergünstigung, S. 143 ff., S. 190.

ein Vorteil für den Steuerpflichtigen besteht[74]. Dabei tritt die Rechtsfolge der Steuerschuld für einen Teil des Steuergegenstandes, dass heißt für einen bestimmten steuerbaren Sachverhalt, nicht ein[75].

b) *Befreiungen in der Bemessungsgrundlage und Steuerermäßigungen*

Steuerbefreiungen in der Bemessungsgrundlage beziehen sich auf die wertmäßige Erfassung des Steuerobjektes, so dass diese zu einer Einschränkung der Steuerpflicht führen. Dies geschieht beispielsweise, indem Beträge bei der Bemessung der Steuer außer Acht gelassen werden[76]. Diese Art der Steuerbefreiungen ist das eigentliche Mittel des Gesetzgebers, eine Steuerart den vielfachen politischen und verwaltungsökonomischen Bedürfnissen anzugleichen sowie Kompromisslösungen und Lenkungsabsichten zu verwirklichen[77].

Die Steuerermäßigungen als weitere Möglichkeit der Steuervergünstigungen setzen bei der Anwendung des Steuertarifs an. Hier sind Steuervergünstigungen in Form von Steuersatzermäßigungen oder Steuerbetragsermäßigungen möglich[78].

c) *Grundsatz der steuerrechtlichen Belastungsgleichheit*

Für die Systematik der Steuervergünstigungen auf einfachgesetzlicher Ebene ist relevant, dass der Maßstab des Gleichheitsgrundsatzes im Steuerrecht konkretisiert wird[79]. Aus dem Gleichheitsgrundsatz folgt im Steuerrecht der Grundsatz der Steuergerechtigkeit[80]. Die Belastungsgleichheit durch den Grundsatz der

---

74 *Jochum*, Die Steuervergünstigung, S. 148 ff., S. 191.; zu den sachlichen Steuerbefreiungen siehe *Lang*, Systematisierung der Steuervergünstigungen, S. 101 ff.

75 *Lang*, Systematisierung der Steuervergünstigungen, S. 104; so auch schon *Hensel*, Steuerrecht, S. 68.

76 *Jochum*, Die Steuervergünstigung, S. 153 ff., S. 191; *Lang*, Systematisierung der Steuervergünstigungen, S. 104 ff.

77 *Lang*, Systematisierung der Steuervergünstigungen, S. 104.

78 *Jochum*, Die Steuervergünstigung, S. 174 ff., S. 191.

79 Allgemein zum Gleichheitssatz im Steuerrecht siehe *Osterloh*, in: Sachs, GG, Art. 3, Rn. 134 ff.; *Hey*, in: Tipke/Lang, § 3, Rn. 110 ff. *Rüfner*, in: Bonner Kommentar, Art. 3 GG, Rn. 197 ff.; *Kirchhof*, Der allgemeine Gleichheitssatz, in: Handbuch des Staatsrechts Bd. 5, 1992, § 124.

80 BVerfG Beschluss v. 17.01.1957 – 1 BvL 4/54, BVerfGE 6, S. 55 (S. 70); BVerfG, Beschluss v. 30.10.1961 – 1 BvR 833/59, BVerfGE 13, S. 181 (S. 202 f.); BVerfG, Urteil v. 11.07.1961 – 1 BvR 845/58, BVerfGE 13, S. 331 (S. 338); BVerfG, Beschluss v. 09.07.1969 – 2 BvL 20/65, BVerfGE 26, S. 302 (S. 310); BVerfG Beschluss v. 23.11.1976 – 1 BvR 150/75, BVerfGE 43, S. 108 (S. 118); BVerfG, Urteil v. 03.11.1982 – 1 BvR

Steuergerechtigkeit ergibt sich auf der Grundlage des Art. 3 GG, an den der Steuergesetzgeber gebunden ist[81]. Weitgehende Einigkeit besteht in Rechtsprechung und Literatur darüber, dass aufgrund des Grundsatzes der Belastungsgleichheit sowohl die steuerbegründenden Vorschriften als auch die Regelungen ihrer Anwendung dem Prinzip einer möglichst gleichmäßigen Belastung der Steuerpflichtigen dienen müssen[82]. Schon *Albert Hensel* betonte Anfangs des vergangenen Jahrhunderts, dass durch die Aufstellung befreiender Tatbestände jenes Maß an steuerlicher Gerechtigkeit verwirklicht werden könne, dass sich mit den Geboten vereinfachender Steuertechnik noch eben vereinen lässt[83]. Die Steuervergünstigung stellt in diesem Zusammenhang mit Rücksicht auf die mit ihr verfolgten (Lenkungs-)Zwecke ein Differenzierungskriterium zur Erreichung der entsprechend gesetzten Ziele dar, so dass die Steuervergünstigung ein rechtliches Instrument zur Verfolgung außerfiskalischer Zwecke darstellt[84]. Die Belastungsgleichheit ist der entsprechend anzuwendende Kontrollmaßstab bezüglich der mit der ausnahmsweise gewährten Steuervergünstigung verfolgten Zwecke.

Im Bereich des Steuerrechts hat das Bundesverfassungsgericht dem Gesetzgeber einen weitreichenden Entscheidungsspielraum sowohl bei der Auswahl des Steuergegenstandes als auch bei der Bestimmung des Steuersatzes eingeräumt[85]. Als Beschränkung des Entscheidungsspielraumes folgt aus dem Gebot der gleichmäßigen Belastung aller Steuerpflichtigen, dass nach Regelung des Ausgangstatbestandes der Gesetzgeber die einmal getroffene Belastungsentscheidung folgerichtig im Sinne der Belastungsgleichheit

---

620/78, 1335/78, 1104/79 und 363/80, BVerfGE 61, S. 319 (S. 343); BVerfG Beschluss v. 22.02.1984 – 1BvL 10/80, BVerfGE 66, S. 214 (S. 223); BVerfG, Urteil v. 10.02.1987 – 1 BvL 18/81 und 20/82, BVerfGE 74, S. 182 (S. 199 f.).

81 BVerfG Beschluss v. 17.01.1957 – 1 BvL 4/54, BVerfGE 6, S. 55, (S. 70); BVerfG, Beschluss v. 03.12.1958 – 1 BvR 488/57, BVerfGE 9, S. 3, (S. 9); BVerfG Beschluss v. 30.10.1961 – 1 BvR 833/59, BVerfGE 13, S. 181 (S. 202); BVerfG Beschluss v. 07.05.1968 – 1 BvR 420/64, BVerfGE 23, S. 242, (S. 253); BVerfG Beschluss v. 09.07.1969 – 2 BvL 220/65, BVerfGE 26, S. 302, (S. 310); BVerfG Beschluss v. 08.12.1970 – 1 BvR 95/68, BVerfGE 29, S. 327, (S. 335); BVerfG v. 22.02.1984, BVerfG Beschluss v. 22.02.1984 – 1 BvL 10/80, BVerfGE 66, S. 214, (S. 223).

82 BVerfG Beschluss v. 03.07.1973 – 1 BvR 368, 369/65, BVerfGE 35, S. 324, (S. 335); *Jochum*, Die Steuervergünstigung, S. 101.

83 *Hensel*, Verfassungsrechtliche Bindungen des Steuergesetzgebers, Vierteljahresschrift für Steuer- und Finanzrecht, 1930, S. 475.

84 *Jochum*, Die Steuervergünstigung, S. 141.

85 BVerfG, Beschluss v. 22.06.1995 – 2 BvL 37/91, BVerfGE 93, S. 121 (S. 136).

umzusetzen hat[86]. Ausnahmen von der folgerichtigen Umsetzung der Belastungsgleichheit bedürfen auch hier eines besonderen sachlichen Grundes[87].

So beschreibt auch das Bundesverfassungsgericht den Maßstab der Anwendung des Gleichheitssatzes mit einer weitgehenden Gestaltungsfreiheit, die erst in dem Moment nicht mehr mit dem Grundgesetz vereinbar ist, wenn ein Grund für die Ungleichbehandlung fehlt – wobei erst diese äußerste Grenze der gesetzgeberischen Freiheit überprüfbar ist, nicht aber, ob der Gesetzgeber im Einzelfall die jeweils zweckmäßigste, vernünftigste und gerechteste Lösung gefunden hat[88]. Umgekehrt ist der Staat nicht gehalten, alle Religionsgemeinschaften ohne Unterschiede zu fördern, wenn sachliche Gesichtspunkte für eine differenzierende Behandlung vorhanden sind[89].

II. Anknüpfungspunkte der Steuervergünstigungen

Anknüpfungspunkte für die Steuervergünstigungen zugunsten der Religionsgemeinschaften in den Einzelsteuergesetzen sind zum einen deren Rechtsform und zum anderen die steuerbegünstigten Zwecke, die sie und die ihnen angegliederten Organisationen verfolgen[90].

1. Differenzierung nach der Rechtsform der Religionsgemeinschaften

a) Unterscheidung von Körperschaften des öffentlichen Rechts und privatrechtlich organisierten Religionsgemeinschaften

Bei der Anknüpfung an die Rechtsform übernimmt das deutsche Steuerrecht die im Grundgesetz für die Bundesrepublik Deutschland normierte Differenzierung zwischen den Religionsgemeinschaften, die den Status einer Körperschaft des

---

86 BVerfG Beschluss v. 07.05.1968 – 1 BvR 420/64, BVerfGE 23, S. 242 (S. 256); BVerfG Urteil v. 27.06.1991 - 2 BvR 1439/89, BVerfGE 84, S. 239 (S. 271).

87 BVerfG, Beschluss v. 30.09.1998 – 2 BvR 1818/91, BVerfGE 99, S. 88, (S. 95).

88 BVerfG, Beschluss v. 09.07.1969 – 2 BvL 20/65, BVerfGE 26, S. 302 (S. 310); BVerfG Beschluss v. 14.04.1964 – 2 BvR 69/62, BVerfGE 17, S. 319, (S. 330); BVerfG, Urteil v. 10.02.1987 – 1 BvL 18/81 und 20/82, BVerfGE 74, S. 182 (S. 199 f.); BVerfG Urteil v. 20.07.1954 – 1 BvR 459, 484, 548, 555, 623, 651, 748, 783, 801/52, 5, 9/ 53, 96, 114/54, BVerfGE 4, S. 7 (S. 18); BVerfG Beschluss v. 01.07.1964 – 1 BvR 375/62, BVerfGE 18, S. 121 (S. 124); BVerfG, Urteil v. 11.01.1966 – 2 BvR 424/63, BVerfGE 19, S. 354 (S. 367).

89 BVerwG, Urteil v. 14.11.1980, BVerwGE 61, S. 152 (S. 158 f.).

90 *Axer*, Die Steuervergünstigungen für die Kirchen im Staat des Grundgesetzes, Archiv für katholisches Kirchenrecht, S. 460; *Mückl*, Europäisierung des Staatskirchenrechts, S. 309.

öffentlichen Rechts besitzen, und denjenigen, die nach den Regeln des Privatrechts mit oder ohne Rechtsfähigkeit als juristische Personen organisiert sind[91].

So ist beispielsweise eine unbeschränkte Steuerpflicht für Körperschaften des öffentlichen Rechts in § 1 Abs. 1 Nr. 6 KStG nur für Betriebe gewerblicher Art geregelt, so dass sich darüber hinaus für die als Körperschaften des öffentlichen Rechts verfassten Religionsgemeinschaften nicht die Notwendigkeit ergibt, eine Steuervergünstigung unter den hierfür im KStG vorgesehenen Voraussetzungen zu erlangen.

Können oder wollen Religionsgemeinschaften nicht den Status einer Körperschaft des öffentlichen Rechts erlangen, stehen ihnen die Organisationsformen des Privatrechts zur Verfügung, dass heißt sie können sich vor allem vereinsrechtlich oder gegebenenfalls in den sonstigen gesellschaftsrechtlichen Formen organisieren[92]. Diese Gestaltungsmöglichkeiten betreffen vornehmlich neu entstehende Religionsgemeinschaften[93].

Die privatrechtlich organisierten Religionsgemeinschaften sind aufgrund ihrer Organisationsform als juristische Personen im genannten Beispiel von § 1 Abs. 1 KStG als körperschaftsteuerpflichtige Körperschaften erfasst. Somit sind sie auf die Erfüllung der Voraussetzungen des Steuervergünstigungstatbestandes angewiesen, um eine Steuervergünstigung zu erlangen. Die hiervon betroffenen Religionsgemeinschaften werden im Folgenden aufgrund der privatrechtlichen Organisationsform als Gruppierung der privatrechtlich organisierten Religionsgemeinschaften bezeichnet. Diese Gruppierung tritt neben die als Körperschaften des öffentlichen Rechts organisierten Religionsgemeinschaften und ist daher getrennt zu behandeln.

Durch die gesetzliche Unterscheidung ist bereits vorgegeben, dass die Steuervergünstigungen auf zwei unterschiedlichen Ebenen erfolgen. Daher wird in der folgenden Untersuchung auch anhand dieser Unterscheidung differenziert. Zu untersuchen ist, inwiefern diese Unterscheidung allgemeingültig ist, ob sich aus

91 *Weides*, Die Religionsgemeinschaften im Steuerrecht, in: Festschrift Uni Köln, S. 885 (S. 887).

92 Kritisch *Waldhoff*, Neue Religionskonflikte und staatliche Neutralität, Gutachten für den 68. Deutschen Juristentag, S. 65 der hinterfragt, inwiefern die geltenden privatrechtlichen Organisationstypen auf die verschiedenen Religionsgemeinschaften zutreffen können; zur vereinsrechtlichen Einordnung siehe auch *Kopp*, Religionsgemeinschaften als wirtschaftliche Vereine i.S. von § 22 BGB?, NJW 1989, S. 2497 ff.

93 Neue Jugendreligionen unterfallen dabei grundsätzlich dem Schutzbereich der Religionsfreiheit aus Art. 4 GG, *Scholz*, „Neue Jugendreligionen" und Grundrechtsschutz nach Art. 4 GG, NVwZ 1992, S. 1152 ff.

dieser Differenzierung auch eine Privilegierung in der Systematik der Steuervergünstigungen ergibt und ob diese in verfassungsrechtlicher Hinsicht Bestand haben kann.

b) Kirchliche Einrichtungen

Für die Untersuchung der Steuervergünstigungen zugunsten der Religionsgemeinschaften wird im Folgenden zunächst nach der rechtlichen Organisationsform differenziert. Über die beiden genannten Gruppierungen hinaus bedienen sich auch die Religionsgemeinschaften mit dem Status einer Körperschaft des öffentlichen Rechts zur Verwirklichung ihrer Aufgaben in der Gesellschaft einzelner Organisationen des privaten Rechts, die in deren Auftrag und Einflussnahme in unterschiedlichen Bereichen tätig werden[94]. Wenn die Religionsgemeinschaften als Körperschaften des öffentlichen Rechts eine privatrechtlich organisierte Einrichtung betreiben, beispielsweise in der Rechtsform einer Gesellschaft mit beschränkter Haftung oder Aktiengesellschaft, ist dieser Betrieb eigenständiges Steuersubjekt. Wesentliche Bedeutung haben diese Einrichtungen nicht zuletzt als Trägervereine für Krankenhäuser, Schulen, diakonische und karitative Einrichtungen und in der Mission[95]. Diese Vereinigungen sind in der Regel einer bestimmten Religionsgemeinschaft zugehörig, wobei diese eine rechtlich verselbständigte Teilgliederung der Religionsgemeinschaft darstellen können[96]. Aufgrund ihres privatrechtlichen Charakters und der Tatsache, dass sie selbst keine Religionsgemeinschaften darstellen, ist diese Gruppierung getrennt von den Religionsgemeinschaften zu behandeln. Im Zusammenhang mit deren möglichen Steuervergünstigungen werden diese unter dem Begriff der kirchlichen Einrichtungen behandelt.

c) Weitere Organisationsformen

Ferner sind weitere Organisationsformen von Religionsgemeinschaften hiervon zu unterscheiden. Gemeint sind geistliche Gemeinschaften, die sich der besonderen Religionsausübung in Form von Orden, Kongregationen, Bruderschaften, Klöster und Stiftungen widmen[97]. Grundsätzlich zählen auch die katholischen Ordensgemeinschaften nicht zu den Körperschaften des öffentlichen Rechts – mit Ausnahme bestimmter Klostergemeinschaften in Bayern[98].

94 *Weides*, Die Religionsgemeinschaften im Steuerrecht, Festschrift Uni Köln, S. 885 (S. 904).
95 *V. Campenhausen/de Wall*, Staatskirchenrecht, S. 125.
96 *V. Campenhausen/de Wall*, Staatskirchenrecht, S. 125.
97 Vgl. *Meincke*, ErbStG, § 13, Rn. 59.
98 BFH v. 8.7.1971 – V R 1/68, BStBl. II 1972, S. 70 (S. 71).

Rechtlich sind diese unabhängig von der jeweiligen Religionsgemeinschaft. Die geistlichen Gemeinschaften besitzen in der Regel die privatrechtliche Rechtsform eines rechtsfähigen oder nichtrechtsfähigen Vereins, wobei auch andere Rechtsformen wie Stiftung, Genossenschaft oder Gesellschaft mit beschränkter Haftung denkbar sind[99]. Damit sind auch diese als kirchliche Einrichtung einzuordnen. Zwar verfügen auch die privatrechtlich organisierten Religionsgemeinschaften über selbstständige Einrichtungen, welche für diese tätig sind. In Anbetracht der Tatsache, dass diese Religionsgemeinschaften selbst schon privatrechtlich organisiert sind, besteht jedoch keine Notwendigkeit für eine eigene Darstellung der Steuervergünstigungen zugunsten dieser Einrichtungen.

2. Differenzierung nach den steuerbegünstigten Zwecken im Sinne der §§ 51 ff. AO

Neben der Differenzierung nach der Rechtsform stellen – wie bereits erwähnt – die durch die jeweilige Religionsgemeinschaft verfolgten Zwecke eine wesentliche Voraussetzung für die Steuervergünstigungen dar. Unter der Bezeichnung „steuerbegünstigte Zwecke" sind in den §§ 51 bis 68 der AO die allgemeinen Bestimmungen des Gemeinnützigkeitsrechts zusammengefasst worden[100]. Hiervon sind diejenigen Tatbestände der Steuergesetze erfasst, welche im Zusammenhang mit den Regelungen der §§ 51 ff. AO eine Steuervergünstigung ermöglichen. Denn soweit eine Steuervergünstigung nach dem Gemeinnützigkeitsrecht erfolgt, stehen die Regelungen der AO im Zusammenhang mit den Tatbeständen der Steuervergünstigungen in den Einzelsteuergesetzen[101]. Entsprechend sind die dort aufgeführten Zwecke ein wesentlicher Aspekt in der Darstellung der Steuervergünstigungen.

---

99 *Troll/Eisele*, GrStG, § 3, Rn. 54; beispielsweise eine Gesellschaft mit beschränkter Haftung als Rechtsträgerin eines nichtrechtsfähigen katholischen klösterlichen Verbandes (Ordensgenossenschaft), BFH v. 22.07.1987 – II R 204/84, BStBl. II 1987, S. 725.

100 *Buchna/Seeger/Brox*, Gemeinnützigkeit im Steuerrecht, S. 18; ausführlich zu den steuerbegünstigten Zwecken siehe *Hüttemann*, Gemeinnützigkeits- und Spendenrecht, § 3, Rn. 1 ff.

101 Anschauliches Beispiel für die Systematik ist § 5 Abs. 1 Nr. 9 S. 1 des KStG, nach welchem „Körperschaften, Personenvereinigungen und Vermögensmassen, die nach der Satzung, dem Stiftungsgeschäft oder der sonstigen Verfassung und nach der tatsächlichen Geschäftsführung ausschließlich und unmittelbar gemeinnützigen, mildtätigen oder kirchlichen Zwecken dienen (§§ 51 bis 68 der AO)" von der Körperschaftsteuer befreit sind; vgl. hierzu *Hüttemann*, Gemeinnützigkeits- und Spendenrecht, § 3, Rn. 1.

C. Steuervergünstigungen der Einzelsteuergesetze zugunsten von Religionsgemeinschaften

Die folgende Darstellung differenziert zunächst nach dem rechtlichen Status der Religionsgemeinschaften. Durch diese Unterscheidung wird deutlich, welche systematischen Unterschiede und mögliche Privilegierungen zugunsten einer der Gruppierungen bestehen. Innerhalb der Darstellung des jeweiligen Einzelsteuergesetzes wird zudem aufgezeigt, ob die Steuervergünstigung direkt und allein durch das Einzelsteuergesetz oder unter den Voraussetzungen der §§ 51 ff. AO erfolgt. Somit wird differenziert zwischen den Steuervergünstigungen unmittelbar durch die Einzelsteuergesetze und denjenigen, die im Zusammenhang mit den Regelungen des Gemeinnützigkeitsrechts erfolgen. Zu fragen ist, ob sich hieraus auch systematische Unterschiede bezüglich der Steuervergünstigungen zwischen den verschiedenen Gruppierungen der Religionsgemeinschaften ergeben. Die Darstellung beschränkt sich auf diejenigen Steuern auf Bundesebene, von denen die Religionsgemeinschaften im Wesentlichen betroffen sind.

I. Steuervergünstigungen zugunsten der Religionsgemeinschaften als Körperschaften des öffentlichen Rechts

Die Religionsgemeinschaften, welche den Status einer Körperschaft des öffentlichen Rechts besitzen, sind anhand und aufgrund des Status von den privatrechtlich organisierten Religionsgemeinschaften abgrenzbar[102]. Durch den Status wird

---

102 Eine genaue Definition des Begriffs der Körperschaft des öffentlichen Rechts ist allerdings schwierig, vgl. *Weiß*, Gleichheit oder Privilegien? – Zur Stellung öffentlich-rechtlicher Religionsgemeinschaften, KritV 2000, S. 104 (S. 112 ff.); die Rechtsstellung geht dabei zurück auf Ursprünge des Staatskirchenrechts des 17. Jahrhunderts und wurde im Preußischen Allgemeinen Landrecht von 1794 gesetzlich geregelt, *de Wall/Muckel*, Kirchenrecht, S. 88; *Jeand'Heur/Korioth*, Grundzüge des Staatskirchenrechts, Rn. 217 f.; ausführlich hierzu *Heinig*, Öffentlich-Rechtliche Religionsgesellschaften, S. 87 ff.; *Link*, Kirchliche Rechtsgeschichte, S. 105 f., S. 174 m.w.N.; *v. Campenhausen/de Wall* S. 127 ff.; *Schlief*, Die Entwicklung des Verhältnisses von Staat und Kirche und seine Ausgestaltung im Bonner Grundgesetz, S. 65 ff.; *Ebers*, Staat und Kirche im neuen Deutschland, S. 108 ff.; *Smend*, Staat und Kirche nach dem Bonner Grundgesetz,

das Wirken von bloßen Interessensgruppen, anderen gesellschaftlichen Gebilden und von den Religionsgemeinschaften, die keine Körperschaften des öffentlichen Rechts sind, unterschieden[103].

1. Einordnung als Status sui generis

Mit dem Status einer Körperschaft des öffentlichen Rechts ist jener Status gemeint, welchen Religionsgemeinschaften gemäß Art. 140 GG i.V.m. Art. 137 Abs. 5 WRV erlangt haben beziehungsweise erlangen können, so dass die Religionsgemeinschaften bei Vorliegen der entsprechenden Voraussetzungen als Körperschaften des öffentlichen Rechts bezeichnet werden. Zu berücksichtigen ist, dass Religionsgemeinschaften, die nach privatem Recht organisiert sind, diesen Status auf Antrag erwerben können, wenn sie durch ihre Verfassung und die Zahl ihrer Mitglieder die Gewähr auf Dauer bieten[104]. Daneben ist das Kriterium der Rechtsstreue zu erfüllen[105]. Insofern besteht für alle möglichen privatrechtlich organisierten Religionsgemeinschaften grundsätzlich die Möglichkeit, den Status einer Körperschaft des öffentlichen Rechts zu erlangen. Diese so gekennzeichneten Religionsgemeinschaften sind eigenständige Institutionen, die ihre öffentliche Rechtsstellung und öffentliche Wirksamkeit aus ihrem besonderen Auftrag herleiten und sich dadurch grundsätzlich sowohl vom Staat als auch von anderen gesellschaftlichen Gruppen unterscheiden[106]. Dieser Status soll die Eigenständigkeit und Unabhängigkeit der Kirche vom Staat sowie ihre originäre Kirchengewalt bekräftigen[107]. Die

---

ZevKR, Bd. 1, 1951, S. 4, (S. 11); allgemein zum Körperschaftstatus siehe *Kirchhof*, Die Kirchen und Religionsgemeinschaften als Körperschaften des öffentlichen Rechts, in: Handbuch des Staatskirchenrechts der Bundesrepublik Deutschland, Bd. 1, S. 651 ff.; *Weber*, Die Religionsgemeinschaften als Körperschaften des öffentlichen Rechts im System des Grundgesetzes; *Magen*, Körperschaftstatus und Religionsfreiheit; *Heinig*, Öffentlich-rechtliche Religionsgesellschaften.

103 *Fischer*, Finanzierung der kirchlichen Sendung, S. 190.

104 *Solte*, Die Organisationsstruktur der übrigen als öffentliche Körperschaften verfassten Religionsgemeinschaften und ihre Stellung im Staatskirchenrecht, Handbuch des Staatskirchenrechts der Bundesrepublik Deutschland, Bd. 1, S. 417 (S. 428).

105 BVerfG, Urteil v. 19.12.2000 – 2 BvR 1500/97, BVerfGE, 102, S. 370 (S. 390).

106 BVerfG, Beschluss v. 17.02.1965 – 1 BvR 732/64, BVerfGE 18, S. 385 (S. 386); BVerfG, Beschluss v. 25.11.1980 – 2 BvL 7, 8, 9/76, BVerfGE 55, S. 207 (S. 230); *v. Campenhausen*, Amtliche Beglaubigungen der öffentlich-rechtlich korporierten Kirchen im weltlichen Recht, DVBl. 1987, S. 984 (S. 988).

107 BVerfG, Beschluss v. 31.03.1971 – 1 BvR 744/67, BVerfGE 30, S. 415 (S. 428); weitergehend *Muckel*, Muslimische Gemeinschaften als Körperschaften des öffentlichen

Religionsgemeinschaften als Körperschaften des öffentlichen Rechts sind daher dem öffentlichen Recht, aber nicht dem staatlichen Rechtskreis ein- oder untergeordnet, so dass diese einen Status sui generis besitzen[108].

2. Entwicklung der Religionsgemeinschaften als Körperschaften des öffentlichen Rechts

Neben der katholischen und evangelischen Kirche besitzen den Status als Körperschaft des öffentlichen Rechts auch kleinere – vor allem christliche – Religions- und Weltanschauungsgemeinschaften. Aufgeführt werden können die Alt-Katholische Kirche, der Bund Freier Evangelischer Gemeinden, der Bund Evangelisch-Freikirchlicher Gemeinden, der Bund Freikirchlicher Pfingstgemeinden, der Bund Freireligiöser Gemeinden, die Christengemeinschaft, die Christliche Wissenschaft, die dänische Seemannskirche in Hamburg, die Europäisch-Festländische Brüder-Unität, die Evangelisch-Bischöfliche Gemeinde in Hamburg, die Evangelisch-Methodistische Kirche, die Französische Kirche zu Berlin (Hugenotten), die Gemeinschaft der Siebenten-Tages-Adventisten, die Heilsarmee in Deutschland, die Johannische Kirche in Berlin, die Kirche Jesu Christi der Heiligen der letzten Tage (Mormonen), die Neuapostolische Kirche, die Russisch-Orthodoxe Kirche, die Russisch-Orthodoxe Metropolie von Deutschland, die Vereinigung der Mennoniten-Gemeinden oder die Wallonisch-Niederländische Gemeinde Hanau[109].

Die römisch-katholische Kirche und die evangelischen Landeskirchen haben ihren historischen Status als Körperschaft des öffentlichen Rechts

---

Rechts, DÖV 1995, S. 311 (S. 313), der in dem Körperschaftstatus eine besondere Zuordnung der Religionsgemeinschaft zum Staat sieht.

108 *Korioth*, in: Maunz/Dürig, GG, Art. 137 WRV, Rn. 69.

109 Aufzählung in: BVerfG, Urteil v. 19.12.2000 – 2 BvR 1500/97, BVerfGE 102, S. 370 (S. 372); eine ausführliche Aufzählung mit Stand September 1972 ist zu finden bei: *Held*, Die kleinen öffentlich-rechtlichen Religionsgemeinschaften im Staatskirchenrecht der Bundesrepublik, S. 149 ff.; Die Religionsgemeinschaften, die in den neuen Bundesländern als Körperschaften des öffentlichen Rechts gelten, ergeben sich aus § 2 des Kirchensteuergesetzes v. 31.08.1990, BGBl. II 1990, S. 889 (S. 1194) und Anlage II Kap. IV des Einigungsvertrages v. 23.09.1990, BGBl. II 1990, S. 885; ausführlich zur Stellung der kleinen Religionsgemeinschaften welchen den Status einer Körperschaft des öffentlichen Rechts inne haben: *Lehmann*, Die kleinen Religionsgesellschaften des öffentlichen Rechts im heutigen Staatskirchenrecht.

beibehalten[110]. Im Bereich der katholischen Kirche können Untergliederungen wie beispielsweise einzelne Pfarrgemeinden den Status einer Körperschaft des öffentlichen Rechts besitzen[111]. Für die jüdischen Synagogengemeinden entwickelte sich unter Einflussnahme der im französischen Recht 1808 vorgenommene Gleichstellung des Judentums mit den christlichen Konfessionen Anfang des 19. Jahrhunderts in verschiedenen deutschen Staaten eine korporationsrechtliche Anerkennung der jüdischen Gemeinden[112]. Durch das preußische Gesetz über die Juden vom 23. Juli 1847 hatten auch die altpreußischen jüdischen Synagogengemeinden die Stellung einer Körperschaft des öffentlichen Rechts erhalten und wurde die Entscheidung von der Weimarer Reichsverfassung übernommen[113]. Durch das Gesetz über die Rechtsverhältnisse der jüdischen Kultusvereinigungen vom 28. März 1938 haben die jüdischen Kultusvereinigungen und ihre Verbände mit Ablauf des 31. März 1938 ihre Stellung als Körperschaften des öffentlichen Rechts, soweit sie diese bis dahin besaßen, zwischenzeitlich verloren[114]. Die nach dem zweiten Weltkrieg gebildeten jüdischen Gemeinden wurden wieder als Körperschaften des öffentlichen Rechts anerkannt[115].

Orden und ordensähnliche Kongregationen sind nicht von Art. 140 GG i.V.m. Art. 137 Abs. 5 WRV erfasst. Diese sind vielmehr zu den religiösen Gesellschaften im Sinne des Art. 124 Abs. 1 S. 3 WRV zu zählen, so dass der Fortbestand der Rechte als Körperschaft des öffentlichen Rechts mangels Inkorporation dieser Norm in das Grundgesetz nicht gewährleistet ist[116].

---

110 *Hammer*, Steuer- und Gebührenbefreiung der Kirchen, in: Handbuch des Staatskirchenrechts der Bundesrepublik Deutschland, Bd. 1, S. 1065 (S. 1067).

111 *Schlief*, Die Organisationsstruktur der katholischen Kirche, in: Handbuch des Staatskirchenrechts, Bd. 1, § 11, S. 347 (S. 376).

112 *Demel*, Gebrochene Normalität, S. 99 ff.

113 FG Düsseldorf v. 28.06.2007 – 11 V 1910/07 A (BG), EFG 2007, S. 1463, (S. 1465); Gesetzessammlung für die königlich-preußischen Staaten, S. 263 ff.; *Demel*, Gebrochene Normalität, S. 104 ff. ebendort ausführlich zur historischen Entwicklung der jüdischen Gemeinden als Körperschaften des öffentlichen Rechts S. 46 ff; S. 87 ff.

114 Gesetz über die Rechtsverhältnisse der jüdischen Kultusvereinigungen v. 28.03.1938, RGBl. I 1938, S. 338; *Demel*, Gebrochene Normalität, S. 136 f.

115 *Demel*, Gebrochene Normalität, S. 145, zur Frage nach dem rechtlichen Fortbestand oder der Neugründung mit Rücksicht auf die Reichsgesetzgebung von 1938 siehe dort S. 145 ff.

116 Vgl. BFH v. 08.07.1971 – V R 1/68, BStBl. II 1972, S. 70 (S. 72) jedoch besteht die Möglichkeit durch die Fortgeltung von Konkordaten den Status einer Körperschaft des öffentlichen Rechts beizubehalten.

Wurde eine Körperschaft nicht durch Staatsakt begründet, sondern ist sie aus der geschichtlichen Entwicklung hervorgegangen, so kann ihre Eigenschaft als Körperschaft des öffentlichen Rechts auch auf dauernder (Landes-)Verwaltungsübung beruhen[117]. Es gibt somit Körperschaften, die die heutigen Voraussetzungen für die Erlangung des Körperschaftstatus des öffentlichen Rechts nicht erfüllen, die aber trotzdem als öffentlich-rechtlich anerkannt werden. Der Bundesfinanzhof verlangte hierfür eine direkte Gesetzesgrundlage, einen staatlichen Hoheitsakt oder nur schlichte Verwaltungsübung, was beispielsweise bei katholischen Orden relevant ist[118].

3. Direkte Steuervergünstigungen

Für die Darstellung der Steuervergünstigungen ist es erforderlich, die verschiedenen Regelungen zumindest der wesentlichen Einzelsteuergesetze und deren Vergünstigungsregelungen auf Bundesebene zu erläutern. Hierbei kann zwischen den direkten und den indirekten Steuervergünstigungen unterschieden werden[119]. Dabei richten sich die direkten Steuervergünstigungen in Form von Steuerbefreiungen, -ermäßigungen und sonstigen Sonderregelungen an die Religionsgemeinschaften als Körperschaft selbst, während die indirekten Steuervergünstigungen sich an Dritte richten, welche die Religionsgemeinschaft unterstützen, so dass diesen mittelbar die Steuervergünstigungen zugute kommen[120].

a) Körperschaftsteuergesetz

Die Besteuerung der Einkommen juristischer Personen bestimmt sich nach dem KStG[121].

---

117 BFH v. 01.03.1951 – I 52/50 U, BStBl. III 1951, S. 120 (S. 121).

118 BFH v. 08.07.1971 – V R 1/68, BStBl. II 1972, S. 70 (S. 71); BFH v. 01.03.1951 – I 52/50 U, BStBl. III 1951, S. 120.

119 Vgl. hierzu *Hüttemann*, Gemeinnützigkeits- und Spendenrecht, § 1, Rn. 25.

120 Siehe hierzu die Unterscheidung bei *Hüttemann*, Gemeinnützigkeits- und Spendenrecht, § 1 Rn. 25 ff.; *Wick*, Die Trennung von Staat und Kirche, S. 133; *Axer*, Die Steuervergünstigungen für die Kirchen im Staat des Grundgesetzes, S. 460 ff.; *Mückl*, Kirchliche Organisation, in: Handbuch des Staatsrechts Bd. 7, Rn. 69.

121 Ausführlich zur Steuerpflicht und den entsprechenden Steuerbefreiungen nach dem KStG im Zusammenhang mit gemeinnützigen Körperschaften siehe *Hüttemann*, Gemeinnützigkeits- und Spendenrecht, § 7, Rn. 16 ff.

aa) Unbeschränkte Steuerpflicht

§ 1 Abs. 1 KStG zählt diejenigen Rechtsformen auf, welche unbeschränkt steuerpflichtig im Sinne der Körperschaftsteuer sind. Die Aufzählung der Körperschaftsteuersubjekte ist dabei abschließend[122]. Diese Aufzählung bestimmt gemäß § 51 Abs. 1 AO zugleich den Kreis der Steuersubjekte, die Adressaten der Steuervergünstigungen wegen Gemeinnützigkeit sein können[123]. In dieser Aufzählung sind die Körperschaften des öffentlichen Rechts nur gemäß § 1 Abs. 1 Nr. 6 KStG in Bezug auf die Betriebe gewerblicher Art enthalten[124]. Diese werden folglich nur insoweit als unbeschränkt steuerpflichtige Körperschaftsteuersubjekt eingeordnet. Grund hierfür ist die Annahme, dass diese öffentliche Aufgaben wahrnehmen, die nicht zu Erwerbszwecken erfolgen und somit auch nicht Gegenstand der Körperschaftsteuer sein sollen[125]. Die als Körperschaften des öffentlichen Rechts verfassten Religionsgemeinschaften werden somit vom KStG nur bezüglich der Betriebe gewerblicher Art erfasst. Daher kann inzident von einer Steuervergünstigung zugunsten der als Körperschaften des öffentlichen Rechts verfassten Religionsgemeinschaften für deren Betätigung als Religionsgemeinschaft ausgegangen werden.

(1) Abgrenzung der steuerbegünstigten von steuerpflichtigen Tätigkeitsbereichen

Auf der einen Seite steht damit eine grundsätzliche Steuerbefreiung der Religionsgemeinschaften als Körperschaften des öffentlichen Rechts. Neben dieser Steuerbefreiung sind die steuerpflichtigen Tätigkeiten der korporierten Religionsgemeinschaften zu berücksichtigen. Denkbar sind also Betätigungen der als Körperschaften des öffentlichen Rechts organisierten Religionsgemeinschaften, die nicht unter die grundsätzlich bestehende Steuerbefreiung fallen, sondern als steuerpflichtige Betätigung im Anwendungsbereich des § 1 Abs. 1 Nr. 6 KStG einzuordnen sind. Betroffen hiervon sind folglich Betätigungen, die nicht mehr dem Bereich der Aktivitäten der korporierten Religionsgemeinschaft zuzuordnen sind, sondern durch diese darüber hinaus ausgeübt werden. Das ist für all diejenigen Tätigkeiten relevant, die nicht mehr der korporierten Religionsgemeinschaft selbst

---

122 Vgl. BFH v. 19.08.1958 – I 78/58 U, BStBl. III 1958, S. 468 (S. 470); BFH v. 02.12.1970 – I R 122/68, BStBl. II 1971, S. 187; BFH v. 25.6.1984 – GrS 4/82, BStBl. II 1984, S. 751 (S. 757); *Hüttemann*, Gemeinnützigkeits- und Spendenrecht, § 7, Rn. 18.

123 *Hüttemann*, Gemeinnützigkeits- und Spendenrecht, § 7, Rn. 18.

124 Wobei die Religionsgesellschaften mit dem entsprechenden Status unter den Begriff der Körperschaften des öffentlichen Rechts des KStG fallen, Körperschaftsteuer-Richtlinien 2004, BStBl. I 2004, Sondernr. 2, R 6 I.

125 *Sauter* in Erle/Sauter, KStG, § 1, Rn. 46.

zuzuordnen sind. Im Zusammenhang mit dem KStG ist dies als wirtschaftliche Betätigungen in Form der Betriebe gewerblicher Art denkbar, vgl. § 1 Abs. 1 Nr. 6, § 4 KStG.

Insoweit stellt sich die Frage danach, wie der Bereich der grundsätzlich bestehenden Steuervergünstigungen der korporierten Religionsgemeinschaft von denjenigen Tätigkeiten abzugrenzen ist, für die eine Berücksichtigung als Steuersubjekt erfolgt. Nur durch die Abgrenzung kann festgestellt werden, wieweit die Steuervergünstigung zugunsten der Religionsgemeinschaften als Körperschaften des öffentlichen Rechts greift. Darüber hinaus sind wiederum für den Bereich der steuerpflichtigen wirtschaftlichen Aktivitäten mögliche Steuervergünstigungen zu berücksichtigen. Für die Eingrenzung derjenigen Tätigkeiten der Religionsgemeinschaften, welche mit dem Status der Körperschaft des öffentlichen Rechts verbunden sind und entsprechend dem Bereich der Steuervergünstigung unterfallen, kann inhaltlich auf den Beispielkatalog des § 54 Abs. 2 AO verwiesen werden, welcher die so genannten kirchlichen Tätigkeiten aufzählt[126]. Diese Tätigkeiten entsprechen dem charakteristischen Tätigkeitsbereich der Religionsgemeinschaften, in welchem diese folglich nicht von der unbeschränkten Körperschaftsteuerpflicht erfasst sind und daher als steuerbegünstigt angesehen werden können.

Anhand dessen ist eine Abgrenzung der Tätigkeitsbereiche vorzunehmen, die nicht mehr dem Anwendungsbereich unterfallen. Zwar beschreibt § 54 Abs. 1, 2 AO die kirchlichen Zwecke, so dass an sich hier die steuerbegünstigten Tätigkeiten der Körperschaften des öffentlichen Rechts umschrieben werden. Problematisch hieran ist aber, dass die Aufzählung des § 54 Abs. 2 AO nur beispielhaft ist und damit nicht abschließend für eine Abgrenzung des Tätigkeitsbereiches herangezogen werden kann. Sinnvoller ist es, den Tätigkeitsbereich negativ anhand derjenigen Tätigkeiten abzugrenzen, die unter die Steuerpflicht des KStG fallen und damit nicht den charakteristischen Tätigkeiten der als Körperschaften des öffentlichen Rechts verfassten Religionsgemeinschaften entsprechen[127]. Demzufolge sind die steuerbegünstigten Tätigkeiten der korporierten Religionsgemeinschaft als Körperschaft des öffentlichen Rechts von den unbeschränkt steuerpflichtigen Tätigkeiten der Betriebe gewerblicher Art als unselbstständiger Teil der Körperschaft zu unterscheiden.

---

126 *Hammer*, Steuer- und Gebührenbefreiung der Kirchen, in: Handbuch des Staatskirchenrechts der Bundesrepublik Deutschland, Bd. 1, S. 1065 (S. 1069).

127 Vgl. hierzu *Siegel*, Der Begriff des „Betriebs gewerblicher Art" im Körperschaft- und Umsatzsteuerrecht, S. 195 f.

(a) Betriebe gewerblicher Art

Bei wirtschaftlichen Aktivitäten der Religionsgemeinschaften begründet § 1 Abs. 1 Nr. 6 KStG die unbeschränkte Steuerpflicht für Betriebe gewerblicher Art von Körperschaften des öffentlichen Rechts[128]. Insofern werden hier diejenigen Tätigkeiten definiert, mit denen die als Körperschaften des öffentlichen Rechts verfassten Religionsgemeinschaften steuerpflichtig sind[129].

Das Gesetz verwendet den – im Verhältnis zum Begriff der Körperschaft des öffentlichen Rechts gesehen umfassenderen – Begriff der juristischen Person des öffentlichen Rechts anstelle der Körperschaften des öffentlichen Rechts, um auch Anstalten und Stiftungen des öffentlichen Rechts zu erfassen, so dass beide Begriffe im Bereich des Steuerrechts verwendet werden[130]. Da für die Unterscheidung der Religionsgemeinschaften in Bezug auf die ihnen zukommenden Steuervergünstigungen der Status der Körperschaft des öffentlichen Rechts eines der ausschlaggebenden Kriterien ist, wird in der folgenden Darstellung auch weiterhin dieser Begriff verwendet.

Die Legaldefinition des § 4 Abs. 1 KStG bestimmt den Umfang der Besteuerung der Betriebe gewerblicher Art von unbeschränkt körperschaftsteuerpflichtigen juristischen Personen des öffentlichen Rechts im Sinne des § 1 Abs. 1 Nr. 6 KStG. Diese bezieht sich damit auf die als Körperschaften des öffentlichen Rechts verfassten Religionsgemeinschaften für deren Betriebe gewerblicher Art[131]. Nach § 4 Abs. 1 S. 1 KStG sind Betriebe gewerblicher Art von juristischen Personen des öffentlichen Rechts im Sinne des § 1 Abs. 1 Nr. 6 KStG alle Einrichtungen,

---

128 Begriff seit KStG 1934 in § 1 Abs. 1 Nr. 6 KStG, siehe Begründung zum KStG v. 16.10.1934, RStBl. 1935, S. 81 (S. 82); *Hüttemann*, Gemeinnützigkeits- und Spendenrecht, § 2, Rn. 66.

129 Zu den Steuervergünstigungen des Gemeinnützigkeitsrechts bezogen auf Betriebe gewerblicher Art von juristischen Personen des öffentlichen Rechts siehe *Hüttemann,* Gemeinnützigkeits- und Spendenrecht, § 2, Rn. 66 ff.

130 Bis zum KStG 1977 sprach die in diesem Punkte aufgehobene KStDV in § 1 Abs. 1 S. 1 von den Körperschaften des öffentlichen Rechts; ebenfalls spricht das UStG seit der Neufassung v. 26.11.1979, BStBl. I 1979, in § 2 Abs. 3 UStG nicht mehr von Körperschaften des öffentlichen Rechts sondern von juristischen Personen des öffentlichen Rechts; die Rechtsprechung subsumierte bereits vor der Gesetzesänderung unter die Körperschaften des öffentlichen Rechts alle juristischen Personen des öffentlichen Rechts vgl. BFH v. 13.03. 1974 – I R 7/71, BStBl. II 1974, S. 391; Eine Änderung der Rechtslage ist durch die Änderung nicht verbunden, vgl. *Lange*, Juristische Personen des öffentlichen Rechts als Unternehmer im Umsatzsteuerrecht, UR 2000, S. 1 (S. 3).

131 *Sauter,* in: Erle/Sauter, KStG, § 4, Rn. 2.

die einer nachhaltigen wirtschaftlichen Tätigkeit zur Erzielung von Einnahmen außerhalb der Land- und Forstwirtschaft dienen und die sich innerhalb der Gesamtbetätigung der juristischen Person wirtschaftlich herausheben[132]. Gemäß § 4 Abs. 1 S. 2 KStG ist hierfür die Absicht, Gewinn zu erzielen und die Beteiligung am allgemeinen wirtschaftlichen Verkehr nicht erforderlich. Der Begriff des Betriebes gewerblicher Art betrifft demnach keine eigenständige Organisationsform, sondern bezeichnet eine steuerrechtliche begriffliche Schöpfung[133]. Die Figur des Betriebs gewerblicher Art kommt bei den als Körperschaften des öffentlichen Rechts organisierten Religionsgemeinschaften in Betracht, wenn sie wirtschaftliche Aktivitäten entfalten, die nicht rechtlich verselbstständigt und nicht privatrechtlich organisiert sind[134].

Bei Körperschaften des öffentlichen Rechts entspricht der Betrieb gewerblicher Art dem Regiebetrieb, mit dem ohne rechtliche Trennung nach außen privatwirtschaftliche statt staatliche Betätigungen verfolgt werden, so dass dieser Bereich der Wirtschaftsbetriebe von der Steuerfreiheit der Religionsgemeinschaften als Körperschaften des öffentlichen Rechts ausgenommen wird[135].

Der Zweck der Besteuerung der Betriebe gewerblicher Art liegt in der Vermeidung von Wettbewerbsverzerrungen, die eintreten können, wenn die öffentliche Hand mit Privatbetrieben in Wettbewerb tritt, ohne einer gleichen steuerlichen Belastung zu unterliegen[136]. Denn die Betriebe der als Körperschaften des öffentlichen Rechts verfassten Religionsgemeinschaften sollen gegenüber Betrieben der privaten Wirtschaft steuerlich nicht in ungerechtfertigter Weise begünstigt werden[137]. Ein solcher Fall ist beispielsweise bei einem Friedhof, der einer Körperschaft des öffentlichen Rechts zuzurechnen ist, für den Blumenverkauf und die Grabpflegeleistung in Abgrenzung zu dem reinen Friedhofsbetrieb gegeben[138]. Denn der Blumenverkauf und die Grabpflegeleistung können – im Gegensatz zum Betrieb des Friedhof im eigentlichen Sinne – auch von einer privatrechtlichen Organisation vorgenommen werden. Ebenso ist die Unterhaltung einer Gaststätte durch eine Kirchengemeinde als

---

132 Vgl. BFH Urteil v. 14.04.1983 – V R 3/79, BStBl. II 1983, S. 491 (S. 494).

133 *Lambrecht,* in: Gosch, KStG, § 1, Rn. 97.

134 *Beermann*, Hoheitsbetriebe von Kirchen und Religionsgemeinschaften, S. 93.

135 *Wallenhorst,* Die Besteuerung gemeinnütziger Vereine, in: Stiftungen und der juristischen Personen des öffentlichen Rechts, Troll/Wallenhorst/Halaczinsky, C, Rn. 3a.

136 *Frotscher,* KStG, Rn. 65.

137 BFH v. 03.02.1993 – I R 61/91, BStBl. II 1993, S. 459 (S. 460).

138 BFH v 14.04.1983 – V R 3/79, BStBl. II 1983, S. 491.

ein Betrieb gewerblicher Art einzuordnen[139]. Hieran wird deutlich, dass mangels organisatorischer und rechtlicher Trennung des Betriebes gewerblicher Art von der korporierten Religionsgemeinschaft Abgrenzungsschwierigkeiten im konkreten Einzelfall auftreten können. Insofern ist die Aufstellung von Abgrenzungskriterien erforderlich, anhand derer eine Unterscheidung möglich ist.

(b) Abgrenzungskriterien

Als Kriterien für die Feststellung eines Betriebes gewerblicher Art kann die Festlegung einer Gewichtung bezogen auf den Umfang der wirtschaftlichen Aktivitäten oder die Einordnung der sachlichen Selbstständigkeit der betroffenen Betätigungen in Betracht kommen. So ist auf der Grundlage der Rechtsprechung des Reichsfinanzhofs die Tätigkeit einer Körperschaft des öffentlichen Rechts nur als Betrieb gewerblicher Art anzusehen, wenn sie von einem gewissen wirtschaftlichen Gewicht ist[140]. Andererseits wird die Deutung des wirtschaftlichen Heraushebens im Sinne einer Gewichtung auch kritisch bewertet[141]. Anstelle dessen wird auf die sachliche Selbstständigkeit der Tätigkeit als Kriterium verwiesen[142]. Denn der konkrete Umsatz ist von der Art der Tätigkeit abhängig und sagt für sich genommen nichts über den Umfang aus, mit dem eine betriebliche Tätigkeit vorgenommen wird. Dem Aspekt der Höhe der Einnahmen kommt insoweit nur Indizwirkung für die Feststellung eines Betriebes gewerblicher Art zu[143].

Ein Betrieb gewerblicher Art, der der Körperschaftsteuer unterliegt, ist ebenfalls gegeben, wenn dieser nicht der Gewinnerzielung dient und es sich lediglich um eine nachhaltige wirtschaftliche Tätigkeit handelt, welche sich innerhalb der Gesamtbetätigung der Körperschaft wirtschaftlich heraushebt, § 4 Abs. 1 S. 1 KStG[144]. Entsprechend kann dahinstehen inwiefern tatsächlich ein privatwirtschaftlicher Wettbewerb zu ähnlichen Betrieben entsteht[145].

---

139 BFH v. 06.12.1960 – I 175/59, StRK § 1 KStG Rspr. 40.

140 RFH v. 22.10.1929 – I Aa 644/29, RStBl. 1929, S. 666.

141 Siehe hierzu *Beermann*, Hoheitsbetriebe von Kirchen und Religionsgemeinschaften, S. 101 ff.

142 *Hüttemann*, Die Besteuerung der öffentlichen Hand, S. 51 ff.; so auch BFH v. 25.10.1989 – V R 111/85, BStBl. II 1990, S. 868.

143 *Hüttemann*, Die Besteuerung der öffentlichen Hand, S. 57; siehe auch bereits RFH v. 20.01.1942 – I 77/41, RStBl. 1942, S. 405.

144 RFH v. 25.10.1938 – VI a 7/38, RStBl. 1938, S. 1189.

145 RFH v. 25.10.1938 – VI a 7/38, RStBl. 1938, S. 1189.

So wurde – wenn auch zu Zeiten des Nationalsozialismus – entschieden, dass die Besichtigungsmöglichkeit einer kirchlichen Schatzkammer und des Kirchturmes gegen Entgelt beispielsweise als Betrieb gewerblicher Art einzuordnen sind, weil diese Tätigkeiten nicht denjenigen entsprechen, welche für die Religionsgemeinschaften eigentümlich sind[146]. Für die Abgrenzung ist damit im Ergebnis auf den Inhalt der Tätigkeiten und deren Schwerpunkt und letztlich auf das Kriterium der sachlichen Selbstständigkeit abzustellen.

(c) Hoheitsbetriebe

Für das Kriterium der sachlichen Selbstständigkeit spricht zudem die Betrachtung der von dem Betrieb gewerblicher Art abzugrenzenden Hoheitsbetriebe[147]. Denn dem Betrieb gewerblicher Art ist der so genannte Hoheitsbetrieb entgegengesetzt, § 4 Abs. 5 S. 1 KStG. Soweit der Betrieb überwiegend der Ausübung der öffentlicher Gewalt dient, ist dieser als Hoheitsbetrieb einzuordnen, so dass nicht die unbeschränkte Steuerpflicht für Betriebe gewerblicher Art, § 4 Abs. 5 S. 1 KStG eingreift[148]. Insoweit kann anhand dieser Rückausnahme von der Steuerpflicht eine Abgrenzung der Aktivitäten erfolgen, welche den Religionsgemeinschaften als Körperschaften des öffentlichen Rechts zuzuordnen sind und der Steuervergünstigung unterfallen. Hierunter sind im Zusammenhang mit dem Hoheitsbetrieb betriebliche Tätigkeiten zu verstehen, welche sich auf den eigentlichen Tätigkeitsbereich der Religionsgemeinschaft als Körperschaft des öffentlichen Rechts beschränken und insoweit nicht zu den steuerpflichtigen Tätigkeiten zu zählen sind. Die hiervon umfassten Tätigkeiten sind damit als steuerbegünstigt anzusehen.

Gemäß § 4 Abs. 1 S. 1 KStG stellt die nachhaltige wirtschaftliche Tätigkeit ein wesentliches Merkmal des Betriebes gewerblicher Art von Körperschaften des öffentlichen Rechts dar. Reine Hoheitsbetriebe sind bereits durch dieses Merkmal aus dem Anwendungsbereich des § 4 Abs. 5 S. 1 KStG ausgeklammert. Der Anwendungsbereich bezieht sich folglich nur auf Betriebe, mit denen die Körperschaft des öffentlichen Rechts sowohl hoheitlich als auch gewerblich tätig wird[149]. Lässt sich bei einer solchen gemischten Tätigkeit ein Überwiegen im Sinne des

146 RFH v. 27.06.1939 – I 131/38, RStBl. 1939, S. 910.

147 Zu den steuerrechtlichen Voraussetzungen der Hoheitsbetriebe von Körperschaften des öffentlichen Rechts siehe *Beermann*, Hoheitsbetriebe von Kirchen und Religionsgemeinschaften, S. 83 ff.

148 Zum Begriff der Ausübung der öffentlichen Gewalt siehe *Beermann*, Hoheitsbetriebe von Kirchen und Religionsgemeinschaften, S. 128 ff.

149 *Heger*, in: Gosch, KStG, § 4 Rn. 106.

§ 4 Abs. 5 S. 1 KStG nicht feststellen, die eine Zuordnung zum steuerbegünstigten Bereich ermöglicht, so ist die gesamte Betätigung dem steuerpflichtigen Bereich zuzuordnen[150]. Somit wird die Einordnung erst relevant, wenn eine Tätigkeit einer als Körperschaft des öffentlichen Rechts verfassten Religionsgemeinschaft nicht eindeutig in eine wirtschaftliche und hoheitliche Tätigkeit aufgeteilt werden kann. So zählen zu der hoheitlichen Tätigkeit der bereits genannten Friedhofsverwaltung nicht nur der eigentliche Vorgang der Bestattung, sondern auch unselbstständige wirtschaftliche Nebenleistungen, wie die Bereithaltung einer Trauerhalle nebst Ausstattung sowie einer Reihe von Dienstleistungen trotz des vorhandenen wirtschaftlichen Charakters der einzelnen Leistungen[151].

(d) Einordnung als Hoheitsbetriebe gemäß § 4 Abs. 5 S. 1 KStG ?

Der Begriff des Hoheitsbetriebes hat sich allgemein als Oberbegriff für steuerfreie Betriebe im Bereich der Körperschaften des öffentlichen Rechts etabliert[152]. Die Einordnung der Religionsgemeinschaften als Hoheitsbetriebe im Sinne des § 4 Abs. 5 S. 1 KStG ist problematisch[153]. Denn Hoheitsbetriebe liegen vor bei Tätigkeiten, die nicht in Formen des Privatrechts erfüllt werden können[154]. Es stellt sich somit die Frage, ob durch die Religionsgemeinschaften als Körperschaften des öffentlichen Rechts auch öffentliche Gewalt im Sinne der Vorschrift ausgeübt und entsprechend eine Anwendung des Tatbestandes des § 4 Abs. 5 S. 1 KStG erfolgen kann[155]. In diesem Sinne sind unter Ausübung öffentlicher Gewalt Tätigkeiten zu verstehen, die den Körperschaften des öffentlichen Rechts eigentümlich und vorbehalten sind[156]. Kennzeichnend hierfür ist die Erfüllung

150 *Hüttemann*, Die Besteuerung der öffentlichen Hand, S. 107.

151 BFH v. 14.04.1983 – V R 3/79, BStBl. II 1983, S. 491 (S. 492 f.).

152 *Heger*, in: Gosch, KStG, § 4 Rn. 106; ausführlich zu den Hoheitsbetrieben von Religionsgemeinschaften siehe *Beermann*, Hoheitsbetriebe von Kirchen und Religionsgemeinschaften.

153 Siehe hierzu *Beermann*, Hoheitsbetriebe von Kirchen und Religionsgemeinschaften, S. 123 ff.

154 *Frotscher*, KStG, Rn. 67.

155 Zur allgemeinen Kennzeichnung des Begriffs der Ausübung öffentlicher Gewalt und dessen Anwendung im Zusammenhang mit den Hoheitsbetrieben der Religionsgemeinschaften im Sinne des § 4 Abs. 5 S. 1 KStG siehe *Beermann*, Hoheitsbetriebe von Kirchen und Religionsgemeinschaften, S. 123 ff., S. 195 ff.

156 Vgl. BFH v. 08.01.1998 – V R 32/97, BStBl. II 1998, S. 410 (S. 411), BFH v. 23.10.1996 – I R 1-2/94, BStBl. II 1997, S. 139 (S. 140); BFH v. 21.9.1989 – V R 89/85, BStBl. II 1990, S. 95 (S. 97); BFH v. 30.06.1988 – V R 79/84, BStBl. II 1988, S. 910 mit weiteren Nachweisen.

spezifisch öffentlich-rechtlicher Aufgaben, die aus der Staatsgewalt abgeleitet sind und staatlichen Zwecken dienen. Dies liegt insbesondere vor, wenn der Leistungsempfänger zur Annahme aufgrund gesetzlicher oder behördlicher Anordnung verpflichtet ist[157]. Vorbehaltlich der speziellen Regelungen in § 4 Abs. 2 bis 4 KStG richtet sich die Abgrenzung nicht nach der Form, sondern nach dem Inhalt der Tätigkeit[158].

Der Status der Religionsgemeinschaften als Körperschaften des öffentlichen Rechts bedeutet jedoch nicht die Zuordnung zur öffentlich-rechtlichen *Staats*gewalt und deren Ausübung, sondern ist – wie bereits ausgeführt – als Sonderverhältnis zum Staat einzuordnen. Somit ist fraglich, ob § 4 Abs. 5 S. 1 KStG überhaupt auf die als Körperschaften des öffentlichen Rechts verfassten Religionsgemeinschaften anwendbar ist. Nur bei einer Anwendung der Norm kann die dort genannte Einordnung als Hoheitsbetrieb und die entsprechende Abgrenzung von den Betrieben gewerblicher Art eingreifen. Dies hat durch die dadurch bedingte Zuordnung zum steuerpflichtigen oder steuerbefreiten Tätigkeitsbereich Auswirkungen auf die Steuervergünstigungen zugunsten der als Körperschaften des öffentlichen Rechts verfassten Religionsgemeinschaften.

(aa) Restriktive Auslegung

Die Einordnung der charakteristischen Tätigkeiten von Religionsgemeinschaften mit dem Status einer Körperschaft des öffentlichen Rechts unter den Begriff der öffentlichen Gewalt wird teilweise abgelehnt[159]. Danach erfasst § 4 Abs. 5 S. 1 KStG nur staatliche Hoheitsbetriebe im eigentlichen Sinn und befreit diese von der subjektiven Steuerpflicht. Mangels Abgrenzung der Betätigungsbereiche würden infolge dessen die Religionsgemeinschaften als Körperschaften des öffentlichen Rechts in Form der ihnen zugehörigen Betriebe damit grundsätzlich der unbeschränkten Steuerpflicht nach § 1 Abs. 1 Nr. 6 KStG unterliegen. Entsprechend wären die Religionsgemeinschaften grundsätzlich für betriebliche Tätigkeiten auf

---

157 BFH v. 25.01.2005 – I R 63/03, BStBl. II 2005, S. 501.

158 *Lambrecht*, in: Gosch, KStG, § 1 Rn. 98; ausführlich zum Streit der Abgrenzung von wirtschaftlicher Tätigkeit zur Erzielung von Einnahmen gegenüber der Ausübung öffentlicher Gewalt siehe *Siegel*, Der Begriff des „Betriebs gewerblicher Art" im Körperschaft- und Umsatzsteuerrecht, S. 121 ff.

159 Siehe hierzu die ausführliche Darstellung bei *Schön*, Kirchliche Hoheitsbetriebe, DStZ 1999, S. 701 f.; generell zur Entwicklung der Rechtsprechung und des Meinungsstandes zur Abgrenzung des Betriebs gewerblicher Art zum Hoheitsbetrieb siehe *Hüttemann*, Die Besteuerung der öffentlichen Hand, S. 77 ff.

eine mögliche Anwendung der Steuerbefreiungsvorschriften des KStG angewiesen, um eine Steuerbegünstigung erlangen zu können.

(bb) Direkte Anwendung

Die Rechtsprechung erkennt die Tätigkeiten von Religionsgemeinschaften, die als Körperschaften des öffentlichen Rechts verfasst sind, als Ausübung öffentlicher Gewalt und damit als hoheitlich an[160]. Angeführt wird hierfür, dass hoheitliches Handeln im steuerlichen Sinne nicht nur dem Staat und seinen nachgeordneten Einrichtungen vorbehalten sein soll, sondern auch die öffentlich-rechtliche Verwaltung von Tätigkeiten umfasst, die der Staat selbst nicht vornehmen kann[161]. Insbesondere wird dies mit dem Charakter des Status der Körperschaft des öffentlichen Rechts begründet. Denn die Gewährung des Status umfasst zugleich die Anerkennung des öffentlichen Charakters der Tätigkeit der Religionsgemeinschaften und letztlich die Einordnung als öffentliche Gewalt[162]. So wurde schon durch den Reichsfinanzhof die Verwaltung eines Friedhofes als Ausübung öffentlicher Gewalt qualifiziert[163]. § 4 Abs. 5 S. 1 KStG kann nach dieser Ansicht unmittelbare Anwendung auf die Religionsgemeinschaften als Körperschaften des öffentlichen Rechts und deren Betriebe finden. *Gerrit Beermann* differenziert hingegen bei der Anwendung der öffentlichen Gewalt im Sinne des § 4 Abs. 5 S. 1 KStG: für eine Anwendung sei ein Handeln in öffentlich-rechtlicher Form basierend auf einer öffentlich-rechtlichen Grundlage erforderlich, was bei der inneren Sphäre und Betätigung der Religionsgemeinschaften nicht gegeben sei[164]. Erst wenn ein Handeln nach außen im weltlichen Bereich stattfinde, bestehe die Möglichkeit der Ausübung von öffentlicher Gewalt; nur dann sei eine Anwendung des § 4 Abs. 5 S. 1 KStG möglich[165].

---

160 BFH v. 08.07. 1971 – V R 1/68, BStBl II 1972, S. 70; in Hinblick auf den zeitlichen Kontext des Nationalsozialismus eher kritisch: RFH v. 16.12.1939 – VIa 25/37, RStBl. 1941, S. 158 f.; zum Begriff der Ausübung öffentlicher öffentlicher Gewalt im Zusammenhang von Hoheitsbetrieben siehe *Beermann*, Hoheitsbetriebe von Kirchen und Religionsgemeinschaften, S. 128 ff.

161 BVerfG, Urteil v. 27.07.1971 – 2 BvF 1/68, 2 BvR 702/68, BVerfGE 31, S. 314 (S. 329).

162 *Schlaich*, Der Öffentlichkeitsauftrag der Kirchen, Handbuch des Staatskirchenrechts, Bd. 2, S. 131 (S. 161); *Kirchhof*, Die Kirchen und Religionsgemeinschaften als Körperschaften des öffentlichen Rechts, Handbuch des Staatskirchenrechts der Bundesrepublik Deutschland, Bd.1, S. 651 (S. 665); BVerfG, Beschluss v. 04.10.1965 – 1 BvR 498/62, BVerfGE 19, S. 129 (S. 134).

163 RFH v. 10.06.1939 – V 170/37, RStBl. 1939, S. 896 f.

164 *Beermann*, Hoheitsbetriebe von Kirchen und Religionsgemeinschaften, S. 195 ff., S. 213.

165 *Beermann*, Hoheitsbetriebe von Kirchen und Religionsgemeinschaften, S. 213.

(cc) Entsprechende Anwendung

Im Gegensatz zur restriktiven und direkten Anwendung kommen *Peter Weides* und *Gerhard Hammer* zu dem Ergebnis, dass eine entsprechende Anwendung des Begriffs der öffentlichen Gewalt auf die mit dem Status einer Körperschaft des öffentlichen Rechts versehenen Religionsgemeinschaften vorzunehmen ist[166]. Denn die Religionsgemeinschaften üben nicht unmittelbar öffentliche Gewalt in dem Sinne aus, dass diese für den Staat und in dessen Aufgabenbereich tätig werden. Jedoch sind diese für ihren eigentlichen Tätigkeitsbereich mangels Berücksichtigung in § 1 Abs. 1 KStG von der Körperschaftsteuer befreit. Soweit also Betriebe unterhalten werden, die überwiegend kirchlichen Zwecken dienen und damit jenen Tätigkeiten, für die der Status einer Körperschaft des öffentlichen Rechts verliehen wurde dienen, unterliegen die insoweit erzielten Einnahmen sinngemäß nach § 4 Abs. 5 S. 1 KStG nicht der Körperschaftsteuer[167]. Dabei sei für die Einordnung der hoheitlichen Betätigung die Definition der kirchlichen Zwecke gemäß § 54 Abs. 2 AO heranzuziehen, da in dieser Norm diejenigen Tätigkeiten umschrieben sind, welche zu einer Steuervergünstigung durch die Nichtberücksichtigung in § 1 Abs. 1 KStG führen[168]. Dient also die Tätigkeit eines Betriebes überwiegend kirchlichen Zwecken, so ist hiernach die Steuerbefreiung gemäß § 4 Abs. 5 S. 1 KStG gegeben. Beispielhaft zählt *Weides* hierfür Konvikte, sonstige Schülerheime, Internate, Studentenheime, öffentliche Bildungseinrichtungen und Friedhöfe auf. Ferner zählt er hierzu Einrichtungen der Caritas, die unmittelbar von einer Religionsgemeinschaft mit dem Status einer Körperschaft des öffentlichen Rechts unterhalten werden[169]. Teil der hoheitlichen Betätigung einer Körperschaft des öffentlichen Rechts ist ebenso die Vermögensverwaltung[170]. Nach dieser Ansicht können die Religionsgemeinschaften

---

166 *Weides*, Die Religionsgemeinschaften im Steuerrecht, in: Festschrift Uni Köln, S. 885 (S. 892); *Hammer*, Steuer- und Gebührenbefreiung der Kirchen, in: Handbuch des Staatskirchenrechts der Bundesrepublik Deutschland, Bd. 1, S. 1065 (S. 1069).

167 *Weides*, Die Religionsgemeinschaften im Steuerrecht, in: Festschrift Uni Köln, S. 885 (S. 892); *Hammer*, Steuer- und Gebührenbefreiung der Kirchen, in: Handbuch des Staatskirchenrechts der Bundesrepublik Deutschland, Bd. 1, S. 1065 (S. 1069).

168 *Weides*, Die Religionsgemeinschaften im Steuerrecht, in: Festschrift Uni Köln, S. 885 (S. 892); *Hammer*, Steuer- und Gebührenbefreiung der Kirchen, in: Handbuch des Staatskirchenrechts der Bundesrepublik Deutschland, Bd. 1, S. 1065 (S. 1069).

169 *Weides*, Die Religionsgemeinschaften im Steuerrecht, in: Festschrift Uni Köln, S. 885 (S. 892).

170 *Schauhoff*, in: Schauhoff, Handbuch der Gemeinnützigkeit, § 5, Rn. 5.

für ihre Betriebe gewerblicher Art § 4 Abs. 5 S. 1 KStG in Anspruch nehmen, soweit deren Tätigkeiten in den Bereich der Tätigkeit als Körperschaft des öffentlichen Rechts fallen.

(dd) Stellungnahme

In Anbetracht der Annahme, dass die Religionsgemeinschaften als Körperschaften des öffentlichen Rechts nur in Bezug auf die Betriebe gewerblicher Art Steuersubjekt im Sinne des § 1 Abs. 1 KStG sind, widerspricht dem eine Besteuerung der Hoheitsbetriebe, also derjenigen Betriebe, deren Betätigungen im Zusammenhang mit dem Körperschaftstatus des öffentlichen Rechts stehen. Insofern scheint nach dem heutigen Regelungskontext des KStG die Beschränkung der Ausübung öffentlicher Gewalt im Sinne des § 4 Abs. 5 S. 1 KStG auf rein staatliche Betriebe zu eng. Alleine die Tatsache, dass in der Rechtsprechung mittlerweile auch geprüft wird, ob die Betriebe gewerblicher Art eine Steuerbefreiung nach den Regeln des Gemeinnützigkeitsrechts erlangen können, steht dem nicht entgegen[171]. Um die Abgrenzung zu privatrechtlichen Organisationsformen klarzustellen, muss daher eine Anwendung auf die als Körperschaften des öffentlichen Rechts verfassten Religionsgemeinschaften erfolgen.

Jedoch würde eine unmittelbare Subsumtion der Tätigkeiten von Religionsgemeinschaften als Körperschaften des öffentlichen Rechts unter den Begriff der Hoheitsbetriebe dem grundsätzlichen Verständnis vom öffentlich-rechtlichen Körperschaftstatus als Sonderstatus widersprechen. So ist *Beermann* in der Hinsicht zuzustimmen, dass die Ausübung von öffentlicher Gewalt und eine direkte Anwendung im Sinne des § 4 Abs. 5 S. 1 KStG zumindest ein Handeln in öffentlicher-rechtlicher Form auf öffentlich-rechtlicher Grundlage nach außen erfordert[172]. Im Ergebnis ist eine entsprechende Anwendung des § 4 Abs. 5 S. 1 KStG auf die Betriebe der als Körperschaften des öffentlichen Rechts verfassten Religionsgemeinschaften daher vorzuziehen.

Zusammengefasst lässt sich festhalten: Auf der einen Seite stehen die Religionsgemeinschaft als Körperschaft des öffentlichen Rechts, deren Betätigungen grundsätzlich nicht steuerpflichtig sind und insoweit den entsprechend verfassten Religionsgemeinschaften eine grundsätzliche Steuervergünstigung in Form einer Steuerbefreiung zugute kommt. Dies umfasst die Betätigung als Religionsgemeinschaft. Auf der anderen Seite stehen die darüber hinaus

171 vgl. BFH v. 31.10.1984 – I R 21/81, BStBl II 1985, S. 162 f.; BFH v. 30.11.1989 – I R 19/87, BStBl. II 1990, S. 246, (S. 248).

172 *Beermann*, Hoheitsbetriebe von Kirchen und Religionsgemeinschaften, S. 213.

gehenden wirtschaftlichen Aktivitäten in Form der Betriebe gewerblicher Art, welche nicht mehr dem Tätigkeitsbereich der korporierten Religionsgemeinschaft zuzuordnen und daher insoweit eine Steuerpflicht besteht. Dies ergibt sich somit schon aus dem Umkehrschluss, dass die Betätigung der Betriebe gewerblicher Art inhaltlich nicht der Körperschaft des öffentlichen Rechts zuzuordnen sind. Für diesen Bereich und dessen Abgrenzung sind die Hoheitsbetriebe zu berücksichtigen, durch welche bei wirtschaftlichen Aktivitäten die Tätigkeitsbereiche abgegrenzt werden, die der Religionsgemeinschaft als solcher zuzuordnen sind und daher wiederum nicht der unbeschränkten Steuerpflicht unterfallen.

(e) *Abgrenzung der Hoheitsbetriebe von den Betrieben gewerblicher Art im Einzelfall*

Zu klären bleibt, wie die konkrete Anwendung und damit die Abgrenzung der Tätigkeitsbereiche der Betriebe gewerblicher Art von denen der Hoheitsbetriebe im Einzelfall zu erfolgen hat. So war diese Abgrenzung in jüngster Vergangenheit Gegenstand einer Entscheidung über die Steuerpflicht von kommunalen Kindertagesstätten durch den Bundesfinanzhof[173]. Fraglich ist, welche Kriterien in Bezug auf Religionsgemeinschaften als Körperschaften des öffentlichen Rechts ausschlaggebend dafür sind, dass ein „Überwiegen" der hoheitlichen oder gewerblichen Tätigkeit im Sinne des § 4 Abs. 5 S. 1 KStG vorliegt[174]. Nach der bereits im Jahre 1937 durch den Reichsfinanzhof ergangenen Entscheidung sind die Voraussetzungen einer hoheitlichen Tätigkeit im Sinne des § 4 Abs. 5 S. 1 KStG erfüllt, wenn eine juristische Person des öffentlichen Rechts Aufgaben wahrnimmt, die ihr eigentümlich und vorbehalten sind[175]. Hierauf bezieht sich auch die Rechtsprechung des Bundesfinanzhofs[176]. Insoweit erfolgt eine inhaltliche Abgrenzung der Tätigkeiten. So wurden auch die Aufgaben der katholischen Kirche zu den öffentlichen Aufgaben gezählt[177].

---

173 BFH v. 12.07.2012 - I R 106/10, KommJuR 2012, S. 381 ff.

174 Siehe hierzu *Beermann*, Hoheitsbetriebe von Kirchen und Religionsgemeinschaften, S. 123 ff.

175 RFH v. 09.07.1937 - V D 1/37, RStBl. 1937, S. 1306.

176 Beispielsweise BFH v. 30.06.1988 - V R 79/84, BStBl. II 1988 S. 910 (S. 911); BFH v. 21.09.1989 - V R 89/85, BStBl. II 1990, S. 95, (S. 97); BFH v. 04.09.2002 - I R 42/01, BFH/NV 2003, S. 511, (S. 512); BFH v. 12.07.2012 - I R 106/10, KommJuR 2012, S. 381; ausführliche Aufzählung bei *Beermann*, Hoheitsbetriebe von Kirchen und Religionsgemeinschaften, S. 131.

177 OFH v. 12.02.1946 - I 1/46 S, StuW 1947 II, Sp. 15.

Seitens der Rechtsprechung wird darüber hinaus als Kriterium angeführt, dass die Ausübung öffentlicher Tätigkeit nicht gegeben sein könne, wenn diese eine privatwirtschaftliche Tätigkeit darstellt, die auch von Privaten ausgeübt werden kann[178]. Denn die Annahme einer steuerpflichtigen wirtschaftlichen Tätigkeit besteht zumindest dort, wo ein konkretes Wettbewerbsverhältnis zu privaten Unternehmen oder ein potentieller Wettbewerb besteht[179]. Denn dann bewegt sich auch die Körperschaft des öffentlichen Rechts in Bereichen der unternehmerischen Berufs- und Gewerbeausübung, in denen private Unternehmen durch den – tatsächlichen oder potentiellen – Wettbewerb mit Körperschaften des öffentlichen Rechts nicht benachteiligt werden dürfen[180]. So ordnete der Bundesfinanzhof den Betrieb einer kommunalen Kindertagesstätte als Betrieb gewerblicher Art ein, da der Betrieb einer Kindertagesstätte trotz Aufgabe der Daseinsvorsorge nunmehr auch privatgewerblichen Anbietern zur Verfügung steht und diese bei entsprechenden fachlichen und personellen Voraussetzungen tatsächlich wie potentiell in gleicher oder jedenfalls vergleichbarer Weise auftreten und ihr Angebot dem gleichen „Kundenkreis" anbieten und ein Anbieter- wie Nachfragermarkt besteht[181]. Insoweit zieht der Bundesfinanzhof eine Parallele zu ähnlichen öffentlichen Aufgaben, wie dem Post- und Eisenbahnwesen; diese wurden ehemals hoheitlich wahrgenommen, die sich daraus ergebenden Restriktionen und Aufgaben der Grundversorgungsanforderung zum Beispiel für die Deutsche Post oder Deutsche Bahn lassen aber den wirtschaftlichen Charakter der betreffenden Unternehmen unberührt[182]. Zwar kann für die Tätigkeiten der Betriebe bei Religionsgemeinschaften als Körperschaften des öffentlichen Rechts der § 54 Abs. 2 AO als Beispielkatalog zur Einordnung herangezogen werden[183]. Denn § 54 Abs. 1 AO

---

178 BFH v. 13.04.1961 – V 120/59 U, BStBl. III 1961, S. 298; so auch schon RFH v. 22.11.1938 – I 305/38, RStBl. 1938, S. 477 (S. 478).

179 BFH v. 29.10.2008 – I R 51/07, DStR 2008, 2470, 2471; BFH v. 12.07.2012 – I R 106/10, KommJuR 2012, S. 381, (S. 382); *Hüttemann*, Die Besteuerung der öffentlichen Hand, S. 94 f.; *Heger*, in: Gosch, KStG, § 4 Rn. 10; *Schön*, Die Besteuerung kirchlicher Hoheitsbetriebe, DStZ 1999, S. 701, (S. 706); *Wallenhorst*, in: Wallenhorst/Halaczinsky, Die Besteuerung gemeinnütziger Vereine, Stiftungen und der juristischen Personen des öffetnlichen Rechts, H 70.

180 BFH v. 12.07.2012 – I R 106/10, KommJuR 2012, S. 381; BFH v. 07.11.2007 – I R 52/06, BStBl. II 2009, S. 248; BFH v. 29.10.2008 – I R 51/07, BStBl. II 2009, S. 1022; FG Hamburg v. 05.02.2013 – 3 K 74/12, BeckRS 2013, 94847.

181 BFH v. 12.07.2012 – I R 106/10, KommJuR 2012, S. 381 ff.

182 BFH v. 12.07.2012 – I R 106/10, KommJuR 2012, S. 381, S. 382.

183 *Schön*, Kirchliche Hoheitsbetriebe, DStZ 1999, S. 701 (S. 703); hingegen stellt *Beermann* nicht auf § 54 AO zur Abgrenzung auf das allgemeine staats- und

bezeichnet es als kirchlichen Zweck, eine Religionsgemeinschaft selbstlos zu fördern, die Körperschaft des öffentlichen Rechts ist. Insofern kann argumentiert werden, dass die Steuervergünstigung zugunsten der Körperschaft des öffentlichen Rechts nicht weniger weit reichen kann, als der sie unterstützenden privatrechtlichen Einrichtung nach § 54 AO[184]. Anhand des § 54 AO wird geprüft, welche Bereiche in Bezug auf die Religionsgemeinschaften als Körperschaften des öffentlichen Rechts als deren eigentümliche und vorbehaltene Tätigkeit zu verstehen ist[185]. Durch die Anwendung des § 54 Abs. 2 AO kann zudem der wesentliche Bereich der hoheitlichen Tätigkeiten der Religionsgemeinschaften mit dem Status einer Körperschaft des öffentlichen Rechts durch die Einteilung in religiöse Handlungen, Aufgaben der Verkündigung, kirchliche Organisation und Vermögensverwaltung beschrieben werden[186]. Wie bereits erwähnt ist § 54 Abs. 2 AO jedoch nicht abschließend und kann damit nicht als generelles Abgrenzungsmerkmal herangezogen werden. Andererseits führt § 54 Abs. 2 AO beispielhaft charakteristische Inhalte und Formen der Religionsausübung seitens der Religionsgemeinschaften auf. Soweit sich die Abgrenzung zudem danach richtet, was den Religionsgemeinschaften eigentümlich und vorbehalten ist, muss bei der Einordnung dessen, was unter den hoheitlichen Tätigkeiten zu verstehen ist, das Selbstverständnis der Religionsgemeinschaften berücksichtigt werden. Erst durch die Bestimmung seitens der Religionsgemeinschaft darüber, was dem Bereich der Religionsausübung und damit der hoheitliche Tätigkeit zugeordnet werden kann, ist die im Rahmen des § 4 Abs. 5 S. 1 KStG erforderliche Abgrenzung der Tätigkeiten der Hoheitsbetriebe von den Betrieben gewerblicher Art möglich.

Wie die vielfältige Rechtsprechung zeigt, scheint die Abgrenzung des Betriebes gewerblicher Art von Hoheitsbetrieben in der praktischer Anwendung letztlich eine Entscheidung des jeweiligen Einzelfalls zu bleiben, welche unter wirtschaftlichen Gesichtspunkten beurteilt wird[187]. So ist bei Fortbildungs- und

verwaltungsrechtliche Verständnis des Begriffs der öffentlichen Gewalt ab, *Beermann*, Hoheitsbetriebe von Kirchen und Religionsgemeinschaften, S. 201 ff.

184 *Schön*, Kirchliche Hoheitsbetriebe, DStZ 1999 S. 701, (S. 703); andere Ansicht *Beermann* der argumentiert, dass sich im Gegensatz zu § 54 AO § 4 Abs. 5 S. 1 KStG gerade nicht auf die interne Sphäre einer Körperschaft des öffentlichen Rechts bezieht sondern auf die Betätigung in öffentlich-rechtlicher Weise nach außen *Beermann*, Hoheitsbetriebe von Kirchen und Religionsgemeinschaften, S. 196.

185 *Schön*, Kirchliche Hoheitsbetriebe, DStZ 1999, S. 701 (S. 703).

186 *Schön*, Kirchliche Hoheitsbetriebe, DStZ 1999, S. 701 (S. 703).

187 Beispiele der Rechtsprechung zur Abgrenzung im Einzelfall bei *Beermann*, Hoheitsbetriebe von Kirchen und Religionsgemeinschaften, S. 213 ff.

Tagungsstätten von Religionsgemeinschaften als Körperschaften des öffentlichen Rechts die Grenze zur Steuerpflicht überschritten, wenn die Angebote und Leistungen ihren spezifischen kirchlichen Charakter verlieren und die Kirche den Bereich der steuerfreien Vermögensverwaltung verlässt, sowie in potentiellen Wettbewerb mit privaten Wirtschaftsunternehmen tritt[188]. Ebenso wird die Betätigung eingeordnet, wenn die Religionsgemeinschaft die betriebliche Tätigkeit auch privaten Anbietern hätte überlassen können. Dies wurde so für die Herstellung und den Vertrieb von Gesangsbüchern entschieden[189]. Die Vermietung von Räumlichkeiten zu Zeiten, in denen die Räume für die Verwirklichung der kirchlichen Zwecke nicht benötigt werden, soll im Rahmen der steuerfreien Betätigung liegen[190]. Dies ist nicht mehr der Fall, wenn Leistungen gegenüber Dritten zusätzlich erbracht werden. Bei Kindergärten, Kinderhorten und Kindertagesstätten ist es fraglich, ob diese Betriebe gewerblicher Art begründen, da sich die Frage stellt, ob die pastorale Aufgabenwahrnehmung noch im Vordergrund steht oder vielmehr nur eine Nebentätigkeit zur Kinderbetreuung als Hauptleistung darstellt[191]. Alten- und Pflegeheime, Krankenhäuser, Mahlzeitendienste und Sozialstationen sollen als Gegenstand des kirchlichen Verkündigungsauftrages und Ausdruck der tätigen Nächstenliebe regelmäßig keinen Betrieb gewerblicher Art begründen[192]. Hingegen soll dies bei einer Krankenhauswäscherei oder Krankenhausapotheke der Fall sein[193].

Eine Besonderheit im Zusammenhang mit hoheitlichen Tätigkeiten stellen wechselseitige Hilfsleistungen dar, welche vorliegen, wenn Verwaltungstätigkeiten einer Religionsgemeinschaft als Körperschaft des öffentlichen Rechts auch für andere als Körperschaften des öffentlichen Rechts organisierte Einrichtungen – beispielsweise einer Kirchengemeinde der katholischen Kirche – erbracht werden. Im Falle der Ausübung solcher Tätigkeiten für eine andere Körperschaft

188 OFD Hannover v. 19.02.2004, DStZ 2004, S. 350.

189 RFH v. 16.12.1939 – VIa 25/37, RStBl. 1941, S. 158.

190 BFH, Urteil v. 17.12.1957 – I 182/55, BStBl. III 1958, S. 96; *Thiel/Eversberg*, Die neue Vereinsbesteuerung 1998, S. 8 f.; kritisch *Hüttemann*, der grundsätzlich die Vermietung als wirtschaftliche Betätigung ansieht: *Hüttemann*, Wirtschaftliche Betätigung und steuerliche Gemeinnützigkeit, S. 152 f.

191 Vgl. OFD Hannover v. 19.02.2004 – S 2706 – 165 – StO -, – S 2706 – 209 – StH 231, DStZ 2004, S. 350; FG Hamburg v. 05.02.2013 – 3 K 74/12, BeckRS 2013, 94847; BFH v. 12.07.2012 – I R 106/10, KommJuR 2012, S. 381 ff..

192 OFD Hannover v. 19.02.2004 – S 2706 – 165 – StO -, – S 2706 – 209 – StH 231, DStZ 2004, S. 350.

193 OFD Hannover v. 19.02.2004 – S 2706 – 165 – StO -, – S 2706 – 209 – StH 231, DStZ 2004, S. 350.

des öffentlichen Rechts ist dieses als Amtshilfe einzuordnen, so dass die Tätigkeiten als Ausübung öffentlicher Gewalt einzuordnen sind[194]. Dabei darf jedoch die wechselseitige Hilfstätigkeit ihrer Art nach keinen privatwirtschaftlichen Charakter besitzen und daher auch nicht von privaten Wettbewerbern wahrgenommen werden[195]. Andernfalls würde der Bereich der hoheitlichen Tätigkeit seitens der Religionsgemeinschaften in Ausübung der mit dem Status der Körperschaft des öffentlichen Rechts verbundenen Rechte verlassen.

In diesem Zusammenhang ist wiederum § 54 Abs. 2 AO zu berücksichtigen, der die fremdnützige Verwaltung des Vermögens einer korporierten Religionsgemeinschaft durch eine privatrechtliche Einrichtung als steuerbegünstigt anerkennt, obwohl solche Verwaltungsaufgaben auch von privatwirtschaftlicher Seite wahrgenommen werden könnten. Hieraus kann geschlossen werden, dass auch andere Formen wechselseitiger organisatorischer Unterstützung zwischen kirchlichen Einrichtungen steuerbegünstigt sind.

Im Ergebnis ist als Abgrenzungskriterium bei der Bewertung von Hoheitsbetrieben einer Religionsgemeinschaft die Erforderlichkeit der wirtschaftlichen Betätigung in Verbindung mit dem religiösen Verkündigungsauftrag im Einzelfall heranzuziehen, um festzustellen, ob diese Betätigung erforderlich ist, um kirchlichen Anliegen im Sinne des § 54 AO gerecht zu werden[196]. Die inhaltliche Einordnung dessen, was unter den Anwendungsbereich des § 54 AO fällt, ist dabei aus Sicht der Religionsgemeinschaften nach deren Selbstverständnis zu beurteilen. In der praktischen Anwendung bleibt es wohl bei einer Negativabgrenzung der Tätigkeitsbereiche, indem als entscheidendes Kriterium der Vergleich zur Wirtschaftstätigkeit von privatrechtlichen Betrieben herangezogen wird[197].

(f) Religionsausübung und Selbstbestimmungsrecht als verfassungsrechtliche Grundlage

Die Definition des Tätigkeitsbereiches der Hoheitsbetriebe unter maßgeblicher Berücksichtigung des Selbstverständnisses der Religionsgemeinschaften besitzt auch eine verfassungsrechtliche Dimension. Dies folgt aus der grundrechtlich

---

194 BFH v. 08.07.1971 – V R 1/68, BStBl. II 1972, S. 70 (S. 74).

195 BFH v. 21.09.1989 – V R 89/85, BStBl. II 1990, S. 95; BFH v. 14.03.1990 – I R 156/87, BStBl II 1990, S. 866.

196 *Schön*, Kirchliche Hoheitsbetriebe, DStZ 1999, S. 701 (S. 704).

197 Vgl. *Hüttemann*, Die Besteuerung der öffentlichen Hand, S. 94; zur positiven und negativen Begriffsbestimmung siehe *Beermann*, Hoheitsbetriebe von Kirchen und Religionsgemeinschaften, S. 178 ff.

gewährleisteten Religionsausübung gemäß Art. 4 Abs. 2 GG und dem Selbstbestimmungsrecht gemäß Art. 140 GG i.V.m. Art. 137 Abs. 3 WRV.

Das Grundrecht der Religionsausübung, Art. 4 Abs. 2 GG ist an sich in der Glaubens- und Bekenntnisfreiheit, Art. 4 Abs. 1 GG, enthalten[198]. Eine Beschränkung auf die Kultus- und Bekenntnisfreiheit würde dem Schutzversprechen der Religionsfreiheit nicht gerecht werden[199]. Zur Religionsausübung im Sinne des Art. 4 Abs. 2 GG gehören dabei kultische Handlungen und Ausübung sowie Beachtung religiöser Gebräuche wie Gottesdienst, Sammlung kirchlicher Kollekten, Gebete, Sakramentsempfang, Prozessionen, Zeigen von Kirchenfahnen und Glockengeläute sowie auch religiöse Erziehung, freireligiöse und atheistische Feiern sowie andere Äußerungen des religiösen und weltanschaulichen Lebens[200]. Auch kann hierunter Krankenpflege aus karitativen Zwecken verstanden werden[201]. Von der Garantie der ungestörten Religionsausübung sind zudem grundsätzlich die organisatorischen Formen und Modalitäten mitumfasst[202]. Die in Form von Hoheitsbetrieben vorgenommenen Tätigkeiten der Religionsgemeinschaften sind daher in Abgrenzung zu den rein wirtschaftlichen Tätigkeiten in Form des Betriebes gewerblicher Art als Religionsausübung im Sinne des Art. 4 Abs. 2 GG einzuordnen und unterfallen dem Schutzbereich des Art. 4 GG[203]. Denn diese sind Bestandteil des

198 BVerfG, Beschluss v. 16.10.1968 – 1 BvR 241/66, BVerfGE 24, S. 236 (S. 245); kritisch *Czermak*, Religions- und Weltanschauungsrecht, Rn. 109 ff.

199 *Sacksofsky*, Religiöse Freiheit als Gefahr?, Veröffentlichungen der Vereinigung der Deutschen Staatsrechtslehrer, Heft 68, 2009, S. 7 (S. 16 f., S. 42).

200 BVerfG, Beschluss v. 16.10.1968 – 1 BvR 241/66, BVerfGE 24, S. 236 (S. 246).

201 BVerfG, Beschluss v. 25.03.1980 – 2 BvR 208/76, BVerfGE 53, S. 366, (S. 387).

202 BVerfG, Beschluss v. 21.09.1976 – 2 BvR 350/75, BVerfGE 42, S. 312 (S. 323); BVerfG, Beschluss v. 25.03.1980 – 2 BvR 208/76, BVerfGE 53, S. 366 (S. 387); *Starck*, in: v. Mangoldt/Klein/Starck, GG, Art. 4 GG, Rn. 59.

203 Zur verfassungsdogmatischen Einordnung der wirtschaftlichen Aktivitäten von Religionsgemeinschaften in diesem Zusammenhang siehe: *Röben*, Religionsgemeinschaften und wirtschaftliche Tätigkeiten, in: Grote/Marauhn, Religionsfreiheit zwischen individueller Selbstbestimmung, Minderheitenschutz und Staatskirchenrecht, S. 547 ff.; grundsätzlich zum Inhalt und den Garantien des Art. 4 GG siehe unter anderem *Jeand'Heur/Korioth*, Grundzüge des Staatskirchenrechts, Rn. 73 ff.; *v. Campenhausen/de Wall*, Staatskirchenrecht, S. 60 ff.; *Winter*, Staatskirchenrecht der Bundesrepublik Deutschland, S. 107 ff.; *Czermak*, Religions- und Weltanschauungsrecht, Rn. 108 ff.; *Unruh*, Religionsverfassungsrecht, Rn. 64 ff.; *Starck*, in: v. Mangoldt/Klein/Starck, GG, Art. 4 GG, Rn. 7 ff.; Mückl, Bonner Kommentar, Art. 4 GG, Rn. 8 ff.

eigentümlichen und immanenten Tätigkeitsbereichs der Religionsgemeinschaften.

Die Heranziehung des Art. 4 Abs. 2 GG für die Abgrenzung der hoheitlichen Tätigkeiten von rein wirtschaftlichen und steuerpflichtigen Aktivitäten im Sinne des § 4 Abs. 5 S. 1 KStG ergibt sich schon aus der Annahme, dass bezogen auf die Hoheitsbetriebe der Religionsgemeinschaften von Art. 4 Abs. 2 GG nur die Religionsausübung, nicht aber die rein wirtschaftliche Betätigung geschützt wird[204]. Das Bundesverfassungsgericht stellt für die Abgrenzung dessen, was unter die Religionsausübung fällt darauf ab, was materiell, der Natur der Sache oder der Zweckbeziehung nach als eigene Angelegenheit der Religionsgemeinschaft anzusehen ist[205]. Gerade für die Frage, was materiell zur freien Religionsausübung im Sinne des Art. 4 Abs. 2 GG zählt, ist in extensiver Auslegung auf das Selbstverständnis der Religionsgemeinschaften zurückzugreifen[206]. Denn das Selbstverständnis des Grundrechtsträgers hat maßgebliche Bedeutung für die Bestimmung des geschützten religiösen Verhaltens[207]. Als Voraussetzung für die Einordnung als Religionsausübung im Sinne des Art. 4 Abs. 2 GG stellt das Bundesverfassungsgericht – ähnlich wie es bei § 54 AO der Fall ist – auf die Ziele und gesetzten Zwecke ab, welche auf die Pflege oder Förderung eines religiösen Bekenntnisses gerichtet sein müssen[208]. Insofern wird deren Sichtweise und Verständnis umfassend in die Einordnung und Abgrenzung einbezogen. Vergleichbar zu den kirchlichen Zwecken gemäß § 54 Abs. 1, 2 AO als Abgrenzungsmerkmal der hoheitlichen Tätigkeiten im Sinne des § 4 Abs. 5 S. 1 KStG wird folglich auf die Zwecksetzung und deren Verfolgung aus Sicht der Religionsgemeinschaften abgestellt. Daher ist auch bei der Einordnung der Tätigkeiten als Hoheitsbetriebe das Selbstverständnis der Religionsgemeinschaften zu

---

204 *Beermann*, Hoheitsbetriebe von Kirchen und Religionsgemeinschaften, S. 66; *Mager*, in: v. Münch/Kunig, GG, Art. 4 GG, Rn. 57.

205 Vgl. *Beermann*, Hoheitsbetriebe von Kirchen und Religionsgemeinschaften, S. 211; BVerfG, Beschluss v. 17.02.1965 – 1 BvR 732/64, BVerfGE 18, S. 385, (S. 387 f.); BVerfG, Beschluss v. 31.03.1971 – 1 BvR 744/67, BVerfGE 30, S. 415, (S. 422); BVerfG, Beschluss v. 21.09.1976 – 2 BvR 350/75, BVerfGE 42, S. 312, (S. 334).

206 BVerfG, Beschluss v. 16.10.1968 – 1 BvR 241/66, BVerfGE 24, S. 236 (S. 247 f.); *Listl*, Glaubens-, Bekenntnis- und Kirchenfreiheit, in: Handbuch des Staatskirchenrechts der Bundesrepublik Deutschland, Bd. 1, S. 439, (S. 440 f.).

207 *Sacksofsky*, Religiöse Freiheit als Gefahr?, Veröffentlichungen der Vereinigung der Deutschen Staatsrechtslehrer, Heft 68, 2009, S. 7 (S. 17 f., S. 43); ebenso *Möllers*, Religiöse Freiheit als Gefahr?, Veröffentlichungen der Vereinigung der Deutschen Staatsrechtslehrer, Heft 68, 2009, S. 47 (S. 75, S. 91).

208 BVerfG, Beschluss v. 16.10.1968 – 1 BvR 241/66, BVerfGE 24, S. 236 (S. 247).

berücksichtigen. Insoweit würde es umgekehrt eine Verletzung der grundrechtlich gewährleisteten Religionsausübung darstellen, wenn das Selbstverständnis der Religionsgemeinschaften bei der Auslegung außer Betracht bleiben würde[209].

Dem steht auch nicht der Aspekt entgegen, dass im Rahmen des § 4 Abs. 5 S. 1 KStG derjenige Bereich betroffen ist, in dem nicht die Religionsgemeinschaft als solche, sondern im Grenzbereich zu den steuerpflichtigen Betrieben gewerblicher Art die ihnen zuzuordnenden Hoheitsbetriebe tätig werden. Denn das Grundrecht aus Art. 4 Abs. 1 und 2 GG steht nicht nur der Religionsgemeinschaft an sich zu, sondern auch Vereinigungen, die die partielle Pflege des religiösen Lebens zum Ziel haben[210]. Insoweit umfasst das extensive Recht auf Religionsausübung auch die Freiheit des organisatorischen Zusammenschlusses zum gemeinsamen öffentlichen Bekenntnis[211]. Gewissermaßen fügt sich ein Stück der Religionsausübung im Sinne des Art. 4 GG der äußeren Form nach in die öffentliche Ordnung ein[212]. Das Bundesverfassungsgericht spricht von einer „Ausstrahlungswirkung" des Rechts auf ungestörte Religionsausübung[213]. So wird seitens der Bundesverfassungsgericht eine Erweiterung der Glaubensfreiheit auf eine Betätigungsfreiheit vorgenommen[214]. Ob sonstige Verhaltensweisen Religionsausübung darstellen, sei daher unter Berücksichtigung des Selbstverständnisses der jeweiligen Religionsgemeinschaft zu ermitteln[215]. Insoweit gilt dies auch für die in Form von Hoheitsbetrieben seitens der Religionsgemeinschaften als Körperschaften des öffentlichen Rechts vorgenommene Betätigungen. Dies gilt entsprechend für gemischte Tätigkeiten im Abgrenzungsbereich des steuerpflichtigen wirtschaftlichen Betriebes gewerblicher Art und der steuerbefreiten Hoheitsbetriebe, bei denen sich die Frage der Zuordnung der Tätigkeiten stellt. Gerade wo Art. 4 GG mit Rechtsgebieten nicht

---

209 BVerfG, Beschluss v. 16.10.1968 – 1 BvR 241/66, BVerfGE 24, S. 236 (S. 248); BVerfG, Beschluss v. 17.02.1965 – 1 BvR 732/64, BVerfGE 18, S. 385 (S. 386 f.).

210 BVerfG, Beschluss v. 16.10.1968 – 1 BvR 241/66, BVerfGE 24, S. 236 (S. 246 f.).

211 *Hofmann*, in: Schmidt-Bleibtreu/Hofmann/Hopfauf, GG, Art. 4 GG, Rn. 36.

212 *Scheuner*, Die Religionsfreiheit im Grundgesetz, DÖV 1967, S. 585 (S. 590 f.).

213 BVerfG, Beschluss v. 16.10.1968 – 1 BvR 241/66, BVerfGE 24, S. 236 (S. 245).

214 Kritisch zur Notwendigkeit der Erweiterung *Preuß*, in: Alternativkommentar, Art. 4 GG, Rn. 26.

215 BVerfG, Beschluss v. 16.10.1968 – 1 BvR 241/66, BVerfGE 24, S. 236 (S. 247 ff.); BVerfG, Beschluss v. 21.09.1976 – 2 BvR 350/75, BVerfGE 42, S. 312 (S. 334); BVerfG, Beschluss v. 25.03.1980 – 2 BvR 208/76, BVerfGE 53, S. 366, (S. 401);BVerfG, Beschluss v. 04.06.1985 – 2 BvR 1703, 1718/83, 856/84, BVerfGE 70, S. 138, (S. 163); BverfG, Beschluss v. 13.12.1983 – 2 BvL 13,14,15/82, BVerfGE 66, S. 1, (S. 21).

glaubensbezogener Art kollidiert, muss das Selbstverständnis der Religionsgemeinschaften zur Bestimmung der Grenzen des Art. 4 GG herangezogen werden[216].

Maßstab kann das Ausmaß der institutionellen Verbindung mit einer Religionsgemeinschaft oder die Art der mit der Verbindung verfolgten Ziele sein[217]. *Volker Röben* stellt für die Einordnung von wirtschaftlichen Tätigkeiten in den Anwendungsbereich des Art. 4 Abs. 1, 2 GG auf den intersubjektiv erkennbaren religionsspezifischen Aussagegehalt ab, so dass die tatsächliche Handlung als Mittel zum Zweck in den Schutzbereich fällt und differenziert insoweit zwischen der Handlung als solcher und der dahinter stehenden Zwecksetzung der Religionsgemeinschaft[218]. Danach besteht grundsätzlich die Möglichkeit, dass wirtschaftliches Handeln in den Schutzbereich des Art. 4 GG fällt, soweit es die Kommunikation des religiösen Selbstverständnisses über symbolisches Handeln leistet[219]. Zumindest muss ein innerer Zusammenhang zwischen der konkreten wirtschaftlichen Betätigung und dem religiösen Auftrag anhand objektiver Kriterien nachvollziehbar sein, welche der staatlichen Beurteilung zugänglich ist[220]. Folglich schadet wirtschaftliche Betätigung nicht der Einordnung als Religionsausübung, vielmehr ist maßgeblich, ob die wirtschaftliche Tätigkeit von religiösen Motiven bestimmt wird[221]. So verbietet umgekehrt Art. 4 Abs. 2 GG die Besteuerung gewerblicher Unternehmenstätigkeit dann nicht, wenn diese mit der Religionsausübung in Verbindung steht, denn diese finanzielle Belastung hat nicht die Religionsausübung zum Gegenstand, sondern knüpft nur an einen neutralen Vorgang an[222]. Entsprechend kann für die im Rahmen des § 4 Abs. 5 S. 1 KStG betroffenen gemischten Tätigkeiten im Grenzbereich zwischen Hoheitsbetrieb und Betrieb gewerblicher Art auch angelehnt an die

---

216 *Häberle*, Grenzen aktiver Glaubensfreiheit, DÖV 1969, S. 385, (S. 388).

217 BVerfG, Beschluss v. 16.10.1968 – 1 BvR 241/66, BVerfGE 24, S. 236 (S. 247).

218 *Röben*, Religionsgemeinschaften und wirtschaftliche Tätigkeiten, in: Grote/Marauhn, Religionsfreiheit zwischen individueller Selbstbestimmung, Minderheitenschutz und Staatskirchenrecht, S. 547, (S. 551).

219 *Röben*, Religionsgemeinschaften und wirtschaftliche Tätigkeiten, in: Grote/Marauhn, Religionsfreiheit zwischen individueller Selbstbestimmung, Minderheitenschutz und Staatskirchenrecht, S. 547, (S. 560 f.).

220 *Kästner*, in: Bonner Kommentar, Art 140 GG, Rn. 307; *v. Campenhausen/De Wall*, Staatskirchenrecht S. 83 f.

221 BVerfG, Beschluss v. 26.06.2002 – 1 BvR 670/91, BVerfGE 105, S. 279, (S. 293); *Mager*, in: v. Münch/Kunig, GG, Art. 4 GG, Rn. 15; *Morlok*, in: Dreier, GG, Art. 4 GG, Rn. 70.

222 BVerfG, Beschluss v. 04.10.1965 – 1 BvR 498/62, BVerfGE 19, S. 129, (S. 133); *Hofmann*, in: Schmidt-Bleibtreu/Hofmann/Hopfauf, GG, Art. 4 GG, Rn. 40.

Rechtsprechung des Bundesverwaltungsgerichts selbst für wirtschaftliche Aktivitäten, die die übrigen Aktivitäten überwiegen, der Schutz des Art. 4 GG angenommen werden, soweit nicht kollidierende Rechtsgüter entgegenstehen[223].

Roman Herzog sieht die Gefahr, dass bei einer zu weit gehenden Erstreckung der entwickelten Grundsätze des Bundesverfassungsgerichts das Verhältnis zwischen Bürger, Staat und Gesellschaft auf den Kopf gestellt werden könne, indem beliebige wirtschaftliche und politische Betätigungen in ihrem Selbstverständnis unter den Begriff des Religiösen eingeordnet werden und der Schutz des Art. 4 Abs. 2 GG in Anspruch genommen werde[224]. Ebenso sieht *Ulrich K. Preuß* die Gefahr, dass aufgrund der Ausstrahlungswirkung des Grundrechts auf die Anwendung einfachen Rechts im Einzelfall Wirtschaftsunternehmen motiviert würden, den Status einer Religionsgemeinschaft zu reklamieren[225]. Dem kann entgegen gehalten werden, dass die Berücksichtigung des Selbstverständnisses der Religionsgemeinschaften durch die objektive tatbestandliche Umgrenzung des Art. 4 GG seine Grenze findet[226]. Denn eine schon objektiv vorliegende wirtschaftliche Tätigkeit wird nicht durch die bloße religiöse Motivation oder den Zusammenhang zur Religionsausübung in den Schutzbereich des Art. 4 Abs. 2 GG einbezogen[227]. Denn, wie oben dargelegt, erfolgt im Einzelfall eine Abgrenzung anhand einer wirtschaftliche Betrachtungsweise unter Berücksichtigung des religiösen Selbstverständnisses. Zudem ist für die Einordnung als Religionsausübung der genannte innere Zusammenhang zwischen der Betätigung und der Motivation erforderlich.

Neben Art. 4 Abs. 2 GG ist im Zusammenhang mit der Einordnung und Abgrenzung der hoheitlichen Tätigkeiten das Selbstbestimmungsrecht der Religionsgemeinschaften im Sinne des Art. 140 GG i.V.m. Art. 137 Abs. 3 S. 1 WRV zu berücksichtigen[228]. So ordnet das Bundesverfassungsgericht beispielsweise

223 BVerwG, Urteil v. 27.03.1992 – 7 C 21.90, BVerwGE 90, S. 112, (S. 118); BVerwG, Beschluss v. 16.02.1995 – 1 B 205/93, NVwZ 1995, S. 473, (S. 475).

224 *Herzog*, in: Maunz/Dürig, GG, Art. 4 GG, Rn. 103 f.

225 *Preuß*, in: Alternativkommentar, Art. 4 GG, Rn. 27.

226 *Starck*, in: v. Mangoldt/Klein/Starck, GG, Art. 4 GG, Rn. 60.

227 *Mückl*, in: Bonner Kommentar, Art. 4 GG, Rn. 106; *v. Campenhausen/de Wall*, Staatskirchenrecht S. 81.

228 Zum Verhältnis zueinander siehe *Huber*, Die korporative Religionsfreiheit und das Selbstbestimmungsrecht nach Art. 137 Abs. 3 WRV einschließlich ihrer Schranken, in: Heinig/Walter, Staatskirchenrecht oder Religionsverfassungsrecht?, S. 155 ff.; allgemein zum Selbstbestimmungsrecht siehe *Classen*, Religionsrecht, S. 107 ff.; ausführlich insbesondere zu den eigenen Angelegenheiten und den damit kollidierenden gesetzlichen Regelungen *Unruh*, Religionsverfassungsrecht, Rn. 149 ff.,

die Organisation karitativer Aufgaben als Ausprägung der Religionsausübung neben dem Art. 4 GG auch dem Selbstbestimmungsrecht gemäß Art. 140 GG i.V.m. Art. 137 Abs. 3 S. 1 WRV zu, der das selbstständige Ordnen und Verwalten der kirchlichen Angelegenheiten im Rahmen des für alle geltenden Gesetzes garantiert[229]. Auch hat beispielsweise das Finanzgericht Hamburg bei der Entscheidung über die Einordnung eines kirchlichen Kindergartens als Betrieb gewerblicher Art das Selbstbestimmungsrecht der Religionsgemeinschaften berücksichtigt[230]. *Peter Häberle* sieht bereits im Zusammenhang mit der Entscheidung des Bundesverfassungsgerichts über die Altkleidersammlung der katholischen Landjugend zumindest die Kanzelwerbung neben der Religionsausübung im Sinne des Art. 4 Abs. 2 GG auch als religiöse Selbstverwaltung der Religionsgemeinschaft selbst im Sinne des Art. 140 GG i.V.m. Art. 137 Abs. 3 S. 1 WRV an[231]. Dies kann auf die Hoheitsbetriebe von Religionsgemeinschaften als Körperschaften des öffentlichen Rechts übertragen werden, da diese insbesondere aufgrund der Tätigkeit nach außen hin von der Organisationsform des steuerpflichtigen Betriebes gewerblicher Art abzugrenzen sind. Geschützt ist daher mit Rücksicht auf Art. 140 GG i.V.m. Art. 137 Abs. 3 S. 1 WRV auch die Organisation in Form des Hoheitsbetriebs. Entsprechend kann daher auch im Abgrenzungsbereich der steuerbefreiten Hoheitsbetriebe von den Betrieben gewerblicher Art für die inhaltliche und daraus folgende organisatorische Einordnung der Tätigkeiten auf die Sichtweise der Religionsgemeinschaft als Körperschaft des öffentlichen Rechts abgestellt werden. Insoweit bestätigt dies die Systematik des § 1 Abs. 1 Nr. 6, 4 Abs. 5 KStG und die Annahme einer zugunsten der Religionsgemeinschaft erfolgenden Abgrenzung des steuerbefreiten Bereichs in Form von Hoheitsbetrieben nach Maßgabe des § 54 AO aus Sicht der Religionsgemeinschaften und einer wirtschaftlichen Betrachtungsweise[232].

Rn. 177 ff.; *v. Campenhausen/De Wall*, Staatskirchenrecht, S. 149 ff.; *Hesse*, Das Selbstbestimmungsrecht der Kirchen- und Religionsgemeinschaften, in: Handbuch des Staatskirchenrechts der Bundesrepublik Deutschland, Bd. 1, S. 521 ff.; *Korioth*, in: Maunz/Dürig, GG, Art. 137 WRV, Rn. 17 ff.; *Neureither*, Recht und Freiheit im Staatskirchenrecht.

229 BVerfG, Beschluss v. 25.03.1980 – 2 BvR 208/76, BVerfGE 53, S. 366, (S. 391 f.); *v. Campenhausen/Unruh*, in: v. Mangoldt/Klein/Starck, Art. 137 WRV, Rn. 27 ff.; zur Abgrenzung im Zusammenhang mit Art. 137 Abs. 3 WRV siehe *Hemmrich*, in: v. Münch/Kunig, GG, Art. 140, Rn. 18.

230 FG Hamburg v. 05.02.2013 – 3 K 74/12, BeckRS 2013, 94847.

231 *Häberle*, Grenzen aktiver Glaubensfreiheit, DÖV 1969, S. 385, (S. 386).

232 Andere Ansicht *Beermann*, Hoheitsbetriebe von Kirchen und Religionsgemeinschaften, S. 196 ff.

Jedoch gewährt Art. 140 GG i.V.m. 137 Abs. 3 S. 1 WRV im Zusammenhang mit der Freiheit des religiösen Lebens und Wirkens nur das Recht auf die Wahl der Organisationsform; hiervon ist nicht eine entsprechende Auswirkung der für die jeweils gewählten Organisationsformen geltenden einfachgesetzlichen Normen erfasst[233]. Insoweit sind, wie beispielsweise das Finanzgericht Hamburg im Zusammenhang mit der Einordnung eines kirchlichen Kindergartens als Betrieb gewerblicher Art ausführt, die Religionsgemeinschaften bei der selbstständigen Ordnung ihrer Angelegenheiten an die Schranken des für alle geltenden Gesetzes gebunden und folgt hieraus, dass die Tätigkeiten der Religionsgemeinschaften auch bei Berücksichtigung des verfassungsrechtlich geschützten, weitgefassten kirchlichen Öffentlichkeitsauftrages in gleicher Weise wie alle anderen der Besteuerung unterliegen, soweit nicht Sondervorschriften eingreifen[234]. Insoweit stellt sich auch nicht die Gefahr, dass der Umfang des Selbstbestimmungsrechts zur Disposition der Religionsgemeinschaften gestellt wird[235].

(2) Steuersubjekt der unbeschränkten Steuerpflicht der Betriebe gewerblicher Art

Wenn ein steuerpflichtiger Betrieb gewerblicher Art im Sinne des § 1 Abs. 1 Nr. 6 KStG vorliegt, ist darüber hinaus fraglich, ob dieser selbst Steuersubjekt der Körperschaftsteuer ist. Denn als Steuersubjekt der unbeschränkten Körperschaftsteuerpflicht kommt zum einen der einzelne Betrieb gewerblicher Art als in der Regel rechtlich unselbstständige Einrichtung der juristischen Person und zum anderen die juristische Person selbst in Betracht[236].

Der Bundesfinanzhof vertritt seit 1974 in ständiger Rechtsprechung, dass körperschaftsteuerpflichtig nicht der Betrieb gewerblicher Art als solcher, sondern steuerpflichtiges Subjekt und körperschaftsteuerpflichtig die juristische Person des öffentlichen Rechts wegen jedes einzelnen Betriebes gewerblicher Art sei[237]. Damit wird für jeden Betrieb gewerblicher Art die Steuerpflicht der Religionsgemeinschaft begründet. Anderer Ansicht nach liegt es näher, die Trägerkörperschaft wie bei privatrechtlichen Körperschaften nur mit dem

233 Vgl. BVerfG Beschluss v. 25.03.1980 – 2 BvR 208/76, BVerfGE 53, S. 366.

234 FG Hamburg v. 05.02.2013 – 3 K 74/12, BeckRS 2013, 94847.

235 So aber *Weber*, Gelöste und ungelöste Probleme des Staatskirchenrechts, NJW 1983, S. 2541, (S. 2551 f.).

236 *Lambrecht*, in: Gosch, KStG. § 1 Rn. 101.

237 BFH v. 13.03.74 – I R 7/71, BStBl. II 1974, S. 391; BFH v. 06.10.1976 – I R 115/75, BStBl. II 1977, S. 94; BFH v. 08.11.1989 – I R 187/85, BStBl. II 1990, S. 242; vgl. *Hüttemann*, Gemeinnützigkeits- und Spendenrecht, § 2 Rn. 70, § 7, Rn. 19.

Gesamtergebnis ihrer Betriebe gewerblicher Art der Steuer zu unterwerfen[238]. Denn wenn nicht der einzelne Betrieb, sondern die Trägerkörperschaft selbst das Steuerrechtssubjekt ist, sei es konsequent, in Fällen mehrerer Betriebe gewerblicher Art die Körperschaft des öffentlichen Rechts nur mit dem Gesamtergebnis ihrer Betriebe der Steuer zu unterwerfen[239]. Hiernach wäre eine Verrechnung der betriebswirtschaftlichen Ergebnisse der Betriebe gewerblicher Art untereinander möglich.

Obgleich nach der genannten Rechtsprechung des Bundesfinanzhofes die Körperschaft des öffentlichen Rechts Subjekt der Körperschaftsteuer für ihren Betrieb gewerblicher Art ist[240], wird dieser für die Zwecke der Ermittlung des körperschaftsteuerpflichtigen Einkommens gewissermaßen verselbstständigt, so dass dieser materiell-rechtlich so behandelt wird, als ob er Steuersubjekt sei und eine steuerrechtliche Handlungsfähigkeit besitze[241]. Unabhängig von diesem Aspekt bleibt jedoch der Betrieb gewerblicher Art im Ergebnis steuerrechtlich unselbstständiger Teil der juristischen Person des öffentlichen Rechts[242].

Im Ergebnis ist Steuersubjekt der unbeschränkten Steuerpflicht bei Vorliegen eines steuerpflichtigen Betriebes gewerblicher Art damit die als Körperschaft des öffentlichen Rechts verfasste Religionsgemeinschaft. Im Verhältnis zur Trägerkörperschaft wird der Betrieb gewerblicher Art steuerlich wie eine „virtuelle Kapitalgesellschaft" behandelt[243].

(3) Steuervergünstigung der Betriebe gewerblicher Art der Religionsgemeinschaften

Für den Fall, dass die Tätigkeit eines Betriebes gewerblicher Art die Steuerpflicht der korporierten Religionsgemeinschaft begründet, hängt eine Steuervergünstigung zugunsten der Religionsgemeinschaft von dem entsprechenden Tatbestand im Einzelsteuergesetz ab. Dies richtet sich für die hier behandelte Körperschaftsteuer nach § 5 Abs. 1 Nr. 9 S. 1 KStG.

---

238 *Hüttemann*, Gemeinnützigkeits- und Spendenrecht, § 2, Rn. 70; sowie *Hüttemann*, Die Besteuerung der öffentlichen Hand, S. 112 f.

239 *Hüttemann*, Gemeinnützigkeits- und Spendenrecht, § 2, Rn. 70.

240 BFH v. 13.03.1974 – I R 7/71, BStBl. II 1974, S. 391.

241 *Weides*, Die Religionsgemeinschaften im Steuerrecht, in: Festschrift Uni Köln, S. 885 (S. 890); vgl. BT-Drucks. 7/4292, S. 20, l. Sp. zu § 51 AO.

242 Vgl. BFH v. 01.08.1979 – I R 106/76, BStBl. II 1979, S. 716 (S. 717).

243 *Hüttemann*, Gemeinnützigkeits- und Spendenrecht, § 7, Rn. 19; BFH v. 09.07.2003 – I R 48/02, BStBl. II 2004, S. 425.

Gemäß § 5 Abs. 1 Nr. 9 S. 1 KStG besteht die Möglichkeit einer Steuerbefreiung für Körperschaften, die nach ihrer Satzung und tatsächlichen Geschäftsführung ausschließlich und unmittelbar gemeinnützigen, mildtätigen oder kirchlichen Zwecken dienen. Dabei wird auf die §§ 51 ff. der AO verwiesen, so dass es sich hierbei um eine Steuerbefreiung nach den Regeln des Gemeinnützigkeitsrechts handelt[244]. Sachlich wird gemäß § 5 Abs. 1 Nr. 9 S. 2 KStG die Steuerbefreiung dahin gehend eingeschränkt, dass die Steuerbefreiung insoweit ausgeschlossen wird, als ein steuerpflichtiger wirtschaftlicher Geschäftsbetrieb unterhalten wird[245]. § 5 Abs. 1 Nr. 9 S. 2 KStG regelt insoweit nur den sachlichen Umfang der persönlichen Steuerbefreiung[246].

§ 5 Abs. 1 Nr. 9 S. 1 KStG benennt allgemein Körperschaften für den Anwendungsbereich der Vorschrift. Nach dem Wortlaut und mangels Eingrenzung auf privatrechtliche Körperschaften könnten die Körperschaften des öffentlichen Rechts und damit die hier behandelten Religionsgemeinschaften in den Anwendungsbereich der Vorschrift fallen. Dies kommt insoweit in Betracht, als eine Steuerpflicht besteht. Zudem bestimmt § 51 Abs. 1 S. 2 AO, dass den Status der Gemeinnützigkeit die Körperschaften im Sinne des KStG erlangen können, worunter auch die als Körperschaften des öffentlichen Rechts verfassten Religionsgemeinschaften fallen.

In Anbetracht der Tatsache, dass die als Körperschaften des öffentlichen Rechts verfassten Religionsgemeinschaften für ihre eigentlichen Tätigkeiten als Religionsgemeinschaft und deren Hoheitsbetriebe grundsätzlich von der unbeschränkten Steuerpflicht ausgenommen sind, ist der mögliche Anwendungsbereich und das Bedürfnis einer Steuervergünstigung nach § 5 Abs. 1 Nr. 9 S. 1 KStG auf die steuerpflichtigen Betriebe gewerblicher Art im Sinne des § 1 Abs. 1 Nr. 6 KStG beschränkt.

(a) Anwendbarkeit des Gemeinnützigkeitsrechts

Trotz der grundsätzlichen Annahme einer Anwendung des § 5 Abs. 1 Nr. 9 S. 1 KStG auf Körperschaften des öffentlichen Rechts ist fraglich, ob das Gemeinnützigkeitsrecht auf die Tätigkeiten von Körperschaften des öffentlichen Rechts anwendbar

244 Zu den Auswirkungen des Gemeinnützigkeitsrechts im Hinblick auf das Subjekt der Gemeinnützigkeit siehe *Thieme/Dorenkamp*, Auswirkungen des Gemeinnützigkeitsrechts auf die öffentliche Hand im Hinblick auf das Subjekt der Gemeinnützigkeit und die Zulässigkeit eines Ergebnisausgleichs, FR 2003, S. 693 ff.

245 *Hüttemann*, Gemeinnützigkeits- und Spendenrecht, § 7, Rn. 21.

246 *Hüttemann*, Gemeinnützigkeits- und Spendenrecht, § 7, Rn. 22.

ist und von diesen in Anspruch genommen werden kann[247]. Denn die Betriebe gewerblicher Art im Sinne der §§ 1 Abs. 1 Nr. 6, 4 Abs. 1 S. 1 KStG stellen gerade den Bereich dar, in welchem ausnahmsweise eine Besteuerung der Körperschaften des öffentlichen Rechts aufgrund der wirtschaftlichen Betätigung erfolgt. Insofern greift das Gemeinnützigkeitsrecht dort ein, wo aus Gründen der steuerlichen Wettbewerbsneutralität die Steuerfreiheit gerade ausgeschlossen ist[248]. Über die wirtschaftliche Betätigung in Form eines Betriebes gewerblicher Art hinaus hat die Anwendung des § 5 Abs. 1 Nr. 9 S. 1 KStG bei den als Körperschaften des öffentlichen Rechts organisierten Religionsgemeinschaften mangels unbeschränkter Steuerpflicht keinen praktischen Sinn[249].

Eine Anwendung des Gemeinnützigkeitsrechts auf Körperschaften des öffentlichen Rechts wird in § 55 Abs. 3 AO bestätigt, der für Betriebe gewerblicher Art von Körperschaften des öffentlichen Rechts bestimmte gemeinnützigkeitsrechtliche Sonderregelungen für sinngemäß anwendbar erklärt, so dass die Anwendung mit der Systematik des Gemeinnützigkeitsrechts vereinbar ist[250]. Diese Regelung wäre sinnwidrig, wenn die §§ 51 ff. AO von vornherein auf Körperschaften des öffentlichen Rechts keine Anwendung finden könnten[251].

Letztlich spricht auch der Grundsatz der Wettbewerbsneutralität für eine Anwendung der Steuervergünstigungen nach dem Gemeinnützigkeitsrecht[252]. Zwar ist dieser auch der Grund dafür, dass die Betriebe gewerblicher Art von Körperschaften des öffentlichen Rechts besteuert werden. Wenn jedoch eine Besteuerung der Körperschaften des öffentlichen Rechts gleich der Besteuerung von Privaten erfolgt, muss im Umkehrschluss für diese die Möglichkeit bestehen, die Regeln für eine Steuervergünstigung in Anspruch zu nehmen. Insofern führt die Auslegung des § 1 Abs. 1 Nr. 6 KStG zu dem Ergebnis, dass das Gemeinnützigkeitsrecht auch für Betriebe gewerblicher Art von Körperschaften

247 Zur Anwendung des Gemeinnützigkeitsrechts auf Körperschaften des öffentlichen Rechts anhand von Beispielen siehe *Thieme/Dorenkamp*, Auswirkungen des Gemeinnützigkeitsrechts auf die öffentliche Hand im Hinblick auf das Subjekt der Gemeinnützigkeit und die Zulässigkeit eines Ergebnisausgleichs, FR 2004, S. 693 (S. 696 ff.).

248 *Hey*, Die Steuerbegünstigung der gemeinnützigen Tätigkeit der öffentlichen Hand, StuW 2000, S. 467 (S. 470).

249 *Hüttemann*, Gemeinnützigkeits- und Spendenrecht, § 2, Rn. 66.

250 Vgl. hierzu *Hüttemann*, Die Besteuerung der öffentlichen Hand, S. 179.

251 *Hüttemann*, Die Besteuerung der öffentlichen Hand, S. 180.

252 *Seer/Wolsztynski*, Steuerrechtliche Gemeinnützigkeit der öffentlichen Hand, S. 89.

des öffentlichen Rechts gilt[253]. Körperschaften des öffentlichen Rechts können damit wegen ihrer Betriebe gewerblicher Art nach § 5 Abs. 1 Nr. 9 S. 1 KStG von der Körperschaftsteuer nach den Regeln des Gemeinnützigkeitsrechts befreit sein[254]. Diese müssen hierfür die praktischen Voraussetzungen der §§ 65 ff. AO erfüllen, um den Status eines steuerbegünstigten Zweckbetrieb zu erlangen. Insbesondere erfordert dies die Aufstellung einer Satzung mit der daraus folgenden dauerhaften steuerrechtlichen Bindung des Vermögens des Betriebs gewerblicher Art für steuerbegünstigte Zwecke.

(b) Steuerpflichtiger wirtschaftlicher Geschäftsbetrieb

Die Steuerbefreiung des Betriebs gewerblicher Art erfolgt nach § 5 Abs. 1 Nr. 9 S. 2 KStG wiederum nicht, wenn dieser einen steuerpflichtigen wirtschaftlichen Geschäftsbetrieb im Sinne der §§ 14, 64 AO darstellt[255]. Gemäß § 14 AO liegt ein wirtschaftlicher Geschäftsbetrieb vor, soweit eine selbstständige nachhaltige Tätigkeit ausgeübt wird, durch die Einnahmen oder andere wirtschaftliche Vorteile erzielt werden und die über den Rahmen einer Vermögensverwaltung hinausgeht[256]. Somit stellt der Begriff des wirtschaftlichen Geschäftsbetriebs einen Parallelbegriff zu dem des Betriebes gewerblicher Art dar. Der Unterschied liegt lediglich darin, dass für einen Betrieb gewerblicher Art die zusätzlichen Kriterien einer Einrichtung und des wirtschaftlichen Heraushebens über die Betätigung der Körperschaft des öffentlichen Rechts hinaus erforderlich sind, § 4 Abs. 1 S. 1 KStG. Der Begriff des wirtschaftlichen Geschäftsbetriebes ist somit weiter gefasst als der des Betriebes gewerblicher Art, so dass bei Vorliegen eines Betriebes gewerblicher Art immer auch ein wirtschaftlicher Geschäftsbetrieb im Sinne der § 5 Abs. 1 Nr. 9 S. 2 KStG, § 14 AO gegeben ist[257].

---

253 Vgl. BT-Drucks. 7/4292, S. 20, l. Sp. zu § 51 AO, so auch *Scholtz*, Steuerbegünstigte Zwecke, FR 1976, S. 181 (S. 183); sowie *Schauhoff*, Handbuch der Gemeinnützigkeit, § 5, Rn. 6.

254 BFH v. 31.10.1984 – I R 21/81, BStBl. II 1985, S. 162 bezüglich eines Krankenhauses welches durch einen Landkreis betrieben wird; ebenso BFH v. 11.02.1997 – I R 161/94, BFH/NV 1997, S. 625.

255 BFH vom 30.11.1989 – I R 19/87, BStBl. II 1990, S. 246; *Hüttemann*, Gemeinnützigkeits- und Spendenrecht, § 7, Rn. 22.

256 Für eine Steuerpflicht wirtschaftlicher Geschäftsbetriebe müssen die Einnahmen insgesamt 35.000 Euro im Jahr überschreiten, § 64 Abs. 3 AO, und der Gewinn muss den Freibetrag von 5.000 Euro überschreiten, § 24 S. 1 KStG; vgl. weiterführend hierzu *Jachmann*, in: Igl, rechtliche Rahmenbedingungen bürgerschaftlichen Engagements, S. 99.

257 Vgl. *Hey*, Die Steuerbegünstigung der gemeinnützigen Tätigkeit der öffentlichen Hand, StuW 2000, S. 467 (S. 469).

Aufgrund der inhaltlichen Übereinstimmung von wirtschaftlichem Geschäftsbetrieb und Betrieb gewerblicher Art wird mit der Eröffnung des Anwendungsbereichs des Gemeinnützigkeitsrechts die Steuervergünstigung durch § 5 Abs. 1 Nr. 9 S. 2 KStG i.V.m. § 64 Abs. 1 AO wieder ausgeschlossen, so dass – bezüglich des Gemeinnützigkeitsrechts – als Ausnahme von der Besteuerung der Körperschaften des öffentlichen Rechts nur die Figur des Zweckbetriebs verbleibt[258]. § 5 Abs. 1 Nr. 9 S. 2 KStG i.V.m. § 64 Abs. 1 AO stellt somit eine wichtige Rückausnahme dar[259]. Denn soweit die Voraussetzungen eines Zweckbetriebs gemäß § 65 AO vorliegen, entfällt die Annahme eines wirtschaftlichen Geschäftsbetriebs im Sinne des § 5 Abs. 1 Nr. 9 S. 2 KStG[260]. Dabei muss der wirtschaftliche Geschäftsbetrieb in seiner Gesamtrichtung dazu dienen, die steuerbegünstigten satzungsmäßigen Zwecke der Körperschaft zu verwirklichen, § 65 Nr. 1 AO, diese Zwecke müssen nur durch einen solchen Geschäftsbetrieb erreicht werden können, § 65 Nr. 2 AO und der wirtschaftliche Geschäftsbetrieb darf nicht zu nicht begünstigten Betrieben derselben oder ähnlicher Art in größerem Umfang in Wettbewerb treten, als es bei der Erfüllung der steuerbegünstigten Zwecke unvermeidbar ist, § 65 Nr. 3 AO. Ohne diese Voraussetzungen wäre die Steuervergünstigung des § 5 Abs. 1 Nr. 9 S. 1 KStG grundsätzlich nicht möglich. Insofern greift die Vorschrift des § 5 Abs. 1 Nr. 9 S. 2 KStG nur ein, soweit kein Zweckbetrieb im Sinne des § 65 AO gegeben ist[261]. Insoweit müssten die Voraussetzungen eines steuerbegünstigten Zweckbetriebs erfüllt sein um eine Steuervergünstigung zu erhalten[262]. Dieser erfordert, dass der wirtschaftliche Geschäftsbetrieb in seiner Gesamtrichtung dazu dient, die steuerbegünstigten satzungsgemäßen Zwecke zu verfolgen, § 65 Nr. 1 AO, die Zwecke nur durch einen solchen Geschäftsbetrieb erreicht werden können, § 65 Nr. 2 AO, und kein Wettbewerb zu nicht begünstigten Betrieben gleicher oder ähnlicher Art in Wettbewerb tritt, als es bei der Erfüllung der steuerbegünstigten Zwecke unvermeidbar ist, § 65 Nr. 3 AO. Für die Einordnung als Zweckbetrieb darf dieser dabei nicht

---

258 *Hey*, Die Steuerbegünstigung der gemeinnützigen Tätigkeit der öffentlichen Hand, StuW 2000, S. 467 (S. 470).

259 *Hüttemann/Schauhoff*, Der BFH als Wettbewerbshüter, DB 2011, S. 319.

260 Vgl. BFH v. 30.11.1989 – I R 19/87, BStBl. II 1990, S. 246.

261 Zum wirtschaftlichen Geschäftsbetrieb und dessen Abgrenzung zu Zweckbetrieben, § 14 S. 3 AO, sowie der Vermögensverwaltung, § 65 Nr. 1 AO, siehe *Jachmann*, in: Igl, Rechtliche Rahmenbedingungen bürgerschaftlichen Engagements S. 116 f., S. 118 ff.

262 *Hüttemann*, Gemeinnützigkeits- und Spendenrecht, § 2, Rn. 69.

in erster Linie eigenwirtschaftlich tätig sein; vielmehr muss die Erzielung von Einnahmen nebensächlich im Verhältnis zur der Verfolgung der gemeinnützigen Zwecke sein[263]. So wurde ein Erholungsheim trotz christlicher Grundlage wegen des erheblichen wirtschaftlichen Wettbewerbs nicht als Zweckbetrieb eingeordnet[264]. So ist auch beispielsweise in Abhängigkeit von dem Gewicht der ebenfalls verfolgten touristischen Interessen über die Zweckbetriebseigenschaft einer Pilgerreise im Einzelfall zu entscheiden[265].

Festzuhalten bleibt, dass bei der Erfüllung der Voraussetzungen einer Steuervergünstigung nach den Regeln der §§ 51 ff. AO in den meisten Fällen die Anforderungen an einen Zweckbetrieb erfüllt werden. Diese Annahme deckt sich auch mit den in den §§ 66 ff. AO als Zweckbetrieb eingeordneten Einrichtungen, welche mit Einrichtungen der Wohlfahrtspflege, § 66 AO, Krankenhäusern, § 67 AO, Alten- und Pflegeheimen, § 68 Nr. 1 lit. a AO sowie unter anderem Kindergärten und Studentenheimen, § 68 Nr. 1 lit. b AO den typischen Bereich der wirtschaftlichen Betätigungen der Betriebe gewerblicher Art von als Körperschaften des öffentlichen Rechts verfassten Religionsgemeinschaften erfassen[266].

Die Betriebe gewerblicher Art der als Körperschaften des öffentlichen Rechts verfassten Religionsgemeinschaften können damit im Ergebnis nach den Voraussetzungen des Gemeinnützigkeitsrechts von der Körperschaftsteuer befreit werden, soweit die Voraussetzung der §§ 65 ff. AO erfüllt sind. Die Voraussetzungen für die Steuervergünstigung müssen dabei bei dem zu befreienden Betrieb gewerblicher Art selbst gegeben sein[267]. So kommt es beispielsweise bei der entgeltlichen Besichtigung einer Domschatzkammer und eines Kirchturmes nicht darauf an, dass das Domkapitel als Träger der Einrichtung kirchliche Zwecke im Sinne des Gemeinnützigkeitsrechtes verfolgt, sondern ob dies durch den Betrieb selbst geschieht, der die Besichtigungsmöglichkeit anbietet[268].

---

263 Zur problematischen Differenzierung zwischen wirtschaftlichem Geschäftsbetrieb und Zweckbetrieb siehe *Lang*, Gemeinnützigkeitsabhängige Steuervergünstigungen, StuW 1987, S. 221, (S. 224, 229, 236 ff.).

264 BFH v. 28.10.1960 – III 134/56 U, BStBl. III 1960, S. 109 (S. 111).

265 Ministeriums der Finanzen Saarland v. 6.1.1993 – B/III – 1/93 – S 0170, DStR 1993, S. 360.

266 Zur neueren Rechtsprechung des BFH insbesondere bezüglich der Auslegung der §§ 65 ff. AO siehe *Hüttemann/Schauhoff*, Der BFH als Wettbewerbshüter, DB 2011, S. 319 ff.; *Hüttemann*, Der neue Anwendungserlass zum Abschnitt „Steuerbegünstigte Zwecke“, DB 2012, S. 250 ff.

267 RFH v. 27.06.1939 – I 131/38, RStBl. 1939, S. 910 (S. 911).

268 RFH v. 27.06.1939 – I 131/38, RStBl. 1939, S. 910 (S. 911).

bb) Zwischenergebnis

Im Ergebnis fallen die mit dem Status einer Körperschaft des öffentlichen Rechts versehenen Religionsgemeinschaften unter die Steuerpflicht des KStG, wobei eine unbeschränkte Steuerpflicht lediglich für die Tätigkeiten der Betriebe gewerblicher Art nach § 1 Abs. 1 Nr. 6 KStG besteht, soweit diese wiederum nicht gemäß § 5 Abs. 1 Nr. 9 KStG von der Körperschaftsteuer befreit sind. Daneben können diese lediglich gemäß § 2 Nr. 2 KStG mit ihren dem Steuerabzug unterliegenden Einkünften der beschränkten Steuerpflicht unterliegen[269].

Die beschränkte Steuerpflicht gemäß § 2 Nr. 2 KStG steht trotz der Anwendung auf die Religionsgemeinschaften als Körperschaften des öffentlichen Rechts nicht der Annahme entgegen, dass diese grundsätzlich von der Körperschaftsteuer befreit sind. Denn angewendet auf die Religionsgemeinschaften als Körperschaften des öffentlichen Rechts sind alle Einkünfte, welche im Zusammenhang mit der religiösen Tätigkeit stehen, nicht vom Anwendungsbereich der beschränkten Körperschaftsteuerpflicht erfasst[270]. Eine Steuerpflicht besteht lediglich für rein wirtschaftliche Betätigungen, welche außerhalb des religiösen Tätigkeitsbereiches und der steuerbegünstigten Zwecke des Gemeinnützigkeitsrechts liegen.

Die charakteristischen Betätigungen, die eine Religionsgemeinschaft auszeichnen und inhaltlich prägen, sind damit nicht von der Körperschaftsteuer erfasst. Insofern ist davon auszugehen, dass den Religionsgemeinschaften als Körperschaften des öffentlichen Rechts – aufgrund der Regelung des § 1 Abs. 1 KStG – eine umfassende Steuervergünstigung im Rahmen der Körperschaftsteuer zugute kommt. Im Gegensatz zur Steuerbefreiung der staatlichen Körperschaften des öffentlichen Rechts besitzt diese Steuerbegünstigung der Religionsgemeinschaften als Körperschaften des öffentlichen Rechts auch den Charakter einer Steuervergünstigung und nicht lediglich den Charakter einer Fiskalzwecknorm. Denn die Religionsgemeinschaften als Körperschaft des öffentlichen Rechts sui generis sind insoweit nicht selbst Steuergläubiger und erfolgt die Steuerbefreiung nicht nur, um einen Widerspruch wegen des Eingriffs in das staatliche System des Finanzausgleichs zu vermeiden[271].

---

269 *Frotscher,* in: Frotscher/Maas, KStG, § 1, Rn. 13.

270 *Weides,* Die Religionsgemeinschaften im Steuerrecht, in: Festschrift Uni Köln, S. 885 (S. 892).

271 Siehe hierzu *Hüttemann,* Die Besteuerung der öffentlichen Hand, S. 13 ff.

b) Gewerbesteuergesetz

Grundsätzlich unterliegen im Inland betriebenen Gewerbebetriebe der Gewerbesteuerpflicht, § 2 Abs. 1 GewStG. So sind, wie § 2 Abs. 1 S. 1 GewStDV[272] verdeutlicht, auch Betriebe von juristischen Personen des öffentlichen Rechts gewerbesteuerpflichtig, wenn sie als stehende Gewerbebetriebe anzusehen sind. Auch die als Körperschaften des öffentlichen Rechts verfassten Religionsgemeinschaften unterliegen daher der Gewerbesteuer, wenn sie einen Gewerbebetrieb unterhalten[273]. Im Gegensatz zur Besteuerung von Betrieben gewerblicher Art nach dem KStG ist – aufgrund der Beschränkung des Anwendungsbereiches auf Gewerbebetriebe – für die Besteuerung Gewinnerzielungsabsicht sowie eine Beteiligung am allgemeinen wirtschaftlichen Verkehr erforderlich[274]. Soweit der Betrieb überwiegend der Ausübung hoheitlicher Gewalt dient und damit einen Hoheitsbetrieb darstellt, zählt dieser nicht zu den Gewerbebetrieben, so dass die Steuerpflicht entfällt, § 2 Abs. 2 S. 1 GewStDV. Für den Fall, dass die als Körperschaften des öffentlichen Rechts verfassten Religionsgemeinschaften einen steuerpflichtigen Gewerbebetrieb unterhalten, sind diese grundsätzlich steuerpflichtig und daher für eine Steuervergünstigung auf den Steuerbefreiungstatbestand des GewStG angewiesen.

aa) Ausschluss der Steuerbefreiung für wirtschaftliche Geschäftsbetriebe

§ 3 Nr. 6 S. 1 GewStG normiert eine Steuerbefreiung für Körperschaften unter dem Verweis auf die §§ 51 bis 68 AO. § 3 Nr. 6 S. 2 GewStG schließt jedoch die Steuerbefreiung für wirtschaftliche Geschäftsbetriebe – mit Ausnahme der Land- und Forstwirtschaft – aus. Als Beispiele für mögliche Gewerbebetriebe von Religionsgemeinschaften werden Brauereien, Spirituosen-Fabriken, Mühlen, Sägewerke, Verlage, Zeitschriftenvertriebe, Devotionalienhandlungen, Andenkengeschäfte, Hotels, Gaststätten, Fremdenheime, Pensionen, Gärtnereien, Steinmetzbetriebe und Hauswerkstätten genannt[275].

Fraglich ist, ob diese Vorschrift auf die Religionsgemeinschaften als Körperschaften des öffentlichen Rechts angewendet werden kann. Denn die Besteuerung der wirtschaftlichen Geschäftsbetriebe als Gewerbebetriebe ist in

---

272 Gewerbesteuer-Durchführungsverordnung in der Fassung vom 15.10.2002, BGBl. I 2002, S. 4181.

273 *Sarrazin,* in: Lenski/Steinberg, GewStG, § 2, Rn. 1514.

274 *Güroff,* in: Glanegger/Güroff, GewStG, § 2, Rn. 34.

275 *Maier,* Grundlagen und Probleme der Klosterbesteuerung nach geltendem deutschem Steuerrecht, S. 114.

§ 2 Abs. 3 GewStG auf juristische Personen des Privatrechts beschränkt, so dass hierunter nicht die als Körperschaften des öffentlichen Rechts verfassten Religionsgemeinschaften fallen[276]. Somit könnte im Umkehrschluss aus § 2 Abs. 3 GewStG gefolgert werden, dass die einschränkende Vorschrift des § 3 Nr. 6 S. 2 GewStG nicht für die als Körperschaften des öffentlichen Rechts verfassten Religionsgemeinschaften gilt[277]. Jedoch ist zu berücksichtigen, dass § 2 Abs. 3 GewStG seinem Wortlaut nach „auch" die Besteuerung der Tätigkeiten der „sonstigen juristischen Personen des privaten Rechts und der nichtrechtsfähigen Vereine" vorsieht, „soweit sie einen wirtschaftlichen Geschäftsbetrieb unterhalten". Insofern hat die Vorschrift ergänzende Wirkung zu der unbeschränkten Besteuerung in § 2 Abs. 1, 2 GewStG. Entsprechend umfasst die Vorschrift die vollumfängliche Besteuerung der wirtschaftlichen Geschäftsbetriebe. Damit scheint der Sinn und Zweck der Vorschrift nicht darauf abzuzielen, die Besteuerung der wirtschaftlichen Geschäftsbetriebe von juristischen Personen des öffentlichen Rechts generell auszuschließen. Zudem entspricht der Tatbestand des § 3 Nr. 6 GewStG in seiner Formulierung dem des § 5 Abs. 1 Nr. 9 KStG[278]. Insofern greift die Besteuerung der wirtschaftlichen Geschäftsbetriebe nur ein, wenn kein Zweckbetrieb im Sinne des § 65 AO gegeben ist, welcher zu einer Steuerbefreiung führt. Die Besteuerung der wirtschaftlichen Geschäftsbetriebe gemäß § 3 Nr. 6 S. 2 GewStG stellt daher eine partielle Steuerpflicht dar. Entsprechend sieht § 3 Nr. 6 S. 2 GewStG keine dem § 2 Abs. 3 GewStG widersprechende Besteuerung vor, sondern ist in seinem Anwendungsbereich auf den Tatbestand des § 3 Nr. 6 S. 1 GewStG beschränkt. Im Ergebnis ist § 3 Nr. 6 S. 2 GewStG auf die wirtschaftlichen Geschäftsbetriebe der als Körperschaften des öffentlichen Rechts verfassten Religionsgemeinschaften anwendbar[279]. Es besteht hiernach lediglich für die als Zweckbetriebe einzuordnenden Gewerbebetriebe der als Körperschaften des öffentlichen Rechts organisierten Religionsgemeinschaften die Möglichkeit einer Steuerbefreiung.

bb) Weitere Steuervergünstigungen

Die Vorschrift des § 3 Nr. 6 S. 1 GewStG ist nicht anzuwenden, soweit hiernach begünstigte Körperschaften bereits aufgrund anderer Vorschriften von der

---

276 *Drüen*, in: Blümich, GewStG, § 2, Rn. 205.

277 Vgl. *Weides*, Die Religionsgemeinschaften im Steuerrecht, in: Festschrift Uni Köln, S. 885 (S. 894).

278 *Von Twickel*, in: Blümich, GewStG, § 3, Rn. 43.

279 Andere Ansicht *Weides*, Die Religionsgemeinschaften im Steuerrecht, in: Festschrift Uni Köln, S. 885 (S. 894).

Gewerbesteuer freigestellt sind[280]. Diesbezüglich ist § 3 Nr. 20 lit. a GewStG als speziellere Vorschrift zu berücksichtigen. Diese sieht eine Befreiung von der Gewerbesteuer für Krankenhäuser, Altenheime, Altenwohnheime, Pflegeheime, Einrichtungen zur vorübergehenden Aufnahme pflegebedürftiger Personen und Einrichtungen zur ambulanten Pflege kranker und pflegebedürftiger Personen, die von juristischen Personen des öffentlichen Rechts betrieben werden, vor. Anwendbar ist die Vorschrift für alle juristischen Personen des öffentlichen Rechts und gilt somit auch für die als Körperschaften des öffentlichen Rechts verfassten Religionsgemeinschaften[281]. Teilweise ist hierdurch der typische Bereich erfasst, in welchen Religionsgemeinschaften wirtschaftlich tätig werden, so dass diese Steuerbefreiung neben der Befreiung des § 3 Nr. 6 S. 1 GewStG durchaus von Relevanz ist.

Es bleibt festzuhalten, dass die Systematik der Steuervergünstigungen von Religionsgemeinschaften mit dem Status einer Körperschaft des öffentlichen Rechts nach dem GewStG derjenigen des KStG weitgehend entspricht. Insofern ist auch hier durch § 3 Nr. 6 S. 1 GewStG grundsätzlich von einer Steuervergünstigung zugunsten der als Körperschaften des öffentlichen Rechts verfassten Religionsgemeinschaften für ihren eigentlichen Tätigkeitsbereich als Religionsgemeinschaft auszugehen. Umgekehrt besteht – wie auch bei der Körperschaftsteuer – lediglich für rein wirtschaftliche Tätigkeiten eine Steuerpflicht der als Körperschaften des öffentlichen Rechts verfassten Religionsgemeinschaften.

c) Erbschaft- und Schenkungsteuergesetz

Für Zuwendungen wie Erbschaften und Schenkungen an die Religionsgemeinschaften sind die Steuervergünstigungen des Erbschaft- und Schenkungsteuergesetzes zu berücksichtigen.

aa) Steuerbefreiung von Zuwendungen

Dabei sind die an Religionsgemeinschaften als Körperschaften des öffentlichen Rechts gerichteten Zuwendungen nach § 13 I Nr. 16 lit. a ErbStG generell von der Erbschaft- und Schenkungsteuer befreit. In Anbetracht der Tatsache, dass es hierbei keiner weiteren Prüfung über die Verwendung der Zuwendungen bedarf, stellt diese Vorschrift eine generelle Steuerbefreiung dar – abhängig von dem Vorliegen des Status einer Körperschaft des öffentlichen Rechts. Diese subjektive Steuerbefreiung erstreckt sich auf alle Organe und Einrichtungen, die notwendige Bestandteile der Religionsgemeinschaft und zugleich

280 *Sarrazin,* in: Lenski/Steinberg, GewStG, § 3, Rn. 69.
281 *Sarrazin,* in: Lenski/Steinberg, GewStG, § 3, Rn. 495.

selbständige Träger des den Zwecken der Religionsgemeinschaft gewidmeten Vermögens sind[282].

bb) Steuerbefreiung für die Zuwendung an gemeinnützige Körperschaften

§ 13 Abs. 1 Nr. 16 lit. b ErbStG regelt die Steuerbefreiung für jene Zuwendungen an Körperschaften, die gemeinnützige Zwecke verfolgen. Durch die dort genannten gemeinnützigen Zwecke fallen unter den Anwendungsbereich der Steuerbefreiung lediglich privatrechtliche Körperschaften[283]. Somit ist dieser Tatbestand für die als Körperschaften des öffentlichen Rechts verfassten Religionsgemeinschaften nicht relevant.

cc) Steuerbefreiung für die Zuwendung zu bestimmten Zwecken

Im Verhältnis zu der generellen Steuerbefreiung der als Körperschaften des öffentlichen Rechts verfassten Religionsgemeinschaften bilden Zuwendungen, die mit der Auflage verbunden sind, dass das Vermögen für einen bestimmten Zweck zu verwenden ist, einen Sonderfall. Denn in diesem Fall kann der Tatbestand des § 13 Abs. 1 Nr. 16 lit. a ErbStG nur eingreifen, wenn der festgelegte Zweck zu denen gehört, die der Religionsgemeinschaft eigentümlich sind[284]. Ist dies nicht der Fall, so besteht die Möglichkeit der Steuerbefreiung nach § 13 Abs. 1 Nr. 17 ErbStG der die Steuerbefreiungen für die Zuwendung zu kirchlichen, gemeinnützigen oder mildtätigen Zwecken regelt, wenn die Zuwendung einem dieser Zwecke gewidmet ist und dieser Zweck erfüllt wird[285]. In diesem Fall kommt dem § 13 Abs. 1 Nr. 17 ErbStG, im Verhältnis zu § 13 Abs. 1 Nr. 16 ErbStG eine Auffangfunktion zu[286].

Eine steuerpflichtige Zuwendung im Sinne des ErbStG kann damit im Ergebnis nur vorliegen, wenn mit der Zuwendung gleichsam Zwecke verfolgt werden

---

282 *Geck*, in: Kapp/Ebeling, ErbStG, § 13, Rn. 149; *Jülicher* in Troll/Gebel/Jülicher, ErbStG, § 13, Rn. 185.

283 FG Sachsen-Anhalt v. 27.05.1999 – II 12/97, EFG 2000, S. 24 (S. 26); FG Sachsen-Anhalt v. 05.06.2002 – 2 K 627/00, EFG 2002, S. 1539 (S. 1540).

284 Vgl. *Geck*, in: Kapp/Ebeling, ErbStG, § 13, Rn. 151; RFH v. 12.11.1941 – VIa 83/41, RStBl. 1941, S. 892; so soll nach diesem Urteil hierunter der Betrieb eines Priesterseminars fallen, nicht aber die Unterhaltung eines dem Priesterseminar angeschlossenen Knabenseminars, welches nur der Vorbereitung zum Beruf des Priesters dient; diese Rechtsprechung wird teilweise als überholt angesehen, vgl. *Leisner-Egensperger*, in: Hübschmann/Hepp/Spitaler, AO, § 54, Rn. 29.

285 Vgl. RFH v. 12.11.1941 – Via 83/41, RStBl. 1941, S. 892.

286 *Kien-Hümbert*, in: Moench/Weinmann, ErbStG, § 13, Rn. 105; *Halaczinsky*, in: Wallenhorst/Halaczinsky, Die Besteuerung gemeinnütziger Vereine, Stiftungen und der juristischen Personen des öffentlichen Rechts, M 217.

sollen, die fern von denen sind, die im Zusammenhang mit den Tätigkeiten der als Körperschaften des öffentlichen Rechts verfassten Religionsgemeinschaften stehen und bei denen kein Zweck des § 13 Abs. 1 Nr. 17 ErbStG gegeben ist. Hierfür müsste beispielsweise eine Erbschaft der Religionsgemeinschaft für rein wirtschaftliche Zwecke zugewendet werden, obgleich dies in der Praxis wohl kaum der Fall sein wird. Tritt also ein Fall ein, in welchem die Zuwendung der Steuerpflicht unterliegt, so steht dies im Ergebnis nicht der Annahme einer grundsätzlich bestehenden Steuervergünstigung zugunsten der Religionsgemeinschaften als Körperschaften des öffentlichen Rechts im Rahmen der Erbschaft- und Schenkungsteuer entgegen.

d) Grundsteuergesetz

Einige der als Körperschaften des öffentlichen Rechts verfassten Religionsgemeinschaften sind Eigentümer einer großen Anzahl von Grundstücken, so dass auch den Steuervergünstigungen nach dem GrStG eine Bedeutung zukommt.

Aus der Formulierung der in den §§ 3 ff. GrStG geregelten Grundsteuerbefreiungen kann im Umkehrschluss davon ausgegangen werden, dass außerhalb dieser Befreiungen grundsätzlich eine Grundsteuerpflicht der Religionsgemeinschaften als Körperschaften des öffentlichen Rechts besteht[287]. Aufgrund der fehlenden Normierung des steuerpflichtigen Grundbesitzes listet die Verwaltungsvorschrift zur Grundsteuer den steuerpflichtigen Grundbesitz der korporierten Religionsgemeinschaften auf[288]. Danach besteht eine Steuerpflicht für jenen Grundbesitz, der für Wohnzwecke benutzt wird, auf dem ein Betrieb gewerblicher Art unterhalten wird, der land- und forstwirtschaftlich genutzt wird oder der als unbebautes Grundstück bewertet wird[289].

aa) Befreiungstatbestand des § 3 Abs. 1 S. 1 Nr. 4 GrStG

Im Mittelpunkt der Steuervergünstigungen nach dem GrStG steht für die als Körperschaften des öffentlichen Rechts verfassten Religionsgemeinschaften die gemäß § 3 Abs. 1 S. 1 Nr. 4 GrStG bestehende Grundsteuerfreiheit für Grundbesitz, der von einer als Körperschaft des öffentlichen Rechts verfassten Religionsgemeinschaft, einem ihrer Orden, einer ihrer religiösen Genossenschaften oder einem

287 *Troll/Eisele*, GrStG, § 3, Rn. 6.

288 Vgl. Grundsteuer-Richtlinien vom 09.12.1978 Abschnitt 14 III, BStBl. I 1978, S. 553 (S. 559).

289 Grundsteuer-Richtlinien vom 09.12.1978 Abschnitt 14 III, BStBl. I 1978, S. 553 (S. 559).

ihrer Verbände für Zwecke der religiösen Unterweisung, der Wissenschaft, des Unterrichts, der Erziehung oder für Zwecke der eigenen Verwaltung benutzt wird. Der Tatbestand des § 3 Abs. 1 S. 1 Nr. 4 GrStG ist als Besonderheit im Vergleich zu sonstigen Befreiungstatbeständen nicht auf die Religionsgemeinschaften an sich beschränkt, sondern ist vielmehr auf die diesen zuzuordnenden Organisationen erweitert. Insoweit greift das in Art. 140 GG i.V.m. Art. 137 Abs. 3 S. 1 WRV verankerte Selbstbestimmungsrecht in Bezug auf die Organisationswahl zugunsten der Religionsgemeinschaften ein, welches allerdings seine Grenze durch die Bindung an das für alle geltende Gesetz findet, so dass eine Abwägung des Selbstverständnisses erfolgt[290].

Der Begriff der religiösen Unterweisung umfasst nicht nur Unterricht zur Förderung des Wissens um religiöse Fragen im eigentlichen Sinne, sondern auch andere Formen der Belehrung über religiöse Fragen oder der Vermittlung religiösen Wissens[291]. Auch Bildungsheime oder Akademien sowie Exerzitienheime sind grundsätzlich im Sinne der Vorschrift als für die Zwecke der religiösen Unterweisung benutzt anzusehen[292]. Denn es ist davon auszugehen, dass die Glaubensverkündigung in Form der Erziehung zum Glauben und Lebenssinn sowie der Erwachsenenbildung ein unmittelbarer Teil des religiösen Verkündigungsauftrags und daher traditionell mit der kirchlichen Arbeit verbunden ist[293].

Durch die konkrete Beschreibung der unterschiedlichsten Nutzungen in § 3 Abs. 1 S. 1 Nr. 4 GrStG, die zu einer Grundsteuerbefreiung führen, ist diese Regelung eher unübersichtlich gestaltet. Beispielsweise entspricht auch eine im Eigentum einer als Körperschaft des öffentlichen Rechts verfassten Religionsgemeinschaft stehende Garage, die zur Unterstellung eines für die Aufgaben eines Geistlichen benötigten Kraftwagens benutzt wird, den Zwecken der Religionsgemeinschaft und ist deswegen von der Grundsteuer befreit[294]. Begründet wird dies damit, dass die Besteuerung solcher Hilfsmittel dem Sinn und Zweck der Steuerbefreiungen widersprechen würde[295].

---

290 FG Hamburg v. 05.02.2013 – 3 K 74/12, BeckRS 2013, 94847.

291 BFH v. 14.11.1958 – III 303/56 S, BStBl. III 1959, S. 81; so auch schon RFH v. 17.05.1939 – VIa 7/39, RStBl. 1939, S. 877.

292 Grundsteuer-Richtlinien vom 09.12.1978, Abschnitt 14 IV S. 2, BStBl. I 1978, S. 553 (S. 559).

293 *Losch*, Erwachsenenbildung und Akademien, in: Handbuch des Staatskirchenrechts der Bundesrepublik Deutschland, Bd. 1, S. 639 (S. 641).

294 BFH v. 16.07.1965 – V 125/63 U, BStBl. III 1965, S. 568, KirchE 7, S. 223.

295 Vgl. *Troll/Eisele*, GrStG, § 7, Rn. 2.

Zu Recht wird kritisch angemerkt, dass anstelle des unvollständigen § 3 Abs. 1 S. 1 Nr. 4 GrStG ein Verweis auf § 54 Abs. 1, 2 AO mehr Rechtsklarheit schaffen könnte[296]. Denn die genannten Nutzungszwecke sind als Bestandteil der in § 54 Abs. 1, 2 AO genannten Zwecke der religiösen Unterweisung, der Wissenschaft, des Unterrichts, der Erziehung oder der Nutzung für die eigene Verwaltung anzusehen. Zwar ist der Anwendungsbereich des § 3 Abs. 1 S. 1 Nr. 4 GrStG durch die Steuerbefreiung der Orden, religiösen Genossenschaften und Verbände nicht unmittelbar auf die als Körperschaften des öffentlichen Rechts verfassten Religionsgemeinschaften beschränkt. Aufgrund des zwingenden Bezugs zu den korporierten Religionsgemeinschaften bleiben aber die privatrechtlich organisierten Religionsgemeinschaften – mit Ausnahme der jüdischen Kultusgemeinden, § 3 Abs. 1 S. 1 Nr. 4 S. 2 GrStG – vom Anwendungsbereich ausgeschlossen, so dass dieser Aspekt einer Bezugnahme auf die kirchlichen Zwecke des § 54 Abs. 1, 2 AO nicht entgegenstehen würde.

bb) Steuerbefreiung bei Nutzung zu gemeinnützigen Zwecken

Darüber hinaus ist nach § 3 Abs. 1 S. 1 Nr. 3 lit. b GrStG der Grundbesitz einer inländischen juristischen Person des öffentlichen Rechts, welcher für gemeinnützige oder mildtätige Zwecke benutzt wird, von der Grundsteuer befreit. Ob dies der Fall ist, wird anhand der §§ 51 ff. AO geprüft[297]. Grundsätzlich besteht damit zugunsten der als Körperschaften des öffentlichen Rechts verfassten Religionsgemeinschaften durch Erfüllung dieser Voraussetzungen eine weitere Möglichkeit der Steuervergünstigung[298]. Relevant wird diese Steuervergünstigung nur sein, wenn eine Steuerbefreiung nach § 3 Abs. 1 S. 1 Nr. 4 GrStG nicht gegeben ist.

cc) Steuerbefreiung von Dienstwohnungen

Zu berücksichtigen ist darüber hinaus, dass die §§ 5, 6 GrStG eine Steuerpflicht für den nach §§ 3, 4 GrStG zu steuerbegünstigten Zwecken genutzten Grundbesitz vorsehen, soweit dieser als Wohnung oder land- und forstwirtschaftlich genutzt wird. Jedoch gilt dies gemäß § 3 Abs. 1 S. 1 Nr. 5 S. 2 GrStG nicht für Dienstwohnungen der Geistlichen und Kirchendiener derjenigen

---

296 *Weides*, Die Religionsgemeinschaften im Steuerrecht, in: Festschrift Uni Köln, S. 885 (S. 896); so auch *Troll/Eisele*, § 3, Rn. 54.

297 Vgl. Grundsteuer-Richtlinien vom 09.12.1978, Abschnitt 12 I, BStBl. I 1978, S. 553 (S. 557).

298 Unter die juristischen Personen des öffentlichen Rechts fallen auch hier die als Körperschaften des öffentlichen Rechts verfassten Religionsgemeinschaften, Grundsteuer-Richtlinien vom 09.12.1978 Abschnitt 7 I, BStBl. I 1978, S. 553 (S. 555).

Religionsgemeinschaften, die als Körperschaften des öffentlichen Rechts verfasst sind[299]. Eine Dienstwohnung liegt vor, wenn die Benutzung dem Stelleninhaber aufgrund eines öffentlich-rechtlichen Dienstverhältnisses als Teil des Diensteinkommens zugewiesen worden und die Benutzung der Wohnung zur ordnungsmäßigen Wahrnehmung der dienstlichen Obliegenheiten erforderlich ist[300]. Damit ist keine Dienstwohnung gegeben, wenn mit dem Geistlichen ein Mietvertrag geschlossen wurde oder die Wohnung an sonstige Dritte vermietet wird[301]. Die Vorschrift stellt eine wesentliche Ausnahme der grundsätzlich bestehenden Steuerpflicht für jenen Grundbesitz dar, der für Wohnzwecke benutzt wird[302]. Die Steuervergünstigung für Dienstwohnungen in § 3 Abs. 1 S. 1 Nr. 5 GrStG ist auf die Religionsgemeinschaft als Körperschaft des öffentlichen Rechts selbst beschränkt und unterscheidet sich damit im Anwendungsbereich von der Steuerbefreiung des § 3 Abs. 1 S. 1 Nr. 4 GrStG[303]. So fällt unter die Steuerbefreiung nicht der Wohnraum von Missionsschülern einer christlichen Gemeinschaft, welche die Rechtsform eines eingetragenen Vereins besitzt[304]. Ebenso unterfallen Gymnasiallehrer, die im Angestelltenverhältnis einer privaten Schule einer als korporierten Religionsgemeinschaft stehen, nicht dem Anwendungsbereich des § 3 Abs. 1 S. 1 Nr. 5 GrStG[305]. Andererseits sind als Kirchendiener alle Kirchenbeamten im Sinne des Berufsbeamtentums anerkannt[306]. Die Vorschrift des § 3 Abs. 1 S. 1 Nr. 5 GrStG ist darüber hinaus auf Pastoral- und Gemeindereferenten anzuwenden[307]. Ebenso kann die Einordnung als Dienstgrundstück vorliegen, wenn es von einem nur nebenberuflich beschäftigten Organisten bewohnt wird[308].

---

299 Zur Entwicklung der Besteuerung von Dienstwohnungen im 20. Jahrhundert siehe *Troll/Eisele*, GrStG, § 3 Rn. 57; zur Definition des Geistlichen und des Kirchendieners siehe Grundsteuer-Richtlinien vom 09.12.1978, Abschnitt 15 III, IV, BStBl. I 1978, S. 553 (S. 559).

300 Grundsteuer-Richtlinien v. 09.12.1978 Abschnitt 15 II, BStBl. 1978, S. 553 (S. 559); BFH v. 12.01.1973 – R 85/72 – BStBl. II 1973, S. 377.

301 Grundsteuer-Richtlinien v. 09.12.1978 Abschnitt 15 II, BStBl. 1978, S. 553 (S. 559).

302 Grundsteuer-Richtlinien vom 09.12.1978 Abschnitt 14 III, BStBl. I 1978, S. 553 (S. 559).

303 Vgl. BFH v. 22. 07. 1987 – II R 204/84, BStBl. II 1987, S. 725 (S. 727).

304 BFH v. 23.02.1979 – III R 38/77, KirchE 17, S. 192 (S. 194).

305 BFH v. 16.02.1979 – III R 45/76 KirchE 17, S. 179.

306 BFH v. 16.05.1975 – III R 54/74, BStBl. II 1975, S. 746 dort so entschieden im Falle des Leiters einer privaten Ersatzschule.

307 Verfügung des OFD Kiel v. 15.11.2001 – G 1105 A –St 221, StEK GrStG, § 3 Nr. 10.

308 FG Niedersachsen v. 11.09.1962 – I 105/61, KirchE 6, S. 138.

Ist eine räumliche Abgrenzung der Nutzungen für die steuerbefreiten Zwekke nicht möglich, ist für die Frage der Steuerpflicht oder Steuerfreiheit auf den ganzen Steuergegenstand abzustellen und zu klären, für welche Zwecke das Gebäude überwiegend geschaffen wurde[309]. Ein von der Grundsteuer befreites Grundstück eines Geistlichen oder Kirchendieners ist grundsätzlich nur anzunehmen, wenn der Grundbesitz unmittelbar zum Unterhalt des Stelleninhabers bestimmt ist und der Stelleninhaber über die Nutzungsart und Erträgnisse befinden kann[310]. Die Dienstwohnung eines Kirchendieners verliert den Charakter der Dienstwohnung, wenn die Räume nicht mehr einem bestimmten Stelleninhaber zugewiesen, sondern an Dritte vermietet werden[311].

Im Ergebnis stellt § 3 Abs. 1 S. 1 Nr. 5 GrStG eine weitere spezifische Steuervergünstigung zugunsten der als Körperschaften des öffentlichen Rechts verfassten Religionsgemeinschaften dar.

dd) Weitere Steuerbefreiungen bei Nutzung zu Wohnzwecken

Neben § 3 Abs. 1 S. 1 Nr. 5 GrStG normiert auch § 5 GrStG Ausnahmen von der grundsätzlich für zu Wohnzwecken genutzten Grundbesitz bestehenden Steuerpflicht. Somit kann, wenn keine Dienstwohnung gegeben ist, eine Steuervergünstigung des für Wohnzwecke genutzten Grundbesitzes eingreifen.

Gemäß § 5 Abs. 1 Nr. 2 S. 1 GrStG kann eine Steuervergünstigung erlangt werden, wenn dieser als Wohnraum für Schülerheime, Ausbildungs- oder Erziehungsheime, Prediger- und Priesterseminare, für Zwecke des Unterrichts, der Ausbildung oder der Erziehung genutzt wird. Da Prediger- und Priesterseminar Ausbildungsstätten sind, die der Ausbildung evangelischer und katholischer Geistlicher im pastoral-praktischen Bereich dienen, bezieht sich der Ausdruck eindeutig auf Einrichtungen der evangelischen und katholischen Kirche[312]. Insofern wird die Anwendung der Steuervergünstigung auf diese beiden als Körperschaften des öffentlichen Rechts verfassten Religionsgemeinschaften beschränkt. Entsprechend ist ausnahmsweise eine Steuervergünstigung gegeben, die innerhalb der als Körperschaften des öffentlichen Rechts verfassten

---

309 BFH v. 07.10.1966 – III 283/63, KirchE 8, S. 181 (S. 186), BStBl. III 1967, S. 30.

310 BFH v. 13.05.1987 – II R 225/82, BStBl. II 1987, S. 722.

311 BFH v. 10.07.1959 – III 283/58 U – KirchE 5, S. 65; andererseits geht der Charakter einer Dienstwohnung dann nicht verloren, wenn eine Überlassung mit Rücksicht auf die Wohnungsnot, also einerseits im öffentlichen Interesse, andererseits nur für die begrenzte Zeit des Wohnraummangels erfolgt, BFH v. 21.08.1953 – III 109/53, KirchE 2, S. 143 (S. 144).

312 BFH v. 23.02.1979 – III R 38/77, KirchE 17, S. 192 (S. 194).

Religionsgemeinschaften differenziert. Kritisch zu hinterfragen ist, inwiefern diese Auslegung von § 5 Abs. 1 Nr. 2 S. 1 GrStG im Hinblick auf die übrigen Steuerbefreiungen des GrStG zugunsten von sämtlichen Körperschaften des öffentlichen Rechts unter dem Aspekt des Gleichbehandlungsgrundsatz und der Belastungsgleichheit Bestand haben kann. Daher ist eine Anwendung der Vorschrift zugunsten aller als Körperschaften des öffentlichen Rechts verfassten Religionsgemeinschaften vorzuziehen.

ee) Steuerbefreiung für nach Kirchenrecht gesondertes Vermögen

Darüber hinaus besteht nach § 3 Abs. 1 S. 1 Nr. 6 GrStG eine Steuerbefreiung für Grundbesitz der korporierten Religionsgemeinschaften sowie der jüdischen Kultusgemeinden, der am 01. Januar 1987 und im Veranlagungszeitpunkt zu einem nach Kirchenrecht gesonderten Vermögen, insbesondere zu einem Stellenfonds gehört, dessen Erträge ausschließlich für die Besoldung und Versorgung der Geistlichen und Kirchendiener sowie ihrer Hinterbliebenen bestimmt sind.

Gemäß § 3 Abs. 1 S. 1 Nr. 6 S. 3 GrStG sind die §§ 5, 6 GrStG nicht anzuwenden. Zu beachten ist in diesem Zusammenhang, dass § 6 GrStG für land- und forstwirtschaftlich genutzten Grundbesitz die Steuervergünstigung nach den §§ 3, 4 GrStG einschränkt, so dass diese – wäre § 6 GrStG hier anwendbar – gerade nicht für den Grundbesitz der Religionsgemeinschaften eingreifen würde[313]. Mit Einführung des § 3 Abs. 1 S. 1 Nr. 6 GrStG ist der frühere Streit zwischen den Religionsgemeinschaften und den Finanzverwaltungen darüber, welches Grundvermögen unter die bis dahin ausschließlich befreienden Regelungen fällt, weitgehend beigelegt[314]. Zu beachten ist, dass die Grundsteuerfreiheit der zum

---

313 Gemäß § 6 GrStG greift die Steuervergünstigung nur für Grundbesitz, der Lehr- und Versuchszwecken dient, § 6 Nr. 1 GrStG, der von der Bundeswehr und anderen Streitkräften als Übungs- oder Flugplatz benutzt wird, § 6 Nr. 2 GrStG, sowie der unter § 4 Nr. 1 bis 4 GrStG fällt, ein.

314 Dabei ging es um den Umfang der Grundsteuerbefreiung für Dienstgrundstücke von Religionsgemeinschaften gemäß § 4 Nr. 5 c GrStG a.F. (GrStG v. 10.08.1951, BGBl. I 1951, S. 519) wonach die Dienstgrundstücke der Geistlichen und Kirchendiener in dem Umfang von der Grundsteuer befreit waren, in dem sie nach den vor dem 01.04.1938 geltenden landesgesetzlichen Vorschriften befreit waren, vgl. BFH v. 16.09.1955 – III 145/55 S, KirchE 3, S. 131; BFH v. 16.09.1955 – III 120/55 S, KirchE 3, S. 138; BFH v. 09.07.1971 – III R 30/70, KirchE 12, S. 233; VG Berlin v. 02.09.1960 – VG X A 469/60, KirchE 5, S. 219; BFH v. 12.01.1979 – III R 85/72, KirchE 13, S. 116; BFH v. 16.02.1979 – III R 45/76, KirchE 17, S. 179; BFH v. 23.02.1979 – II R 38/77, KirchE 17, S. 192; siehe hierzu *von Garmissen*, Landwirtschaftliches Grundvermögen in kirchlicher Hand, S. 89 f.;

Kirchenvermögen einer Kirchengemeinde gehörender Grundstücke nicht von der Art ihrer Benutzung, sondern von der Verwendung der aus dem Grundstück fließenden Erträge abhängt[315].

ff) Steuerbefreiung bei Widmung zu Gottesdiensten und Nutzung zu Bestattungen

Neben diesen Steuervergünstigungen kann nach § 4 Nr. 1 GrStG derjenige Grundbesitz von der Grundsteuer befreit sein, der dem Gottesdienst einer Religionsgemeinschaft gewidmet ist, die Körperschaft des öffentlichen Rechts ist. Dies gilt ebenfalls für Bestattungsplätze, § 4 Nr. 2 GrStG.

gg) Weitere Voraussetzungen

Die genannten Steuervergünstigungen nach den §§ 3, 4 GrStG treten gemäß § 7 S. 1 GrStG nur ein, wenn der Steuergegenstand für den steuerbegünstigten Zweck unmittelbar benutzt wird[316]. Auch ein direkt an das Gemeindezentrum der Religionsgemeinschaft angrenzendes unbebautes Wiesengrundstück, das als Freifläche im Rahmen der Kinder- und Jugendarbeit genutzt wird, wird für Zwecke der religiösen Unterweisung und Erziehung unmittelbar im Sinne der Vorschrift genutzt[317].

Soweit der Grundbesitz nur zum Teil für steuerbegünstigte Zwecke genutzt wird und eine räumliche Aufteilung nicht möglich ist, hängt wiederum die Steuervergünstigung davon ab, ob die Nutzungen zu steuerbegünstigten Zwecken überwiegen, § 8 Abs. 2 GrStG.

Zusammenfassend ist festzustellen, dass – abgesehen von § 3 Abs. 2 S. 1 Nr. 4 S. 2 GrStG und der eingrenzenden Auslegung des § 5 Abs. 1 Nr. 2 S. 1 GrStG – die unmittelbaren Steuervergünstigungen im Rahmen des GrStG auf die als Körperschaften des öffentlichen Rechts verfassten Religionsgemeinschaften beschränkt sind und diese für ihren eigentlichen Tätigkeitsbereich als Religionsgemeinschaft von der Grundsteuerpflicht ausgenommen sind. Deutlich wird dies insbesondere anhand der Steuervergünstigung für die Dienstwohnungen von Geistlichen und Kirchendienern, welche sich auf die als Körperschaften des öffentlichen Rechts verfassten Religionsgemeinschaften beschränkt, § 3 Abs. 1 S. 1 Nr. 5 GrStG.

---

315 VG Berlin v. 02.09.1960 – VG X A 469/60, KirchE 5, S. 219.

316 Grundsteuer-Richtlinien vom 09.12.1978 Abschnitt 31 I, BStBl. 1978 I, S. 553 (S. 565).

317 FG Düsseldorf v. 23.11.1999 – 11 K 2087/98 Gr, EFG 2000, S. 187.

e) *Umsatzsteuergesetz*

Soweit die Religionsgemeinschaften als Körperschaft des öffentlichen Rechts durch ihre Betriebe gewerblicher Art die Unternehmereigenschaft gemäß § 2 Abs. 1, 3 UStG i.V.m. Art. 13 MwStSystRL besitzen und steuerbare Umsätze erzielen, erfolgt die Belastung mit der Umsatzsteuer. In diesem Fall sind die Steuervergünstigungen des UStG für die als Körperschaften des öffentlichen Rechts verfassten Religionsgemeinschaften von Bedeutung. Da die Besteuerung des Verbrauchs durch Anknüpfung an Umsätze der Unternehmer erfolgt, muss die Steuervergünstigung an die Umsätze der Unternehmer anknüpfen[318]. Faktisch wird durch die Weitergabe dieser Belastung die Umsatzsteuer von den (End-)Verbrauchern getragen, so dass die hier behandelten Religionsgemeinschaften in der Position als Nachfrager von Leistungen mit der Umsatzsteuer belastet werden.

aa) Steuerpflicht für Betriebe gewerblicher Art von juristischen Personen des öffentlichen Rechts

Nach § 2 Abs. 3 UStG sind die juristischen Personen des öffentlichen Rechts nur mit den Betrieben gewerblicher Art und den land- oder forstwirtschaftlichen Betrieben gewerblich oder beruflich tätig und damit steuerpflichtige Unternehmer im Sinne des UStG. Umgekehrt sind die weiteren Umsätze, die im Zusammenhang mit den Tätigkeiten als Körperschaft des öffentlichen Rechts stehen, nicht steuerbar, so dass § 2 Abs. 3 UStG insoweit eine Steuervergünstigung darstellt. Unter die juristischen Personen des öffentlichen Rechts im Sinne der Vorschrift fallen die als Körperschaften des öffentlichen Rechts verfassten Religionsgemeinschaften, so dass die Vorschrift für die hier behandelten Religionsgemeinschaften gilt[319].

Was unter dem Betrieb gewerblicher Art zu verstehen ist, richtete sich bisher durch den Verweis in § 2 Abs. 3 S. 1 UStG auf das KStG nach den §§ 1 Abs. 1 Nr. 6, 4 KStG[320]. Nach der neueren Rechtsprechung des Bundesfinanzhofs wird der Verweis nicht mehr wörtlich verstanden, sondern die unternehmerische Sphäre der Körperschaft des öffentlichen Rechts im Wege richtlinienkonformer Auslegung aus

---

318 *Englisch,* in: Tipke/Lang, § 17, Rn. 195.

319 Umsatzsteuer-Richtlinien 2008 v. 10.12.2007, BStBl. I 2007 Sondernummer 2, Abschnitt 23 I, 1.

320 *Klenk,* in: Sölch/Ringleb, UStG, § 2, Rn. 235; kritisch zum Verweis auf das KStG etwa *Stadie,* in: Rau/Dürrwächter, UStG, § 2, Rn. 1205 ff.; *Stadie,* Umsatzsteuergesetz, § 2, Rn. 260 ff.; *Reiß,* in: Reiß/Kraeusel/Langer, UStG, § 2 Rn. 130 ff.; *Lange* ordnet dem Verweis nur indizielle und keine bindende Bedeutung zu, *Lange,* Juristische Personen des öffentlichen Rechts als Unternehmer im Umsatzsteuerrecht, UR 2000, S. 1 (S. 8).

Art. 13 MwStSystRL abgeleitet, so dass beispielsweise vermögensverwaltende Tätigkeiten – anders als nach § 4 Abs. 1 KStG – als unternehmerisch gelten[321].

Eine zu besteuernde unternehmerische Tätigkeit im Sinne der Vorschrift ist anzunehmen, wenn die Religionsgemeinschaft als Körperschaft des öffentlichen Rechts durch Lieferungen oder Leistungen am allgemeinen Wirtschaftsleben teilnimmt, also nachhaltig und gegen Entgelt Leistungen bewirkt, die auch Gegenstand privater Unternehmertätigkeit sein können[322]. So ist der Gesangsbuchverlag einer Religionsgemeinschaft mit dem Status einer Körperschaft des öffentlichen Rechts ein steuerpflichtiger wirtschaftlicher Geschäftsbetrieb, weil er geeignet ist, steuerpflichtige Unternehmen im Wettbewerb zu schädigen[323]. Auch die gegen Zahlung eines Entgeltes für jedes verkaufte Exemplar erfolgte Übertragung der Herstellung und des Vertriebs von religiösen Gesang- und Gebetbüchern durch ein Bistum an einen privaten Verlag kann Gegenstand privater Unternehmertätigkeit sein und unterliegt daher der Umsatzsteuer[324].

Umgekehrt unterliegen alle Leistungen, die gegen ein Entgelt erbracht werden, jedoch keine gewerbliche und berufliche Tätigkeit darstellen, nicht der Umsatzsteuer und sind als steuerbegünstigte Tätigkeiten anzusehen. Beispielhaft können hierfür Entgelte für religiöse Handlungen, Kollekten, Unkostenbeiträge für die Durchführung geistlicher Konzerte oder für die Darbietung eines Kirchenchores angeführt werden[325].

Im Ergebnis stellt § 2 Abs. 3 UStG eine persönliche Steuerbefreiung und damit eine weitere Steuervergünstigung für die hier behandelten korporierten Religionsgemeinschaften dar – mit Ausnahmen jener Bereiche, in denen sie sich in

---

321 BFH, Urteil v. 10.11.2011 – V R 41/10, DStR 2010, S. 1280 ff,; BFH, Urteil v. 15.04.2010 – V R 10/09, BFHE 229, S. 416.

322 FG Münster, v. 23.02.1954 – FG IIu Nr. 250-256/1953, KirchE 2, S. 195 (S. 196); Nach Art. 13 Abs. 2 MwStSystRL müssen Tätigkeiten von juristischen Personen des öffentlichen Rechts dann dem steuerbaren Bereich zugeordnet werden, wenn eine Behandlung als Nicht-Steuerpflichtiger zu größeren Wettbewerbsverzerrungen führen würde, Mehrwertsteuersystemrichtlinie 2006/112/EG vom 28.11.2006 über das gemeinsame Mehrwertsteuersystem, ABl. EG 2006 Nr. L 347; EuGH v. 06.02.1997 – C-247/95, BStBl. II 99, S. 426; BFH, Urteil v. 11.06.1997 – XI R 33/94, BeckRS 1997, 23000769; BFH, Urteil v. 10.11.2011 – V R 41/10, DStR 2010, S. 1280, (S.1282); siehe hierzu *Hüttemann*, Die Besteuerung der öffentlichen Hand, S. 165 ff.

323 RFH v. 16.12.1939 – VIa 25/37, RStBl. 1941, S. 158.

324 FG Münster v. 23.02.1954 – FG IIu Nr. 250-256/1953, KirchE 2, S. 195.

325 *Weides*, Die Religionsgemeinschaften im Steuerrecht, in: Festschrift Uni Köln, S. 885 (S. 900).

ähnlicher Weise wie private Unternehmer wirtschaftlich betätigen und damit in Wettbewerb zu diesen treten[326].

bb) Steuerbefreiung gemäß § 4 UStG

Wenn darüber hinaus umsatzsteuerbare Umsätze der Religionsgemeinschaften vorliegen, müssen für eine mögliche Steuerbefreiung von der Umsatzsteuer die Voraussetzungen eines der in § 4 UStG aufgeführten Befreiungstatbestände gegeben sein.

(1) Steuerbefreiung für Vorträge, Kurse und weitere Veranstaltungen

§ 4 Nr. 22 lit. a UStG sieht eine Steuerbefreiung für Vorträge, Kurse und andere Veranstaltungen wissenschaftlicher Art oder belehrender Art vor, welche von Körperschaften des öffentlichen Rechts – und damit der entsprechend verfassten Religionsgemeinschaften – durchgeführt werden, wenn die Einnahmen überwiegend zur Deckung der Kosten verwendet werden. Bei entsprechenden Tätigkeiten können die Religionsgemeinschaften diese Steuervergünstigung nutzen. Mangels eines entsprechenden Bezugs hängt die Steuervergünstigung dem Wortlaut nach nicht von den Voraussetzungen des Gemeinnützigkeitsrechts ab. Vom Anwendungsbereich der Vorschrift sind nur Veranstaltungen erfasst, die im Rahmen eines Betriebes gewerblicher Art im Sinne von §§ 1 Abs. 1 Nr. 6, 4 KStG durchgeführt werden. Denn einzig in diesem Falle sind die Religionsgemeinschaften als Körperschaften des öffentlichen Rechts nach § 2 Abs. 3 S. 1 UStG unternehmerisch und damit umsatzsteuerbar tätig[327]. Durch das Kriterium des Überwiegens fallen im Gegensatz zu dem Anwendungsbereich des § 2 Abs. 3 UStG auch Tätigkeiten in den Anwendungsbereich dieser Steuerbefreiung, welche nicht eindeutig von dem steuerpflichtigen wirtschaftlichen Tätigkeitsbereich der Religionsgemeinschaft abzugrenzen sind. Insofern erleichtert die Vorschrift im Vergleich zu § 2 Abs. 3 UStG die Steuervergünstigung für die genannten Tätigkeiten. Beispielsweise sind Vereine zur Durchführung von Kirchentagen – soweit ihre Tätigkeiten der Erfüllung satzungsmäßiger Aufgaben dienen und sie hierfür Zuschüsse erhalten – nicht als umsatzsteuerpflichtige Unternehmer anzusehen[328].

(2) Steuerbefreiung für die Förderung der Jugendhilfe

Auf die korporierten Religionsgemeinschaften bezogen ist die Steuervergünstigung für die Förderung der Jugendhilfe gemäß § 4 Nr. 25 S. 2 lit. a UStG, so dass

---

326 Vgl. *Korn*, in: Bunjes/Geist, UStG, § 2, Rn. 178 ff.

327 *Hünnekens*, in: Hartmann/Metzenmacher, UStG, § 4 Nr. 22, Rn. 10.

328 OFD Düsseldorf v. 01.07.1982 – S 7104 A – St. 141, StEK UStG, § 2 Abs. 1 Nr. 8.

auch diese seitens der Religionsgemeinschaften in Anspruch genommen werden kann. Damit beziehen sich im Ergebnis zumindest zwei der Befreiungstatbestände des § 4 UStG unmittelbar auf die Tätigkeiten der als Körperschaften des öffentlichen Rechts organisierten Religionsgemeinschaften, so dass diesbezüglich eine Steuervergünstigung zugunsten dieser anzunehmen ist.

(3) Steuerbefreiung für Gestellung von Mitgliedern geistlicher Genossenschaften
Zudem ist gemäß § 4 Nr. 27 a UStG die Gestellung von Mitgliedern geistlicher Genossenschaften und Angehörigen von Mutterhäusern für gemeinnützige, mildtätige, kirchliche oder schulische Zwecke steuerbefreit[329].

Zu den Geistlichen Genossenschaften zählen insbesondere Ordensgemeinschaften in Form von Orden und Ordensverbänden, Kongregationen, Schulorden und Diakonissenhäuser[330]. Sind diese Einrichtungen in Form einer Körperschaft des öffentlichen Rechts organisiert und erbringen sie ihre Leistungen nicht im Rahmen eines Betriebes gewerblicher Art nach § 2 Abs. 3 UStG, so entfällt eine Steuerpflicht bereits mangels eines steuerbaren Umsatzes, so dass die Vorschrift nur für umsatzsteuerpflichtige privatrechtliche Organisationsformen Bedeutung erlangt[331]. Die Einrichtung – beispielsweise ein Orden – ist bei Vorliegen der Voraussetzungen des § 4 Nr. 27 a UStG und damit einer Umsatzsteuerbefreiung nicht verpflichtet, die Umsatzsteuer zu entrichten, so dass diese nicht gegenüber der Religionsgemeinschaft geltend gemacht wird. Insofern erfolgt wirtschaftlich gesehen die Steuervergünstigung zugunsten der Religionsgemeinschaft, die andernfalls zur Entrichtung der Umsatzsteuer verpflichtet wäre. Damit sind hier mittelbar die als Körperschaften des öffentlichen Rechts verfassten Religionsgemeinschaften von der Umsatzsteuer befreit.

329 Fiktives Beispiel hierfür: *Matheja*, Sachzuwendungen an gestelltes Personal, S. 195 f.; Die Begriffe „gemeinnützig“, „mildtätig“ und „kirchlich“ sind trotz fehlenden Verweises auf die Vorschriften des Gemeinnützigkeitsrechts in Anlehnung an die §§ 52 ff. AO auszulegen, Umsatzsteuer-Richtlinien 2008 v. 10.12.2007, BStBl. I 2007 Sondernummer 2, Abschnitt 121 II, 2.

330 *Huschens*, in: Vogel/Schwarz, UStG, § 4 Nr. 27, Rn. 24.

331 *Klenk*, in: Sölch/Ringleb, UStG, § 4 Nr. 27, Rn. 3; *Husmann*, in: Rau/Dürrwächter, UStG, § 4 Nr. 27, Rn. 4; *Kulmsee*, in: Reiß/Kraeusel/Langer, UStG, § 4 Nr. 27, Rn. 13; so auch BT-Drucks. 8/1779, 35; *Berkenheide*, Zur Änderung der Steuerbefreiungen im Umsatzsteuerrecht 1980, DStZ 1980, S. 140 (S. 149); anderer Ansicht nach ist § 4 Nr. 27 UStG aufgrund der damit bezweckten Gleichstellung für alle Rechtsformen von geistlichen Genossenschaften und Mutterhäusern anwendbar, *Weides*, Die Religionsgemeinschaften im Steuerrecht, in: Festschrift Uni Köln, S. 885 (S. 899).

Beispielsweise unterfällt dem Anwendungsbereich der Vorschrift ein Orden, der Ordensschwestern zur Durchführung von Aufgaben im Bereich des Schulunterrichtes, der Betreuung von Wohnheimen oder von Bürodiensten im organisatorischen Bereich der Religionsgemeinschaft stellt[332]. § 4 Nr. 27 a UStG stellt daher eine Steuervergünstigung für diejenigen korporierten Religionsgemeinschaften dar, die über die genannten spezifischen Strukturen verfügen.

cc) Steuerermäßigung für Leistungen zur Verfolgung gemeinnütziger Zwecke

Eine weitere Art der Steuervergünstigungen besteht im Rahmen der Umsatzsteuer in Form von Steuerermäßigungen. Soweit steuerpflichtige Umsätze der Betriebe gewerblicher Art von Religionsgemeinschaften als Körperschaften des öffentlichen Rechts vorliegen, sieht § 12 Abs. 2 Nr. 8 lit. a UStG eine Steuerermäßigung von 12 Prozent für Leistungen vor, die gemeinnützige, mildtätige oder jene kirchliche Zwecke verfolgen, die nachhaltig und gegen Entgelt erbracht werden.

Zwar scheint auf den ersten Blick diese Steuerermäßigung im Verhältnis zu den Steuerbefreiungen des § 4 UStG nachrangig zu sein. In Anbetracht der Tatsache, dass bei einer Steuerbefreiung gemäß § 15 Abs. 2 S. 1 Nr. 1 UStG der Vorsteuerabzug ausgeschlossen ist und im Gegensatz hierzu bei Steuerermäßigungen die Möglichkeit des Vorsteuerabzuges erhalten bleibt, ist aus wirtschaftlicher Perspektive diese Art der Steuervergünstigung in der Praxis wesentlich bedeutsamer[333]. Im Falle der Kollision von Befreiungs- und Begünstigungstatbeständen geht die Norm der Steuerbefreiung vor[334].

In Anbetracht der Tatsache, dass mit dem Betrieb gewerblicher Art ein wirtschaftlicher Geschäftsbetrieb unterhalten wird, müssen die Voraussetzung eines Zweckbetriebes im Sinne des § 65 AO erfüllt sein, um die Steuerermäßigung in Anspruch nehmen zu können, § 12 Abs. 2 Nr. 8 lit. a S. 2, 3 UStG. Nur soweit die Körperschaft mit den Leistungen ihrer in §§ 66 bis 68 AO bezeichneten

---

332 Vgl. hierzu BFH v. 08.07.1971 – V R 1/68, BStBl. II 1972, S. 70.

333 Vgl. *Hettler,* in: Hartmann/Metzenmacher, UStG, § 12 Abs. 2 Nr. 8, Rn. 8; *Halaczinsky,* in: Wallenhorst/Halaczinsky, Die Besteuerung gemeinnütziger Vereine, Stiftungen und der juristischen Personen des öffentlichen Rechts, L 151.

334 *Halaczinsky,* in: Wallenhorst/Halaczinsky, Die Besteuerung gemeinnütziger Vereine, Stiftungen und der juristischen Personen des öffentlichen Rechts, L 260; *Heidner,* in: Bunjes/Geist, UStG, § 12, Rn. 154; *Hettler,* in: Hartmann/Metzenmacher, UStG, § 12 Abs. 2 Nr. 8, Rn. 8; *Kraeusel,* in: Reiß/Kraeusel/Langer, UStG, § 12, Rn. 49; Stadie, UStG, § 12 Rn. 64.

Zweckbetriebe ihre steuerbegünstigten Zwecke selbst verwirklicht, kommt der ermäßigte Steuersatz uneingeschränkt zur Anwendung[335]. Darüber hinaus wird gemäß § 12 Abs. 2 Nr. 8 lit. a S. 3 UStG die Anwendung des ermäßigten Steuersatzes davon abhängig gemacht, ob der Zweckbetrieb nicht primär dazu dient, dass die Körperschaft zusätzliche Einnahmen durch Leistungen erzielt, die in unmittelbarem Wettbewerb mit gänzlich steuerpflichtigen Leistungen anderer Unternehmer ausgeführt werden[336]. Soweit durch die Tätigkeiten der Betriebe gewerblicher Art lediglich die eigentlichen Tätigkeiten der Religionsgemeinschaft verfolgt werden, liegen die in § 12 Abs. 2 Nr. 8 lit. a S. 3 UStG genannten steuerbegünstigten Zwecke vor.

Im Ergebnis sind die Betriebe gewerblicher Art der als Körperschaften des öffentlichen Rechts verfassten Religionsgemeinschaften im Regelfall nur mit dem ermäßigten Steuersatz für rein wirtschaftliche Tätigkeiten umsatzsteuerpflichtig. Entsprechend stellt die Vorschrift aufgrund des Bezuges zu den kirchlichen Zwecken eine umfassende und wirtschaftlich wichtige Möglichkeit der Steuervergünstigung für die Tätigkeiten der als Körperschaften des öffentlichen Rechts verfassten Religionsgemeinschaften dar.

dd) Zwischenergebnis

Zusammenfassend kann im Rahmen der Umsatzsteuer davon ausgegangen werden, dass den als Körperschaften des öffentlichen Rechts verfassten Religionsgemeinschaften grundsätzlich für ihren Tätigkeitsbereich als Religionsgemeinschaft Steuervergünstigungen in Form von Befreiungen und Ermäßigungen zugute kommen. Dies wird durch die Formulierung des § 2 Abs. 3 UStG deutlich, welcher lediglich die wirtschaftliche Betätigung in den Bereich der steuerpflichtigen Tätigkeiten einordnet.

f) Grunderwerbsteuergesetz

Für den Fall eines steuerpflichtigen Grundstückerwerbes können die Steuervergünstigungen des GrEStG für die Religionsgemeinschaften relevant sein. Im Regelfall bestehen für die Religionsgemeinschaften als Körperschaften des öffentlichen Rechts beim Erwerb eines Grundstückes keine Steuervergünstigungen[337].

---

335 BMF v. 09.02.2007, BStBl. I 2007, S. 218.

336 BMF v. 09.02.2007, BStBl. I 2007, S. 218.

337 Seit dem 01.01.1983 gibt es grundsätzlich keine auf die Religionsgemeinschaften bezogenen Steuervergünstigungen mehr, Einführungserlass zum GrEStG v. 21.12.1982, BStBl. I 1982, S. 968 (S. 969).

aa) Steuerbefreiung bei Übergang von öffentlich-rechtlichen Aufgaben oder aus Anlass von Grenzänderungen

§ 4 Nr. 1 GrEStG sieht als Ausnahme hiervon eine Steuerbefreiung vor. Von der Besteuerung ist danach der Erwerb eines Grundstücks durch eine juristische Person des öffentlichen Rechts dann ausgenommen, wenn das Grundstück aus Anlass der Übergangs von öffentlich-rechtlichen Aufgaben oder aus Anlass von Grenzänderungen von der einen auf die andere juristische Person übergeht und nicht überwiegend einem Betrieb gewerblicher Art dient. Sowohl Veräußerer als auch Erwerber müssen dabei juristische Personen des öffentlichen Rechts sein[338]. Hierunter fällt auch der Erwerb eines Grundstücks bei zwei beteiligten Religionsgemeinschaften als Körperschaften des öffentlichen Rechts[339]. So wurde beispielsweise entschieden, dass öffentlichen Aufgaben in Form eines betriebenen Kindergartens übergehen, wenn eine Kirchenstiftung an eine Gemeinde einen Kindergarten, verbunden mit der Verpflichtung der Fortführung der Einrichtung, übereignet[340]. Anders gelagert war der Fall, in dem die Übereignung eines Schulgrundstücks einer Gemeinde an eine Religionsgemeinschaft als Betreiber einer Privatschule auf diesem Grundstück erfolgte[341]. Denn die aufgelöste, nicht private Schule der Gemeinde gehörte einem anderen Funktionsbereich an und war folglich nicht durch einen Übergang von Aufgaben im Sinne des § 4 Nr. 1 GrEStG veranlasst[342]. Ebenso wurde die Steuerbefreiung bei der Übertragung eines Grundstücks zwischen zwei konfessionsverschiedenen Religionsgemeinschaften verneint, da allein die konfessionsverschiedene Nutzung zu religiösen Zwecken keinen Übergang von öffentlichen Aufgaben begründet[343].

bb) Steuerbefreiung bei Erwerb von Todes wegen und Schenkung unter Lebenden

Neben § 4 Nr. 1 GrEStG kann § 3 Nr. 2 S. 1 GrEStG zugunsten der Religionsgemeinschaften eingreifen. Danach sind sowohl der Grundstückserwerb von Todes wegen als auch Grundstückschenkungen unter Lebenden im Sinne des ErbStG von der Grunderwerbsteuer befreit. Einerseits sind hier die Fälle erfasst, in denen Mitglieder der Religionsgemeinschaft dieser im Rahmen einer Erbschaft ihre

338 *Viskorf*, in: Boruttau, GewStG, § 4, Rn. 11; *Franz*, in: Pahlke/Franz, GewStG, § 4, Rn. 5.

339 FG Hamburg, Urteil v. 05.11.2009 – 3 K 71/09, BeckRS 2009, 26028796.

340 FG München v. 03.04. 2004 – 4 K 2439/03, EFG 2005, S. 63; a.A. FG Hamburg v. 05.02.2013 – 3 K 74/12, BeckRS 2013, 94847.

341 BFH v. 13.07.1966 – II 140/63, BFHE 86, S. 693.

342 BFH v. 13.07.1966 – II 140/63, BFHE 86, S. 693.

343 BFH v. 01.09.2011 – II R 16/10, BFHE 235, S. 182.

Grundstücke vermachen. Andererseits kann die in der Vorschrift genannte Schenkung unter Lebenden zugunsten der Religionsgemeinschaften eingreifen. Wenn beispielsweise eine Kirchengemeinde einer kirchlichen Einrichtung mit karitativer Zielsetzung ein Erbbaurecht an einem Grundstück mit aufstehendem Alten- und Pflegeheim bestellt und diese Einrichtung den vereinbarten Erbbauzins solange nicht zu zahlen braucht, wie sie den Heimbetrieb fortführt, liegt eine von der Grunderwerbsteuer befreite Schenkung unter Lebenden vor, die zu einer Grunderwerbsteuerbefreiung gemäß § 3 Nr. 2 GrEStG führt[344].

So ist auch die Rechtsprechung des Bundesfinanzhofs zur fehlenden Möglichkeit steuerbefreiter freigebiger Zuwendungen im Sinne von § 7 Abs. 1 ErbStG bei staatlichen Einrichtungen nicht auf die Religionsgemeinschaften mit dem Status einer Körperschaft des öffentlichen Rechts übertragbar, da diese wegen ihres Status sui generis nicht in Wahrnehmung öffentlicher Aufgaben handeln[345].

Im Ergebnis berücksichtigt das GrEStG im Rahmen der Steuervergünstigungen die Religionsgemeinschaften als Körperschaften des öffentlichen Rechts in § 4 Nr. 1 GrEStG. Zwar kommt diesen damit durch ihren Status neben dem allgemeinen Tatbestand des § 3 Nr. 2 GrEStG eine weitere Möglichkeit der Steuervergünstigung zugute. Jedoch kann durch den speziellen Tatbestand des § 4 Nr. 1 GrEStG lediglich bedingt davon ausgegangen werden, dass hier die Religionsgemeinschaften aufgrund ihres Status als Körperschaft des öffentlichen Rechts Steuervergünstigungen zugute kommen.

4. Indirekte Steuervergünstigungen

Neben diesen direkten Steuervergünstigungen sind die indirekten Steuervergünstigungen zugunsten der als Körperschaften des öffentlichen Rechts verfassten Religionsgemeinschaften zu berücksichtigen. Eine solche indirekte Vergünstigung liegt vor, wenn ein Dritter für Leistungen an eine Religionsgemeinschaft Steuervorteile erhält[346]. Ein Beispiel hierfür ist die Abzugsfähigkeit der Leistungen an die Religionsgemeinschaften als Sonderausgabe vom steuerpflichtigen Einkommen, § 10 Abs. 1 Nr. 4 EStG. Durch diese Sonderausgabe vermindert sich die Bemessungsgrundlage für die Einkommensteuerschuld. Zwar ergeht damit die Steuervergünstigung an den jeweiligen Steuerpflichtigen, der die Leistung an die

344 BFH v. 17.05.2006 – II R 46/04, BFHE 213, S. 246.

345 Vgl. BFH v. 01.12.2004 – II R 46/02, BFHE 208, S. 426; BFH v. 29.03.2006 – II R 15/04, BFHE 213, S. 232.

346 *Axer*, Die Steuervergünstigungen für die Kirchen im Staat des Grundgesetzes, Archiv für katholisches Kirchenrecht, S. 460.

Religionsgemeinschaften erbringt. Aber aus der steuerrechtlichen Vergünstigung erwächst mittelbar auch den Religionsgemeinschaften ein finanzieller Vorteil[347], denn durch die steuerliche Abzugsfähigkeit steigt die Chance, Zuwendungen zu erhalten[348]. Der Zusammenhang zwischen dem Steuerabzug, dem Empfänger des Geldbetrages und die Annahme, dass diesem hierdurch Vorteile erwachsen, wird vom Bundesverfassungsgericht für den Steuerabzug bei Spenden im Zusammenhang mit der Parteienfinanzierung bestätigt[349]. Die Steuerabzugsfähigkeit als Sonderausgabe kann mithin als mittelbare Steuervergünstigung für die Religionsgemeinschaften bezeichnet werden[350].

a) Kirchensteuer

Besondere Bedeutung für die als Körperschaften des öffentlichen Rechts verfassten Religionsgemeinschaften kommt im Zusammenhang mit den indirekten Steuervergünstigungen der Kirchensteuer zu. Die Bedeutung der Abzugsfähigkeit für diejenigen Religionsgemeinschaften, welche Kirchensteuer erheben, resultiert aus der Höhe der Einnahmen, welche die Kirchensteuerzahlungen erreichen[351]. Die Kirchensteuer ist gemäß § 10 Abs. 1 Nr. 4 EStG sonderausgabenabzugsfähig. Dabei ist zu berücksichtigen, dass die Kirchensteuer lediglich von Religionsgemeinschaften erhoben werden kann, die den Status einer Körperschaft des öffentlichen Rechts besitzen, Art. 140 i.V.m Art. 137 Abs. 6 WRV. Insofern ist die mittelbare Steuervergünstigung auf diese beschränkt.

Ähnlich der Kirchensteuer können Beiträge seitens der Religionsgemeinschaften von ihren Mitgliedern erhoben werden. Dies ist jedoch auf diejenigen Religionsgemeinschaften beschränkt, die mindestens in einem Bundesland als Körperschaften des öffentlichen Rechts anerkannt sind, und die während des

---

347 *Axer*, Die Steuervergünstigungen für die Kirchen im Staat des Grundgesetzes, Archiv für katholisches Kirchenrecht, S. 460 (S. 476).

348 *Jachmann*, in: Igl, Rechtliche Rahmenbedingungen bürgerschaftlichen Engagements, S. 80.

349 Urteil v. 24.06.1958 - 2 BvF 1/57, BVerfGE 8, S. 51 (S. 65 ff.); BVerfG Urteil v. 14.07.1986 - 2 BvE 2/84, 2 BvR 442/84, BVerfGE 73, S. 40 (S. 71 ff.); BVerfG, Urteil v. 24.07.1979 - 2 BvF, BVerfGE 52, S. 63 (S. 91).

350 So bereits *Giese*, Staat und Kirche im neuen Deutschland, 1932, S. 119.

351 Siehe hierzu das statistische Jahrbuch 2012 für die Bundesrepublik Deutschland, S. 65 f., danach betrugen die Einnahmen aus der erhobenen Kirchensteuer circa 4,3 Milliarden Euro bei den evangelischen Landeskirchen und circa 4,9 Milliarden Euro bei den katholischen Bistümern der Bundesrepublik Deutschland.

ganzen Jahres keine Kirchensteuer erheben[352]. In Anbetracht der Tatsache, dass die Mitgliedsbeiträge wie die Kirchensteuer und nur bis zu deren Höhe als Sonderausgabe von der Bemessungsgrundlage abgezogen werden können, bestehen hier keine weiteren Besonderheiten[353].

b) Einkünfte aus ehrenamtlichen Tätigkeiten

Aufgrund der in vielfacher Form zugunsten der Religionsgemeinschaften ausgeübten ehrenamtlichen Tätigkeiten sind diese ein zu berücksichtigender Faktor der indirekten Steuervergünstigungen zugunsten von Religionsgemeinschaften als Körperschaften des öffentlichen Rechts.

aa) Steuerbefreiung bei nebenberuflichen Tätigkeiten im Rahmen eines Ehrenamtes

Einnahmen aus bestimmten Tätigkeiten im Rahmen eines Ehrenamtes, die im Dienst einer juristischen Person des öffentlichen Rechts – und damit einer als Körperschaft des öffentlichen Rechts verfassten Religionsgemeinschaft – erzielt werden, sind bis zu einer Höhe von 2.400 Euro gemäß § 3 Nr. 26 EStG von der Einkommensteuer befreit. Zu den ehrenamtlichen Tätigkeiten im Sinne der Vorschrift gehören die Tätigkeiten, die in einem Gesetz ausdrücklich als solche genannt, die nach dem allgemeinen Sprachgebrauch herkömmlicherweise als ehrenamtlich bezeichnet werden oder die dem materiellen Begriffsinhalt der Ehrenamtlichkeit entsprechen[354]. Neben dem Fehlen eigennützigen Erwerbsstreben, das bei Unentgeltlichkeit der Tätigkeit indiziert ist, auf der einen Seite und der fehlenden hauptberuflichen Tätigkeit auf der anderen Seite, ist besonderes Kennzeichen ehrenamtlicher Tätigkeit der Einsatz für eine fremdnützig tätige Einrichtung[355]. Dabei müssen die Tätigkeiten der Förderung gemeinnützigen, mildtätigen oder

352 Einkommensteuer-Richtlinien 1984 v. 15.04.1985, BStBl. I 1985, Sondernummer 2/1985 Abschnitt 101 II S. 1.

353 Einkommensteuer-Richtlinien 1984 v. 15.04.1985, BStBl. I 1985, Sondernummer 2/1985 Abschnitt 101 II S. 2, 3.

354 BFH v. 14.05.2008 – XI R 70/07, BStBl. II 2008, S. 913 (S. 915); BFH v. 16.12.1987 – X R 7/82, BStBl. II 1988, S. 384 (S. 386); BFH v. 04.05.1994 – XI R 86/92, BStBl. II 1994, S. 773; kritisch zur Formulierung des § 3 Nr. 26 EStG und der daraus möglichen steuerlichen Benachteiligung ehrenamtlich tätiger Mitarbeiter, *Gaul*, Die Anwendung des Gleichheitsgebots auf ehrenamtliche Mitarbeiter in karitativen Organisationen bei Steuerbegünstigungen für Pauschalerstattungen, DStR 1993, S. 1169 ff.

355 BFH v. 04.05.1994 – XI R 86/92, BStBl. II 1994, S. 773 (S. 774).

kirchlichen Zwecken dienen[356]. § 3 Nr. 26 EStG beschränkt die Tätigkeitsbereiche auf Übungsleiter, Ausbilder, Erzieher, Betreuer oder vergleichbare nebenberufliche Tätigkeiten sowie auf nebenberufliche künstlerische Tätigkeiten und die nebenberufliche Pflege alter, kranker oder behinderter Menschen. Auch ein Katechet im Nebenamt übt beispielsweise eine Tätigkeit als Ausbilder zur Förderung kirchlicher Zwecke im Dienste einer als Körperschaft des öffentlichen Rechts verfassten Religionsgemeinschaft aus[357]. Auch die Einnahmen von Kirchenmusikern fallen regelmäßig als künstlerisch einzuordnende Tätigkeit unter die Steuervergünstigung des § 3 Nr. 26 EStG[358]. Daher ist im Ergebnis die Steuervergünstigung aufgrund ihres Anwendungsbereiches in der Praxis bedeutsam.

bb) Steuerbefreiung für Tätigkeiten im Dienst oder Auftrag gemeinnütziger Einrichtungen

§ 3 Nr. 26 a EStG befreit darüber hinaus allgemein Einnahmen aus nebenberuflichen Tätigkeiten im Dienste oder im Auftrag von Körperschaften im Sinne des § 5 Abs. 1 Nr. 9 KStG im gemeinnützigen, mildtätigen oder kirchlichen Bereich von der Einkommensteuer. Dabei liegt die Grenze für die Steuerbefreiung bei 720 Euro pro Jahr[359]. Der Freibetrag kann folglich für jede nebenberufliche Tätigkeit in Anspruch genommen werden, die im Dienst oder Auftrag einer gemeinnützigen Einrichtung durchgeführt wird[360]. Damit wird im Gegensatz zu § 3 Nr. 26 EStG nicht gefordert, dass die Tätigkeit einen die Gemeinnützigkeit begründenden Inhalt haben muss und dass diese zugunsten einer als Körperschaft des öffentlichen Rechts verfassten Religionsgemeinschaft ausgeübt wird[361]. Daher kann der Freibetrag umfassend für Tätigkeiten zugunsten der Religionsgemeinschaften in Anspruch genommen werden.

Bei Einkünften aus ehrenamtlichen Tätigkeiten zugunsten einer korporierten Religionsgemeinschaft ist im Ergebnis – insbesondere durch § 3 Nr. 26 EStG – von einer indirekten Steuervergünstigung unter den genannten Voraussetzungen und Einschränkungen auszugehen.

---

356 *Von Beckerath*, in: Kirchhof, EStG, § 3, Rn. 49.

357 BFH v. 13.11.1987 – VI R 154/84, BFH/NV 1988, S. 150 (S. 151).

358 OFD Frankfurt am Main v. 03.05.2000 – S 2121 A 28 – St II 21, DB 2000, S. 1258.

359 *Von Beckerath*, in: Kirchhof, EStG, § 3, Rn. 52.

360 *Hüttemann*, Gesetz zur weiteren Stärkung des bürgerschaftlichen Engagements und seine Auswirkungen auf das Gemeinnützigkeits- und Spendenrecht, DB 2007, S. 2053 (S. 2059).

361 *Von Beckerath*, in: Kirchhof/Söhn, EStG, § 3 Nr. 26 a, B 26a/13 f.

c) *Abzugsfähigkeit von Spenden*

Den Spenden als Einnahmequelle kommt eine wesentliche Bedeutung für die Religionsgemeinschaften zu[362]. Spenden an die Religionsgemeinschaften fördern diese unmittelbar finanziell. Wenn diese finanziellen Zuwendungen Dritter zudem als Sonderausgaben von der Bemessungsgrundlage für die Einkommensteuer abgezogen werden können, fördert dies zusätzlich das Spendenaufkommen[363]. Denn ein Grund für diese Spenden ist die einkommens- beziehungsweise körperschaftsteuerrechtliche Abzugsfähigkeit, so dass bei einer Streichung dieser das Aufkommen von Individualspenden deutlich geringer ausfallen würde[364].

aa) Steuerbefreiung bei Spenden zugunsten gemeinnütziger Zwecke

Nach § 10 b Abs. 1 S. 1 Nr. 1 EStG sind Spenden bis zu einer Höhe von zwanzig Prozent des Gesamtbetrages der Einkünfte als Sonderabgabe abzugsfähig, wenn die Ausgaben zugunsten von Religionsgemeinschaften des öffentlichen Rechts zur Förderung der in den §§ 52 bis 54 AO genannten steuerbegünstigten Zwecke erfolgen. Eine andere mögliche Grenze sind vier Promille der Summe der gesamten Umsätze und der im Kalenderjahr aufgewendeten Löhne und Gehälter, wenn ein Unternehmer diese als Sonderausgaben geltend machen will, § 10 b Abs. 1 S. 1 Nr. 2 EStG.

bb) Steuerbefreiung bei Spenden von Körperschaften

Entsprechend der Steuerbefreiung für natürliche Personen regelt § 9 Abs. 1 Nr. 2 KStG die Abzugsfähigkeit von Zuwendungen in Form von Spenden und Mitgliedsbeiträgen durch privatrechtliche Körperschaften an die als Körperschaften des öffentlichen Rechts verfassten Religionsgemeinschaften. Danach sind Spenden und Mitgliedsbeiträge zur Förderung von religiösen, kirchlichen und mildtätigen Zwecken im Sinne der §§ 52 bis 54 AO bis zu einer Höhe von 20 Prozent des Einkommens oder vier Promille der Summe der gesamten Umsätze und der im Kalenderjahr aufgewendeten Löhne und Gehälter als vom Einkommen abziehbare Aufwendungen einzuordnen, § 9 Abs. 1 Nr. 2 KStG.

---

362 So mit Verweis auf die rückläufige Kirchensteuer *Feldhoff*, Kirchenfinanzen in der Krise, Kirche und Gesellschaft Nr. 315, S. 13 f.

363 Zur Frage, ob der Spendenabzug als Sozialzweck- oder Lastenausteilungsnorm einzuordnen ist siehe: *Jachmann,* in: Igl, Rechtliche Rahmenbedingungen bürgerschaftlichen Engagements, S. 80 f.; zur steuersystematischen Einordnung siehe *Hüttemann*, Spenden- und Gemeinnützigkeitsrecht, § 1, Rn. 65 ff.

364 *Axer*, Die Steuervergünstigungen für die Kirchen im Staat des Grundgesetzes, Archiv für katholisches Kirchenrecht, S. 460 (S. 463).

Bei einem Betrieb gewerblicher Art ist zu beachten, dass es als Voraussetzung für spendenbegünstigte Zuwendungen an einen Betrieb gewerblicher Art anders als für die Steuerbefreiung keiner Satzung bedarf, vgl. § 58 Nr. 1 AO.

Im Ergebnis ist wesentliche Voraussetzung der Steuervergünstigung die Förderung steuerbegünstigter Zwecke, so dass nur unter dieser Bedingung bei Spenden von einer grundsätzlich gegebenen indirekten Steuervergünstigung zugunsten der als Körperschaften des öffentlichen Rechts verfassten Religionsgemeinschaften ausgegangen werden kann.

d) Buchwertprivileg

Gemäß § 6 Abs. 1 Nr. 4 S. 4 EStG können Wirtschaftsgüter unmittelbar nach deren Entnahme ohne eine Entnahmebesteuerung unentgeltlich auf eine juristische Person des öffentlichen Rechts zur Verwendung für steuerbegünstigte Zwecke im Sinne des § 10 b Abs. 1 S. 1 EStG übertragen werden. Für Sachspenden stellt diese Möglichkeit der Steuervergünstigung neben der Abzugsfähigkeit von Spenden eine weitere wichtige indirekte Steuervergünstigung dar[365].

Zudem ist § 13 Abs. 4 KStG im Zusammenhang mit den nach § 5 Abs. 1 Nr. 9 KStG steuerbegünstigten Betriebe gewerblicher Art der korporierten Religionsgemeinschaften zu berücksichtigen. Bei Wirtschaftsgütern, die der Förderung steuerbegünstigter Zwecke im Sinne von § 9 Abs. 1 Nr. 2 KStG und damit – aufgrund des entsprechenden Verweises – den Zwecken der §§ 52 bis 54 AO dienen, wird auf die Besteuerung der stillen Reserven verzichtet, da diese in der Schlussbilanz lediglich mit den Buchwerten berücksichtigt werden[366].

5. Zwischenergebnis

Trotz der unterschiedlich strukturierten Tatbestände der Steuervergünstigungen in den Einzelsteuergesetzen sind in Bezug auf die als Körperschaften des öffentlichen Rechts verfassten Religionsgemeinschaften grundsätzliche Gemeinsamkeiten festzustellen. Für die Ausübung der eigentlichen und charakteristischen Tätigkeiten als Religionsgemeinschaft, wie diese durch § 54 AO beschrieben werden, sehen die Einzelsteuergesetze zahlreiche Steuervergünstigungen zugunsten der als Körperschaften des öffentlichen Rechts verfassten Religionsgemeinschaften vor. Dabei werden diese in den meisten Fällen nur wegen

---

365 Vgl. *Hüttemann*, Gemeinnützigkeits- und Spendenrecht, § 1, Rn. 45; *Hüttemann*, Das Buchwertprivileg bei Sachspenden nach § 6 Abs. 1 Nr. 4 S. 5 EStG, DB 2008, S. 1595.

366 *Heger*, in: Gosch, KStG, § 13, Rn. 55.

wirtschaftlicher Aktivitäten als Steuersubjekt berücksichtigt und unterfallen schon aus diesem Grunde mit ihren Tätigkeiten als Religionsgemeinschaft in Gestalt der Körperschaft des öffentlichen Rechts nicht der Steuerpflicht. Durch die Anknüpfung an den Körperschaftstatus werden die Vergünstigungen von diesem Status abhängig gemacht. Jedoch ist zu beachten, dass die korporierten Religionsgemeinschaften als Steuersubjekt berücksichtigt werden, wenn diese einen Betrieb gewerblicher Art unterhalten[367], oder auf andere Weise sich über ihren eigentlichen Tätigkeitsbereich als Religionsgemeinschaft am Wirtschaftsleben beteiligen. Entsprechend kommen Steuervergünstigungen nach dem Gemeinnützigkeitsrecht für die als Körperschaften des öffentlichen Rechts verfassten Religionsgemeinschaften lediglich in Betracht, wenn ein steuerpflichtiger Betrieb gewerblicher Art vorliegt, der eine wirtschaftliche Tätigkeit über die Tätigkeit als Religionsgemeinschaft hinaus begründet. Dieses setzt gemäß § 4 Abs. 1 KStG eine nachhaltige wirtschaftliche Tätigkeit zur Erzielung von Einnahmen voraus, die sich innerhalb der Gesamtbetätigung der Körperschaft wirtschaftlich heraushebt.

Ebenso ist diese Art der Steuervergünstigung für die Förderung durch Dritte, insbesondere bei Spenden, relevant. Hierbei ist der Bezug zu den kirchlichen Zwecken, § 54 AO, zu berücksichtigen, so dass wiederum für die typischen und den Religionsgemeinschaften als Körperschaften des öffentlichen Rechts eigentümlichen Tätigkeiten eine Steuervergünstigung gegeben ist.

Abschließend ist festzuhalten, dass eine Steuerpflicht von Religionsgemeinschaften, die als Körperschaften des öffentlichen Rechts verfasst sind, nur in dem Umfang gegeben ist, indem sie mit ihren Aktivitäten den Bereich verlassen, der ihnen eigentümlich vorbehalten ist[368]. Damit kann umgekehrt festgestellt werden, dass diesen als Religionsgemeinschaft umfangreiche Steuervergünstigungen zugute kommen. Die Steuervergünstigung nach den §§ 51 ff. AO für die Religionsgemeinschaften als Körperschaften des öffentlichen Rechts ist als nebensächlich anzusehen.

---

367 Auch mit Hinblick auf die verfassungsrechtlichen Privilegien der als Körperschaften des öffentlichen Rechts verfassten Religionsgemeinschaften garantiert nach der Rechtsprechung auch das Grundgesetz den Religionsgemeinschaften und den von diesen gegründeten privatrechtlich organisierten Gesellschaften keine Steuerfreiheit bei wirtschaftlicher Betätigung, BFH v. 13.08.1986 – II R 246/81, BStBl II 1986, S. 831 (S. 832).

368 *Droege*, Staatsleistungen an Religionsgemeinschaften im säkularen Kultur- und Sozialstaat, S. 110.

II. Steuervergünstigungen zugunsten von kirchlichen Einrichtungen

1. Charakterisierung der kirchlichen Einrichtungen

Eine auf die Religionsgemeinschaften mit dem Status der Körperschaft des öffentlichen Rechts beschränkte Darstellung genügt nicht, um einen Überblick über die Steuervergünstigungen zu verschaffen.

Denn die Verwirklichung der Religionsgemeinschaften findet auch durch die Übernahme von sozialen beziehungsweise karitativen Tätigkeiten in und gegenüber der Gesellschaft statt. So heißt es für die katholische Kirche in Can. 839 § 1 CIC[369], dass die Werke der Caritas als Mittel eingeordnet werden, wodurch die Kirche den Heiligungsdienst vollzieht und diese in hohem Maße helfen, das Reich Christi in den Herzen zu verwurzeln und zu bestärken, und die zum Heil der Welt beitragen[370]. Art. 15 Abs. 1 der Grundordnung der evangelischen Kirche Deutschlands besagt, dass die Liebe Christi alle Glieder der Kirche zum Dienst verpflichtet und in besonderer Weise Gestalt im Diakonat der Kirche gewinnt; demgemäß sind die diakonisch-missionarischen Werke Wesens- und Lebensäußerung der evangelischen Kirche[371]. Nach diesem Selbstverständnis der Religionsgemeinschaften umfasst die Religionsausübung nicht nur den Bereich des Glaubens und des Gottesdienstes, sondern auch die Freiheit zur Entfaltung und Wirksamkeit in der Welt, wie es ihrer religiösen und diakonischen Aufgabe entspricht[372]. Das Selbstverständnis des Zweckes oder des Auftrages der Religionsgemeinschaften kann sich damit auch auf Einrichtungen ohne Rücksicht auf deren Rechtsformen beziehen, so dass die Aufgaben

---

369 Codex Iuris Canonici der katholischen Kirche vom 25.01.1983. Denn der Geist der Liebe verbietet durchaus nicht die wohlüberlegte und organisierte Durchführung einer sozialen und caritativen Organisation, sondern fordert sie sogar, Kleines Konzilkompendium, Pastorale Konstitution über die Kirche in der Welt von heute, „Gaudium et Spes", Art. 88.

370 Ausführlich zur Caritas als verfassungsgeschützte Religionsausübung siehe *Leisner*, Karitas- innere Angelegenheit der Kirchen, DÖV 1977, S. 475 (S. 477 ff.).

371 Neufassung der Grundordnung der evangelischen Kirche in Deutschland v. 20.11.2003 in der Fassung v. 6.11.2003, Abl. EKD 2004, S. 1 ff.

372 BVerfGE v. 16.10.1968 – 1BvR 241/66, 24, S. 236 (S. 248); ausführlich zum Öffentlichkeitsauftrag der Religionsgemeinschaften sowohl aus der Perspektive der Religionsgemeinschaften als auch des staatlichen Rechts siehe: *Schlaich*, Der Öffentlichkeitsauftrag der Kirchen, Handbuch des Staatskirchenrechts der Bundesrepublik Deutschland, Bd. 2, S. 131 ff.

der Religionsgemeinschaften durch diese wahrgenommen werden können[373]. Art. 137 Abs. 4 WRV gewährt dabei den Religionsgemeinschaften ein verfassungsmäßig verbürgtes Recht auf Inanspruchnahmen der Organisationsformen des Privatrechts gemäß den allgemeinen Bestimmungen[374]. Insofern kommen die als Körperschaften des öffentlichen Rechts verfassten Religionsgemeinschaften diesbezüglich in den Vorzug des Schutzes des kirchlichen Selbstbestimmungsrechts[375].

Unabhängig von der Bedeutung für die Religionsgemeinschaften, kommt den Tätigkeiten der kirchlichen Einrichtungen auch aus Sicht des Staates eine Bedeutung zu[376]. So geht die *Unabhängige Sachverständigenkommission* zur Prüfung des Spenden- und Gemeinnützigkeitsrechts davon aus, dass die Religion fördernde private Vereinigungen eine Gemeinwohltätigkeit ausüben, weil ihre Tätigkeit dazu beiträgt, die Lebensgrundlagen des öffentlichen Gemeinwesens zu erhalten[377].

Diese privatrechtlich verfassten Einrichtungen sind zwar rechtlich von den als Körperschaften des öffentlichen Rechts verfassten Religionsgemeinschaften zu unterscheiden; jedoch sind sie weitestgehend im Auftrag und zugunsten der jeweiligen Religionsgemeinschaften tätig und erfüllen Aufgaben für diese. So werden die hier als kirchliche Einrichtungen gekennzeichneten Körperschaften teilweise als „kirchlich gebundene private Religionsgemeinschaften" bezeichnet[378]. Gängiges Beispiel aufgrund des umfassenden Tätigkeitsbereichs im sozialen und karitativen Bereich sind die beiden Wohlfahrtswerke, der Caritasverband e.V. und das Diakonische Werk e.V., welche

---

373 BVerfG Beschluss v. 04.06.1985 – BvR 1703, 1718/83 und 856/84, BVerfGE 70, S. 138; BVerfG Beschluss v. 11.10.1977 – 2 BvR 209/76, BVerfGE 46, S. 73 (S. 85); BVerfG Beschluss v. 25.03.1980 – 2 BvR 208/76, BVerfGE 53, S. 366 (S. 391); BVerfG Beschluss v. 17.2.1981 – 2 BvR 384/78, BVerfGE 57, S. 221 (S. 242 f.).

374 *Ehlers*, in: Sachs, GG, Art. 137 WRV, Rn. 18.

375 Vgl. BVerfGE v. 11.10.1977 – 2 BvR 209/76, 46, S. 73 (S. 85 f.); OLG Köln v. 20.9.1991 – 2 Wx 64/90, NJW 1992, S. 1048 (S. 1049).

376 Zur Rolle der karitativen Tätigkeiten der katholischen und evangelischen Kirche im Zusammenhang mit dem Sozialstaat siehe *Kewenig*, Das Grundgesetz und die staatliche Förderung der Religionsgemeinschaften, Essener Gespräche zum Thema Staat und Kirche, Bd. 6, 1972, S. 9 (S. 19 ff.); zu den verfassungsrechtlichen Aspekten auch im Kontext mit dem europäischen Unionsrecht siehe *Schwarz*, Die karitative Tätigkeit der Kirchen im Spannungsfeld von nationalem Recht und Gemeinschaftsrecht, EuR 2002, S. 912 ff.

377 Gutachten der Sachverständigenkommission, S. 114.

378 *Leisner-Egensperger*, in: Hübschmann/Hepp/Spitaler, AO, § 54, Rn. 25 ff.

zugunsten der katholischen beziehungsweise der evangelischen Kirche ihre Aufgaben verrichten[379].

2. Steuerliche Behandlung der kirchlichen Einrichtungen

Im Rahmen des KStG werden die kirchlichen Einrichtungen aufgrund ihrer privatrechtlichen Form nach den für diese Rechtsform geltenden Vorschriften besteuert, vgl. § 1 Abs. 1 KStG[380]. Privatrechtliche Körperschaften werden grundsätzlich als Steuersubjekt in den Einzelsteuergesetzen berücksichtigt und somit bezüglich etwaiger Steuervergünstigungen systematisch anders behandelt als die als Körperschaften des öffentlichen Rechts verfassten Religionsgemeinschaften selbst. Deutlich wird dies an der Formulierung des § 54 AO. Danach können kirchliche Zwecke als steuerbegünstigter Zweck lediglich von (privatrechtlichen) Körperschaften verfolgt werden, die Religionsgemeinschaften in der Organisationsform der Körperschaft des öffentlichen Rechts selbstlos fördern. Insofern bezieht sich diese Vorschrift - aufgrund der Differenzierung in ihrem primären Anwendungsbereich und mit Ausnahme der Anwendung auf die Betriebe gewerblicher Art - gerade nicht auf die Religionsgemeinschaften selbst, sondern auf die für diese tätigen privatrechtlichen kirchlichen Einrichtungen und macht deutlich, dass diese anders behandelt werden.

Folglich kommt im Zusammenhang mit den Steuervergünstigungen zugunsten der korporierten Religionsgemeinschaften den privatrechtlichen Einrichtungen, die zugunsten dieser tätig sind, eine eigenständige Bedeutung zu.

3. Steuervergünstigungen nach dem Gemeinnützigkeitsrecht

Für die nähere Bestimmung der Voraussetzungen der Steuervergünstigungen wird in den Vergünstigungstatbeständen der Einzelsteuergesetze auf die Vorschriften §§ 51 bis 68 AO und damit auf die Vorschriften des Gemeinnützigkeitsrecht verwiesen[381]. Denn die Einzelsteuergesetze legen die inhaltlichen Voraussetzungen

---

379 Vgl. § 2 der Satzung des deutschen Caritasverbandes e.V. v. 16.10.2003 sowie § 1 Abs. 1 der Satzung des Diakonischen Werkes der Evangelischen Kirche Deutschlands e.V. v. 13.10.2004.

380 Körperschaftsteuer-Richtlinien 2004 v. 13.12.2004, BStBl. I 2004, Sondernr. 2, Abschnitt 7.

381 *Hüttemann*, Gemeinnützigkeits- und Spendenrecht, § 1, Rn. 26; repräsentatives Beispiel hierfür ist wiederum § 5 Abs. 1 Nr. 9 S. 1 des KStG, nach welchem „Körperschaften, Personenvereinigungen und Vermögensmassen, die nach der Satzung, dem Stiftungsgeschäft oder der sonstigen Verfassung und nach der tatsächlichen Geschäftsführung

nicht näher fest, vielmehr erfolgt dies in den §§ 51 ff. AO[382]. Diese Annahme ergibt sich auch aus dem Wortlaut des § 51 Abs. 1 S. 1 AO, der für die in den Einzelsteuergesetzen an die steuerbegünstigten Zwecke anknüpfenden Steuervergünstigungen die §§ 51 ff. AO für anwendbar erklärt[383]. Hieraus geht zusätzlich hervor, dass im Zusammenhang mit den Steuervergünstigungen nach dem Gemeinnützigkeitsrecht den steuerbegünstigten Zwecken eine zentrale Bedeutung zukommt. Die Voraussetzungen müssen dabei von den kirchlichen Einrichtungen als privatrechtliche Körperschaften selbst erfüllt werden[384].

Der Begriff Gemeinnützigkeit ist in diesem Zusammenhang ein unbestimmter, ausfüllungsbedürftiger Wertbegriff[385]. Der Begriff wird in zweifacher Hinsicht verwendet: einerseits als Oberbegriff für die in den §§ 51 ff. AO normierten gemeinnützigen Zwecke und andererseits als Begriff für die Beschreibung des konkreten Katalogs der gemeinnützigen Zwecke in § 52 AO. Um begriffliche Missverständnisse zu vermeiden wird der Begriff der gemeinnützigen Zwecke hier lediglich im Zusammenhang mit § 52 AO verwendet, während als gemeinsamer Oberbegriff für die in den §§ 52 ff. AO genannten Zwecke der Begriff der steuerbegünstigten Zwecke verwendet wird[386].

Neben den steuerbegünstigten Zwecken ist einerseits in den §§ 55 bis 57 AO die Art und Weise geregelt, mit welcher die Zwecke verfolgt werden müssen, in den §§ 59 bis 62 AO die Anforderungen an den Nachweis eines solchen Verhaltens, denen die Satzung und tatsächliche Geschäftsführung der kirchlichen Einrichtung entsprechen muss[387].

Bei der Analyse der Steuervergünstigungen zugunsten der kirchlichen Einrichtungen als privatrechtliche Körperschaften sind vier Sphären zu unterscheiden: der ideelle Bereich, die Vermögensverwaltung, der Zweckbetrieb sowie der steuerpflichtige wirtschaftliche Geschäftsbetrieb[388]. Aus dieser Systematik ergibt

---

ausschließlich und unmittelbar gemeinnützigen, mildtätigen oder kirchlichen Zwecken dienen (§§ 51 bis 68 der AO)“ von der Körperschaftsteuer befreit sind.

382 *Hey*, in: Tipke/Lang, Steuerrecht, § 20, Rn. 1.

383 Eine schematische Darstellung der Steuervergünstigungen im Sinne des § 51 AO bietet *Lang*, Gemeinnützigkeitsabhängige Steuervergünstigungen, StuW 1987, S. 221 (S. 227).

384 *Alvermann*, in: Streck, KStG, § 5, Rn. 104.

385 *Hey*, in: Tipke/Lang, Steuerrecht, § 20, Rn. 2; *Pues/Scheerbarth*, Gemeinnützige Stiftungen im Zivil- und Steurrecht, S. 116.

386 So auch *Scholtz*, Steuerbegünstigte Zwecke, FR 1976, S. 181 (S. 182).

387 *Leisner-Egensperger*, AO, § 54, Rn. 15.

388 Siehe hierzu *Hüttemann*, Gemeinnützigkeits- und Spendenrecht, § 1, Rn. 114; ausführlich *Helios*, Steuerliche Gemeinnützigkeit und EG-Beihilfenrecht, S. 87 ff.; *Hüt-*

sich, dass grundsätzlich (mit Ausnahme der Umsatzsteuer) nur die Einnahmen der steuerpflichtigen wirtschaftlichen Geschäftsbetriebe zu einer Steuerbelastung führen. Umgekehrt sind dem steuerbegünstigten Bereich alle Tätigkeiten zuzuordnen, welche die in der Satzung festgeschriebenen Zwecke im Sinne der §§ 52 bis 54 AO verwirklichen.

a) Steuerbegünstigte Zwecke

Um eine verständliche systematische Einordnung der Steuervergünstigungen zugunsten der kirchlichen Einrichtungen zu ermöglichen, sind zunächst die hierauf bezogenen Voraussetzungen der §§ 51 ff. AO – insbesondere die dort genannten steuerbegünstigten Zwecke – zu erläutern.

aa) Steuervergünstigung für kirchliche Zwecke, § 54 AO

Aufgrund des Bezugs zu den korporierten Religionsgemeinschaften kommt dem in § 54 AO normierten kirchlichen Zweck eine wesentliche Bedeutung zu. Dies zeigt sich in der Heranziehung der Norm zur Abgrenzung in den Einzelsteuergesetzen. Zu berücksichtigen ist, dass die Begriffsbestimmung in ihrem unmittelbaren Anwendungsbereich für die Religionsgemeinschaften selbst, die als Körperschaft des öffentlichen Rechts nur ausnahmsweise körperschaftsteuerpflichtig sind, in der Regel keine Bedeutung hat, sondern eher für die hier behandelten kirchlichen Einrichtungen, beispielsweise Kirchbauvereine, Missionsgesellschaften oder kirchliche Versorgungskassen[389].

Der Begriff der kirchlichen Zwecke wurde bereits im KStG 1920 in § 6 Nr. 2 verwendet, dort auf die als Körperschaften des öffentlichen Rechts verfassten Religionsgemeinschaften im Sinne von Art. 140 GG i.V.m. Art. 137 Abs. 5 WRV beschränkt und deren Zwecke als kirchliche anerkannt[390]. Die Regelung

---

temann, Steuervergünstigungen wegen Gemeinnützigkeit und europäisches Beihilfenverbot, DB 2006, S. 914, (S. 918 ff.); zum Teil als grafische Darstellung *Sauter/Voigt de Oliveira*, in: Erle/Sauter, KStG, § 5, Rn. S. 154 ff.; *Jachmann*, in: Igl, Rechtliche Rahmenbedingungen bürgerschaftlichen Engagements, S. 116.

389 *Scholtz*, in: Koch/Scholtz, AO, § 54, Rn. 2; *Leisner-Egensperger*, in: Hübschmann/Hepp/Spitaler, AO, § 54, Rn. 7; so auch Gutachten der Unabhängigen Sachverständigenkommission, S. 102.

390 KStG v. 30.03.1920, RGBl. I 1920, S. 393, (S. 395 f.); Bei den nicht öffentlich anerkannten Religionsgemeinschaften und Gesellschaften zur Pflege einer gemeinsamen Weltanschauung im Sinne des Art. 137 der Reichsverfassung fehle es an zureichenden äußeren und inneren Gründen für eine solche Freistellung, Drucksachen der Nationalversammlung 1920, Bd. 341, Nr. 1976, S. 27; zur folgenden Entwicklung

wurde erforderlich, da vor Einführung der Vorschrift die Tätigkeiten der Religionsgemeinschaften nicht uneingeschränkt als gemeinnützig angesehen wurden[391]. Durch die derzeit bestehende Formulierung der Vorschrift und deren organisationsrechtlichen Anknüpfung wird vorausgesetzt, dass kraft ihres Selbstverständnisses die Tätigkeiten der als Körperschaften des öffentlichen Rechts verfassten Religionsgemeinschaften auf Steuerbegünstigungen im Sinne von Gemeinwohlzielen ausgerichtet sind[392].

Wie auch der derzeit gültige Gesetzestext zum Ausdruck bringt, umfassen kirchliche Zwecke nur Tätigkeiten, durch die eine Religionsgemeinschaft, welche den Status einer Körperschaft des öffentlichen Rechts besitzt, selbstlos gefördert wird[393]. Die Formulierung § 54 Abs. 1 AO ist dabei als Legaldefinition des kirchlichen Zwecks anzusehen[394]. Die regelungstechnische Besonderheit des § 54 AO gegenüber den übrigen Gemeinnützigkeitsvorschriften besteht somit darin, dass der steuerbegünstigte Gemeinnützigkeitsstatus nicht auf bestimmte inhaltliche Zwecke, sondern durch den Bezug auf die als Körperschaften des öffentlichen Rechts verfassten Religionsgemeinschaften auf einen bestimmten Organisationszusammenhang abstellt[395]. Folglich sind hier lediglich die als Körperschaften des öffentlichen Rechts verfassten Religionsgemeinschaften mit deren kirchlichen Einrichtungen vom Anwendungsbereich der Vorschrift erfasst und im Umkehrschluss die privatrechtlich organisierten Religionsgemeinschaften hiervon ausgeschlossen. Eine Auslegung, die auch die Verfolgung kirchlicher Zwecke durch privatrechtliche Religionsgemeinschaften ermöglicht, kann aufgrund des Wortlautes der Vorschrift nicht erfolgen.

---

der Verwendung des Begriffs der kirchlichen Zwecke siehe *Leisner-Egensperger*, in: Hübschmann/Hepp/Spitaler, AO, § 54, Rn. 1 ff.

391 Vgl. *Koenig*, in: Pahlke/Koenig, AO, § 54, Rn. 1; nach der Rechtsprechung des Reichsfinanzhofes ließ eine Tätigkeit, welche die Kirchen förderte, einen Nutzen für die Allgemeinheit vermissen, so dass die Förderung der Religionsgemeinschaft mangels Vorliegen dieses Kriteriums als solche nicht steuerbefreit waren, RFH v. 19.04.1941 – VIa 29/41, RStBl. II 1941, S. 317.

392 Gutachten der Unabhängigen Sachverständigenkommission, Sondervotum Isensee/Knobbe-Keuk, S. 360.

393 vgl. Drucksachen der Nationalversammlung 1920, Nr. 1976, S. 27; so auch RFH v. 28.10.1930 – I A 255 256/30, RStBl. 1931, S. 25; RFH v. 15.12.1931 – I A 5/30, RStBl. 1932, S. 142; RFH Urteil v. 16.03.1933 – III A 58/33, RStBl. 1933, S. 702.

394 *Gersch*, in: Klein, AO, § 54, Rn. 1.

395 Gutachten der Unabhängigen Sachverständigenkommission, S. 102; so in diesem Punkt auch das Sondervotum Isensee/Knobbe-Keuk, S. 360.

(1) Katalog des § 54 Abs. 2 AO

Eine weitergehende Beschreibung dessen, was im konkreten Einzelfall unter den kirchlichen Zwecken zu verstehen ist, kann dem nicht abschließenden Beispielskatalog des § 54 Abs. 2 AO entnommen werden[396]. Zu den kirchlichen Zwecken gehören alle Aufgaben, die für eine Religionsgemeinschaft als Körperschaft des öffentlichen Rechts typisch sind und mit ihrem Auftrag in Zusammenhang stehen[397]. Mit Rücksicht auf die weit gefasste Legaldefinition in § 54 Abs. 1 AO und die Einordnung des § 54 Abs. 2 AO als Beispielkatalog, sind Analogien, eine sinngemäße Anwendung der Beispiele auf weiteren Tätigkeiten und sogar eine erweiternde Praxis zulässig[398]. Insofern können weitere anfallende Aufgaben – wie zum Beispiel die Zuschüsse zu Versorgungsbezügen von Witwen und Waisen – hierzu zählen, wenn durch die Zuschüsse vergleichbare Versorgungsbezüge im Staatsdienst nicht überschritten werden[399]. Auch wurde entschieden, dass eine Gesellschaft mit beschränkter Haftung, welche Wohnungen für eine korporierte Religionsgemeinschaft verwaltet und vermietet, sowie Bauaufgaben in diesem Zusammenhang übernimmt, kirchliche Zwecke verfolgen kann[400].

(2) Abgrenzung zu wirtschaftlichen Tätigkeiten

Auch wenn die kirchlichen Zwecke des § 54 Abs. 1, 2 AO umfassend sind, besteht dennoch die Notwendigkeit zur Abgrenzung von Tätigkeiten, die nicht unter die kirchlichen Zwecke und damit die Steuervergünstigung fallen. Dies wird unter anderem auch in der Abgrenzung der Betriebe gewerblicher Art der Religionsgemeinschaften und deren Besteuerung evident. Wie in diesem Zusammenhang

396 Dessen Aufzählung der einzelnen kirchlichen Zwecke entspricht dabei nahezu dem Wortlaut des § 19 Abs. 2 StAnpG, Steueranpassungsgesetz v. 16.10.1934, RGBl. I 1934, S. 925 (S. 929).

397 *Scholtz*, in: Koch/Scholtz, AO, § 54, Rn. 7.

398 So auch *Leisner-Egensperger*, in: Hübschmann/Hepp/Spitaler, AO, § 54, Rn. 28; § 54 Abs. 2 AO kann sich daher auf den gesamten Wirkungsbereich der Religionsgemeinschaft beziehen, die Grenze ist an der Rechtfertigung der Steuervergünstigung zu ziehen, *Jachmann/Unger* in: Beermann/Gosch, AO § 54, Rn. 26.

399 RFH v. 19.04.1941 – Via 29/41, RStBl. II 1941, S. 317; somit können unter die kirchlichen Zwecke auch Tätigkeitsbereiche fallen, die sich aus der Aufgabenstellung einer modernen Kirchengemeinde ergeben, *Scholtz*, Steuerbegünstigte Zwecke, FR 1976, S. 181 (S. 187).

400 BFH v. 24.07.1996 – I R 35/94, BStBl. II 1996, S. 583 (S. 584), wobei die Steuerbefreiung dadurch, dass ein Teil der Wohnungen an nicht (mehr) unterstützungsbedürftige Personen vermietet wird, nicht ausgeschlossen wurde.

bereits deutlich wurde, kann keine Aufstellung allgemeiner Abgrenzungskriterien erfolgen; vielmehr bleibt dies eine Abgrenzung und Abwägung im konkreten Einzelfalles.

In diesem Sinne hat der Bundesfinanzhof einem christlichen Erholungsheim die Zweckbetriebsbefreiung im Kontext der heutigen §§ 65 ff. AO verweigert, weil für die Verwirklichung kirchlicher Zwecke in Form der Ausübung der Seelsorge und religiösen Belehrung der Betrieb einer Fremdenverkehrseinrichtung in landschaftlich schöner Lage nicht erforderlich sei; dabei verwies der Bundesfinanzhof auf den erheblichen Wettbewerb mit privaten Anbietern von Ferienunterkünften[401]. Ebenfalls wird durch eine privatrechtlich organisierte Produktionsgesellschaft für religiöse Filme wirtschaftlicher Wettbewerb in einem Umfang ausgeübt, der das unvermeidbare Maß überschreitet, das für die Erfüllung kirchlicher Zwecke in Form des Verkündigungsauftrages erforderlich wäre[402].

In § 54 Abs. 2 AO ist auch die Verwaltung des Kirchenvermögens als Teil der kirchlichen Zwecke erwähnt. Kirchenvermögen im Sinne des § 54 AO ist nur solches Vermögen, das im rechtlichen Eigentum einer Kirche steht oder ihr steuerrechtlich zuzurechnen ist[403]. Die Steuervergünstigung wegen Verfolgung kirchlicher Zwecke durch Verwaltung von Kirchenvermögen setzt keine gemeinnützige oder mildtätige Verwaltung des Kirchenvermögens voraus[404]. Dies ergibt sich schon in Hinblick auf Art. 140 GG i.V.m. Art. 138 Abs. 2 WRV, der lediglich das im Eigentum der Religionsgemeinschaften stehende Vermögen schützt[405]. Der Grundsatz der Vermögensbindung erstreckt sich im Falle der Übertragung des steuerbegünstigten Vermögens auf die empfangende Körperschaft. Das heißt: diese muss selbst objektiv die Voraussetzungen der Steuervergünstigung nach dem Gemeinnützigkeitsrecht erfüllen[406]. Danach verfolgt eine Kapitalgesellschaft, die den Zweck hat, das im Eigentum der Kirche stehende Vermögen zu verwalten, kirchliche Zwecke im Sinne von § 54 AO, während es sich im Falle des in eine Kapitalgesellschaft eingebrachten Vermögens nicht mehr um Vermögen der Religionsgemeinschaft handelt und damit keine Zwecke im Sinne des § 54 AO verfolgt werden können[407].

---

401 BFH v. 28.10.1960 – III 134/56 U, BStBl. III 1961, S. 109.

402 BFH v. 13.08.1986 – II R 246/81, BStBl. II 1986, S. 831.

403 *Buchna/Seeger/Brox*, Gemeinnützigkeit im Steuerrecht, S. 121.

404 BFH v. 24.07.1996 – I R 35/94, BStBl. II 1996, S. 583.

405 *Leisner-Egensperger*, in: Hübschmann/Hepp/Spitaler, AO, § 54, Rn. 29.

406 FG Niedersachsen v. 19.08.1997 – VI 137/92, StEd 1998, S. 71.

407 *Buchna/Seeger/Brox*, Gemeinnützigkeit im Steuerrecht, S. 121.

(3) Abgrenzung zu religiösen Zwecken § 52 Abs. 2 Nr. 2 AO

Die kirchlichen Zwecke sind zudem von den in § 52 Abs. 2 Nr. 2 AO genannten religiösen Zwecken abzugrenzen. Der Begriff des kirchlichen Zwecks geht über den in § 52 Abs. 2 Nr. 2 AO beschriebenen religiösen Zweck hinaus, weil aufgrund des Bezugs zu den Körperschaften des öffentlichen Rechts nicht wie in § 52 Abs. 2 Nr. 2 AO die Religionsausübung, sondern eine die Religionsausübung gewährleistende Institution gefördert wird, so dass hiervon der gesamte Bereich des kirchlichen Wirkens, vom Kultus- und Verkündigungsbereich bis zum Organisations- und Verwaltungsbereich der Kirchen umfasst wird[408]. So soll auch ein Verein durch die Abhaltung eines Kirchentages für die Institutionen der katholischen oder evangelischen Kirche kirchliche Zwecke verfolgen, weil deren Gestaltung mit öffentlichen Kundgebungen und Messfeiern sowie mit religiösen und sozial-ethischen Vorträgen und Diskussionen die Förderung der Religionsgemeinschaften im Sinne des § 54 AO nicht abgesprochen werden könne[409]. Entsprechend besteht im Ergebnis neben der Verfolgung kirchlicher Zwecke im Sinne des § 54 AO seitens der kirchlichen Einrichtungen in diesem Falle nicht die Notwendigkeit, sich auf die Verfolgung religiöser Zwecke gemäß § 52 Abs. 2 Nr. 2 AO für eine Steuervergünstigung zu berufen.

bb) Steuervergünstigungen für mildtätige Zwecke, § 53 AO

Neben den kirchlichen Zwecken besteht die Möglichkeit, Steuervergünstigungen aufgrund der Verfolgung von mildtätigen Zwecken zu erlangen. Mildtätige Zwecke verfolgt eine Körperschaft, wenn ihre Tätigkeit darauf gerichtet ist, Personen zu unterstützen, die entweder wegen ihres körperlichen, geistigen oder seelischen Zustandes oder wegen ihrer wirtschaftlichen Lage auf die Hilfe anderer angewiesen sind[410]. Aufgrund der speziellen Ausgestaltung der mildtätigen Zwecke kommt § 53 AO für die kirchlichen Einrichtungen eine eigenständige Bedeutung neben den kirchlichen Zwecken zu. Bei der Verfolgung mehrerer steuervergünstigter Zwecke ist es erforderlich, dass sich der mildtätige Zweck von der übrigen Tätigkeit nach der Satzung und der tatsächlichen

---

408 *Koenig,* in: Pahlke/Koenig, AO, § 54, Rn. 6; Zu den einzelnen Aufgaben, die als kirchliche Zwecke gelten siehe: *Wallenhorst,* in: Troll/Wallenhorst/Halaczinsky, D, Rn. 22.

409 OFD Düsseldorf v. 01.07.1982 – S 7104/7300 A St 141, DB 1982, S. 1596.

410 *Scholtz,* in: Koch/Scholtz, AO, § 53, Rn. 2; *Krüger,* in: Schwarz, AO, § 53, Rn. 1; *Seer,* in: Tipke/Kruse, AO, § 53, Rn. 2; *Gersch,* in: Klein AO, § 53, Rn. 1 ff.; *Leisner-Egensperger,* in: Hübschmann/Hepp/Spitaler, AO, § 53, Rn. 12 ff.

Geschäftsführung klar abgrenzen lässt[411]. Beispielsweise deckt sich der Kernbereich von Tätigkeiten zur Verwirklichung der Caritas durchaus mit der Verfolgung mildtätiger Zwecke, da sich das aus dem christlich-theologischen Hintergrund erwachsene Begriffsbild von Handlungsformen der christlichen Nächstenliebe gerade auch in der Heilssorge für Menschen in Not verwirklicht[412]. Bestätigt wird dies in § 66 Abs. 1 AO, der durch den Verweis auf § 53 AO die Tätigkeiten der Einrichtungen der Wohlfahrtspflege – worunter auch das Diakonische Werk der evangelischen Kirche Deutschlands e.V. und der deutsche Caritasverband e.V. der katholischen Kirche fallen – als mildtätig charakterisiert[413].

Aufgrund der Verfolgung mildtätiger Zwecke erfolgt keine pauschale Bewertung bei der Steuervergünstigung, sondern eine Entscheidung für den konkreten Einzelfall. So wird ein Grundstück, auf dem eine Diakonissenanstalt ein Erholungsheim für ihre Schwestern unterhält, nicht für mildtätige Zwecke benutzt, da die Einrichtung nicht aufgrund einer wirtschaftlichen Notlage der Schwestern zur Verfügung gestellt wird, sondern – im Hinblick auf das bestehende Arbeitnehmerverhältnis – den damit verbundenen Unterhalts- und Lebensbedürfnissen dient[414]. Die Tätigkeiten können sich zudem auf einen fest abgeschlossenen Personenkreis beschränken, da § 53 AO anders als § 52 AO nicht voraussetzt, dass der Kreis der Geförderten grundsätzlich unbegrenzt ist[415].

cc) Steuervergünstigungen für gemeinnützige Zwecke, § 52 AO

Aufgrund der Verfolgung von gemeinnützigen Zwecken kann zudem eine Steuervergünstigung gemäß § 52 AO in Betracht kommen. Denn mildtätige oder gemeinnützige Zwecke müssen nicht, können aber zusätzlich zu den kirchlichen Zwecken vorliegen[416]. So werden beispielsweise in § 20 Abs. 1 der Satzung des Diakonischen Werkes der evangelischen Kirche Deutschlands e.V. alle drei

---

411 FG Berlin v. 06.10.2003 – 8 K 8844/99, EFG 2004, S. 316 (S. 317); gegenüber den gemeinnützigen Zwecken ist die Mildtätigkeit vorrangig anzusehen, wenn diese ansonsten nicht klar abgrenzbar sind, siehe *Kröger*, Vereinsförderungsgesetz und karitative Zwecke, DStZ 1990, S. 79 (S. 80 f.).

412 FG Berlin v. 23.03.2004 – 7 K 7175/02, EFG 2004, S. 1338.

413 Zur Aufzählung der amtlich anerkannten Verbände der freien Wohlfahrtspflege siehe UStDV v. 21.02.2005, BGBl. I 2005, S. 435, § 23 zu § 4 Nr. 18 UStG.

414 RFH v. 30.08.1941 – VIa 59/41, RStBl. 1941, S. 667.

415 *Scholtz*, in: Koch/Scholtz, AO, § 53, Rn. 4/1.

416 BFH v. 24.07.1996 – I R 35/94, BStBl. II 1996, S. 583.

steuerbegünstigten Zwecke erwähnt[417] – offenbar um ein möglichst breites Spektrum von Tätigkeiten den steuerbegünstigten Zwecke der §§ 51 ff. AO zuordnen zu können.

Eine Körperschaft verfolgt gemeinnützige Zwecke, wenn ihre Tätigkeit darauf gerichtet ist, die Allgemeinheit auf materiellem, geistigem oder sittlichem Gebiet selbstlos zu fördern, § 52 Abs. 1 S. 1 AO. Relevant kann die Vorschrift sein, wenn die kirchlichen Einrichtungen für ihre Tätigkeiten durch andere Rechtssubjekte gefördert werden, da diese – aufgrund des zwingenden Bezugs zur Religionsgemeinschaft als Körperschaft des öffentlichen Rechts – nicht der Verfolgung von kirchlichen Zwecken zugeordnet werden können. Hierfür mangelt es an der Unmittelbarkeit der Verfolgung kirchlicher Zwecke[418]. Insofern muss für diesen Fall einer mittelbaren Steuervergünstigung auf die Zwecke der §§ 52, 53 AO zurückgegriffen werden. Angesichts der zusätzlichen Voraussetzung, die § 52 Abs. 1 S. 1 AO mit der erforderlichen Förderung der Allgemeinheit auf materiellem, geistigem oder sittlichem Gebiet vorsieht, wird jedoch grundsätzlich die praktische Bedeutung der in § 52 Abs. 2 AO aufgeführten Zwecke bei Vorliegen kirchlicher Zwecke im Sinne des § 54 Abs. 1 AO eher gering sein.

Seit dem Gesetz zur weiteren Stärkung des bürgerschaftlichen Engagements ist der Katalog der gemeinnützigen Zwecke des § 52 Abs. 2 AO abschließend[419], wobei die Öffnungsklausel in § 52 Abs. 2 S. 2 AO zu beachten ist. In Betracht kommt für die Tätigkeiten der kirchlichen Einrichtungen theoretisch die Steuervergünstigung aufgrund der Förderung einer Religion, § 52 Abs. 2 Nr. 2 AO. Aufgrund des bereits erwähnten weiten Anwendungsbereiches des § 54 AO besteht im Regelfall nicht die Notwendigkeit hierfür. Abhängig vom Betätigungsfeld der kirchlichen Einrichtungen können daneben weitere Varianten des § 52 Abs. 2 AO in Betracht kommen. Denkbar sind die Förderung der Jugend- und Altenhilfe, § 52 Abs. 2 Nr. 4 AO, die Förderung

417 § 20 Abs. 1 der Satzung des Diakonischen Werkes der EKD e.V.; hingegen wird in § 3 Abs. 1 der Satzung des deutschen Caritasverbandes eV. nur auf die gemeinnützige und mildtätige Zweckverfolgung verwiesen; gleiches gilt für die Satzung des zivilrechtlichen Rechtsträger des Opus Dei, der Opus Dei e.V., welcher nach § 3 seiner Satzung gemeinnützige und mildtätige Zwecke verfolgt, *Heimerl/Pree*, Handbuch des Vermögensrechts der katholischen Kirche, 1/289.

418 *Leisner-Egensperger*, in: Hübschmann/Hepp/Spitaler, AO, § 54, Rn. 26.

419 Gesetz zur weiteren Stärkung des bürgerschaftlichen Engagements vom 10.10.2007, BStBl. I 2007, S. 815.

des Wohlfahrtswesens[420] oder die Förderung der Hilfe für religiös Verfolgte, § 52 Abs. 2 Nr. 10 AO.

b) Weitere Voraussetzungen

Neben den steuerbegünstigten Zwecken als solche müssen bestimmte Modalitäten eingehalten werden, um eine Steuervergünstigung zu erlangen; dabei muss die Zweckverfolgung selbstlos, unmittelbar und ausschließlich geschehen[421].

aa) Selbstlosigkeit

Die in den §§ 52 bis 54 AO jeweils genannte Voraussetzung der selbstlosen Zweckverfolgung ist gegeben, wenn nicht in erster Linie eigenwirtschaftliche Zwecke verfolgt, § 55 Abs. 1 AO und die Voraussetzungen der § 55 Abs. 1 Nr. 1 bis Nr. 4 AO erfüllt werden, die die Bindung des Vermögens der Körperschaft und Verwendung der finanziellen Mittel für die festgelegten steuerbegünstigten Zwecke regeln[422]. Dabei bezieht sich § 55 Abs. 1 AO auf eigenwirtschaftliche Zwecke der Körperschaft[423]. Die zulässigen wirtschaftlichen Betätigungen sind allein anhand des § 56 AO zu bestimmen[424].

420 Hiermit ist das gesamte Wohlfahrtswesen gemeint, so dass der Anwendungsbereich über die Definition des § 66 Abs. 2 AO hinausgeht, *Wallenhorst,* in: Wallenhorst/Halaczinsky, Die Besteuerung gemeinnütziger Vereine, Stiftungen und der juristischen Personen des öffentlichen Rechts, D, Rn. 96.

421 Vgl. *Pöllath/Richter,* in: Seifart/v. Campenhausen, Stiftungsrecht-Handbuch, § 43 Rn. 16; *Hüttemann*, Gemeinnützigkeits- und Spendenrecht, § 4, Rn. 1; dabei ergeben sich die Voraussetzungen der ausschließlichen und unmittelbaren Verfolgung steuerbegünstigter Zwecke bereits aus den jeweiligen Vergünstigungstatbeständen der Einzelsteuergesetze, während sich das Erfordernis einer selbstlosen Tätigkeit aus den Definitionen der steuerbegünstigten Zwecke in den §§ 52 bis 54 AO ergibt, *Hüttemann*, Gemeinnützigkeits- und Spendenrecht, § 4, Rn. 2.

422 Dabei regelt § 55 AO nur die wirtschaftliche Selbstlosigkeit, so dass hier keine Abgrenzung der Tätigkeiten der Körperschaften in Bezug auf die persönlichen Interessen der Mitglieder und Gesellschafter enthalten ist, vgl. *Lang*, Gemeinnützigkeitsabhängige Steuervergünstigungen, StuW 1987, S. 221 (S. 235).

423 *Hüttemann*, Gemeinnützigkeits- und Spendenrecht, § 4, Rn. 106.

424 So die Schlussfolgerung von *Hüttemann* mit Verweis auf BFH v. 4.04.2007 – I R 76/05, BStBl. II 2007, S. 631, *Hüttemann*, Gemeinnützigkeits- und Spendenrecht, § 4, Rn. 100; ausführlich zur Frage, wessen eigenwirtschaftliche Zwecke mit § 55 Abs. 1 AO gemeint sind, siehe die Darstellung des Meinungsstandes, *Hüttemann*, Gemeinnützigkeits- und Spendenrecht, § 4, Rn. 89 ff.

bb) Ausschließlichkeit

Die in § 56 AO normierte Ausschließlichkeit liegt vor, wenn nur die in der Satzung geschriebenen steuerbegünstigten Zwecke verfolgt werden. Insofern dürfen von der kirchlichen Einrichtung – neben den in der Satzung festgeschriebenen – keine anderweitigen, nicht steuerbegünstigten Zwecke verfolgt werden. Auch besagt § 55 Abs. 1 Nr. 5 S. 1 AO, dass die Zwecke möglichst zeitnah zu verwirklichen sind.

cc) Unmittelbarkeit

Zudem müssen die Zwecke unmittelbar durch die Tätigkeiten umgesetzt werden, § 57 AO. Dies ist nach dem Wortlaut der Vorschrift der Fall, wenn die Körperschaft die Zwecke selbst verwirklicht, § 57 Abs. 1 S. 1 AO. Im Falle der kirchlichen Einrichtungen ist somit erforderlich, dass durch ihre eigenen Tätigkeiten die steuerbegünstigten Zwecke der §§ 52 bis 54 AO erfüllt werden. Erwähnenswert für die Dachorganisationen der freien Wohlfahrtspflege – wie beispielsweise für das diakonische Werk der evangelischen Kirche in Deutschland und den deutschen Caritasverband – ist zudem § 57 Abs. 2 AO. Dieser sieht für Körperschaften, die lediglich steuerbegünstigte Körperschaften zusammenfassen, eine Gleichstellung mit den steuerbegünstigten Körperschaften in Bezug auf das Kriterium der Unmittelbarkeit der Zweckverfolgung vor.

Zu beachten im Zusammenhang mit der unmittelbaren Zweckverfolgung sind die in § 58 Nr. 1 bis 5 AO normierten Ausnahmen. Danach sind die Zuwendung von Mitteln, § 58 Nr. 2 AO, die Stellung von Arbeitskräften, § 58 Nr. 4 AO sowie die Überlassung von Räumlichkeiten, § 58 Nr. 5 AO zu steuerbegünstigten Zwecken an eine andere Körperschaft oder eine Körperschaft, die damit steuerbegünstigte Zwecke verfolgt, durch den Charakter als mittelbare Maßnahmen als Ausnahme zur grundsätzlich erforderlichen unmittelbaren Zweckförderung, § 57 AO, anzusehen[425].

dd) Weitere formale Voraussetzungen

Um eine Anerkennung der Zweckverfolgung als gemeinnützig und damit steuervergünstigtes Handeln zu ermöglichen, muss dies auch seitens des Staates überprüfbar sein. Dies gilt insbesondere mit Rücksicht darauf, dass kein besonderes Anerkennungsverfahren über die Gemeinnützigkeit existiert, sondern dies vielmehr im Veranlagungsverfahren für die jeweilige Steuer und den jeweiligen Steuerabschnitt entschieden wird[426]. In der Praxis

---

425 Vgl. *Hüttemann*, Gemeinnützigkeits- und Spendenrecht, § 4, Rn. 59 ff.

426 *Heimerl/Pree*, Handbuch des Vermögensrechts der katholischen Kirche, Rn. 2/447.

wird die körperschaftsteuerliche Entscheidung hierüber auch für die anderen Steuern zugrunde gelegt[427]. Zu berücksichtigen ist hierbei der durch das Ehrenamtsstärkungsgesetz mit Wirkung zum 28.03.2013 eingeführte § 60 a AO, der eine gesonderte Feststellung hinsichtlich der satzungsmäßigen Gemeinnützigkeit eingeführt hat, die auch für die anderen Steuerarten gilt.

Gemäß § 59 AO muss sich aus der Satzung, dem Stiftungsgeschäft oder der sonstigen Verfassung ergeben, welchen Zweck die Körperschaft verfolgt, dass dieser Zweck den Anforderungen der §§ 52 bis 55 AO entspricht und dass dies ausschließlich und unmittelbar geschieht. Notwendig hierfür ist es, dass die Satzung der kirchlichen Einrichtung in der Art eines Buchnachweises formell die steuerbegünstigten Satzungszwecke und die Art der Verwirklichung soweit wie möglich konkretisiert[428]. Der nach der Satzung verfolgte Zweck, ein religiöses Leben der Vervollkommnung im Sinne des Werkes der heiligen Engel in der römisch-katholischen Kirche für alle und für den Kern der Gemeinschaft eine klösterliche Lebensführung anzustreben, lässt beispielsweise für sich genommen nicht erkennen, dass die Körperschaft ausschließlich gemeinnützige Zwecke im Sinne des § 52 AO zu verfolgen beabsichtigt[429].

Gemäß § 60 Abs. 1 S. 1 AO müssen die Satzungszwecke und die Art ihrer Verwirklichung so genau bestimmt sein, dass auf Grund der Satzung geprüft werden kann, ob die satzungsmäßigen Voraussetzungen für Steuervergünstigungen gegeben sind[430]. Zudem fordert § 61 Abs. 1 AO mit Bezug auf den Grundsatz der Vermögensbindung, § 55 Abs. 1 Nr. 4 AO dass der Zweck, für den das Vermögen bei Auflösung oder Aufhebung der Körperschaft oder bei Wegfall des bisherigen Zwecks verwendet werden soll, in der Satzung so genau bestimmt sein muss, das allein auf Grund der Satzung geprüft werden kann, ob der Verwendungszweck steuerbegünstigt ist[431].

Die tatsächliche Geschäftsführung muss auf die ausschließliche und unmittelbare Erfüllung der steuerbegünstigten Zwecke gerichtet sein und den Bestimmungen entsprechen, die die Satzung über die Voraussetzungen der

---

427 *Pöllath/Richter*, in: Seifart/v. Campenhausen, Stiftungsrecht-Handbuch, § 43, Rn. 109; so beispielsweise Abschnitt 12 II, 3, Grundsteuer-Richtlinien 1978 v. 09.12.1978, BStBl. I 1979, S. 533.

428 FG München v. 29.02.1996 – 15 K 4332/93, KirchE 34, S. 72, S. 73.

429 FG München v. 29.02.1996 – 15 K 4332/93, KirchE 34, S. 72.

430 Ausführlich zur satzungsgemäßen Gemeinnützigkeit siehe *Hüttemann*, Gemeinnützigkeits- und Spendenrecht, § 4, Rn. 122 ff.

431 Bis zum Wegfall des § 62 AO a.F. durch das JStG 2008 konnte geistlichen Genossenschaften eine Ausnahme für die satzungsmäßige Vermögensbindung zugute kommen, Jahressteuergesetz v. 19.12.2008, BGBl. I 2008, S. 2794 (S. 2827).

Steuervergünstigungen enthält, § 63 Abs. 1 AO. Anhand der festgeschriebenen Satzungszwecke kann in einem nächsten Schritt überprüft werden, ob die Übereinstimmung der tatsächlichen Geschäftsführung mit diesen konkreten Satzungsbestimmungen gegeben ist, § 59 AO[432].

4. Direkte Steuervergünstigungen

Mit Rücksicht auf die §§ 51 ff. AO können die konkreten Steuervergünstigungen der Einzelsteuergesetze zugunsten der kirchlichen Einrichtungen dargestellt werden[433].

a) Körperschaftsteuergesetz

Aufgrund der privatrechtlichen Organisationsformen unterliegen die Einrichtungen der korporierten Religionsgemeinschaften der unbeschränkten Körperschaftsteuerpflicht des § 1 KStG. Hierbei sind die Besteuerung als Kapitalgesellschaften, § 1 Abs. 1 Nr. 1 KStG, sowie der sonstigen juristischen Personen des Privatrechts, § 1 Abs. 1 Nr. 4 KStG, relevant. Beispielsweise sind der deutsche Caritasverband e.V.[434] und das diakonische Werk der evangelischen Kirche in Deutschland e.V.[435] als eingetragene Vereine strukturiert. Auch spielt innerhalb dieser Organisationen mittlerweile die Rechtsform der – gemeinnützigen – Gesellschaft mit beschränkter Haftung eine Rolle[436]. Aufgrund der bestehenden unbeschränkten Steuerpflicht kommt die beschränkte Steuerpflicht für die kirchlichen Einrichtungen gemäß § 2 Nr. 2 KStG nicht in Betracht.

Die mögliche Steuervergünstigung in Form der Steuerbefreiung richtet sich nach § 5 Abs. 1 Nr. 9 S. 1 KStG. Danach sind die kirchlichen Einrichtungen von der Körperschaftsteuer befreit, wenn diese nach der Satzung, dem Stiftungsgeschäft oder der sonstigen Verfassung sowie nach der tatsächlichen Geschäftsführung ausschließlich und unmittelbar gemeinnützigen, mildtätigen oder kirchlichen Zwecken dienen.

---

432 Hierfür genügt es, wenn das Handeln der Körperschaft auf die Verwirklichung der ausschließlich steuerbegünstigten Zwecke gerichtet ist, so dass nicht jede einzelne Betätigung einen steuerbegünstigten Erfolg herbeiführen muss, *Hüttemann*, Gemeinnützigkeits- und Spendenrecht, § 4, Rn. 10.

433 Zu den jeweiligen Steuervergünstigungen wegen Gemeinnützigkeit der Einzelsteuergesetze siehe *Hüttemann*, Gemeinnützigkeits- und Spendenrecht, § 1, Rn. 14 ff.

434 § 1 Abs. 3 der Satzung des deutschen Caritasverbandes e.V. v. 16.10.2003.

435 § 2 Abs. 1 der Satzung des diakonischen Werkes der Evangelischen Kirche Deutschlands e.V. v. 13.10.2004.

436 *Broll*, Steuerung kirchlicher Wohlfahrtspflege durch die verfassten Kirchen, S. 244 ff., S. 311f.; *Hölzer*, in: Rau/Dürrwächter, UStG, § 4 Nr. 18, Rn. 21.

Die Befreiung gilt für alle Körperschaften im Sinne des § 1 Abs. 1 KStG[437]. Diese Möglichkeit der Steuerbefreiung wird in der Praxis von den hier beispielhaft behandelten Vereinen und den als gemeinnützige Gesellschaften mit beschränkter Haftung verfassten Körperschaften in Anspruch genommen[438]. Voraussetzung hierfür ist die Erfüllung steuerbegünstigter Zwecke im Sinne der §§ 51 ff. AO, so dass es sich um eine Steuervergünstigung nach den Regeln des Gemeinnützigkeitsrechtes handelt. Aufgrund des Verweises müssen daher die in der AO normierten Voraussetzungen erfüllt sein, um eine Körperschaftsteuerbefreiung erlangen zu können[439].

Ausgeschlossen ist die Steuervergünstigung gemäß § 5 Abs. 1 Nr. 9 S. 2 KStG bei Vorliegen eines wirtschaftlichen Geschäftsbetriebes. Dies ist dann der Fall, wenn gerade kein Zweckbetrieb im Sinne der §§ 65 ff. AO gegeben ist, § 64 AO. Der Verkauf von Tonträgern durch einen gemeinnützigen Verein, dessen Satzungszweck die Dienstbarmachung des christlichen Gesangs für die Förderung und Ausbreitung des christlichen Glaubens umfasst, kann beispielsweise ein Zweckbetrieb im Sinne des § 65 AO sein[440].

b) Gewerbesteuergesetz

Soweit ein wirtschaftlicher Geschäftsbetrieb unterhalten wird, unterliegen die kirchlichen Einrichtungen der Gewerbesteuer, § 2 Abs. 1 GewStG. In § 3 Nr. 6 S. 1 GewStG ist die Befreiung von der Gewerbesteuer normiert. Hierbei entspricht der Wortlaut der Formulierung dem § 5 Abs. 1 Nr. 9 KStG[441]. Folglich richten sich hier die Voraussetzungen der Steuervergünstigungen nach den §§ 51 ff. AO[442].

Soweit die hier behandelten kirchlichen Einrichtungen Krankenhäuser betreiben, kann diesen zudem die in § 3 Nr. 20 lit. b GewStG normierte Steuerbefreiung zugute kommen, wenn die Voraussetzungen des § 67 Abs. 1 oder Abs. 2 AO erfüllt werden. Ähnliches gilt für Altenheime, Altenwohnheime und Pflegeheime, § 3 Nr. 20 lit. c GewStG sowie für Einrichtungen zur vorübergehenden Pflege, § 3 Nr. 20 lit. d GewStG. Auf die kirchlichen Einrichtungen der als Körperschaften des öffentlichen Rechts verfassten Religionsgemeinschaften konkret bezogene Regelungen sind nicht ersichtlich.

---

437 *Alvermann/Streck,* in: Streck, KStG, § 5, Rn. 103; *Kulosa,* in: Herrmann/Heuer/Raupach, KStG, § 5, Rn. 200.

438 *Kulosa,* in: Herrmann/Heuer/Raupach, KStG, § 5, Rn. 200 m.w.N.

439 *Kulosa,* in: Herrmann/Heuer/Raupach, KStG, § 5, Rn. 204.

440 FG Düsseldorf v. 26.05.1993 – 5 K 446/90 U, EFG 1993, S. 752.

441 *Von Twickel,* in: Blümich, GewStG, § 3, Rn. 43.

442 *Sarrazin,* in: Lenski/Steinberg, GewStG, § 3, Rn. 65 ff.

c) *Erbschaft- und Schenkungsteuergesetz*

Wie auch für die Religionsgemeinschaften selbst kann für die kirchlichen Einrichtungen aufgrund von Zuwendungen an diese eine Besteuerung nach dem ErbStG in Betracht kommen. In § 13 Abs. 1 Nr. 16 lit. b S. 1 ErbStG ist die Steuerbefreiung für Zuwendungen an inländische Körperschaften normiert. Zwar enthält die Vorschrift keinen ausdrücklichen Verweis auf die Abgabenordung, jedoch beurteilen sich auch hier die Voraussetzungen der Steuerfreiheit nach den §§ 51 ff. AO[443]. Zuwendungen an einen Ordensangehörigen können dabei nicht als unmittelbare Zuwendung an den Orden angesehen werden, auch wenn nach dem Ordensgelübde solche Erwerbe des Ordensangehörigen unmittelbar an den Orden weitergeleitet werden müssen[444].

Einziger Unterschied zu den in den §§ 56, 64 ff. AO getroffenen Regelungen ist die Steuerfreiheit für die Zuwendung eines wirtschaftlichen Geschäftsbetriebes an eine gemeinnützige Körperschaft, wenn die Überschüsse an den ideellen Bereich abgegeben werden[445]. Trotz des Vorliegens eines wirtschaftlichen Geschäftsbetriebes soll hier eine Steuervergünstigung erfolgen[446].

Für die kirchlichen Einrichtungen als gemeinnützige Körperschaften hat die Vorschrift erhebliche praktische Bedeutung. Denn ohne die Steuervergünstigung werden die Zuwendungen mit einem Steuersatz von bis zu 50 % belastet[447]. Hierdurch würden die Finanzierungsmöglichkeiten gemeinnütziger Organisationen erheblich beeinträchtigt werden[448].

Die Steuervergünstigung steht unter Nachversteuerungsvorbehalt, so dass diese mit Wirkung für die Vergangenheit wegfällt, wenn die Voraussetzungen für die Anerkennung als kirchliche, gemeinnützige oder mildtätige Körperschaft innerhalb von zehn Jahren nach der Zuwendung entfällt und das Vermögen nicht steuerbegünstigten Zwecken zugeführt wird, § 13 Abs. 1 Nr. 16 lit. b S. 2 ErbStG[449].

---

443 *Meincke*, ErbStG, § 13, Rn. 60; *Jülicher*, in: Troll/Gebeler/Jülicher, ErbStG, § 13, Rn. 189; ErbStR v. 17.03.2003, BStBl. I 2003, Sondernummer 1 S. 2 R 47 I, 2.

444 FG München v. 25.04.1968 – IV 88/67, EFG 1968, S. 525.

445 ErbStR v. 17.03.2003, BStBl. I 2003, Sondernummer 1, 2, R 47 II, 5, 6; *Viskorf*, in: Viskorf, § 13, Rn. 122.

446 Ausführlich hierzu *Schauhoff*, Zur Erbschaftsteuerfreiheit von Zuwendungen an gemeinnützige Einrichtungen, ZEV 1995, S. 439 (S. 441 ff.).

447 *Hüttemann*, Gemeinnützigkeits- und Spendenrecht, § 1, Rn. 33.

448 *Hüttemann*, Gemeinnützigkeits- und Spendenrecht, § 1, Rn. 33.

449 *Viskorf*, in: Viskorf, ErbStG, § 13, Rn. 125.

d) Grundsteuergesetz

Mögliche Steuervergünstigungen nach dem GrStG zugunsten der kirchlichen Einrichtungen richten sich nach § 3 Abs. 1 Nr. 3 lit. b GrStG. Dabei wird vorausgesetzt, dass der Grundbesitz gemeinnützigen und mildtätigen Zwecken dient. Für die Begriffsdefinition wird auf die §§ 52, 53, 55 bis 68 AO zurückgegriffen[450]. Die Steuervergünstigung erfolgt damit grundsätzlich wie die der übrigen Einzelsteuergesetze in Abhängigkeit der Voraussetzungen der §§ 51 ff. AO. § 7 GrStG erwähnt zudem die unmittelbare Nutzung zu steuerbegünstigten Zwecken als Voraussetzung der Steuervergünstigung.

Als Besonderheit gegenüber den anderen Einzelsteuergesetzen ist hervorzuheben, dass die Steuervergünstigung nach § 3 Abs. 1 Nr. 3 lit. b GrStG nicht für die Verfolgung kirchlicher Zwecke im Sinne des § 54 AO gilt. Jedoch ist in diesem Zusammenhang der Tatbestand des § 3 Abs. 1 Nr. 4 S. 1 GrStG zu berücksichtigen, welcher neben dem Grundbesitz der als Körperschaften des öffentlichen Rechts verfassten Religionsgemeinschaften auch den Grundbesitz der diesen zugehörigen Orden, religiöser Genossenschaften oder eines Verbandes als grundsteuerbefreit berücksichtigt, soweit dieser für Zwecke der religiösen Unterweisung, der Wissenschaft, des Unterrichts, der Erziehung oder für Zwecke der eigenen Verwaltung benutzt wird. Insofern kann auch davon ausgegangen werden, dass hierdurch die Verfolgung kirchlicher Zwecke durch die kirchlichen Einrichtungen, welche zugunsten einer korporierten Religionsgemeinschaft tätig sind, berücksichtigt werden. Zweifelhaft bleibt jedoch, ob durch diese Formulierung im Vergleich zu den anderen Einzelsteuergesetzen eine Einschränkung der Steuervergünstigungen der kirchlichen Einrichtungen gegeben oder ob hier der gesamte Anwendungsbereich des § 54 AO berücksichtigt wird[451]. Aufgrund der einschränkenden Formulierung können nicht alle denkbaren kirchlichen Einrichtungen sowie Tätigkeiten in den Anwendungsbereich der Vorschrift fallen, so dass mangels sonstiger Erwähnung der kirchlichen Zwecke hier eine Einschränkung zulasten der kirchlichen Einrichtungen anzunehmen ist. Unabhängig davon gilt damit eine wesentliche Besonderheit für Orden, Verbände oder Genossenschaften: sie gehören unabhängig von ihrer Rechtsform immer dann zu den nach § 3 Abs. 1 Nr. 4 S. 1 GrStG steuerbegünstigten Körperschaften,

450 Grundsteuer-Richtlinien vom 09.12.1978 Abschnitt 14 III, BStBl. I 1978, S. 553 (S. 557).

451 Kritisch zur Formulierung des § 3 Abs. 1 Nr. 4 GrStG *Troll/Eisele*, GrStG, § 3, Rn. 54.; *Weides*, Die Religionsgemeinschaften im Steuerrecht, in: Festschrift Uni Köln, S. 885 (S. 896).

wenn sie einer Religionsgemeinschaft angeschlossen sind, die als Körperschaft des öffentlichen Rechts verfasst ist[452].

Im Gegensatz hierzu ist die Steuervergünstigung für Wohnungen nach § 3 Abs. 1 Nr. 5 S. 1 GrStG auf die Religionsgemeinschaften als Körperschaft des öffentlichen Rechts an sich beschränkt. Entsprechend ist der Grundbesitz einer GmbH, die Rechtsträgerin eines nichtrechtsfähigen katholischen klösterlichen Verbandes ist insoweit nicht von der Grundsteuer befreit, als er für Wohnzwecke benutzt wird[453].

e) Umsatzsteuergesetz

Bei Vorliegen entsprechender steuerpflichtiger Umsätze sind Steuervergünstigungen nach dem Umsatzsteuerrecht denkbar. Die kirchlichen Einrichtungen sind dabei als privatrechtlich strukturierte Körperschaften und aufgrund der vielfältigen Tätigkeiten in unterschiedlicher Weise von der Umsatzsteuer und damit auch den entsprechenden Steuervergünstigungen erfasst.

aa) Steuerbefreiungen des § 4 UStG

§ 4 UStG sieht eine Reihe sektorspezifischer Steuerbefreiungen vor, die auch gemeinnützige Einrichtungen betreffen[454].

So kann für die bereits exemplarisch erwähnten eingetragenen Vereine des Diakonischen Werkes der Evangelischen Kirche in Deutschland und des Deutschen Caritasverband der Tatbestand des § 4 Nr. 18 S. 1 lit. a UStG Bedeutung haben, welcher bestimmte Umsätze (und unter anderem auch die der Zentralwohlfahrtstelle der Juden in Deutschland e.V.) als amtlich anerkannte Verbände der freien Wohlfahrtspflege[455], sowie die der freien Wohlfahrtspflege dienenden Körperschaften als Mitglieder dieser Verbände, von der Umsatzsteuer befreit[456]. Dabei müssen die Leistungen nach § 4 Nr. 18 S. 1 lit. a UStG den steuerbegünstigten Zwecken dienen, wobei sich dies nach den §§ 52 ff. AO richtet[457].

---

452 *Troll/Eisele*, GrStG, § 3, Rn. 54.

453 BFH v. 22.07.1987 – II R 204/84, BStBl. II 1987, S. 725.

454 *Hüttemann*, Gemeinnützigkeits- und Spendenrecht, § 7, Rn. 107.

455 Vgl. die abschließende Aufzählung in § 23 UStDV v. 21.02.2005, BGBl. I 2005, S. 434.

456 Die von Ordensmitglieder eines dem deutschen Caritasverbandes angeschlossenen Ordens in Wohnheimen ausgeübte betreuende Tätigkeit ist nicht eine Leistung der Wohlfahrtspflege, die von der Umsatzsteuerpflicht ausgenommen ist, wenn die betreuten Personen weder notleidend noch aus gesundheitlichen, sittlichen, erzieherischen oder wirtschaftlichen Gesichtspunkten gefährdet sind, BFH v. 05.02.1970 – V R 62/66, KirchE 11, S. 142 (S. 144 f.).

457 UStR v. 10.12.2007, BStBl. I 2007, Sondernummer 2, Abschn. 103 Abs. 2.

Auch die Steuerbefreiung für den Transport von Kranken und Verletzten kann in diesen Tätigkeitsbereichen Bedeutung erlangen, § 4 Nr. 17 lit. b UStG ebenso wie § 4 Nr. 25 S. 2 lit. a UStG, welcher Leistungen zugunsten der Jugendhilfe seitens der amtlich anerkannten Verbände der freien Wohlfahrtspflege von der Umsatzsteuer befreit.

Denkbar ist es, dass die Steuervergünstigung nach § 4 Nr. 27 a UStG zugunsten der kirchlichen Einrichtungen eingreift, wenn entsprechend für diese Personal gestellt wird. Denn für die Gewährung der Steuervergünstigung des § 4 Nr. 27 a UStG spielt es keine Rolle, ob die Mitglieder der Ordensgemeinschaft oder des Mutterhauses im unternehmerischen Bereich von Körperschaften des öffentlichen Rechts oder in karitativen Einrichtungen in privater Trägerschaft wie der hier behandelten kirchlichen Einrichtungen eingesetzt werden[458]. Diese Steuervergünstigung ist als spezielle Ausnahme anzusehen.

Für den Fall, dass aus einer steuerbegünstigten Ausspielung im Sinne des § 18 Nr. 2 lit. a RennwLottG Umsätze durch eine kirchliche Einrichtung erzielt wurden, sind diese nicht steuerbefreit, wenn diese Umsätze bereits von der Rennwett- und Lotteriesteuer befreit sind § 4 Nr. 9 b lit. b S. 2 UStG.

Zudem kann die Steuerbefreiung des § 4 Nr. 27 a UStG zugunsten der kirchlichen Einrichtungen als Anbieter von Leistungen eingreifen. § 4 Nr. 27 a UStG beruht dabei unmittelbar auf der Harmonisierungsbestimmung des Art. 13 Teil A I Buchst. K der 6. EG-Richtlinie zur Umsatzsteuer[459]. Die Vorschrift dient damit auch der Gleichbehandlung mit den als Körperschaften des öffentlichen Rechts organisierten Genossenschaften und Mutterhäusern[460]. Während vor der Einführung die Leistungen bei geistlichen Genossenschaften und Mutterhäusern, die als Körperschaften des öffentlichen Rechts anerkannt sind, aufgrund des § 2 Abs. 3 UStG nicht steuerbar waren, bestand für Leistungen von privatrechtlichen Genossenschaften und Mutterhäusern grundsätzlich eine Steuerpflicht. Relevant ist diese Vorschrift insbesondere für Orden. Aufgrund der staatskirchenrechtlichen Entwicklung sind in Bayern alle Orden und Ordensverbände Körperschaften des öffentlichen Rechts, während außerhalb Bayerns nur ein Teil der Orden und Ordensverbände den Status einer Körperschaft des

458 *Husmann,* in: Rau/Dürrwächter, UStG, § 4 Nr. 27, Rn. 5; *Huschens,* in: Vogel/Schwarz, UStG, § 4 Nr. 27, Rn. 20.

459 Die Vorschrift wurde aufgrund des Art. 13 Teil A I Buchst. k der 6. Umsatzsteuer-Richtlinie v. 17.05.1977, 77/388/EWG, Abl. EG 1977 Nr. L 145, eingeführt und wurde durch Art. 132 I Buchst. k MwStSystRL. Richtlinie v. 28.11.2006, 2006/112/EG über das gemeinsame Mehrwertsteuersystem, ABl. EG 2006 Nr. L 347, ersetzt.

460 Entwurf eines Umsatzsteuergesetzes 1979, Bundestags-Drucks. 8/1779, S. 35.

öffentlichen Rechts besitzt[461]. Diese Entwicklung hat dazu geführt, dass einerseits die gleichen Ordensverbände in Süddeutschland Körperschaft des öffentlichen Rechts waren, in Norddeutschland jedoch nicht; andererseits konnten auch örtlich eng benachbarte Klöster verschiedener Orden einen unterschiedlichen Rechtsstatus besitzen[462]. § 4 Nr. 27 a UStG stellt die privatrechtlich organisierten geistlichen Genossenschaften und Mutterhäuser den entsprechenden öffentlich-rechtlichen Einrichtungen gleich, wenn diese Mitglieder zu gemeinnützigen oder schulischen Zwecken dienenden Tätigkeiten zur Verfügung stellen[463]. Beispielsweise kann eine als steuerbegünstigt anerkannte Stiftung einen Pastor in Erwartung einer vom Umfang der Personalgestellung abhängigen Zahlung der Kirchengemeinde zum Abhalten von Gottesdiensten zur Verfügung stellen, so dass ein umsatzsteuerbarer Leistungsaustausch besteht, und sich der Tatbestand nicht auf die Gestellung von Personen erstreckt, die in einem Arbeitsverhältnis zu der Einrichtung stehen[464]. Für die Gestellung von Personal, das in einem Arbeitsverhältnis steht, können sich die kirchlichen Einrichtungen nach Ansicht des Finanzgerichts Rheinland-Pfalz unmittelbar auf Art. 132 Abs. 1 lit. k der Mehrwertsteuersystemrichtlinie berufen, da die Gestellung von Personal insgesamt als steuerbefreit einzuordnen sei[465]. Mangels einer entsprechenden Regelung im Umsatzsteuerrecht wird seitens der Wohlfahrtsverbände gefordert, eine dem Art. 132 Abs. 1 lit. k Mehrwertsteuersystemrichtlinie entsprechende Umsatzsteuerbefreiung einzuführen[466].

bb) Steuerermäßigung bei Verfolgung gemeinnütziger Zwecke

Die Steuerbefreiungen des § 4 UStG haben jedoch den Nachteil, dass sie mit dem Verlust des Vorsteuerabzuges verknüpft sind, so dass die Befreiung unter Umständen sogar zu wirtschaftlichen Nachteilen führen kann, vgl. § 15 Abs. 2 Nr. 1 UStG. Mit Rücksicht hierauf sind bei den Steuervergünstigungen des UStG auch jene Steuerermäßigungen zu berücksichtigen, die im Gegensatz zu den

461 *Berkenheide*, Zur Änderung der Steuerbefreiungen im Umsatzsteuerrecht 1980, DStZ, S. 140 (S. 149).

462 *Berkenheide*, Zur Änderung der Steuerbefreiungen im Umsatzsteuerrecht 1980, DStZ, S. 140 (S. 149).

463 *Heidner*, in: Bunjes/Geist, UStG, § 4 Nr. 27, Rn. 2.

464 FG Sachsen-Anhalt v. 16.05.2005 – 2 K 507/04, DStRE 2006, S. 282.

465 FG Rheinland-Pfalz v. 27.11.2008 – 6 K 2348/07, EFG 2009, S. 736.

466 Stellungnahme der Bundesarbeitsgemeinschaft der freien Wohlfahrtspflege e. V. zum Referentenentwurf für ein Gesetz zur Umsetzung steuerrechtlicher EU-Vorgaben sowie weiterer steuerrechtlicher Vorgaben v. 17.11.2009, S. 4.

Steuerbefreiungen des § 4 UStG nicht zum Verlust des Vorsteuerabzuges durch eine Steuerbefreiung führen[467]. In Anbetracht der Tatsache, dass die kirchlichen Einrichtungen primär Leistungen gegenüber privaten Abnehmern erbringen, welche nicht über die Möglichkeit des Vorsteuerabzuges verfügen, führt die Steuerermäßigung zu einer Kostenersparnis der Abnehmer. Die Folge ist, dass auch den kirchlichen Einrichtungen diesbezüglich ein wirtschaftlicher Vorteil entsteht[468].

§ 12 Abs. 2 Nr. 8 lit. a S. 1 UStG normiert eine Steuerermäßigung auf 7 Prozent für Leistungen von Körperschaften, die ausschließlich und unmittelbar gemeinnützige, mildtätige oder kirchliche Zwecke verfolgen. Die Vorschrift verweist für die Voraussetzungen auf die Regeln des Gemeinnützigkeitsrechts, §§ 51 bis 68 AO. Die einzige rein gemeinnützigkeitsabhängige Steuervergünstigung bei der Umsatzsteuer besteht damit für Umsätze im Bereich der Vermögensverwaltung und der Zweckbetriebe, § 12 Abs. 2 Nr. 8 lit. a S. 1 UStG[469].

Keine Steuerermäßigung wird für den Fall gewährt, dass mit einem Zweckbetrieb in erster Linie zusätzliche Einnahmen erzielt werden sollen, § 12 Abs. 2 Nr. 8 lit. a S. 3 UStG[470]. Aufgrund der Eigenschaft als Steuerermäßigung kann in den Fällen der Steuerbefreiungen des § 4 UStG diese keine Anwendung finden. Diesbezüglich besteht keine Wahlmöglichkeit seitens des Steuerpflichtigen[471].

Im Ergebnis werden die kirchlichen Einrichtungen als solche nicht bei den Steuervergünstigungen des UStG berücksichtigt, jedoch zum Teil deren Tätigkeiten im Zusammenhang mit den als Körperschaften des öffentlichen Rechts verfassten Religionsgemeinschaften, so dass diese in gewissem Umfang von dem Rechtsstatus der Religionsgemeinschaften profitieren können.

5. Indirekte Steuervergünstigungen

Auch zugunsten der kirchlichen Einrichtungen der als Körperschaften des öffentlichen Rechts verfassten Religionsgemeinschaften können mittelbare Steuervergünstigungen im Zusammenhang mit den Leistungen Dritter relevant sein.

---

467 Vgl. hierzu *Hüttemann*, Gemeinnützigkeits- und Spendenrecht, § 7, Rn. 150.

468 *Hüttemann*, Gemeinnützigkeits- und Spendenrecht, § 1, Rn. 38.

469 *Hüttemann*, Gemeinnützigkeits- und Spendenrecht, § 7, Rn. 107.

470 § 12 Abs. 2 Nr. 8 a) S. 3 UStG wurde neu eingeführt durch JStG 2007 v. 18.12.2006, BGBl. I 2006, S. 2894.

471 *Huschens,* in: Vogel/Schwarz, UStG, § 12 Abs. 2 Nr. 8, Rn. 19; insbesondere gilt dies für die hier behandelten Varianten der §§ 4 Nr. 9, 16, 18, 21, 23, 25 S. 2 a) UStG; *Mann,* in: Peter/Burhoff/Stöcker, UStG, § 12 Abs. 2 Nr. 8, Rn. 10.

a) *Einkünfte aus ehrenamtlichen Tätigkeiten*

Einnahmen aus bestimmten Tätigkeiten im Rahmen eines Ehrenamtes (z.B. Übungsleiter), die im Dienst einer unter § 5 Abs. 1 Nr. 9 KStG fallenden Körperschaft erzielt wurden, sind bis zu einer Höhe von 2.400 Euro gemäß § 3 Nr. 26 EStG von der Einkommensteuer befreit. Unter die Körperschaften im Sinne des § 5 Abs. 1 Nr. 9 KStG sind die hier behandelten kirchlichen Einrichtungen als Körperschaftsteuersubjekte des § 1 KStG zu fassen. Die Voraussetzung einer Tätigkeit im Dienst oder Auftrag einer Körperschaft des öffentlichen Rechts oder einer Körperschaft im Sinne des § 5 Abs. 1 Nr. 9 KStG ist Folge der gesetzgeberischen Grundentscheidung, welche die gemeinnützige Tätigkeit von Körperschaftsteuersubjekten als Gegenstand der gemeinnützigkeitsabhängigen Steuervergünstigungen einordnet[472].

Ebenfalls in Anspruch genommen werden kann die in § 3 Nr. 26 a S. 1 EStG normierte und gegenüber § 3 Nr. 26 S. 1 EStG subsidiäre Steuerbefreiung für Einnahmen bis zu einer Höhe von 720 Euro, die nebenberuflichen Tätigkeiten im gemeinnützigen, mildtätigen oder kirchlichen Bereich entstammen. Der Freibetrag kann folglich für jede nebenberufliche Tätigkeit in Anspruch genommen werden, die im Dienst oder Auftrag einer gemeinnützigen Einrichtung durchgeführt wird. Dadurch, dass die ehrenamtlichen Tätigkeiten den kirchlichen Einrichtungen zugute kommen und durch diese vergütet werden, kommen auch die Steuervergünstigungen mittelbar diesen zugute.

b) *Abzugsfähigkeit von Spenden*

Darüber hinaus fördert auch die Abzugsfähigkeit von Spenden an die kirchlichen Einrichtungen mittelbar die Religionsgemeinschaften.

aa) Steuerbefreiung bei Spenden zugunsten gemeinnütziger Zwecke

§ 10 b Abs. 1 S. 1 EStG berücksichtigt die nach § 5 Abs. 1 Nr. 9 KStG steuerbegünstigten Körperschaften, so dass Spenden zugunsten der kirchlichen Einrichtungen als Sonderausgabe unter den jeweiligen Bedingungen der § 10 b Abs. 1 S. 1 Nr. 1 oder Nr. 2 EStG abzugsfähig sind.

Bis zur Gesetzesänderung durch das Gesetz zur weiteren Stärkung des bürgerschaftlichen Engagements konnten Zuwendungen an kirchliche Einrichtungen grundsätzlich nur als Spenden zur Förderung kirchlicher Zwecke und damit nicht mit dem erhöhten Abzugssatz abgezogen werden, obgleich Spenden im Einzelfall für Zwecke verwendet wurden, die unter den erhöhten Abzugssatz

---

472 *Von Beckerath*, in: Kirchhof/Söhn, KStG, § 3 Nr. 26, B 26/72.

fielen[473]. Maßgeblich für den Spendenabzug ist jeweils der eigentliche Zweck der Körperschaft – also hier der kirchliche Zweck. Dies führte im Einzelfall zu Abgrenzungsproblemen[474]. Die Neufassung des § 10 b Abs. 1 S. 1, 3. Alt. EStG verleiht nunmehr auch gemeinnützigen Körperschaften die unmittelbare und direkte Empfangsberechtigung für Zuwendungen[475].

bb) Steuerbefreiung bei Spenden von Körperschaften

Entsprechend zu § 10 b EStG regelt § 9 Abs. 1 S. 1 Nr. 2 KStG die Abzugsfähigkeit von Zuwendungen in Form von Spenden und Mitgliedsbeiträgen durch Körperschaften an die nach § 5 Abs. 1 Nr. 9 KStG steuerbegünstigten Körperschaften zur Förderung von religiösen, kirchlichen und mildtätigen Zwecken im Sinne der §§ 52 bis 54 AO. Dies ist bis zu einer Höhe von zwanzig Prozent des Einkommens oder vier Promille der Summe der gesamten Umsätze und der im Kalenderjahr aufgewendeten Löhne und Gehälter möglich. Im Ergebnis stellt die Berechtigung zum Empfang von Zuwendungen, § 10 b Abs. 1 EStG neben der Beschäftigung sogenannter Übungsleiter, § 3 Nr. 26 EStG eine weitere indirekte Vergünstigung dar[476].

c) Buchwertprivileg

Nach § 6 Abs. 1 Nr. 4 S. 4 EStG kann den kirchlichen Einrichtungen neben der Abzugsfähigkeit von Spenden darüber hinaus ein Buchwertprivileg im Falle der unentgeltlichen Überlassung von Wirtschaftsgütern mittelbar zugute kommen. Voraussetzung hierfür ist die Zuwendung unmittelbar nach der Entnahme aus einem Betriebsvermögen, das Vorliegen einer Steuervergünstigung nach § 5 Abs. 1 Nr. 9 KStG sowie die Verwendung zu steuerbegünstigten Zwecken im Sinne des § 10 b Abs. 1 S. 1 EStG. Entsprechend müssen die Voraussetzungen des Gemeinnützigkeitsrechts für eine Steuervergünstigung bei der kirchlichen Einrichtung gegeben sein.

Ebenso kann § 13 Abs. 4 KStG zugunsten der kirchlichen Einrichtungen relevant sein, wenn diese nach § 5 Abs. 1 Nr. 9 KStG eine Steuervergünstigung in Anspruch nehmen können. Bei Wirtschaftsgütern, die der Förderung

473 BFH v. 18.11.1966 – VI R 167/66, BStBl. III 1967, S. 365.

474 Vgl. *Schleder*, Spendenabzug- Abgrenzung der steuerbegünstigten Zwecke, DB 1985, S. 1263.

475 Vgl. *Kirchhof*, in: Kirchhof, EStG, § 10 b), Rn. 4 .

476 *Jachmann*, in: Igl, Rechtliche Rahmenbedingungen bürgerschaftlichen Engagements, S. 109.

steuervergünstigter Zwecke im Sinne von § 9 Abs. 1 Nr. 2 KStG und damit – aufgrund des entsprechenden Verweises – den Zwecken der §§ 52 bis 54 AO dienen, wird auf die Besteuerung der stillen Reserven verzichtet, da diese in der Schlussbilanz lediglich mit den Buchwerten berücksichtigt werden.

6. Zwischenergebnis

Zusammenfassend betrachtet müssen die kirchlichen Einrichtungen im Vergleich zu den als Körperschaften des öffentlichen Rechts verfassten Religionsgemeinschaften in den meisten Fällen für eine Steuervergünstigung die Voraussetzungen der Steuerbefreiungstatbestände der Einzelsteuergesetze erfüllen, welche sich wiederum nach den Regeln des Gemeinnützigkeitsrechts, §§ 51 bis 68 AO richten. Damit werden im Verhältnis zu den Religionsgemeinschaften höhere Anforderungen an die kirchlichen Einrichtungen gestellt, um Steuervergünstigungen zu erlangen.

III. Steuervergünstigungen der privatrechtlich organisierten Religionsgemeinschaften

Zu der hier als privatrechtliche Religionsgemeinschaften bezeichneten Gruppierung gehören alle Vereinigungen, die dem Begriff Religionsgemeinschaft des Art. 140 GG i.V.m. Art. 137 Abs. 3 WRV unterfallen, ohne gemäß oder aufgrund Art. 140 GG i.V.m. Art. 137 Abs. 5 WRV den Status einer Körperschaft des öffentlichen Rechts innezuhaben[477]. Als Anforderung hierfür sind die Kriterien des religiösen Konsenses, des personellen Zusammenschlusses und der umfassenden Bezeugung zu erfüllen[478]. Beispielsweise sind die muslimischen Religionsgemeinschaften, die Altbuddhisten, die Russisch-Orthodoxe Kirche, die Serbische Orthodoxe Kirche oder die Bahai-Vereinigung privatrechtlich organisiert[479]. Eine abschließende Aufzählung der Religionsgemeinschaften mit privatrechtlichen Rechtsstatus scheitert daran, dass keinerlei Registrierungspflicht für diese gegeben ist[480].

---

477 *Jurina*, Die Religionsgemeinschaften mit privatrechtlichem Rechtsstatus, Handbuch des Staatskirchenrechts der Bundesrepublik Deutschland, Bd. 1, S. 689 (S. 690).

478 *Pieroth/Görisch*, Was ist eine Religionsgemeinschaft?, JuS 2002, S. 937 (S. 938).

479 Siehe hierzu *Jurina*, Die Religionsgemeinschaften mit privatrechtlichem Rechtsstatus Handbuch des Staatskirchenrechts der Bundesrepublik Deutschland, Bd. 1, S. 689 (S. 696).

480 *Jurina*, Die Religionsgemeinschaften mit privatrechtlichem Rechtsstatus, Handbuch des Staatskirchenrechts der Bundesrepublik Deutschland, Bd. 1, S. 689 (S. 696).

In der Regel haben sich diese Religionsgemeinschaften in der Form des Idealvereins, § 21 BGB organisiert[481]. Denkbar sind andernfalls der Zusammenschluss in der Form einer Gesellschaft bürgerlichen Rechts gemäß §§ 705 ff. BGB, in der Form einer Genossenschaft nach dem GenG, theoretisch auch in Form einer Gesellschaft mit beschränkter Haftung oder in Gestalt einer Aktiengesellschaft[482]. Aufgrund der, abgesehen vom Vereins- und Handelsregister, nicht vorhandenen Registrierungspflicht existieren auch keine genauen Informationen darüber, in welchen konkreten privatrechtlichen Organisationsformen die Religionsgemeinschaften auftreten[483]. Entsprechend schwierig ist es folglich, die Zahl der Mitglieder festzulegen. *Josef Jurina* schätzte 1994 die Anzahl der Mitglieder der Religionsgemeinschaften mit privatrechtlichem Rechtsstatus in der Bundesrepublik Deutschland auf rund 2,5 Millionen[484], wobei sich diese Zahl bis zum heutigen Zeitpunkt wohl alleine mit Rücksicht auf die eingangs genannten Schätzungen bezüglich der Muslime in Deutschland deutlich vergrößert haben dürfte.

Diese Religionsgemeinschaften sind aufgrund der privatrechtlichen Rechtsformen grundsätzlich steuerpflichtige Steuersubjekte der jeweiligen Einzelsteuergesetze. Werden die in den Einzelsteuergesetzen normierten Voraussetzungen erfüllt, so können auch den Religionsgemeinschaften des Privatrechts Steuervergünstigungen zugute kommen.

Grundsätzlich sind die privatrechtlich organisierten Religionsgemeinschaften rechtlich wie kirchliche Einrichtungen strukturiert, so dass – soweit kein besonderer Bezug zu den als Körperschaften des öffentlichen Rechts verfassten Religionsgemeinschaften vorhanden ist –die gleichen Voraussetzungen für eine Steuervergünstigung zu erfüllen sind. Insofern werden im Folgenden lediglich die Besonderheiten für die privatrechtlich organisierten Religionsgemeinschaften ausgeführt.

1. Voraussetzungen des Gemeinnützigkeitsrechts

a) Steuervergünstigung für kirchliche Zwecke, § 54 AO

Wie bereits ausgeführt, verfolgen die privatrechtlich organisierten Religionsgemeinschaften mit ihren eigenen religiösen Zwecken keine kirchlichen Zwecke im

481 *Ehlers*, in: Sachs, GG, Art. 137 WRV, Rn. 18.

482 *Weides*, Die Religionsgemeinschaften im Steuerrecht, in: Festschrift Uni Köln, S. 885 (S. 914).

483 *Weides*, Die Religionsgemeinschaften im Steuerrecht, in: Festschrift Uni Köln, S. 885 (S. 914).

484 *Jurina*, Die Religionsgemeinschaften mit privatrechtlichem Rechtsstatus, in: Handbuch des Staatskirchenrechts der Bundesrepublik Deutschland, Bd. 1, S. 689 (S. 695).

Sinne des § 54 AO und können diesbezüglich keine Steuervergünstigung beanspruchen[485]. Somit entfällt für die privatrechtlich organisierten Religionsgemeinschaften die Möglichkeit, eine Steuervergünstigung aufgrund der Verfolgung kirchlicher Zwecke im Sinne des § 54 AO zu erlangen.

b) Steuervergünstigungen für mildtätige Zwecke, § 53 AO

In Betracht kommt jedoch die Verfolgung mildtätiger Zwecke gemäß § 53 AO durch die privatrechtlich organisierten Religionsgemeinschaften[486]. Eine Körperschaft verfolgt mildtätige Zwecke, wenn ihre Tätigkeit darauf gerichtet ist, Personen selbstlos zu unterstützen, die gemäß § 53 Nr. 1 AO infolge ihres körperlichen, geistigen oder seelischen Zustandes auf die Hilfe anderer angewiesen sind oder deren Bezüge und ihr Vermögen unter den gesetzlichen Vorgaben des § 53 Nr. 2 AO liegen. Unter § 53 Nr. 1 AO fallen demnach insbesondere schwer körperlich behinderte Menschen, die sich wegen ihrer Behinderung ohne fremde Hilfe nicht versorgen können[487]. Soweit die privatrechtlich organisierten Religionsgemeinschaften diese Tätigkeiten ausüben, besteht die Möglichkeit aufgrund der Verfolgung mildtätiger Zwecke eine Steuervergünstigung zu erlangen. Der typische Tätigkeitsbereich als Religionsgemeinschaft ist hiervon jedoch nicht erfasst.

c) Steuervergünstigungen für gemeinnützige Zwecke, § 52 AO

Von größerer Bedeutung für die Steuervergünstigungen zugunsten der privatrechtlich organisierten Religionsgemeinschaften für deren eigentliche Betätigungen ist die Verfolgung gemeinnütziger Zwecke, § 52 AO. Denn als gemeinnützig wird unter dem Aspekt der Förderung der Allgemeinheit in § 52 Abs. 2 Nr. 2 AO die Förderung der Religion anerkannt[488]. Hierin besteht für die privatrechtlich organisierten Religionsgemeinschaften die Möglichkeit – in einem dem § 54 AO vergleichbaren Umfang – für ihren eigentlichen Tätigkeitsbereich als Religionsgemeinschaft Steuervergünstigungen zu erlangen.

aa) Religiöse Zwecke im Sinne des § 52 Abs. 2 Nr. 2 AO

Der Begriff der Religion im Sinne des § 52 Abs. 2 Nr. 2 AO ist im Verhältnis zu dem der kirchlichen Zwecke weiter zu verstehen, so dass eine gemeinnützige

485 BFH v. 06.06.1951 – III 69/51 U, BStBl. III 1951, S. 148.

486 Zu den Voraussetzungen des § 53 AO siehe *Hüttemann*, Gemeinnützigkeits- und Spendenrecht, § 3, Rn. 157 ff.

487 *Blesinger*, in: Kühn/v. Wedelstädt, AO, § 53, Rn. 3.

488 Siehe hierzu *Hüttemann*, Gemeinnützigkeits- und Spendenrecht, § 3, Rn. 88 ff.

Förderung der Religion ebenso durch religiöse Vereine geschehen kann, die sich auf einen Teilbereich religiöser Tätigkeiten beschränken[489]. Dabei kommt es vorrangig auf das Selbstverständnis der Religionsgemeinschaften an[490]. Der Wunsch des Besinnens auf eine Geisteskraft, der Glaube an Transzendentales und die Beschäftigung mit Dynamiken und Gradientenmaßstäben – entsprechend der nicht für eine bestimmte Religion eintretenden Lehre von Scientology – genügt hierfür aus Sicht der Finanzgerichtsbarkeit nicht[491]. Vielmehr wurde bezüglich Scientology ausgeführt, dass deren Lehre nicht einer Religion sondern einer Philosophie entspricht; dies genüge nicht für die Anerkennung als gemeinnützige Organisation[492]. Die Vermittlung von esoterischer und praktischer Lebensweisheit durch einen esoterischen Verein kann entsprechend nicht als Förderung der Religion im Sinne von § 52 Abs. 2 Nr. 2 AO angesehen werden[493]. Die Förderung der Religion in § 52 Abs. 2 Nr. 2 AO setzt daher voraus, dass für eine bestimmte religiöse Einrichtung eingetreten wird[494].

Nach der Rechtsprechung dürfen die religiösen Ziele der betreffenden Religionsgemeinschaft und die Art der Verwirklichung nicht den abendländischen Kulturauffassungen zuwiderlaufen[495]. Ferner wird die Gemeinnützigkeit einer Religionsgemeinschaft an die Voraussetzung geknüpft, dass sich ihre Wertvorstellungen und Ziele mit der Wertordnung des Grundgesetzes nicht im Widerspruch befinden[496]. Von der Steuervergünstigung wegen der Förderung religiöser Zwecke ausgeschlossen sind damit diejenigen Religionsgemeinschaften, die Tätigkeiten unterstützen, welche außerhalb des Gewährleistungsinhalts oder der immanenten Schranken der Religionsfreiheit liegen[497]. Umgekehrt ist der eigentliche Tätigkeitsbereich als Religionsgemeinschaft durch § 52 Abs. 2 Nr. 2 AO abgedeckt.

bb) Weitere relevante Zwecke des § 52 Abs. 2 AO

Neben den religiösen Zwecken können – abhängig von darüber hinausgehende Tätigkeiten der Religionsgemeinschaften – zugunsten der privatrechtlich

489 *Leisner-Egensperger,* in: Hübschmann/Hepp/Spitaler, AO, § 52, Rn. 118.
490 *Hüttemann*, Gemeinnützigkeits- und Spendenrecht, § 3, Rn. 91.
491 FG Münster v. 25.05.1994 – 15 K 5247/87 U – EFG 1994, S. 810 (S. 812).
492 FG Münster v. 25.05.1994 – 15 K 5247/87 U – EFG 1994, S. 810 (S. 811).
493 FG Baden-Württemberg v. 4.2.1988 – X K 196/85, EFG 1988, S. 270.
494 FG Münster v. 25.05.1994 – 15 K 5247/87 U – EFG 1994, S. 810 (S. 812).
495 BFH v. 06.06.1951 – III 69/51 U, BStBl. III 1951, S. 148, (S. 149); OFD Erfurt, Verfügung v. 4.07.1994 – S 0170 A – 14 St 313, DB 1994, S. 1956 .
496 BFH v. 31.05.2005 – I R 105/04, BfH/NV 2005, S. 1741 (S. 1742).
497 *Geserich,* in: Kirchhof/Söhn, EStG, § 10 b), B 122.

organisierten Religionsgemeinschaften auch die Förderung der Jugend- und Altenhilfe, § 52 Abs. 2 Nr. 4 AO die Förderung des Wohlfahrtswesens oder die Förderung der Hilfe für religiös Verfolgte, § 52 Abs. 2 Nr. 10 AO ergänzend als Tätigkeiten im Rahmen der Verfolgung gemeinnütziger Zwecke in Betracht kommen[498].

cc) Förderung der Allgemeinheit

Im Gegensatz zu dem für die als Körperschaften des öffentlichen Rechts geltenden § 54 AO setzt § 52 AO die Förderung der Allgemeinheit als Kriterium des gemeinnützigen Zwecks voraus[499]. Damit kann beispielsweise eine Tätigkeit, die den Anschauungen einer privaten Religionsgemeinschaft entspricht und den Angehörigen einer kleinen örtlichen Gemeinschaft nützt, aufgrund des abgeschlossenen Personenkreises mangels Förderung der Allgemeinheit nicht wegen Verfolgung religiöser Zwecke als steuerbegünstigt anerkannt werden[500]. So fördert auch ein Orden, der seine Lehre aufgrund einer besonderen Lehrmethode durch Lehrbriefe vermittelt und das vertrauliche Lehrmaterial entsprechend den Ordensregeln und seiner Satzung ausschließlich seinen Mitgliedern zukommen lässt, nicht unmittelbar die Allgemeinheit und kann nicht gemeinnützigen Zwecken dienen[501].

Jedoch hat der Bundesfinanzhof die Einschränkung auf eine bestimmte Religionsgemeinschaft als unschädlich angesehen, wenn eine große Religionsgemeinschaft wie etwa die evangelische Kirche angesprochen ist, denn bei einer großen Religionsgemeinschaft fehle es bei einer Abgrenzung nach dem Religionsbekenntnis an dem Merkmal, dass die Zahl der in Betracht kommenden Personen dauernd nur klein sein kann[502]. Für die Beurteilung des Kriteriums der Förderung der Allgemeinheit sind objektive Kriterien zugrunde zu legen und nicht die Auffassung der überwiegenden Mehrheit der Bevölkerung als Allgemeinheit, so dass entsprechend auch keine Beschränkung auf christliche Religionsgemeinschaften gegeben ist[503].

Im Ergebnis ist festzustellen, dass durch das Kriterium der Förderung der Allgemeinheit höhere Anforderungen an die Erfüllung gemeinnütziger Zwecke gestellt werden, als es bei den kirchlichen Zwecken des § 54 AO der Fall ist.

---

498 Siehe hierzu *Hüttemann*, Gemeinnützigkeits- und Spendenrecht, § 3, Rn. 93, 106.

499 Siehe hierzu *Hüttemann*, Gemeinnützigkeits- und Spendenrecht, § 3, Rn. 21 ff.

500 *Scholtz*, in: Koch/Scholtz, AO, § 54, Rn. 6.

501 BFH v. 13.12.1978 – I R 36/76, BStBl. II 1979, S. 492 (S. 494).

502 BFH v. 02.12.1955 – III 99/55 U, BStBl. III 1956, S. 22 (S. 23).

503 BFH v. 13.12.1978 – I R 36/76, BStBl. II 1979, S. 483 (S. 485).

d) *Weitere Voraussetzungen*

In Anbetracht der Tatsache, dass die privatrechtlich organisierten Religionsgemeinschaften vielfältig ausgeprägt und entsprechend deren Glaubenskonzeptionen der Allgemeinheit weniger bekannt sind, kommt der konkreten satzungsmäßigen Bestimmung der steuerbegünstigten Zwecke, wie es § 60 AO fordert, eine wesentliche Bedeutung zu. Der Satzungszweck muss hinreichend bestimmt sein; dies ist nicht gegeben, wenn in der Satzung beispielsweise lediglich eine bloße Bezugnahme auf die christliche Lehre und kein fest umrissenes gedankliches Konzept enthalten ist[504]. Dies ist auch der Fall bei einer fehlenden Abgrenzung und Konkretisierung der satzungsmäßig beschriebenen – und für sich genommen gemeinnützigen – transzendentalen Meditation von Jugendsekten, welche als solche keine gemeinnützige Zwecke verfolgen[505]. Unklarheiten in diesem Zusammenhang gehen damit zu Lasten dessen, der sich auf die Steuervergünstigung beruft[506].

2. Direkte Steuervergünstigungen

Wenn die genannten Voraussetzungen gegeben sind, so besteht die Möglichkeit Steuervergünstigungen zu erlangen, welche sich für die jeweilige Steuer aus den Einzelsteuergesetzen ergeben.

a) *Körperschaftsteuergesetz*

Die privatrechtlich organisierten Religionsgemeinschaften sind grundsätzlich unbeschränkt körperschaftsteuerpflichtig, § 1 KStG. Eine beschränkte Steuerpflicht im Sinne des § 2 KStG kommt entsprechend nicht in Betracht. Die Steuerbefreiung richtet sich daher nach § 5 Abs. 1 Nr. 9 S. 1 KStG, welcher auf die Vorschriften der §§ 51 bis 68 AO und damit auf das Gemeinnützigkeitsrecht verweist. Ausgeschlossen ist die Steuerbefreiung gemäß § 5 Abs 2 Nr. 1 KStG für inländische Einkünfte, die dem Steuerabzug vollständig oder teilweise unterliegen.

---

504 *Geserich,* in: Kirchhof/Söhn, EStG, § 10 b), B 121; die bloße Bezugnahme in der Satzung auf die „Lehren von Jesus Christus und des Heiligen Franz von Assisi" reicht nicht aus um hinreichende Klarheit über den eigentlichen Satzungszweck zu schaffen, FG Nürnberg v. 29.08.2000 – I 78/1999, EFG 2000, S. 1351; so auch FG Nürnberg v. 24.03.1998 – I 260/94, EFG 1998, S. 975; bezogen auf die Universale Kirche OFD Magdeburg v. 06.08.2001 – S 0179 – 1- St 217, DB 2001, S. 1968.

505 BFH v. 26.02.1992 – I R 47/89, BFH/NV 1992, S. 695 (S. 696); gleiches gilt bei der Verwendung des Begriffs der Yoga-Psychologie, BFH v. 09.07.1986 – I R 14/82, BFH/NV 1986, S. 632.

506 BFH v. 26.02.1992 – I R 47/89, BFH/NV 1992, S. 695.

b) *Gewerbesteuergesetz*

Auch kann die in § 3 Nr. 6 S. 1 GewStG normierte Befreiung von der Gewerbesteuer zugunsten der privatrechtlich organisierten Religionsgemeinschaften eingreifen. Die Voraussetzungen richten sich, aufgrund der dem § 5 Abs. 1 Nr. 9 S. 1 KStG entsprechenden Formulierung, nach den §§ 51 ff. AO.

c) *Erbschaft- und Schenkungsteuergesetz*

Ebenfalls möglich ist eine Steuervergünstigung nach dem ErbStG, § 13 Abs. 1 Nr. 16 lit b S. 1 ErbStG. Bei Zuwendungen an sonstige privatrechtliche Körperschaften ist dabei eine Steuervergünstigung nur möglich, wenn diese steuerbegünstigten Zwecken dient, § 13 Nr. 16 lit. b S. 1 ErbStG.

Als zusätzliche Anforderung entfällt die Steuervergünstigung mit Wirkung für die Vergangenheit, wenn die Voraussetzungen für die Steuerbefreiung innerhalb von 10 Jahren wegfallen, § 13 Nr. 16 lit. b S. 2 ErbStG.

Die jüdischen Kultusgemeinden werden – soweit sie nicht den Status einer Körperschaft des öffentlichen Rechts besitzen – den als Körperschaften des öffentlichen Rechts verfassten Religionsgemeinschaften im Tatbestand des § 13 Abs. 1 Nr. 16 lit. a ErbStG gleichgestellt. Dabei bedarf es keiner weiteren Prüfung der von diesen Gemeinden verfolgten Zwecke[507]. Diese Regelung stellt damit eine Privilegierung gegenüber den übrigen privatrechtlich organisierten Religionsgemeinschaften dar.

In § 13 Nr. 17 ErbStG werden die an einen steuerbegünstigten Zweck gebundenen Zuwendungen aufgrund einer vorzunehmenden Zweckwidmung unabhängig vom Zuwendungsempfänger als steuerbefreit eingeordnet. Somit kann diese Steuervergünstigung zugunsten der privatrechtlich organisierten Religionsgemeinschaften eingreifen.

Eine systematische Besonderheit stellt § 13 Abs. 1 Nr. 16 lit. c ErbStG im Verhältnis zu den anderen Einzelsteuergesetzen dar. Es besteht auch für ausländische Religionsgemeinschaften die Möglichkeit einer Steuervergünstigung, soweit eine solche auch von dem ausländischen Staat gewährt wird[508]. Diese Steuervergünstigung ist aufgrund des Verweises auf die §§ 13 Abs. 1 Nr. 16 lit. a und b ErbStG auch zugunsten von privatrechtlichen ausländischen Religionsgemeinschaften anwendbar.

---

507 *Meincke*, ErbStG, § 13, Rn. 58.

508 Voraussetzung für die Steuerfreiheit solcher Zuwendungen ins Ausland ist das Vorhandensein von Gegenseitigkeitserklärungen mit dem betreffenden ausländischen Staat, Erbschaftsteuer-Richtlinien v. 17.03.2003, BStBl. I 2003, Sondernummer 1, S. 2, R 48, 2.

d) Grundsteuergesetz

aa) Steuerbefreiung bei Nutzung zu gemeinnützigen Zwecken

Gemäß § 3 Abs. 1 S. 1 Nr. 3 lit. b GrStG ist eine Steuervergünstigung in Form der Grundsteuerbefreiung zugunsten der privatrechtlich organisierten Religionsgemeinschaften möglich, wenn der Grundbesitz gemeinnützigen oder mildtätigen Zwecken dient. So wird explizit in der Verwaltungsanweisung zur Grundsteuer hierauf Bezug genommen und erwähnt, dass auch der Grundbesitz, welcher dem Gottesdienst einer religiösen Vereinigung dient, nach § 3 Abs. 1 S. 1 Nr. 3 lit. b GrStG als steuerbegünstigt bewertet werden kann[509].

Soweit der Grundbesitz für Wohnzwecke benutzt wird, greift die Steuerbefreiung des § 3 Abs. 1 S. 1 Nr. 3 lit. b GrStG nur ein, wenn der Wohnraum nach § 5 Abs. 1 Nr. 2 GrStG für Schüler-, Ausbildungs-, oder Erziehungsheime sowie Prediger- und Priesterseminare genutzt wird und dieses dem Unterricht, der Ausbildung oder der Erziehung dienlich ist oder wenn die gemeinnützigen Zwecke im Sinne des § 3 Abs. 1 S. 1 Nr. 3 lit. b GrStG nur durch die Überlassung des Wohnraumes erreicht werden können.

bb) Grundsteuerbefreiung von jüdischen Kultusgemeinden

Die Grundsteuerbefreiung des § 3 Abs. 1 S. 1 Nr. 4 S. 1 GrStG können die privatrechtlich organisierten Religionsgemeinschaften aufgrund der Beschränkung des Befreiungstatbestandes auf die als Körperschaften des öffentlichen Rechts verfassten Religionsgemeinschaften nicht in Anspruch nehmen.

Eine besondere Ausnahme stellt hier die Regelung des § 3 Abs. 1 S. 1 Nr. 4 S. 2 GrStG dar. Danach werden privatrechtlich organisierte jüdische Kultusgemeinden in diesem Tatbestand mit den als Körperschaften des öffentlichen Rechts organisierten Religionsgemeinschaften gleichgestellt. Mit der Erstreckung der Befreiung auf jüdische Kultusgemeinden, die keine Körperschaften des öffentlichen Rechts sind, wird die folgerichtige Umsetzung der in § 3 Abs. 1 S. 1 Nr. 4 S. 1 GrStG enthaltene Regelung über steuerpflichtige und steuerbefreite Grundstücke durchbrochen[510]. Denn im Rahmen der Steuerbefreiung des § 3 Abs. 1 S. 1 Nr. 4 S. 1 GrStG werden im Gegensatz zu § 3 Abs. 1 S. 1 Nr. 3 lit. b GrStG nicht weitere Voraussetzungen für die Steuervergünstigung genannt, so dass dies unstreitig im Verhältnis zu den übrigen privatrechtlich organisierten Religionsgemeinschaften eine Ungleichbehandlung darstellt.

---

509 Grundsteuer-Richtlinie 1978 v. 09.12.1978, BStBl. I 1978, 553, Abschnitt 17 Abs. 1, 2.

510 FG Niedersachsen v. 22.01.2009 – 1 K 128/07, DStRE 2008, S. 365, (S. 366).

Die Regelung war Gegenstand mehrerer gleichartiger Klagen vor verschiedenen Finanzgerichten durch einen muslimischen Dachverband, welcher aufgrund dieser Ungleichbehandlung eine Gleichstellung mit den privatrechtlich organisierten jüdischen Kultusgemeinden erreichen und damit die Steuervergünstigung des § 3 Nr. 4 GrStG beanspruchen wollte[511]. Die Urteile wurden teilweise vom Bundesfinanzhof aufgehoben, da das Finanzgericht die Voraussetzungen, nach denen ein Einheitswert nach § 22 BewG fortgeschrieben werden kann, nicht beachtet hatte[512]. Wie das Finanzgericht Düsseldorf ausführt, hatten durch das preußische Gesetz über die Juden vom 23. Juli 1847 die altpreußischen jüdischen Synagogengemeinden die Stellung einer Körperschaft des öffentlichen Rechts erhalten[513]. Gemäß dem Gesetz über die Rechtsverhältnisse der jüdischen Kultusvereinigungen vom 28. März 1938 haben die jüdischen Kultusvereinigungen und ihre Verbände mit Ablauf des 31. März 1938 ihre Stellung als Körperschaften des öffentlichen Rechts, soweit sie diese bisher besaßen, verloren. Auf Grund dieser historischen Vorgeschichte und der Verfolgung und Ermordung der Juden im Dritten Reich war der Gesetzgeber berechtigt, jüdische Kultusgemeinden vergleichbar der evangelischen und katholischen Kirche ohne ein Anerkennungsverfahren einer öffentlich-rechtlichen Körperschaft gleichzustellen. Die Privilegierung der jüdischen Kultusgemeinden durch die Vorschrift des § 3 Abs. 1 S. 1 Nr. 4 S. 2 GrStG erfolgte ausschließlich wegen des den Juden im Nationalsozialismus zugefügten Unrechts. Dies ergibt sich aus der Gesetzesbegründung zum Grundsteuergesetz 1951 vom 10. August 1951[514]:

„Die Erwähnung der jüdischen Kultusgemeinden und ihrer Verbände ist zur Beseitigung des ihnen angetanen Unrechts erforderlich, solange ihre formelle Anerkennung als öffentlich-rechtliche Religionsgemeinschaft noch nicht in allen Ländern wiedererfolgt ist."[515].

---

511 FG Niedersachsen v. 22.01.2009 – 1 K 128/07, DStRE 2008, S. 365; FG Niedersachsen v. 04.09.2007 1 V 129/07, EFG 2007, S. 1980; FG Düsseldorf v. 28.06.2007 – 11 V 1910/07 A BG, EFG 2007, S. 1463; FG Düsseldorf v. 14.11.2008 – 11 K 1674/08 BG, BeckRS 2008, 26027238; FG Hessen v. 08.05.2008 – 3 K 1844/07, BeckRS 2008, 26025049; FG Hessen v. 08.02.2008 – 3 V 1508/07, BeckRS 2008, 26025049; FG Köln v. 05.09.2007 – 4 V 2092/07, EFG 2007, S. 1981; FG Münster, 26.03.2008 – 3 V 4751/07 EW, EFG 2008, S. 1321.

512 BFH, Urteil v. 30.06.2010 – II R 7/09, BStBl. II 2011, S. 48, Vorinstanz FG Düsseldorf v. 14.11.2008 – 11 K 4225/07 BG.

513 FG Düsseldorf v. 28.06.2007 – 11 V 1910/07 A (BG), EFG 2007, S. 1463, (S. 1465).

514 GrStG vom 10.08.1951, BGBl. I 1951, S. 519.

515 GrStG vom 10.08.1951, BGBl. I 1951, S. 519.

Die Klagen wurden aufgrund des vorhandenen sachlichen Grundes allesamt durch die Finanzgerichte als unbegründet abgewiesen, so dass der Tatbestand § 3 Abs. 1 S. 1 Nr. 4 S. 2 GrStG als Ausnahmetatbestand eingeordnet und nicht auf alle privatrechtlich organisierten Religionsgemeinschaften ausgeweitet wird. Bestätigt wird dies – auch in der Begründung – letztlich in der Entscheidung des Bundesfinanzhofes hierzu[516].

Kritisch zu hinterfragen ist, inwieweit mittlerweile noch die Gesetzesbegründung zum Grundsteuergesetz im Jahr 1951 für die Begründung der Privilegierung herangezogen werden kann, insbesondere da die formelle Anerkennung als Körperschaft des öffentlichen Rechts in den vergangenen über 60 Jahren hätte erfolgen können.

e) *Umsatzsteuergesetz*

Wenn die entsprechenden Voraussetzungen gegeben sind, können die privatrechtlich organisierten Religionsgemeinschaften auch die Steuervergünstigungen des Umsatzsteuerrechtes in Anspruch nehmen. Zugunsten der privatrechtlich organisierten Religionsgemeinschaften kommen die Steuervergünstigungen des § 4 UStG in Betracht. So ist beispielsweise eine Steuerbefreiung für steuerpflichtige Umsätze denkbar, die unter das RennwLottG, § 4 Nr. 9 b S. 1 UStG fallen, sowie für Vorträge wissenschaftlicher oder belehrender Art, § 4 Nr. 22 a UStG.

Wie bereits bei der Umsatzsteuerbefreiung der kirchlichen Einrichtungen ausgeführt, soll § 4 Nr. 27 a UStG die privatrechtlich organisierten geistlichen Genossenschaften und Mutterhäuser den entsprechenden als Körperschaften des öffentlichen Rechts organisierten Einrichtungen gleichstellen, wenn diese Mitglieder zu den gemeinnützigen oder schulischen Zwecken dienenden Tätigkeiten zur Verfügung stellen. Denn die als Körperschaften des öffentlichen Rechts verfassten geistlichen Genossenschaften und Mutterhäuser unterliegen für die Ausübung von Tätigkeiten, die ihnen vorbehalten und eigentümlich sind, schon aufgrund des § 2 Abs. 3 UStG nicht der Umsatzsteuer[517]. Fraglich ist, inwiefern sich diese Umsatzsteuervergünstigung lediglich auf Genossenschaften und Mutterhäuser bezieht, die Tätigkeiten zugunsten der als Körperschaften des öffentlichen Rechts verfassten Religionsgemeinschaften ausüben, oder ob durch die Neufassung des § 4 Nr. 27 a UStG[518] die Steuerbefreiung sowohl unmittelbar den

516 BFH, Urteil v. 30.06.2010 – II R 12/09, BStBl. II 2011, S. 48.

517 Vgl. BFH v. 8.7.1971 – V R 1/68, BStBl. II 1972, S. 70.

518 § 4 Nr. 27 UStG eingeführt durch UStG 1980 v. 29.11.1979, BGBl. I 1979, S. 1953.

privatrechtlich organisierten Religionsgemeinschaften selbst, als auch mittelbar deren zugehörigen Einrichtungen zugute kommen kann. Der Wortlaut der Vorschrift enthält als solcher keinen Hinweis darauf, dass die Gestellung von Mitgliedern von geistlichen Genossenschaften und Mutterhäusern nur zugunsten von Körperschaften des öffentlichen Rechts erfolgen soll. Andererseits ist auch die Begründung des Gesetzgebers bei der Neufassung der Norm zu berücksichtigen. In dieser heißt es:

„Durch die Vorschrift wird aus sozialen Gründen insbesondere die Schwesterngestellung an Krankenhäuser und Altenheime sowie die Gestellung von Ordensangehörigen an Schulen und Kirchengemeinden von der Umsatzsteuer befreit. Die Vorschrift dient außerdem der Gleichbehandlung, da geistliche Genossenschaften und Mutterhäuser, die als Körperschaften des öffentlichen Rechts anerkannt sind, mit ihrer Personalgestaltung nicht der Umsatzsteuer unterliegen, § 2 Abs. 3 UStG. Die Vorschrift beruht auf Art. 13 Teil A. I lit. k der 6. EG-Richtlinie zur Harmonisierung der Rechtsvorschriften der Mitgliedstaaten über die Umsatzsteuern."[519].

Danach ist ein wesentlicher Grund für die Schaffung der Norm die Gleichbehandlung. Diese ist im Zusammenhang mit § 2 Abs. 3 UStG zu sehen. Denn die Ungleichbehandlung bezog sich auf die – von der rechtlichen Organisationsform abhängige – unterschiedliche Behandlung von Orden und ähnlichen Einrichtungen, welche jeweils zugunsten von Religionsgemeinschaften handelten, die als Körperschaften des öffentlichen Rechts organisiert sind. Insofern kann sich die durch § 4 Nr. 27 a UStG beseitigte Ungleichbehandlung auch nur auf diese beziehen.

Zu berücksichtigen ist der in der Gesetzesbegründung vorhandene Hinweis auf Art. 13 Teil A. I lit. k der 6. EG-Richtlinie zur Umsatzsteuer beziehungsweise den nunmehr gültigen Art. 132 Abs. 1 lit. k MwStSystRL. Dieser umfasst die Steuervergünstigung durch die Mitgliedstaaten für die Gestellung von Personal durch religiöse und weltanschauliche Einrichtungen für die in Art. 132 Abs. 1 lit. b, g, h und i der Richtlinie über das gemeinsame Mehrwertsteuersystem genannten Tätigkeiten und für Zwecke des geistigen Beistandes, wobei sich dies auf die Tätigkeitsfelder der Krankenhäuser, Sozialfürsorge sowie Kinder- und Jugendbetreuung

---

519 6. EG-Richtlinie des Rates v. 17.05.1977 zur Harmonisierung der Rechtsvorschriften der Mitgliedstaaten über die Umsatzsteuern, 77/388/EWG, Abl. EG 1977 Nr. L 145, S. 1 ff., nunmehr übernommen in Art. 132 I Buchst. k MwStSystRL, Richtlinie v. 28.11.2006, 2006/112/EG über das gemeinsame Mehrwertsteuersystem, ABl. EG 2006 Nr. L 347; Begründung zu § 4 Nr. 27 UStG im Regierungsentwurf eines UStG 1979, BT-Drucks. 8/1779 = Bundesrats-Drucks. 145/78.

bezieht. Durch den Bezug auf religiöse und weltanschauliche Einrichtungen sind hiervon auch die privatrechtlich organisierten Religionsgemeinschaften erfasst. Folglich steht hier die Steuervergünstigung aufgrund der Gemeinwohl dienenden Tätigkeiten im Vordergrund und nicht die Betätigung durch Einrichtungen beziehungsweise Religionsgemeinschaften mit einer bestimmten Rechtsform. Durch den Verweis auf die Richtlinie in der Gesetzesbegründung ist folglich davon auszugehen, dass über die oben beschriebene Ungleichbehandlung der als Körperschaften des öffentlichen Rechts verfassten Religionsgemeinschaften hinaus auch eine Erweiterung des Anwendungsbereiches des neu geschaffenen § 4 Nr. 27 a UStG auf jegliche Religionsformen bezweckt werden sollte. Dafür spricht auch die Formulierung der Norm, welche diejenigen Leistungen von der Umsatzsteuer befreit, welche den gemeinnützigen und schulischen Zwecken dient und die Befreiung gerade nicht von der Rechtsform des Leistungsempfängers abhängig macht. Für die Gewährung der Steuervergünstigung spielt es also keine Rolle, ob die Mitglieder der Ordensgemeinschaft oder des Mutterhauses zugunsten von Körperschaften des öffentlichen Rechts oder privater Einrichtungen eingesetzt werden – solange dies für gemeinnützige, mildtätige, kirchliche oder schulische Zwecke erfolgt[520]. Schulische Zwecke werden dabei bei der Gestellung von Lehrern an Schulen für die Erteilung von Unterricht jeder Art verfolgt, also nicht nur für die Erteilung von Religionsunterricht[521].

Die Tätigkeit muss auf die steuerbegünstigten Zwecke ausgerichtet sein, so dass nicht erforderlich ist, dass der Leistungsempfänger gemeinnützig ist[522]. Entsprechend kann die Leistung von geistlichen Genossenschaften und Mutterhäusern im Sinne des § 4 Nr. 27 a UStG unabhängig davon erbracht werden, welcher Religionsgemeinschaft sie angehören[523]. Damit ist es unerheblich, welche Rechtsform die geistlichen Genossenschaften oder Mutterhäuser inne haben[524].

---

520 *Husmann,* in: Rau/Dürrwächter, UStG, § 4 Nr. 27, Rn. 5.; *Huschens,* in: Vogel/Schwarz, UStG, § 4 Nr. 27, Rn. 24; Der Leistungsempfänger muss dabei keine Körperschaft im Sinne des § 51 AO sein, *Stadie,* UStG, § 4 Nr. 27, Rn. 5; wobei in der Regel der Kreis der Leistungsempfänger mit dem des § 51 AO übereinstimmt, vgl. *Kulmsee,* in: Reiß/Kraeusel/Langer, UStG, § 4 Nr. 27, Rn. 15.

521 BMF v. 24.01.1980, BStBl. I 1980, S. 222; Abschnitt 121 Abs. 2, S. 4, 5 UStR 1996, BStBl. I 1995, Sondernummer 4/1995.

522 *Huschens,* in: Vogel/Schwarz, UStG, § 4 Nr. 27, Rn. 20; *Kulmsee,* in: Reiß/Kraeusel/Langer, UStG, § 4 Nr. 27, Rn. 15.

523 *Langer,* in: Hartmann/Metzenmacher, UStG, § 4 Nr. 27, Rn. 10; andere Ansicht *Klenk,* in: Sölch/Ringleb, UStG, § 4 Nr. 27, Rn. 3.

524 *Huschens,* in: Vogel/Schwarz, UStG, § 4 Nr. 27, Rn. 1.

Festzuhalten ist, dass die Steuervergünstigung des § 4 Nr. 27 a UStG von den geistlichen Genossenschaften und Mutterhäusern in Anspruch genommen werden kann, die zugunsten privatrechtlicher Religionsgemeinschaften agieren. Hiervon ist auch die Gestellung von Arbeitnehmern erfasst[525]. Insofern ist auch zugunsten der privatrechtlich organisierten Religionsgemeinschaften eine Steuervergünstigung möglich, soweit diese unter die genannten Einrichtungen eingeordnet werden können.

Neben den Steuerbefreiungen des § 4 UStG ist zugunsten der privatrechtlich organisierten Religionsgemeinschaften gemäß § 12 Abs. 2 Nr. 8 lit. a S. 1 UStG die Steuerermäßigung auf sieben Prozent für Leistungen, die die Voraussetzungen der §§ 51 bis 68 AO erfüllen, zu berücksichtigen. Weitere Besonderheiten ergeben sich nicht, so dass keine speziellen auf die privatrechtlich organisierten Religionsgemeinschaften bezogenen Steuervergünstigungen ersichtlich sind.

3. Indirekte Steuervergünstigungen

Zugunsten der privatrechtlich verfassten Religionsgemeinschaften ist denkbar, dass diese Leistungen zugewendet bekommen, die als indirekte Steuervergünstigung der Religionsgemeinschaft einzuordnen sind.

a) Einkünfte aus ehrenamtlichen Tätigkeiten

Aufgrund des Verweises auf die unter § 5 Abs. 1 Nr. 9 KStG fallenden Einrichtungen kann den privatrechtlich organisierten Religionsgemeinschaften mittelbar – im Zusammenhang mit ehrenamtlichen Tätigkeiten, die zugunsten dieser erbracht werden – die Steuervergünstigung der § 3 Nr. 26 S. 1 EStG und § 3 Nr. 26 a S. 1 EStG zugute kommen. Dies gilt nicht bezüglich der dort genannten kirchlichen Zwecke, § 54 AO.

b) Abzugsfähigkeit von Spenden

Für Spenden, die seitens natürlicher Personen oder Körperschaften an die privatrechtlich organisierten Religionsgemeinschaften geleistet werden, besteht nach § 9 Abs. 1 Nr. 2 KStG und § 10 b Abs. 1 S. 1 EStG die Möglichkeit des Steuerabzugs. Zwar ist seit der Neufassung der Normen im Wortlaut die Erwähnung des religiösen neben dem kirchlichen Spendenzwecks entfallen[526]. Jedoch umfasst der

525 BMF v. 02.04.2013, BStBl. I 2013, S. 454.

526 § 10 b Abs. 1 EStG wurde eingeführt durch Art. 1 Nr. 3 a) des Gesetzes zur weiteren Stärkung des bürgerschaftlichen Engagements v. 10.10.2007, BGBl. I 2007, S. 2332;

Verweis in der Neufassung der Norm auf die §§ 52 ff. AO die religiösen Zwecke des § 52 Abs. 2 Nr. 2 AO als steuerbegünstigten Spendenzweck, so dass weiterhin für die privatrechtlich organisierten Religionsgemeinschaften die Möglichkeit der Steuervergünstigung aufgrund ihrer religiösen Betätigung besteht.

c) Buchwertprivileg

Wie den kirchlichen Einrichtungen als gemeinnützige Körperschaften kann den privatrechtlich organisierten Religionsgemeinschaften neben der Abzugsfähigkeit von Spenden ein Buchwertprivileg im Falle der unentgeltlichen Überlassung von Wirtschaftsgütern mittelbar zugute kommen, § 6 Abs. 1 Nr. 4 S. 4 EStG. Voraussetzung hierfür ist ebenfalls die Zuwendung unmittelbar nach der Entnahme, das Vorliegen einer Steuervergünstigung nach § 5 Abs. 1 Nr. 9 KStG sowie die Verwendung zu steuerbegünstigten Zwecken im Sinne des § 10 b Abs. 1 S. 1 EStG. Darüber hinaus kann den kirchlichen Einrichtungen das Buchwertprivileg des § 13 Abs. 4 S. 1 KStG zugute kommen.

4. Zwischenergebnis

Grundsätzlich werden privatrechtliche Religionsgemeinschaften in ihrer Eigenschaft und Funktion als Religionsgemeinschaft nicht bei den Steuervergünstigungen der Einzelsteuergesetze berücksichtigt, so dass diese wie alle anderen privatrechtlich organisierten Körperschaften behandelt werden. Den privaten Religionsgemeinschaften kommt für ihre eigentliche Betätigung als Religionsgemeinschaft damit in keinem Einzelsteuergesetz eine pauschale Steuervergünstigung zugute, so dass diese für die Erlangung einer Steuervergünstigung auf die jeweiligen konkreten Befreiungstatbestände angewiesen sind. Selbst wenn im Einzelfall die als Körperschaften des öffentlichen Rechts verfassten Religionsgemeinschaften aufgrund eines Betriebes gewerblicher Art ebenfalls die Voraussetzungen der Tatbestände für eine Steuervergünstigung erfüllen müssen, so kommt diesen doch die Verfolgung kirchlicher Zwecke im Sinne des § 54 AO als vorteilhafter steuerbegünstigter Zweck zugute. Denn im Verhältnis müssen die privatrechtlich organisierten Religionsgemeinschaften für die Verfolgung religiöser Zwecke nach § 52 Abs. 2 Nr. 2 AO die Förderung der Allgemeinheit als zusätzliches Kriterium erfüllen. Dem zusätzlichen Kriterium könnte gegenüber gestellt werden, dass die Religionsgemeinschaften als Körperschaften des öffentlichen Rechts das

---

§ 9 Abs. 1 Nr. 2 KStG wurde eingeführt durch Art. 3 Nr. 1 des Gesetzes zur weiteren Stärkung des bürgerschaftlichen Engagements v. 10.10.2007, BGBl. I 2007, S. 2333.

Kriterium der Rechtsstreue für die Erlangung des Status erfüllen müssen. Dies kann als unmittelbare Anerkennung einer grundsätzlich vorhandenen gemeinnützigen Funktion angesehen werden[527]. Insofern sind die unterschiedlichen inhaltlichen Anforderungen für die Gewähr von Steuervergünstigungen eher gering. Zumindest existiert eine zwischen den Religionsgemeinschaften differenzierende Systematik, die dazu führt, dass die privatrechtlich organisierten Religionsgemeinschaften für Steuervergünstigungen auf das Gemeinnützigkeitsrecht verwiesen werden. Insoweit bestehen daher schon inhaltliche Auswirkungen in Form der dort erforderlichen Zweckverfolgung und deren Festschreibung.

Festzuhalten ist: Das deutsche Steuerrecht unterscheidet damit in der Systematik der Steuervergünstigungen nach dem rechtlichen Status der Religionsgemeinschaften. Das führt dazu, dass die Religionsgemeinschaften unterschiedlich behandelt werden. In Hinblick auf die unterschiedlichen Strukturen der Steuervergünstigungen der Religionsgemeinschaften ist festzustellen, dass durch die Anknüpfung an den Status einer Körperschaft des öffentlichen Rechts für die unmittelbare Befreiung von den jeweiligen Steuern von einer Privilegierung gegenüber den Religionsgemeinschaften des privaten Rechts auszugehen ist[528]. Dies kommt in der Bezeichnung des „Privilegienbündels" für die Vergünstigungen zum Ausdruck[529].

Zudem ist zu berücksichtigen, dass für die Religionsgemeinschaften als Körperschaften des öffentlichen Rechts die Steuervergünstigungen in Form

---

527 *Magen*, Körperschaftstatus und Religionsfreiheit, S. 183; *Link*, Zeugen Jehovas und Körperschaftstatus, ZevKR, Bd. 43, 1998, S. 1 (S. 13).

528 Anders *v. Campenhausen/Unruh*, in: v. Mangoldt/Klein/Starck, GG, Art. 137 WRV Rn. 240, der davon ausgeht, dass die als Körperschaften des öffentlichen Rechts verfassten Religionsgemeinschaften wie sonstige gemeinnützige gesellschaftliche Verbände von den Steuern befreit werden und insoweit kein Vorrecht dieser gegeben ist; schließlich stehe diese Förderung rechtlich der Förderung von Wissenschaft, Forschung, Bildung, Erziehung, Kunst, Kultur usw. gleich, §§ 51 ff. AO, vgl. *v. Campenhausen/de Wall*, Staatskirchenrecht, S. 268; nicht beachtet werden bei dieser Argumentation einerseits die unterschiedlichen Voraussetzungen der §§ 52, 53 AO im Vergleich zu § 54 AO und zum anderen, dass die als Körperschaften des öffentlichen Rechts verfassten Religionsgemeinschaften im Regelfall bereits nicht als Steuersubjekt in den Einzelsteuergesetzen berücksichtigt werden und deswegen als von den Steuern befreit anzusehen sind; ebenso *Mückl* der davon ausgeht, dass der Unterschied lediglich in der Konstruktion liegt, *Mückl*, Kirchliche Organisation, in: Handbuch des Staatsrechts, Bd. 7, Rn. 68.

529 *Weber*, Die Religionsgemeinschaften als Körperschaften des öffentlichen Rechts im System des Grundgesetzes, S. 125.

der persönlichen Steuerbefreiungen vorrangig sind; nur außerhalb des hoheitlichen Tätigkeitsbereiches – und entsprechend außerhalb des eigentlichen Tätigkeitsbereiches als Religionsgemeinschaft – finden die Vergünstigungen nach dem Gemeinnützigkeitsrecht Anwendung[530]. Obgleich es sich bei den Steuervergünstigungen um Regelungen handelt, die generell für Körperschaften des öffentlichen Rechts gelten, stellen diese aufgrund der Differenzierung gegenüber den privatrechtlich organisierten Religionsgemeinschaften eine besondere Förderung dar[531]. Aufgrund der Anknüpfung an die Rechtsform der Religionsgemeinschaften sieht auch *Martin Morlok* in der Systematik der Steuervergünstigungen eine Unterscheidung im Sinne einer unterschiedlichen Behandlung[532].

Eine sich aus der juristischer Systematik ergebende Problematik zeigt sich auf rechtspolitischer Ebene: Aufgrund ihrer Struktur und mangels der in Art. 140 GG i.V.m. Art. 137 Abs. 5 WRV vorausgesetzten Verfasstheit ist es einigen Religionsgemeinschaften nicht möglich, den Status einer Körperschaft des öffentlichen Rechts zu erlangen. Folglich sind diese Religionsgemeinschaften als privatrechtliche Zusammenschlüsse grundsätzlich im Zusammenhang mit den Steuervergünstigungen auf die Regelungen des Gemeinnützigkeitsrechtes angewiesen. Zu bedenken ist, dass solche Religionsgemeinschaften wegen dieser Abhängigkeit gleichgestellt werden mit den kirchlichen Einrichtungen der als Körperschaften des öffentlichen Rechts organisierten Religionsgemeinschaften und darüber hinausgehend auf vereinsrechtlicher Ebene sogar vergleichbar mit Sportvereine, Schützenvereine, dem ADAC oder Kegelclubs[533]. Denn letztlich ist die Inanspruchnahme des Vereinsrechtes aus Sicht der Religionsgemeinschaften erforderlich, um als Kollektiv am Rechtsverkehr teilnehmen zu können[534], und somit auch Steuervergünstigungen in Anspruch nehmen zu können. Hier ist die rechtspolitische Frage zu stellen, inwiefern es mit dem Charakter der Religionsgemeinschaften vereinbar ist, dass diese mit sonstigen Freizeitvereinen gleichgestellt werden[535]. Ein denkbarer Lösungsansatz wäre die Schaffung eines

---

530 *Hüttemann*, Die Besteuerung der öffentlichen Hand, S. 180 f.

531 Andere Ansicht zumindest für positive Zahlungen *Marré*, Die Kirchenfinanzierung in Kirche und Staat der Gegenwart, S. 46 f.

532 *Morlok*, in: Dreier, GG, Art. 137 WRV, Rn. 99.

533 *Waldhoff*, Neue Religionskonflikte und staatliche Neutralität, Gutachten für den 68. Deutschen Juristentag, S. 65, S. 77.

534 *Waldhoff*, Neue Religionskonflikte und staatliche Neutralität, Gutachten für den 68. Deutschen Juristentag, S. 71 f.

535 Zur Annahme, dass ein (religions-)soziologischer Unterschied zwischen Religionsgemeinschaften und sonstigen Vereinigungen besteht *Waldhoff*, Neue

„dritten“ Rechtsstatus, der auf der einen Seite nicht die Voraussetzungen des Status einer Körperschaft des öffentlichen Rechts verlangt, aber andererseits in gewissem Maße Vorrechte wie die Steuervergünstigungen gewährt[536]. So plädiert *Christian Waldhoff* insbesondere aus Gründen der Rechtsklarheit und Rechtssicherheit für die Schaffung einer „Zwischenform“ privatrechtlich organisierter Religionsgemeinschaften[537]. Als Beispiel kann hier Österreich dienen, wo mit der staatlich eingetragenen religiösen Bekenntnisgemeinschaft als eigenständige privatrechtliche Organisationsform sui generis eine dritte Organisationsform für Religionsgemeinschaften existiert[538]. Hingegen sieht *Ute Sacksofsky* den einzigen gleichheitskonformen Ausweg in der Abschaffung des Status der Körperschaft des öffentlichen Rechts unter Prüfung der Schaffung eines neuen Status für die Religionsgemeinschaften etwa nach angepassten vereinsrechtlichen Regelungen[539].

Religionskonflikte und staatliche Neutralität, Gutachten für den 68. Deutschen Juristentag, S. 66; zu den Sozialformen religiöser Organisationen *Magen*, Körperschaftstatus und Religionsfreiheit, S. 224 ff.; zur Abgrenzung als aliud von den Gewährleistungen des Art. 9 Abs. 1 GG *Hesse*, Das Selbstbestimmungsrecht der Kirchen und Religionsgemeinschaften, in: Handbuch des Staatskirchenrechts der Bundesrepublik Deutschland, Bd. 1, S. 523 ff.

536 Zum Erfordernis einer eigenständigen Organisationsform für Religionsgemeinschaften unterhalb des Status der Körperschaft des öffentlichen Rechts siehe *Waldhoff*, Neue Religionskonflikte und staatliche Neutralität, Gutachten für den 68. Deutschen Juristentag, S. 76 ff.

537 *Waldhoff*, Neue Religionskonflikte und staatliche Neutralität, Gutachten für den 68. Deutschen Juristentag, S. 78; dieser Vorschlag der Einführung einer religionsspezifischen wurde mit deutlicher Mehrheit des 68. Juristentages abgelehnt, siehe hierzu Beschlüsse des 68. Deutschen Juristentages, S. 12.

538 Hierzu *Waldhoff*, Neue Religionskonflikte und staatliche Neutralität, Gutachten für den 68. Deutschen Juristentag, S. 77.

539 Die Finanzierung der Religionsgemeinschaften soll dann möglicherweise über eine Art Sozialsteuer erfolgen, *Sacksofsky*, Religiöse Freiheit als Gefahr?, Veröffentlichungen der Vereinigung der Deutschen Staatsrechtslehrer, Heft 68, 2009, S. 7 (S. 28, S. 44).

D. Verfassungsrechtliche Grundlagen der Steuervergünstigungen

Um die festgestellte differenzierende Systematik der Steuervergünstigungen von Religionsgemeinschaften zu bewerten, bedarf es einer Erörterung ihrer verfassungsrechtlichen Grundlagen. Insbesondere ist hier zu hinterfragen, ob und auf welcher Grundlage die Differenzierungen zwischen den privatrechtlich organisierten und den als Körperschaften des öffentlichen Rechts verfassten Religionsgemeinschaften verfassungsrechtlich verankert sind.

I. Vorbemerkung

Die aufgezeigte Differenzierung wird in der Literatur durchaus kritisch gesehen. Bereits *Ernst Friesenhahn* warf die Frage auf, inwieweit die Vorrechte, die sich nach dem Wortlaut der Gesetze nur auf die als Körperschaften des öffentlichen Rechts verfassten Religionsgemeinschaften beziehen, im Einzelfall auf alle Religionsgemeinschaften ausgedehnt werden müssen[540]. Für diese Ausweitung der Vorrechte nennt er das Steuerrecht mit der persönlichen Steuerfreiheit der als Körperschaften des öffentlichen Rechts verfassten Religionsgemeinschaften als explizites Beispiel[541]. Da diese Vergünstigungen eine Privilegierung darstellen, die nicht notwendig aus dem Körperschaftstatus folgt, und zudem nur einfachgesetzlich gewährt wird, wird eine verfassungsrechtliche Begründung dafür gefordert, dass diese nicht für privatrechtliche Religionsgemeinschaften und Weltanschauungsgemeinschaften gelten sollen[542]. So skizziert auch *Jürgen Lehmann* kritisch, dass der Status einer Körperschaft des öffentlichen Rechts auch um der Steuervergünstigungen willen, die den privaten Religionsgemeinschaften nicht

---

540 *Friesenhahn*, Die Kirchen und Religionsgemeinschaften als Körperschaften des öffentlichen Rechts, in: Handbuch des Staatskirchenrechts der Bundesrepublik Deutschland, 1. Auflage, Bd. 1, S. 545 (S. 580).

541 *Friesenhahn*, Die Kirchen und Religionsgemeinschaften als Körperschaften des öffentlichen Rechts, in: Handbuch des Staatskirchenrechts der Bundesrepublik Deutschland, 1. Auflage, Bd. 1, S. 545 (S. 580 ff.); *Voll*, Handbuch des bayrischen Staatskirchenrechts, S. 83.

542 Insbesondere seitens kritischer Stimmen, beispielsweise *Czermak*, Religions- und Weltanschauungsrecht, Rn. 196.

im gleichen Maßen zukommen, in Anspruch genommen wird, so dass auch Religionsgemeinschaften, denen im Grunde die öffentlich-rechtliche Körperschaftstellung wesensmäßig fremd ist, die Körperschaftsrechte erstreben[543]. *Michael Brenner* meint, dass es für einen modernen Staat antiquiert sei, wenn diese verfassungsrechtliche Unterscheidung im Rahmen des Privilegienbündels bis tief in das einfache Recht hineingetrieben werde und fordert insoweit eine weitreichende Gleichstellung auf einfachgesetzlicher Ebene[544]. Auch *Gerhard Czermak* sieht keine sachlichen Gründe für die pauschale Unterscheidung zwischen den Religionsgemeinschaften bei den Steuervergünstigungen[545]. Nach *Wolfgang Weiß* sind die Steuervergünstigungen nur als Vorrechte, die mit der Körperschaftstellung verbunden und deswegen verfassungsrechtlich gerechtfertigt sind, anzusehen, wenn sie entweder aus der Möglichkeit zu öffentlich-rechtlicher Organisation folgen oder aber wenn sie die Dauerhaftigkeit des Bestandes der Religionsgemeinschaft fördern[546].

Auf der anderen Seite bezeichnen *Axel v. Campenhausen/Heinrich de Wall* die aus Art. 140 GG i.V.m. Art. 137 Abs. 5 WRV folgenden Rechte eher als „modern“ denn als „fossil“, weil sie gewichtigen Faktoren des Gemeinwesens die Mitgestaltung des freien und offenen Lebensprozesses in der hierfür angemessenen und bewährten Form des öffentlichen Rechts erlauben[547]. Teilweise wird argumentiert, dass gerade der Ausschluss der Religionsgemeinschaften von finanziellen Förderungen im Verhältnis zu sonstigen gemeinwohlorientierten Institutionen ein Verstoß gegen das Prinzip der Neutralität darstellt[548].

Zu untersuchen ist im Folgenden, ob und auf welche Weise verfassungsrechtliche Anknüpfungspunkte existieren, die die Differenzierungen zwischen den unterschiedlich verfassten Religionsgemeinschaften begründen und damit letztlich rechtfertigen oder ob die kritischen Stimmen berechtigt sind. Die unterscheidende Systematik der Steuervergünstigungen bezieht sich auf den Rechtsstatus der Körperschaft des öffentlichen Rechts, Art. 140 GG i.V.m. Art. 137 Abs. 5 WRV, so dass zunächst zu untersuchen ist, ob und inwieweit sich die

543 *Lehmann*, Die kleinen Religionsgesellschaften des öffentlichen Rechts im heutigen Staatskirchenrecht, S. 77.

544 *Brenner*, Staat und Religion, Veröffentlichungen der Vereinigung der Deutschen Staatsrechtslehrer, Heft 59, 2000, S. 264 (S. 285).

545 *Czermak*, Religions- und Weltanschauungsrecht, S. 196.

546 *Weiß*, Gleichheit oder Privilegien – Zur Stellung öffentlich-rechtlicher Religionsgemeinschaften, KritV 2000, S. 104 (S. 127).

547 *v. Campenhausen/de Wall*, Staatskirchenrecht, S. 134.

548 *Mückl*, Kirchliche Organisation, in: Handbuch des Staatsrechts, Bd. 7, Rn. 55.

Systematik aus diesem Status ergibt und rechtfertigt. Ausgehend von diesem Anknüpfungspunkt erfolgt eine grundsätzliche Steuerbegünstigung der Religionsgemeinschaft – zumindest für den Bereich der religiösen Betätigung –, während demgegenüber von den privatrechtlich organisierten Religionsgemeinschaften im Regelfall die Erfüllung der Voraussetzungen der geschriebenen Steuervergünstigungen verlangt wird. Betrachtet man diese Besserstellung der Körperschaften des öffentlichen Rechts in den Einzelsteuergesetzen, könnte sich daraus ergeben, dass diese Steuervergünstigungen aufgrund ihrer Abhängigkeit vom Status einer Körperschaft des öffentlichen Rechts im Sinne des Art. Art. 140 GG i.V.m. 137 Abs. 5 WRV als mit dem Status verbunden anzusehen sind und durch diesen Status die Systematik der Steuervergünstigungen gerechtfertigt ist.

Auch ist die Systematik in Bezug auf den Grundsatz der weltanschaulich-religiösen Neutralität des Staats nach dem Grundgesetz zu prüfen. Zudem ist zu berücksichtigen, dass es sich bei den Steuervergünstigungen um eine finanzielle Förderung handelt. So ist ferner zu erörtern, inwieweit sich eine Rechtfertigung der Systematik aufgrund einer Einordnung als Staatsleistung i.S.v. Art. 140 GG i.V.m. Art. 138 Abs. 1 WRV ergeben kann.

II. Anknüpfung an den Status der Körperschaft des öffentlichen Rechts

Entscheidendes Differenzierungsmerkmal für die aufgezeigten Steuervergünstigungen ist der Status der Körperschaft des öffentlichen Rechts[549]. Die genannten Rechtsvorteile sind nicht den historischen großen Kirchen vorbehalten, sondern auf alle als Körperschaften des öffentlichen Rechts verfassten Religionsgemeinschaften erweitert[550]. Insofern kann sich die verfassungsrechtliche Rechtfertigung auf die Differenzierung zwischen den privatrechtlich organisierten Religionsgemeinschaften und den Körperschaften des öffentlichen Rechts beschränken.

549 Zu Art. 137 Abs. 5 WRV als verfassungsunmittelbaren Differenzierungsgrund siehe *Droege*, Staatsleistungen an Religionsgemeinschaften im säkularen Kultur- und Sozialstaat, S. 408 ff.

550 Bezogen auf Kosten- und Gebührenfreiheit BVerfG Beschluss v. 28.04.1965 – 1 BvR 346/61, BVerfGE 19, S. 1 (S. 16); siehe hierzu *Hollerbach*, Urteilsanmerkungen zu BVerfGE, Beschluss v. 28.04.1965 – 1 BvR 326/61, JZ 1965, S. 608 (S. 612 ff.).

1. Verhältnis der Steuervergünstigungen zu Art. 137 Abs. 5 WRV

Art. 140 GG i.V.m. Art. 137 Abs. 5 WRV selbst beschreibt nicht die mit dem Status einer Körperschaft des öffentlichen Rechts verbundenen Rechte, wie es im Gegensatz dazu Art. 140 GG i.V.m. Art. 137 Abs. 6 WRV mit der einzigen ausdrücklichen Gewährung in Gestalt des Besteuerungsrechts bezogen auf die Kirchensteuer tut[551]. Denn zum einen besagt Art. 140 GG i.V.m. Art. 137 Abs. 5 S. 1 WRV lediglich, dass die Religionsgemeinschaften Körperschaften des öffentlichen Rechts bleiben, soweit sie solche bisher waren[552]. Zum anderen gewährt Art. 140 GG i.V.m. Art. 137 Abs. 5 S. 2 WRV anderen Religionsgemeinschaften unter bestimmten Voraussetzungen die gleichen Rechte[553]. Daher normiert Art. 140 GG i.V.m. Art. 137 Abs. 5 S. 2 WRV mit der Formulierung „gleiche Rechte", dass mit dem Status Rechte verknüpft sind, so dass hier durchaus die Verbundenheit des Status einer Körperschaft des öffentlichen Rechts mit Rechten angelegt ist[554]. Das hierdurch neben der Gewährung der rein formalen Stellung als Körperschaft des öffentlichen Rechts der Formulierung ein darüber hinausgehender materiell eigenständiger Gehalt zukommen muss, kommt dadurch zum Ausdruck, dass sich etwaige mit dem Status verbundene Rechte – wie beispielsweise das ausdrücklich erwähnte Besteuerungsrecht des Art. 140 GG i.V.m. Art. 137 Abs. 6 WRV – aus anderen Normen ergeben und in diesen konkretisiert werden[555]. Andernfalls würde die Formulierung der „gleichen Rechte" mangels näherer Bestimmung inhaltsleer bleiben. Schließlich handelt es sich nicht um einen universalen

---

551 *Weiß*, Gleichheit oder Privilegien? Zur Stellung öffentlich-rechtlicher Religionsgemeinschaften, KritV 2000, 104 (106); *Lehmann*, Die kleinen Religionsgesellschaften des öffentlichen Rechts im heutigen Staatskirchenrecht, S. 76; *Classen*, Religionsrecht, Rn. 314 ff.

552 Denjenigen Religionsgemeinschaften, die beim Inkrafttreten der WRV am 11.08.1919 bereits Körperschaftsrechte genossen, garantiert Art. 140 GG i.V.m. Art. 137 Abs. 5 S. 1 WRV ihren Status, so dass dieser nur durch verfassungsänderndes Gesetz wegfallen kann, *v. Campenhausen/Unruh*, in: v. Mangoldt/Klein/Starck, GG, Art. 137 WRV, Rn. 203; kritisch zur damaligen Bedeutung der Regelung *Czermak*, Religions- und Weltanschauungsrecht, Rn. 193.

553 Entsprechend begründet Art. 137 Abs. 5 S. 2 WRV einen Gleichstellungsanspruch, *Bohl*, Der öffentlich-rechtliche Körperschaftstatus der Religionsgemeinschaften, S. 41; *v. Campenhausen/Unruh*, in: v. Mangoldt/Klein/Starck, GG, Art. 137 WRV Rn. 204.

554 Ausführlich hierzu *Bohl*, Der öffentlich-rechtliche Körperschaftstatus der Religionsgemeinschaften, S. 43 ff.

555 *Mückl*, Grundlagen des Staatskirchenrechts, in: Handbuch des Staatsrechts, Bd. 7 Rn. 106.

publizistischen Gesamtstatus, sondern um die für den spezifischen Auftrag förderliche Anhebung des verfassungsrechtlichen Grundstatus in einzelnen Punkten[556]. Das Bundesverfassungsgericht nennt den Körperschaftstatus deshalb auch einen „Mantelbegriff"[557], dessen verfassungsrechtlicher Gehalt sich aus den Aufgaben der jeweiligen Religionsgemeinschaften, aus einer ausdrücklichen verfassungsrechtlichen Gewährleistung und aus hergebrachten Rechtspositionen ergibt[558]. Für die Frage der Legitimität ist deshalb jedes einzelne Recht separat zu untersuchen, was folglich auch für die hier behandelten Steuervergünstigungen gilt[559]. Entsprechend stellt sich die Frage, ob und auf welche Art und Weise Steuervergünstigungen mit dem Status einer Körperschaft des öffentlichen Rechts im Sinne des Art. 140 GG i.V.m. Art. 137 Abs. 5 S. 1, 2 WRV verbunden sind.

a) Steuervergünstigungen als sonstige mit dem Körperschaftstatus verbundene Rechte

Die Steuervergünstigungen sind aufgrund des einfachgesetzlichen Charakters und des Bezugs auf den Status einer Körperschaft des öffentlichen Rechts von denjenigen Rechten zu unterscheiden, welche bereits unmittelbar auf verfassungsrechtlicher Ebene gewährleistet werden, beispielsweise das genannte Besteuerungsrecht[560]. Die Ableitung der verfassungsrechtlich gewährleisteten

---

556 *V. Campenhausen/de Wall*, Staatskirchenrecht, S. 251; *Weber*, Die Religionsgemeinschaften als Körperschaften des öffentlichen Rechts im System des Grundgesetzes, S. 85 ff.; *Hollerbach*, Die Kirchen unter dem Grundgesetz, Veröffentlichungen der Vereinigung der Deutschen Staatsrechtslehrer, Heft 26 1968, S. 85 ff., ausführlich *Magen*, Körperschaftstatus und Religionsfreiheit, S. 197 ff.

557 BVerfG, Beschluss v. 05.02.1991 – 2 BvR 263/86, BVerfGE 83, S. 341, (S. 357).

558 *Kirchhof*, Kirchen und Religionsgemeinschaften, in: Handbuch des Staatskirchenrechts der Bundesrepublik Deutschland, Bd. 1, S. 670; *v. Campenhausen/De Wall*, Staatskirchenrecht, S. 133.

559 *V. Campenhausen/de Wall*, Staatskirchenrecht, S. 251; vgl. als Beispiel den unterschiedlichen Charakter der Beurkundungsbefugnis in Grundstücksgeschäften im Vergleich zum Religionsunterricht, *Hollerbach*, Kirchen als Körperschaften des öffentlichen Rechts, Essener Gespräche zum Thema Staat und Kirche, Bd. 1, 1969, S. 46, (S. 62)

560 Diese Unterscheidung und die einfachgesetzlich normierten Vergünstigungen soll besonders deswegen für die „großen Kirchen" von Bedeutung sein, da diese Vergünstigungen oftmals nach *Czermak* nur diesen und nicht als Körperschaften des öffentlichen Rechts organisierten Weltanschauungsgemeinschaften und kleineren Religionsgemeinschaften gewährleistet werden, *Czermak*, Religions- und Weltanschauungsrecht, Rn. 195.

Rechte ist dabei – mit Ausnahme des kodifizierten Steuerrechts, Art. 140 GG i.V.m. Art. 137 Abs. 6 WRV – umstritten[561]. Letztlich sind durch die Verfassung den als Körperschaften des öffentlichen Rechts organisierten Religionsgemeinschaften diejenigen Rechte garantiert, welche sich aus dem Selbstbestimmungsrecht, Art. 140 GG i.V.m. Art. 137 Abs. 3 WRV oder anderen im Grundgesetz genannten Gewährleistungen ableiten lassen, wobei sie durch die Verleihung des Körperschaftstatus ein öffentlich-rechtliches Gepräge erhalten[562]. Auch das

---

561 Einerseits wird angenommen, dass die mit dem Körperschaftstatus verbundenen Hoheitsbefugnisse erst im Wege einer ausdrücklichen Verleihung seitens des Staates übertragen werden, *Korioth*, in: Maunz/Dürig, GG, Art. 137 WRV, Rn. 83; *Jeand'Heur/Korioth*, Grundzüge des Staatskirchenrechts, Rn. 240; zum anderen wird auf eine dogmatische Herleitung verzichtet und auf die Rechtspraxis verwiesen, *Classen*, Religionsrecht, Rn. 314 f.; so – wenn auch kritisch zu den einzelnen Rechten – *Czermak*, Religions- und Weltanschauungsrecht, Rn. 194; letztlich dienen die Körperschaftsrechte dem Ziel der förderlichen Anhebung des verfassungsrechtlichen Grundstatus der Religionsgemeinschaften in einzelnen Punkten, *v. Campenhausen/de Wall*, Staatskirchenrecht, S. 251; insofern stehen sie in einem engen Zusammenhang mit der Erleichterung der Wahrnehmung der Religionsfreiheit, *Unruh*, Religionsverfassungsrecht, Rn. 297; so geht auch das Bundesverfassungsgericht davon aus, dass mit dem Körperschaftstatus den Religionsgemeinschaften hoheitliche Befugnisse übertragen werden, BVerfG, Urteil v. 19.12.2000 – 2 BvR 1500/97, BVerfGE 102, S. 371 (S. 388); während das Bundesverwaltungsgericht lediglich von einem „Herkommen" der Rechte spricht, BVerwG v. 26.06.1997 – 7 C 11.96, BVerwGE 105, S. 117 (S. 119); kritisch hierzu *Hillgruber*, Der Körperschaftstatus von Religionsgemeinschaften, NVwZ 2001, S. 1347 ff.; entsprechend können im Ergebnis die mit dem Körperschaftstatus verbundenen Rechte direkt aus dem Status der Körperschaft des öffentlichen Rechts entnommen werden, *Unruh*, Religionsverfassungsrecht, Rn. 297.

562 Zu den mit dem Körperschaftstatus garantierten Rechten siehe: *v. Campenhausen/de Wall*, Staatskirchenrecht, S. 251 ff.; *Winter*, Staatskirchenrecht, S. 227 f.; *Unruh*, Religionsverfassungsrecht, Rn. 297 ff.; *Jeand'Heur/Korioth*, Grundzüge des Staatskirchenrechts, Rn. 240 ff.; *Czermak*, Religions- und Weltanschauungsrecht, Rn. 194 f.; *Classen*, Religionsrecht, Rn. 314 ff.; *Ehlers*, in: Sachs, GG, Art 140, Rn. 25; *Morlok*, in: Dreier, GG, Art. 137 WRV Rn. 89 ff.; *Korioth*, in: Maunz/Dürig, Art. 137 WRV, Rn. 83 ff.; *v. Campenhausen/Unruh*, in: v. Mangoldt/Klein/Starck, GG, Art. 137 WRV Rn. 218 ff.; *Heinig*, Öffentlich-rechtliche Religionsgesellschaften, S. 291 ff.; *Magen*, Körperschaftstatus und Religionsfreiheit Körperschaftstatus und Religionsfreiheit, S. 90 ff.; *Brohl*, Der öffentlich-rechtliche Körperschaftstatus, S. 56; *Weiß*, Gleichheit oder Privilegien? – Zur Stellung öffentlich-rechtlicher Religionsgemeinschaften S. 124 f.; *Mückl*, Grundlagen des Staatskirchenrechts, in: Handbuch des Staatsrechts, Bd. 7, Rn. 107; *Kirchhof*, Die Kirchen und Religionsgemeinschaften als Körperschaften des öffentlichen Rechts, in: Handbuch des Staatskirchenrechts der

Bundesverfassungsgericht ist der Auffassung, dass bestimmte Vergünstigungen mit dem Status einer Körperschaft des öffentlichen Rechts selbst gewährleistet und damit verfassungsrechtlich garantiert sind[563]. Diese Rechte werden aufgrund des verfassungsrechtlichen Bezuges und der entsprechenden Garantie daher als „Korporationsrechte" bezeichnet.

Hingegen soll es zwischen staatlichen Begünstigungen wie den Steuervergünstigungen, die nicht bereits mit dem Status selbst gewährleistet sind, und dem Status einer Körperschaft des öffentlichen Rechts keinen Automatismus geben[564]. Entsprechend gehören die Steuervergünstigungen nicht zu den verfassungsrechtlich gewährleisteten Rechten, da diese nur an den Körperschaftstatus anknüpfen[565]. Steuervergünstigungen sind lediglich einfachgesetzlich normiert und können sich daher nicht aus dem in Art. 140 GG i.V.m. Art. 137 Abs. 5 WRV geregelten Status der Körperschaft des öffentlichen Rechts ergeben. Im Gegensatz zu den Korporationsrechten sind die Steuervergünstigungen daher lediglich dem Status der Körperschaft des öffentlichen Rechts als sonstige Rechte zugeordnet. Somit können diese am Randbereich des Korporationsstatus angesiedelten einzelnen Privilegien und Rechte durch Gesetz oder auf Grund eines Gesetzes entzogen werden[566]. Eine verfassungsrechtliche Garantie der einfachgesetzlich gewährleisteten Rechte besteht daher nicht[567]. Bezüglich der hier behandelten

---

Bundesrepublik Deutschland, Bd. 1, S. 670 ff.; *Muckel*, Muslimische Gemeinschaften als Körperschaften des öffentlichen Rechts, DÖV 1995, S. 311 ff.

563 BVerfG, Urteil v. 19.12.2000 – 2 BvR 1500/97, BVerfGE 102, S. 370 (S. 396); vgl. hierzu *Magen*, Körperschaftstatus und Religionsfreiheit, Körperschaftstatus und Religionsfreiheit, S. 202.

564 BVerfG, Urteil v. 19.12.2000 – 2 BvR 1500/97, BVerfGE 102, S. 370 (S. 396).

565 *Brohl*, Der öffentlich-rechtliche Körperschaftstatus, S. 57; *v. Campenhausen/de Wall*, Religionsverfassungsrecht, S. 267; vgl. *Held*, Die kleinen öffentlich-rechtlichen Religionsgemeinschaften im Staatskirchenrecht der Bundesrepublik, 2. Teil C., S. 68 ff.; *Weber*, Die Religionsgemeinschaften als Körperschaften des öffentlichen Rechts im System des Grundgesetzes, S. 131.

566 *Unruh*, Religionsverfassungsrecht, Rn. 313; sie sind damit nicht „verfassungsfest", *v. Campenhausen/de Wall*, Religionsverfassungsrecht, S. 268; eine Übersicht der Rechte und Befugnisse, die der Gesetzgeber auf einfachgesetzlicher Ebene dem verfassungsfesten Kern an Körperschaftsbefugnissen hinzugefügt hat, ist zu finden bei *Brohl*, Der öffentlich-rechtliche Körperschaftstatus der Religionsgemeinschaften, S. 58 ff.

567 *Weber*, Verfassungsunmittelbare Gewährleistung der Gerichtsgebührenfreiheit der Kirchen?, JuS 1997, S. 113 (S. 115); *Weber*, Die Religionsgesellschaften als Körperschaften des öffentlichen Rechts im System des Grundgesetzes, S. 125 ff.; *v. Campenhausen/ de Wall*, S. 268.

Steuervergünstigungen wird andererseits zumindest davon ausgegangen, dass schon aufgrund des einfachgesetzlichen Anknüpfungspunkts der Steuervergünstigungen an den Status einer Körperschaft des öffentlichen Rechts diese Vergünstigungen Bestandteil der mit diesem Status verbundenen Rechte im Sinne des Art. 140 GG i.V.m. Art. 137 Abs. 5 WRV sind[568]. Ferner kann davon ausgegangen werden, dass durch Art. 140 GG i.V.m. Art. 137 Abs. 5 WRV diese auf Dauer gewährleistet werden[569]. Insofern kommt auch der Einordnung des Art. 140 GG i.V.m. Art. 137 Abs. 5 WRV und dessen Organisationsform der Körperschaft des öffentlichen Rechts als Anknüpfungspunkt entscheidende Bedeutung zu. Denn in diesem Punkt differenziert die Verfassung selbst zwischen den verschiedenen Organisationsformen der Religionsgemeinschaften, was mit Rücksicht auf die Neutralität des Staates in Bezug auf die Religionsgemeinschaften Relevanz entfaltet.

Der im Zusammenhang mit den sonstigen durch den Status der Körperschaft des öffentlichen Rechts gewährten Rechte und damit auch der hier behandelten Steuervergünstigungen verwendete Begriff des Privilegienbündels[570] ist zwar der Sache nach angebracht. Aber er ist ebenso missverständlich: er könnte so

568 *Korioth,* in: Maunz/Dürig, GG, Art. 137 WRV, Rn. 92; *Magen,* in: Umbach/Clemens, Mitarbeiterkommentar, Bd. 2 Art. 140 Rn. 102; *Morlok,* in: Dreier, GG, Art. 137, Rn. 98 f.; *Classen*, Religionsrecht Rn. 336; *Mückl* sieht diese Rechte „jenseits" der Korporationsrechte, *Mückl*, Grundlagen des Staatskirchenrechts, in: Handbuch des Staatsrechts, Bd. 7 Rn. 108 ; ähnlich *v. Campenhausen/de Wall*, Staatskirchenrecht, S. 267 sowie *derselbe/Unruh,* in: v. Mangoldt/Klein/Starck, GG, Art. 137, Rn. 239; *Winter*, Staatskirchenrecht der Bundesrepublik Deutschland, S. 228; *Czermak*, Religions- und Weltanschauungsrecht, Rn. 195 f. der aufgrund der Tatsache, dass die umfassenden Privilegien nicht notwendig aus dem Körperschaftstatus folgen den Bedarf einer verfassungsrechtlichen Begründung für diese fordert; kritisch zur Zuordnung von Abgabenbefreiungen als Teil der Körperschaftsrechte aufgrund des dann bestehenden Anspruchs auf diese *Brauns*, Staatsleistungen an die Kirchen und ihre Ablösung, S. 45.

569 Vgl. *Isensee,* Staatsleistungen an die Kirchen und Religionsgemeinschaften, in: Handbuch des Staatskirchenrechts der Bundesrepublik Deutschland, Bd. 1, S. 1009 (S. 1025).

570 So erstmals *Weber*, Die Religionsgemeinschaften als Körperschaften des öffentlichen Rechts im System des Grundgesetzes, S. 125; *Korioth,* in: Maunz/Dürig, GG, Art. 137 WRV, Rn. 92; *Mückl*, Grundlagen des Staatskirchenrechts, in: Handbuch des Staatsrechts, Bd. 7, Rn. 108; *Magen,* in: Umbach/Clemens, Mitarbeiterkommentar, Bd. 2, Art. 140, Rn. 102; *Unruh*, Religionsverfassungsrecht, Rn. 313; *v. Campenhausen/Unruh,* in: v. Mangoldt/Klein/Starck, GG, Art. 137 WRV, Rn. 239; *v. Campenhausen/ de Wall*, Staatskirchenrecht, S. 267; *Classen*, Religionsrecht, Rn. 336.

verstanden werden, als wären mit dem Vorliegen des Status einer Körperschaft des öffentlichen Rechts automatisch fest verbundene Privilegien gegeben. Diese werden jedoch überwiegend erst durch vielfältige einfachgesetzliche Regelungen gewährt und gerade nicht pauschal durch ein konkretes, feststehendes „Bündel" an Rechten in Art. 140 GG i.V.m. Art. 137 Abs. 5 WRV[571]. Die Einordnung einer Religionsgemeinschaft als Körperschaft des öffentlichen Rechts schließt daher nicht notwendig die Steuervergünstigungen ein[572].

Bezogen auf die Differenzierung innerhalb des Gemeinnützigkeitsrechts aufgrund von § 54 AO und dessen Beschränkung der kirchlichen Zwecke auf die Tätigkeiten der Körperschaften des öffentlichen Rechts ist damit ebenfalls Art. 140 GG i.V.m. Art. 137 Abs. 5 WRV als Legitimationsgrundlage anzusehen, so dass sich aufgrund dessen auch keine Bedenken bezüglich des Gleichheitssatzes ergeben[573].

b) Grund der Gewährung von Steuervergünstigungen als sonstige Rechte

Angesichts der festgestellten Anknüpfung an den Status der Körperschaft des öffentlichen Rechts stellt sich die Frage danach, welche Intention mit den Steuervergünstigungen verfolgt wird[574]. Dies gilt umso mehr, als zum Teil der Schluss

---

571 So auch *Winter*, Staatskirchenrecht der Bundesrepublik Deutschland, S. 228; *Unruh*, Religionsverfassungsrecht, Rn. 313; BVerfG, Urteil v. 19.12.2000 - 2 BvR 1500/97, BVerfGE 102, S. 370 (S. 396).

572 *Isensee*, Staatsleistungen an die Kirchen und Religionsgemeinschaften, in: Handbuch des Staatskirchenrechts der Bundesrepublik Deutschland, Bd. 1, S. 1009 (S. 1025).

573 *Isensee*, Gemeinwohl und Bürgersinn im Steuerstaat des Grundgesetzes, in: Festschrift Dürig, S. 33 (S. 48); *Seer* verweist auf die hierfür notwendige Öffnung des Status einer Körperschaft des öffentlichen Rechts auch für nicht christliche Religionsgemeinschaften hin, *Seer*, in: Tipke/Kruse, § 54 AO, Rn. 5 f.

574 Nach *Pirson* sind drei Konzepte zur verfassungstheoretischen Begründung staatlicher Hilfen für das Wirken der Kirchen zu unterscheiden; zum einen staatliche Hilfe unter dem Aspekt, dass kirchliches Handeln mittelbar staatlichen Zwecken dienstbar ist; zum anderen staatliche Hilfe als Erscheinungsform staatlicher Kulturpflege und schließlich staatliche Hilfen, um die Bedingungen für die Entfaltung grundrechtlicher Freiheiten einschließlich der Religionsfreiheit zu gewährleisten. Was die Förderung der Religionsgemeinschaften als Körperschaften des öffentlichen Rechts betrifft, so greifen hier alle drei Aspekte ein: soweit die Religionsgemeinschaften staatliche Aufgaben übernehmen sind sie hoheitlich tätig und aus diesem Grunde als Körperschaften des öffentlichen Rechts von den Steuern befreit. Auch ist die Kulturpflege für die darüberhinaus gehende Förderung der

gezogen wird, dass keine sachlichen Gründe ersichtlich sind, die bei den sonstigen Rechten, die mit dem Status der Körperschaft des öffentlichen Rechts verbunden sind, eine pauschale Unterscheidung zwischen korporierten und nicht korporierten Religionsgemeinschaften rechtfertigen[575]. Die Differenzierung anhand des Status der Religionsgemeinschaften ist durch Art. 140 GG i.V.m. Art. 137 Abs. 5 WRV bereits in der Verfassung angelegt, so dass dieser als Rechtfertigungsgrund für eine Ungleichbehandlung dienen kann und entsprechend der Gesetzgeber auf einfachgesetzlicher Ebene an diesen anknüpfen darf[576]. Denn wenn die Verfassung selbst schon anhand der Organisationsformen der Religionsgemeinschaft eine Differenzierung vornimmt, kann dies kein Verstoß gegen den ebenfalls verfassungsrechtlich verankerten Gleichbehandlungsgrundsatz gegeben sein.

Die Unterscheidung erfolgt nicht nur allein aufgrund der Tatsache, dass die jeweils betroffenen Religionsgemeinschaften den rechtlichen Status der Körperschaft des öffentlichen Rechts an sich besitzen. Grund für die Privilegierung der als Körperschaften des öffentlichen Rechts verfassten Religionsgemeinschaften ist vielmehr darüber hinausgehend die besondere Stellung, die diese in der Gesellschaft einnehmen und die durch die Verleihung des Status zum Ausdruck kommt. Der Status lässt eine Wertschätzung des Staates für die von ihm derart anerkannten Religionsgemeinschaften erkennen und hebt diese Gemeinschaften um ihrer besonderen Bedeutung für die öffentliche Gesamtordnung willen gegenüber anderen

---

Religionsgemeinschaften durch Steuervergünstigungen eine wesentliche Zwecksetzung. Letztlich werden hierdurch die Religionsgemeinschaften an sich gefördert, so dass die Religionsfreiheit als grundrechtliche Freiheit betroffen ist, *Pirson*, Die Förderung der Kirchen als staatliche Aufgabe des säkularen Staates, Essener Gespräche zum Thema Staat und Kirche, Bd. 28, 1994, S. 83 (S. 89).

575 *Weiß*, Gleichheit oder Privilegien? – Zur Stellung öffentlich-rechtlicher Religionsgemeinschaften, KritV 2000 S. 104 (S. 128 ff.); kritisch ebenfalls *Brenner*, Staat und Religion, Veröffentlichungen der Vereinigung der deutschen Staatsrechtslehrer, 59 (2000), S. 264 (S. 285 f.) und *Weber*, Der Körperschaftstatus der Religionsgemeinschaften in der BRD nach dem Zeugen-Jehovas-Urteil des BVerfG, Religion-Staat-Kirche 2001, S. 47 (S. 51); so stellt auch das Bundesverfassungsgericht zumindest fest, dass Vergünstigungen und Mitwirkungschancen nicht schematisch durch das Grundgesetz danach zugewiesen werden, in welcher Rechtsform eine Religionsgemeinschaft organisiert ist, BVerfG, Urteil v. 19.12.2000 – 2 BvR 1500/97, BVerfGE 102, S. 370 (S. 396).

576 *Kästner*, in: Bonner Kommentar, Art. 140 GG, Rn. 377; *Morlok*, in: Dreier, GG, Art. 137 WRV, Rn. 99; *Ehlers*, in: Sachs, GG, Art. 137, WRV Rn. 21; *Mager*, in: von Münch/Kunig, GG, Art. 140 GG, Rn. 53.

Gemeinschaften, insbesondere den nur privatrechtlich organisierten Religionsgemeinschaften hervor[577]. Durch die Zuordnung der Steuervergünstigungen zu den mit Art. 140 GG i.V.m. Art. 137 Abs. 5 WRV verbundenen Korporationsrechten wird damit vor allem der Charakter des Status einer Körperschaft des öffentlichen Rechts deutlich[578].

Grundsätzlich werden im Zusammenhang mit den Steuervergünstigungen unter dem Aspekt der Gemeinnützigkeit fünf Idealtypen steuerbegünstigter Tätigkeiten unterschieden: konkurrierende Gemeinwohlaufgaben, pluralistische Gemeinwohlaufgaben, Erfüllung kirchlicher Zwecke, politische Tätigkeit und die Organisation von Selbstverwirklichung und Freizeitaktivität[579]. Die konkreten Aspekte, die hier zu der Begründung der genannten Bedeutung der Religionsgemeinschaften für die Gesellschaft und die öffentliche Gesamtordnung führen, sind dabei unterschiedlich[580]: zum einen wird auf die kulturstaatliche Funktion der Religionsgemeinschaften verwiesen[581], zum anderen wird die Gemeinwohlfunktion der Religionsgemeinschaften aufgrund deren sozialen Betätigungen hervorgehoben[582]. Insofern legitimieren diese Leistungen der

---

577 BVerwG v. 26.06.1997 – 7 C 11.96, BVerwGE 105, S. 117 (S. 120); BVerfG Beschluss v. 17.02.1965 – 1 BvR 732/64, BVerfGE 18, S. 385 (S. 387); BVerfG Beschluss v. 04.10.1965 – 1 BvR 498/62, BVerfGE 19, S. 129 (S. 133 f.); BVerfG, Beschluss v. 13.12.1983 – 2 BvL 13, 14, 15/82, BVerfGE 66, S. 1 (S. 20); *Mückl*, Grundlagen des Staatskirchenrechts, in: Handbuch des Staatsrechts Bd. 7, S. 769.

578 BVerwG v. 26.06.1997 – BverwG 7 C 11.96, BVerwGE 105, S. 117 (S. 119 f.).

579 Gutachten der Unabhängigen Sachverständigenkommission, Sondervotum Isensee/Knobbe-Keuk, S. 350 ff.; *Isensee*, Gemeinwohl und Bürgersinn im Steuerstaat des Grundgesetzes, in: Festschrift Dürig, S. 33 (S. 47).

580 Zu den Zwecken des Status der Körperschaft des öffentlichen Rechts siehe: *Heinig*, Öffentlich-rechtliche Religionsgesellschaften, S. 261 ff.

581 Grundlegend und ausführlich zur Einordnung von Religion als Kultur im Zusammenhang mit dem Aspekt der Förderung dieser siehe *Droege*, Staatsleistungen an Religionsgemeinschaften im säkularen Sozial- und Kulturstaat, S. 320 ff.; *Isensee*, Verfassungsrechtliche Erwartungen an die Kirche, Essener Gespräche zum Thema Staat und Kirche, Bd. 25, 1991, S. 105 ff.; *Robbers*, Förderung der Kirche durch den Staat, in: Handbuch des Staatskirchenrechts der Bundesrepublik Deutschland, Bd. 1, S. 867 (S. 878); *Meyer-Teschendorf*, Staat und Kirche im pluralistischen Gemeinwesen, S. 142 f.; *Pirson*, Die Förderung der Kirchen als staatliche Aufgabe des säkularen Staates, Essener Gespräche Bd. 28, 1994, S. 83 (S. 96 ff.).

582 BVerwG v. 26.06.1997 – 7 C 11.96, BVerwGE 105, S. 117 (S. 120, 125); *Kirchhof*, Die Kirchen und Religionsgemeinschaften als Körperschaften des öffentlichen Rechts, in: Handbuch des Staatskirchenrechts der Bundesrepublik Deutschland, Bd. 1,

Religionsgemeinschaften die Einräumung des Status einer Körperschaft des öffentlichen Rechts, die sie mit dem nötigen öffentlichen Rahmen zur Erfüllung dieser Leistungen in die Lage versetzen[583]. Damit ist die Steuervergünstigung als Mittel der indirekten Gemeinwohlförderung durch den Staat anzusehen[584]. Die Steuervergünstigungen werden folglich als fördernde Maßnahme seitens des

---

S. 651 (S. 667 f.); *Robbers*, Förderung der Kirche durch den Staat, in: Handbuch des Staatskirchenrechts der Bundesrepublik Deutschland, Bd. 1, S. 867 (S. 878); *Muckel*, Körperschaftsrechte für die Zeugen Jehovas?, Jura 2001, S. 456 (S. 461); *Loschelder*, Der Islam und religionsrechtliche Ordnung des Grundgesetzes, Essener Gespräche zum Thema Staat und Kirche, Bd. 20, 1986, S. 149 (S. 166); *Morlok/Heinig*, Parität im Leistungsstaat – Körperschaftstatus nur bei Staatsloyalität?, NVwZ 1999, S. 697 (S. 700); *Hillgruber*, Der Körperschaftstatus von Religionsgemeinschaften, NVwZ 2001, S. 1347 (S. 1350); *Link*, Zeugen Jehovas und Körperschaftstatus, ZevKR, Bd. 43, 1998, S. 1 (S. 13); *v. Campenhausen*, Staatskirchenrecht, S. 134; *Morlok*, in: Dreier, GG, Art. 137 WRV Rn. 76; *Marré*, Die Kirchenfinanzierung in Kirche und Staat der Gegenwart, S. 50; *Isensee*, Das Dilemma der Freiheit im Grundrechtsstaat, in: Festschrift Heckel, S. 739 (S. 772 f.) der in diesem Zusammenhang die Kirchen als „private Leistungsmittler" des Staates kennzeichnet, S. 739 (S. 771); ausführlich zur Gemeinwohlförderung als Zweck der Körperschaften des öffentlichen Rechts und der Entstehungsgeschichte siehe *Magen*, Körperschaftstatus und Religionsfreiheit, S. 153 ff.; kritisch *Czermak*, der darauf verweist, dass ein spezifischer Nachweis gesellschaftlichen Einflusses kein Anerkennungskriterium für den Körperschaftstatus ist, Religions- und Weltanschauungsrecht, Rn. 196; ähnlich *Heinig*, welcher betont, dass es ein „halbiertes Verständnis des Körperschaftstatus wäre, wenn man dessen Sinn allein in der Förderung des Gemeinwohls und der sozialen Nützlichkeit sieht; allerdings sei Art. 137 Abs. 5 WRV als „hervorragendes Moment der verfassungsrechtlichen Anerkennung" anzusehen, *Heinig*, Öffentlich-rechtliche Religionsgesellschaften, S. 262 ff.; *Droege*, Staatsleistungen an Religionsgemeinschaften im säkularen Sozial- und Kulturstaat, S. 409; allgemein zum sozial-karitativen Engagement und dessen Finanzierung siehe ebendort, S. 106 ff.; *Robbers*, Förderung der Kirchen durch den Staat, in: Handbuch des Staatskirchenrechts der Bundesrepublik Deutschland, Bd. 1, S. 867 (S. 878); *Hüttemann*, Gemeinnützigkeits- und Spendenrecht, § 1, Rn. 80.

583 So *Droege*, Staatsleistungen an die Religionsgemeinschaften im säkularen Kultur- und Sozialstaat, S. 333.

584 *Isensee*, Gemeinwohl und Bürgersinn im Steuerstaat des Grundgesetzes, in: Festschrift Dürig, S. 33 (S. 62); entsprechend ist aus diesem Grunde auch das Gemeinnützigkeitsrecht zugunsten dieser außerhalb der hoheitlichen Tätigkeit und der darauf bezogenen Steuervergünstigungen anwendbar, *Hüttemann*, Besteuerung der öffentlichen Hand, S. 180.

Staates gewährleistet, da dieser entlastet wird[585]. Im Zusammenhang mit dem Gemeinnützigkeitsrecht urteilte auch die unabhängige Sachverständigenkommission, dass besonders der Sozialstaat bis zu einem gewissen Grade in Bereichen, die nicht dem Staat allein vorbehalten sind, auf privaten oder kirchlichen Gemeinwohleinsatz angewiesen ist[586]. Letztlich greift der Verfassungsstaat auf diese Ergänzung zurück, da dieser nach Art und Umfang in seinen Handlungsinstrumentarien beschränkt ist, so dass die Steuervergünstigung ein wirksames Mittel der indirekten Gemeinwohlförderung ist[587]. Somit greift hier die von *Ernst-Wolfgang Böckenförde* vielzitierte Sentenz ein, dass der Verfassungsstaat letztlich von Voraussetzungen lebt, die er selbst nicht garantieren kann[588].

Ferner hat das Bundesverwaltungsgericht festgestellt, dass der Staat nach sachlichen Verschiedenheiten der Religionsgemeinschaften differenzieren dürfe, wobei unter anderem der Grad der öffentlichen Wirksamkeit, die kultur- und sozialpolitische Stellung in der Gesellschaft und der Status als Körperschaft des öffentlichen Rechts als Unterscheidungsmerkmale relevant seien[589]. So darf im Ergebnis eine einfachgesetzliche Privilegierung religiöser Körperschaften unter Bezugnahme auf die mit dem Körperschaftstatus verbundene Gemeinwohlerwartung erfolgen[590].

Der Verweis auf den gesellschaftlichen Wandel hin zu einer vermeintlich „areligiösen“ Gesellschaft mindert dabei nicht die Bedeutung der Tätigkeiten der so verfassten Religionsgemeinschaften für diese, so dass dies keinen gegenläufigen Einfluss auf die Bewertung der Tätigkeiten der Religionsgemeinschaften hat[591]. Denn letztlich findet hier keine Bewertung der Religionsgemeinschaften unter religiösen Aspekten statt; vielmehr lässt sich die Förderung mit den genannten Vorteilen – insbesondere die Auswirkung auf das Sozialleben – erklären, die für den säkularen Staat und dessen Aufgaben nützlich und damit von Vorteil sind. Dabei ist nicht nur das gemeinnützige Handeln von Bedeutung, sondern es wirkt

585 So auch *Mückl*, in: Handbuch des Staatsrechts, Bd. 7, Rn. 55; zur Bedeutung des Körperschaftstatus des öffentlichen Rechts für den Kultur- und Sozialstaat siehe *Meyer-Teschendorf*, Der Körperschaftstatus der Kirchen S. 533 ff.

586 Gutachten der Unabhängigen Sachverständigenkommission, S. 92.

587 *Isensee*, Gemeinwohl und Bürgersinn im Steuerstaat des Grundgesetzes, in: Festschrift Dürig, S. 33 (S. 62 ff.)

588 *Böckenförde*, Die Entstehung des Staates als Vorgang der Säkularisation, in: Staat, Gesellschaft, Freiheit, S. 42 (S. 60).

589 BVerwG Urteil v. 15.11.1990 – BverwG 7 C 9.89, BVerwGE 87, S. 115 f.

590 *Kästner*, in: Bonner Kommentar, Art. 140 GG, Rn. 378.

591 Vgl. *Hofmann*, in: Schmidt-Bleibtreu/Hofmann/Hopfauf, GG, Art. 140, Rn. 35.

sich durchaus auch die altruistische Grundhaltung aus[592]. Insofern spielt hier die Religion lediglich als kulturelle und soziale Erscheinung eine Rolle[593].

Die Zwecksetzung der Förderung säkularer Gemeinwohldienste und die in diesem Zusammenhang erfolgende Förderung der gemeinnützigen Aktivitäten der Religionsgemeinschaften als Träger hat im Gegensatz zu den historischen Staatsleistungen zur Folge, dass eine Ausweitung der Leistungsempfänger erfolgt[594]. Entsprechend unterfallen auch alle als Körperschaften des öffentlichen Rechts verfassten Religionsgemeinschaften den Steuervergünstigungen, welche nun auch mit den genannten Zwecksetzungen im Gegensatz zu den historisch begründeten Unterschieden den Zielen des gegenwärtigen Verfassungsstaates entsprechen[595]. Heute dominiert daher in vergleichender historischer Perspektive im Kontext der finanziellen Förderung der Religionsgemeinschaften die Idee des Sozial- und Kulturstaates, der die gesellschaftlichen Organisationen in vielfältiger Weise fördert, um ihre Wirksamkeit zu ermöglichen[596].

Auf der anderen Seite besitzen mittlerweile auch Religionsgemeinschaften wie der Islam eine beachtliche soziale Relevanz, so dass der Status der Körperschaft des öffentlichen Rechts im Zusammenhang mit der finanziellen Förderung der Religionsgemeinschaften in Bezug auf die soziale Relevanz als alleiniges Argument teilweise als untauglich angesehen wird[597]. Denn letztlich wäre es sonst erforderlich, den Nachweis der unterschiedlichen sozialen

592 *Pirson*, Die Förderung der Kirchen als staatliche Aufgabe des säkularen Staates, Essener Gespräche zum Thema Staat und Kirche, Bd. 28, 1994, S. 83 (S. 92); insofern ist die Herstellung des Zusammenhangs zwischen der Resonanz in der Bevölkerung und der Zahl der Gläubigen und der staatlichen Finanzierung der Religionsgemeinschaften verfehlt, vgl. beispielsweise *Sailer*, Die staatliche Finanzierung der Kirchen und das Grundgesetz, ZRP 2001, S. 80 (S. 81).

593 *Pirson*, Die Förderung der Kirchen als staatliche Aufgabe des säkularen Staates, Essener Gespräche zum Thema Staat und Kirche, Bd. 28, 1994, S. 83 (S. 96).

594 *V. Campenhausen/de Wall*, Staatskirchenrecht, S. 282; *Isensee*, Staatsleistungen an die Kirchen und Religionsgemeinschaften, in: Handbuch des Staatskirchenrechts der Bundesrepublik Deutschland, Bd. 1, S. 1009 (S. 1037).

595 *V. Campenhausen/de Wall*, Staatskirchenrecht, S. 282; *Isensee*, Staatsleistungen an die Kirchen und Religionsgemeinschaften, in: Handbuch des Staatskirchenrechts, Bd. 1, S. 1009 (S. 1062).

596 *Isensee*, Die Finanzquellen der Kirchen im deutschen Staatskirchenrecht, JuS 1980, S. 94 (S. 95).

597 *Droege*, Staatsleistungen an Religionsgemeinschaften im säkularen Kultur- und Sozialstaat, S. 409 f.

Bedeutung zu erbringen[598]. Für jede Religionsgemeinschaft – unter den Voraussetzungen die für den Status einer Körperschaft des öffentlichen Rechts erforderlich sind – besteht ein Antragsrecht gemäß Art. 140 GG i.V.m. Art. 137 Abs. 5 S. 2 WRV, um den Status einer Körperschaft des öffentlichen Rechts zu erlangen. Entsprechend kann davon ausgegangen werden, dass der Status aufgrund der mit ihm verbundenen Korporationsrechte einen Angebotscharakter gegenüber den Religionsgemeinschaften hat[599]. Somit kann die Förderung der als Körperschaften des öffentlichen Rechts verfassten Religionsgemeinschaften in diesem Zusammenhang nicht mehr als staatskirchenrechtliches Privileg, sondern als kulturstaatliche Normalität eingeordnet werden[600]. Die Einordnung der Struktur des Staatskirchenrechts und der darin enthaltenen Förderung der Religionsgemeinschaften kann daher sogar als Modell für eine sachgerechte verfassungsrechtliche Ausgestaltung der Beziehungen zwischen dem Staat und den sozialen Mächten der modernen Gesellschaft insgesamt gedeutet werden – trotz oder gerade wegen der historisch gewachsenen Beziehung zwischen Staat und Kirche[601]. Derartige Förderungen des demokratischen Sozial- und Kulturstaates erweisen sich daher als systemadäquat[602]. Bedenkenswert ist hier freilich eine Ergänzung der derzeitigen Strukturen durch einen dritten Rechtsstatus, um auch andere mittlerweile gesellschaftlich bedeutsame Formen von Religionsgemeinschaften besser rechtlich zu erfassen und gesellschaftlich zu integrieren[603].

c) Einordnung der kirchlichen Einrichtungen im Zusammenhang mit Art. 137 Abs. 5 WRV

Wie bereits in der Erörterung der einfachgesetzlichen Steuervergünstigungen deutlich wurde, besteht eine wesentliche Wirkungsmöglichkeit der

598 *Droege*, Staatsleistungen an Religionsgemeinschaften im säkularen Kultur- und Sozialstaat, S. 409.

599 Vgl. BVerwG v. 26.06.1997 – BverwG 7 C 11.96, BVerwGE 105, S. 117 (S. 121); BVerfG Urteil v. 19.12.2000 – BvR 1500/97, BVerfGE 102, S. 370 (S. 396); BVerfG, Beschluss v. 04.10.1965 – 1 BvR 498/62, BVerfGE 19, S. 129 (S. 134 f.); *Waldhoff*, Neue Religionskonflikte und staatliche Neutralität, Gutachten für den 68. Deutschen Juristentag, S. 48 ff.

600 *Meyer-Teschendorf*, Staat und Kirche im pluralistischen Gemeinwesen, S. 142 ff.

601 *Marré*, Die Kirchenfinanzierung in Kirche und Staat der Gegenwart, S. 48; *derselbe*, Kooperation von Staat und Kirche und staatliche Kirchenförderung, in: Festschrift Hollerbach, S. 879 (S. 888).

602 *Marré*, Die Kirchenfinanzierung in: Kirche und Staat der Gegenwart, S. 48.

603 Siehe oben Seite 112 f.

Religionsgemeinschaften als Körperschaften des öffentlichen Rechts mittels der kirchlichen Einrichtungen, welche zugunsten der Religionsgemeinschaften Tätigkeiten durchführen. Daher sind diese in ihrer inhaltlichen Ausrichtung und durch die verfolgten Ziele beziehungsweise Betätigungen zumindest integraler Bestandteil der jeweiligen Religionsgemeinschaft. Es stellt sich die Frage, ob die sich aus Art. 140 GG i.V.m. Art. 137 Abs. 5 WRV ergebenden Bezüge zu den Steuervergünstigungen auch auf diese kirchlichen Einrichtungen anzuwenden sind.

Wie bei der Darstellung der steuerrechtlichen Vergünstigungen deutlich wurde, werden die kirchlichen Einrichtungen aufgrund ihres überwiegend privatrechtlichen Charakters systematisch anders behandelt, als die als Körperschaften des öffentlichen Rechts organisierten Religionsgemeinschaften, denen sie zugehörig sind.

aa) Ausweitung aufgrund des Selbstbestimmungsrechts der Religionsgemeinschaften

Zum Teil wird im Zusammenhang mit diesen Differenzierungen die Ausweitung des Anwendungsbereiches der durch Art. 140 GG i.V.m. Art. 137 Abs. 5 WRV gewährleisteten Vergünstigungen gefordert[604]. Begründet wird dies mit dem Selbstbestimmungsrecht der Religionsgemeinschaften, Art. 140 GG i.V.m. Art. 137 Abs. 3 WRV[605]. Denn gerade die Wahl der Rechtsform einer Einrichtung seitens der Religionsgemeinschaften sei als eine eigene Angelegenheit im Sinne des Art. 140 GG i.V.m. Art. 137 Abs. 3 WRV anzusehen[606]. Insofern wird die Ausweitung des Anwendungsbereichs der Rechte des Art. 140 GG i.V.m. Art. 137 Abs. 5 WRV mit der Zugehörigkeit der privatrechtlichen kirchlichen Einrichtungen zu den als Körperschaften des öffentlichen Rechts verfassten Religionsgemeinschaften

---

604 BVerwG Beschluss v. 10.06.1977 – 7 B 153.75, Buchholz 11, Art. 140 GG Nr. 22; vgl. Beschwerde in BVerwG, Beschluss v. 20.06.2003 – 9 B 25.03, NVwZ 2003, S. 1519, (S. 1520); vgl. OVG Lüneburg, Beschluss v. 12.06.2002 – 1 LA 1134/01, NVwZ-RR 2003, S. 61, (S. 62).

605 BVerwG v. 20.06.2003- 9 B 25.03, DVBl. 2003, S. 1221 f.; ausführlich insbesondere zu den eigenen Angelegenheiten und den damit kollidierenden gesetzlichen Regelungen *Unruh*, Religionsverfassungsrecht, Rn. 149 ff., Rn. 177 ff.; *v. Campenhausen/de Wall*, Staatskirchenrecht, S. 149 ff.; *Hesse*, Das Selbstbestimmungsrecht der Kirchen- und Religionsgemeinschaften, in: Handbuch des Staatskirchenrechts der Bundesrepublik Deutschland, Bd. 1, S. 521 ff.; *Korioth,* in: Maunz/Dürig, GG, Art. 137 WRV, Rn. 17 ff.; *Neureither*, Recht und Freiheit im Staatskirchenrecht.

606 Vgl. BVerwG Beschluss v. 20.06.2003 – 9 B 25/03, NVwZ 2003, S. 1519; BVerfG Beschluss v. 11.10.1977 – 2 BvR 209/76, BVerfGE 46, S. 74 (S. 85).

begründet. So geht auch *von Campenhausen* grundsätzlich davon aus, dass, soweit ein Gesetz eine Regelung für Religionsgemeinschaften als Körperschaften des öffentlichen Rechts mit den damit verbundenen Korporationsrechten trifft, diese Regelung auch die rechtlich selbstständigen Rechtsträger der betreffenden Religionsgemeinschaften einschließt[607].

bb) Beschränkung auf Recht der Organisationswahl

Zwar kann mit dem Bundesverfassungsgericht davon ausgegangen werden, dass die den Religionsgemeinschaften zugeordneten Einrichtungen ohne Rücksicht auf deren Rechtsform Teil der Religionsgemeinschaft sind[608]. Jedoch gewährt Art. 140 GG i.V.m. Art. 137 Abs. 3 WRV im Zusammenhang mit der Freiheit des religiösen Lebens und Wirkens nur das Recht auf die Wahl der Organisationsform; hiervon ist nicht eine entsprechende Auswirkung der für die jeweils gewählten Organisationsformen geltenden einfachgesetzlichen Normen erfasst[609]. So beziehen sich auch die hierzu ergangenen Entscheidungen des Bundesverfassungsgerichts lediglich auf den Zusammenhang der Wahl der Rechtsform als Bestandteil des Selbstbestimmungsrecht und der entsprechenden Zugehörigkeit zur Religionsgemeinschaft aufgrund des Zwecks der Tätigkeiten, wobei jedoch die Konsequenz für die einfachgesetzliche Ebene – wie beispielsweise der hier behandelten Steuergesetze – im Allgemeinen nicht angesprochen wird[610]. Entsprechend wird nicht danach differenziert, in welcher Art und Weise die Religionsgemeinschaften als Körperschaften des öffentlichen Rechts durch die einfachgesetzlichen Regelungen betroffen sind. Es mag sein, dass aufgrund der Zugehörigkeit der kirchlichen Einrichtungen zu den Religionsgemeinschaften deren Körperschaftsrechte als Bestandteil des religiösen Kernstatus über Art. 140 GG i.V.m. Art. 137 Abs. 3 WRV geschützt werden. Dies kann nur für die Körperschaftsrechte im eigentlichen Sinne gelten, nicht jedoch für die daran anknüpfenden sonstigen Rechte wie die Steuervergünstigungen, welche lediglich mittelbar die Tätigkeit der kirchlichen Einrichtungen betreffen und auf diese in keiner Weise inhaltlichen Einfluss nehmen. In den von der Rechtsprechung behandelten Fällen war hingegen durchaus ein unmittelbarer

---

607 *V. Campenhausen/ de Wall*, Staatskirchenrecht, S. 137.

608 BVerfG, Beschluss v. 11.10.1977 – 2 BvR 209/76, BVerfGE 46, S. 73 (S. 85) m.w.N.; BVerfG, Beschluss v. 25.03. 1980 – 2 BvR 208/76, BVerfGE 53, S. 366, (S. 391).

609 Vgl. BVerfG Beschluss v. 25.03.1980 – 2 BvR 208/76, BVerfGE 53, S. 366.

610 Vgl. BVerfG, Beschluss v. 11.10.1977 – 2 BvR 209/76, BVerfGE 46, S. 73 (S. 85 ff.); BVerfG, Beschluss v. 25.03.1980 – 2 BvR 208/76, BVerfGE 53, S. 366 (S. 391 ff.).

Eingriff in die Organisationshoheit erkennbar[611]. Wie auch die Abgrenzung der eigenen Angelegenheiten der Religionsgemeinschaften letztlich nicht anhand einer Bereichsscheidung erfolgen kann[612], ist auch die Festlegung von abstrakten Abgrenzungskriterien hier kaum möglich.

cc) Zwischenergebnis

Wie die im ersten Teil der Arbeit dargestellte Systematik und auch die entsprechende finanzgerichtliche Rechtsprechung zeigen, erfolgt bei den Steuervergünstigungen der kirchlichen Einrichtungen als rechtlich selbstständige Rechtsträger der Religionsgemeinschaften gerade keine Einordnung als Körperschaft des öffentlichen Rechts. Andernfalls würden die kirchlichen Einrichtungen unabhängig von der Art der Tätigkeit von den Steuern befreit. Auch würde die Abgrenzung der hoheitlichen Tätigkeitsbereiche der Religionsgemeinschaften wenig sinnvoll sein. Zudem wäre im Verhältnis zu den privatrechtlich organisierten Religionsgemeinschaften eine deutliche Ungleichbehandlung die Folge, deren Rechtfertigung schwierig wäre.

Die kirchlichen Einrichtungen sind im Einzelfall auf die unproblematisch anwendbaren Regeln des Gemeinnützigkeitsrechts für eine Steuervergünstigung angewiesen. Insofern ist hier nur bedingt das kirchliche Selbstbestimmungsrecht der Religionsgemeinschaften berührt. Daher umfasst die Garantie des Art. 140 GG i.V.m. Art. 137 Abs. 3 WRV nicht das Recht, von allen Nachteilen einer Organisationsentscheidung verschont zu werden[613]. Wenn also eine Religionsgemeinschaft ihr Wirken und bestimmte Tätigkeiten durch privatrechtliche Organisationsformen durchführt, hat sie zwar das Recht, diese Rechtsform in Anspruch zu nehmen. Ein darüber hinausgehendes Recht aus Art. 140 GG i.V.m. Art. 137 Abs. 3 WRV, dass die damit verbundenen Rechtswirkungen, hier die entsprechenden Regeln der Steuervergünstigungen, zu modifizieren sind, besteht nicht. Dies kommt in der Formulierung des

---

611 Vgl. BVerfG, Beschluss v. 25.03.1980 – 2 BvR 208/76, BVerfGE 53, S. 366 (S. 404 ff.); kritisch auch abweichende Meinung des Richters *Rottmann* zu dem Beschluss BVerfG, Beschluss v. 25.03.1980 – 2 BvR 208/76, BVerfGE 53, S. 366 (S. 408 ff.).

612 Vgl. *Winter*, Staatskirchenrecht der Bundesrepublik Deutschland, S. 171 f.

613 BVerwG Beschluss v. 20.06.2003 – 9 B 25.03, NVwZ 2003, S. 1519 (S. 1520); BVerfG Beschluss v. 25.3.1980 – 2 BvR 208/76, BVerfGE 53, S. 366, in dem Beschluss des Bundesverfassungsgerichts wird auf eine Güterabwägung zwischen der Kirchenfreiheit und dem Schutz anderer für das Gemeinwesen bedeutender Rechtsgüter verwiesen.

Art. 140 GG i.V.m. Art. 137 Abs. 3 WRV zum Ausdruck, der das Selbstbestimmungsrecht „innerhalb der Schranken des für alle geltenden Gesetzes“ gewährt. Etwas anderes würde nur gelten, wenn sich die Steuerbefreiung als mittelbarer staatlicher Zwang auswirkte, die von der Religionsgemeinschaft in Erfüllung des religiösen Auftrags gewählte Organisationsform zu ändern[614]. In diesem Fall würde das Selbstbestimmungsrecht des Art. 140 GG i.V.m. Art. 137 Abs. 3 WRV beschnitten und damit verletzt. Davon ist aber – gerade in Anbetracht der bestehenden Option von Steuervergünstigungen nach den Regeln des Gemeinnützigkeitsrechts zugunsten der kirchlichen Einrichtungen – nicht auszugehen. Entsprechend hat das Bundesverwaltungsgericht die Einschränkung der Gebührenfreiheit der Religionsgemeinschaften auf die typisch kirchlichen Bereiche im engeren Sinne nicht zuletzt unter dem Aspekt des kirchlichen Selbstbestimmungsrechts als unbedenklich bewertet[615]. Wie auch das Bundesverfassungsgericht im Zusammenhang mit der Umsatzsteuerbefreiung entschied, unterfallen Steuervergünstigungen damit nicht dem Anwendungsbereich des Art. 140 GG i.V.m. Art. 137 Abs. 3 WRV[616].

Im Ergebnis hängt die Zuordnung zu den Körperschaften des öffentlichen Rechts von den einfachgesetzlichen Regelungen ab. Diese kann nur insoweit erfolgen, als mit Rücksicht auf das kirchliche Selbstbestimmungsrecht und die betroffenen Körperschaftsrechte die privatrechtlichen kirchlichen Einrichtungen im betrachteten Einzelfall als Bestandteil der Religionsgemeinschaften anzusehen sind. Denn im Zusammenhang mit Art. 140 GG i.V.m. Art. 137 Abs. 3 WRV ist fokussiert auf das Selbstbestimmungsrecht danach zu differenzieren, in welcher Weise die Religionsgemeinschaft an sich durch die einfachgesetzliche Regelung bezüglich der privatrechtlichen Organisationen betroffen sind. Eine Ausweitung des Anwendungsbereiches der aufgrund des Art. 140 GG i.V.m. Art. 137 Abs. 5 WRV gewährten Rechte des Status einer Körperschaft des öffentlichen Rechts kommt damit bezüglich der Steuervergünstigungen, die lediglich an diesen Status anknüpfen, nicht in Betracht. Mit *Josef Isensee* kann davon ausgegangen werden, dass der Korporationsstatus die finanzielle Bevorzugung rechtfertigt, diese aber nicht fordert[617].

---

614 BVerwG Beschluss v. 20.06.2003 – 9 B 25.03, NVwZ 2003, S. 1519 (S. 1520).

615 BVerwG Beschluss v. 10.06.1977 – 7 B 153.75, Buchholz 11, Art. 140 GG, Nr. 22.

616 BVerfG Beschluss v. 04.10.1965 – BvR 498/62, BVerfGE 19, S. 129 (S. 135).

617 *Isensee*, Staatsleistungen an die Kirchen und Religionsgemeinschaften, in: Handbuch des Staatskirchenrechts der Bundesrepublik Deutschland, Bd. 1, S. 1009 (S. 1025).

2. Steuervergünstigungen als negative Staatsleistungen im Sinne des Art. 138 Abs. 1 WRV

Neben der Herstellung des Zusammenhangs der Steuervergünstigungen mit Art. 140 GG i.V.m. Art. 137 Abs. 5 WRV und der Charakterisierung dieser Norm als verfassungsrechtlicher Legitimations- und Anknüpfungspunkt für die differenzierende Systematik der Steuervergünstigungen stellt sich die Frage, ob neben diesem verfassungsrechtlichen Angebot an die Religionsgemeinschaften auch ein verfassungsrechtliches Recht auf die Steuervergünstigungen besteht. Beispielsweise war Zweck des 1951 in Kraft getretenen § 4 Nr. 5 lit. c GrStG die Wiedereinführung der durch das GrStG 1936 aufgehobenen Grundsteuerfreiheit für die Dienstgrundstücke und Dienstwohnungen der Geistlichen und Kirchendiener als negative Staatsleistung im Sinne des Art. 140 GG i.V.m. Art. 138 Abs. 1 WRV, wie sie nach den vor dem 1. April 1938 geltenden landesgesetzlichen Vorschriften bestanden hat[618]. Das Beispiel zeigt, dass die historischen Bezüge auch Einfluss auf die heutigen einfachgesetzlichen Steuervergünstigungen haben.

Art. 140 GG i.V.m. Art. 138 Abs. 1 WRV besagt, dass die auf Gesetz, Vertrag oder besonderen Rechtstiteln beruhenden Staatsleistungen an die Religionsgemeinschaften durch die Gesetzgebung abzulösen sind, wofür das Reich die Grundsätze aufzustellen hat[619]. Dies ist gerade jener Aspekt, der Kritik auf juristischer und vor allem politischer Ebene hervorruft und einer Klärung bedarf. Fraglich ist hierbei insbesondere, ob die Steuervergünstigungen als Staatsleistungen einzuordnen sind und über Art. 140 GG i.V.m. Art. 138 Abs. 1 WRV eine Rechtfertigung dieser erfolgt.

---

618 Verhandlungen des Deutschen Bundestages, Stenographische Berichte 1. Wahlperiode, Bd. 8, 158. Sitzung, 09.07.1951, Abgeordneter *Bertram*, S. 6337 (S. 6338).

619 Historisches Vorbild hierfür beziehungsweise eine Begründung der Staatsleistungen ist § 35 des Reichsdeputationshauptschlusses, welcher die Einziehung von Gütern mit der Verpflichtung des Staates zur Ausstattung sowie mit bestimmten Verwendungszwecken verknüpfte; Art. 138 Abs. 1 WRV ist mit Rücksicht darauf entstanden, dass einzelne Länder die Staatsleistungen eingestellt hatten und nunmehr das Reich die Leistungsgarantie übernehmen sollte, *Heimerl/Pree*, Handbuch des Vermögensrechts der katholischen Kirche in Bayern und Österreich, S. 199; *Isensee*, Staatsleistungen an die Kirchen und Religionsgemeinschaften, in: Handbuch des Staatskirchenrechts der Bundesrepublik Deutschland, Bd. 1, S. 1009, (S. 1011); *Huber*, Die Garantie der kirchlichen Vermögensrechte in der Weimarer Verfassung, S. 68 ff.; dort auch ausführlich zu den historischen Grundlagen der Staatsleistungen unterteilt nach Epochen, S. 64 ff.

a) Begriff der Staatsleistung

Hierfür müsste die Einordnung der Steuervergünstigungen als Staatsleistungen erfolgen. Dabei wird in diesem Zusammenhang für diese der Begriff der negativen Staatsleistung verwendet[620].

Zurückzuführen sind die in Art. 140 GG i.V.m. Art. 138 Abs. 1 WRV benannten Staatsleistungen auf verschiedene Prozesse der Säkularisation[621]. Dabei übernahm die weltliche Gewalt, die sich kirchliches Vermögen und geistliches Territorium einverleibte, die Gewähr für die finanzielle Ausstattung der Religionsgemeinschaften[622]. Die Grundsätze des Art. 140 GG i.V.m. Art. 138 Abs. 1 WRV gelten damit nur für die Religionsgemeinschaften, welche von den historischen Prozessen betroffen sind, also insbesondere die evangelischen Landeskirchen und die katholische Kirche. Insofern stellt sich hier die auch allgemein im Staatskirchenrecht im Zusammenhang der Beziehung des Staates zu den Religionsgemeinschaften diskutierte Frage nach dem Gewicht der Begriffsinhalte der historischen Normen[623].

Zweck des Art. 140 GG i.V.m. Art. 138 Abs. 1 WRV sollte es sein, die vermögensrechtliche Stellung der Kirchen, soweit sie auf dem früheren Zusammenhang mit dem Staat beruhte, bis zur Neuregelung der finanziellen Verhältnisse zwischen Staat und Kirche aufrecht zu erhalten[624]. Dabei muss es sich um fortlaufende, regelmäßig wiederkehrende Leistungen handeln[625]. Entsprechend

---

620 BVerfG, Beschluss v. 28.04.1965 – 1 BvR 346/61, BVerfGE 19, S. 1 (S. 14).

621 So weist auch das Bundesverwaltungsgericht darauf hin, dass die Staatsleistungen historisch ihren Ursprung in einer staatlichen Gegenleistung für die Säkularisation kirchlichen Gutes haben, BVerwG v. 22.03.1996 – 7 KSt 5/96, NVwZ 1996, S. 786 f.

622 *Isensee*, Staatsleistungen an die Kirchen und Religionsgemeinschaften, in: Handbuch des Staatskirchenrechts der Bundesrepublik Deutschland, Bd. 1, S. 1009, (S. 1011).

623 Vgl. *Walter*, in: Heinig/Walter, Staatskirchenrecht oder Religionsverfassungsrecht ?, S. 1 ff.; *Waldhoff*, Neue Religionskonflikte und staatliche Neutralität, Gutachten für den 68. Deutschen Juristentag, S. 20;

624 *Robbers*, Förderung der Kirche durch den Staat, in: Handbuch des Staatskirchenrechts der Bundesrepublik Deutschland, Bd. 1, S. 867, (S. 868).

625 *Weber*, Verfassungsunmittelbare Gewährleistung der Gerichtsgebührenfreiheit der Kirchen?, Jus 1997, S. 113 (S. 116); *Isensee*, Staatsleistungen an die Kirchen und Religionsgemeinschaften, in: Handbuch des Staatskirchenrechts der Bundesrepublik Deutschland, Bd. 1, S. 1009 (S. 1024); *Huber*, Die Garantie der kirchlichen Vermögensrechte in der Weimarer Verfassung, S. 58 ff.; schließlich sind unter Staatsleistungen an sich nur fortlaufende, regelmäßig wiederkehrende Leistungen auf Grund dauerhafter, vor in Kraft treten der Weimarer Reichsverfassung begründeter

findet sich trotz Neukonstituierung keine bewusste Entscheidung des Verfassungsgebers, die für eine Herausnahme der Steuervergünstigungen aus dem Bereich der Staatleistungen spricht[626].

Der Anwendungsbereich ist auf diejenigen Religionsgemeinschaften beschränkt, denen überhaupt die Staatsleistungen im Sinne des Art. 140 GG i.V.m. Art. 138 Abs. 1 WRV zugute kommen können. Entsprechend ist für eine Einordnung als Staatsleistung der Bezug zu vor 1919 begründeten Rechtstiteln erforderlich[627]. Unter den „bisherigen Staatsleistungen" sind daher die zur Zeit des Inkrafttretens der Reichsverfassung von Weimar aus Gesetz, Vertrag oder besonderen Rechtstiteln geschuldeten Staatsleistungen zu verstehen ohne Rücksicht darauf, ob sie der Kirche unmittelbar oder mittelbar einzelnen Instituten oder Dienern der Kirche zu gewähren waren[628].

b) Bestandsgarantie der Staatsleistungen

Trotz des eindeutigen Inhalts der Norm war und ist es wegen der Höhe der als Ablösung zu erbringenden Leistungen den Ländern wirtschaftlich nahezu unmöglich, eine finanzielle Trennung herbeizuführen[629]. Daher ist der Gesetzgebungsauftrag im Sinne des Art. 140 GG i.V.m. Art. 138 Abs. 1 WRV, zur Ablösung „Grundsätze" aufzustellen, in der Zeit von 1919 bis heute nicht umgesetzt worden[630]. Entsprechend

---

Rechtspflichten zu verstehen, BayVGH, Urteil v. 06.05.1987 – Nr. 7 B 85 A.385, BayVBl. 1987, S. 720 (S. 725).

626 *Droege*, Staatsleistungen an Religionsgemeinschaften im säkularen Kultur- und Sozialstaat, S. 200.

627 Wobei sich Art. 138 Abs. 1 WRV sowohl auf Staatsleistungen erstreckt, auf die den Religionsgemeinschaften ein rechtlicher Anspruch zustand, als auch auf solche Leistungen, die ohne subjektiven Rechtstitel an diese erbracht wurden, *Huber*, Die Garantie der kirchlichen Vermögensrechte in der Weimarer Verfassung, S. 58, S. 93; *Kästner* in: Bonner Kommentar, Art. 140 GG, Rn. 588; zu den jeweiligen in Art. 138 Abs. 1 WRV genannten Rechtsgrundlagen der Staatsleistungen siehe *Breitfeld*, Die vermögensrechtliche Auseinandersetzung zwischen Kirche und Staat in Preussen auf Grundlage der Reichsverfassung, S. 40 ff.

628 RG Beschluss v. 13.07.1931 – IV Tgb. 354/30 – RGBl. 1931 I S. 414 = Lammers/Simons Bd. 4, 1932, S. 306; andere Ansicht *Breitfeld*, Die vermögensrechtliche Auseinandersetzung zwischen Kirche und Staat in Preussen auf Grundlage der Reichsverfassung S. 36 f.

629 *Axer*, Die Steuervergünstigungen für die Kirchen im Staat des Grundgesetzes, Archiv für katholisches Kirchenrecht 1987, S. 460, (S. 467).

630 Wobei Art. 138 Abs. 1 S. 2 WRV teilweise als heutige Rahmengesetzgebungskompetenz des Bundes interpretiert wird, so dass die Länder nicht gehindert wären, Ablösungsgesetze zu erlassen soweit der Bund dies nicht tut, *Preuß* in

hat sich die ursprünglich auf Ablösung ausgerichtete Regelung zu einer Art Sperrvorschrift oder Bestandsgarantie entwickelt[631]. Wenn die Steuervergünstigungen in den Anwendungsbereich der Vorschrift in Form der Staatsleistung eingeordnet werden können, bestehen im Zusammenhang mit der Aussage, Art. 140 GG i.V.m. Art. 137 Abs. 5 WRV sei lediglich verfassungsrechtlicher Anknüpfungspunkt der Steuervergünstigungen, Ausnahmen dahingehend, dass diese teilweise als garantiert angesehen werden können[632]. Denn mit der Anerkennung der Steuervergünstigungen als negativen Staatsleistungen wäre notwendig eine Sperrwirkung für die Zukunft verbunden, die bis zur Ablösung fortdauert, soweit diese nicht in positive Staatsleistungen umgewandelt werden[633]. Insofern würde Art. 140 GG i.V.m. 138 Abs. 1 WRV für Steuervergünstigungen als Staatsleistungen eine Bestandsgarantie darstellen[634]. Der Einordnung der Steuervergünstigungen als mögliche Staatsleistungen im Sinne des Art. 140 GG i.V.m. Art. 138 Abs. 1 WRV kommt in hiesigem Zusammenhang daher eine grundsätzliche Bedeutung zu[635].

Alternativkommentar, GG, Art. 140 GG, Rn. 65; *Brauns*, Staatsleistungen an die Kirchen und ihre Ablösung, S. 129 f.; *Häberle*, Rezension von Brauns, AöR 1972, S. 325 (S. 326); andere Ansicht *v. Campenhausen/de Wall*, Staatskirchenrecht, S. 285 f.; *Isensee*, Staatsleistungen an die Kirchen und Religionsgemeinschaften, in: Handbuch des Staatskirchenrechts der Bundesrepublik Deutschland, Bd. 1, S. 1009 (S. 1040).

631 Diese Problematik wurde bereits in der Weimarer Nationalversammlung im Zusammenhang mit dem Erfordernis eines Gesetzes auf Reichsebene diskutiert, insofern erfolgte eine bewusste Entscheidung zugunsten des jetzigen Art. 138 Abs. 1 WRV, vgl. *Israel*, Geschichte des Reichskirchenrechts, S. 46 ff.; vgl. *de Wall*, Die Fortwirkung der Säkularisation im heutigen Staatskirchenrecht, Essener Gespräche zum Thema Staat und Kirche, Bd. 38, 2004, S. 53 (S. 73 f.).

632 Ausführlich zu Staatsleistungen an die Religionsgemeinschaften siehe: *Droege*, Staatsleistungen an Religionsgemeinschaften im säkularen Kultur- und Sozialstaat, S. 30 ff.

633 *Lipphardt*, Negative Staatsleistungen und Ablösevorbehalt DVBl. 1975, S. 410, (S. 414); wobei sich auch hier das Problem der Berechnung der Leistungen stellt, vgl. *Kästner*, in: Bonner Kommentar, Art. 140 GG, Rn. 582.

634 *Mückl*, Kirchliche Organisation, Handbuch des Staatsrechts, Bd. 7, Rn. 68; *Robbers*, Förderung der Kirchen durch den Staat, in: Handbuch des Staatskirchenrechts der Bundesrepublik Deutschland, Bd. 1, S. 867 (S. 874); *Axer*, Die Steuervergünstigungen für die Kirchen im Staat des Grundgesetzes, Archiv für katholisches Kirchenrecht 1987, S. 460, (S. 464 ff.).

635 Insoweit geht die Einordnung von *Czermak* fehl, der die Frage als „vermutlich bedeutungslos" aufgrund der für alle Religionsgemeinschaften möglichen Steuervergünstigungen nach dem Gemeinnützigkeitsrecht einordnet, *Czermak*, Die Ablösung der historischen Staatsleistungen an die Kirchen, DÖV 2004, S. 110 (S. 113); *derselbe*, Religions- und Weltanschauungsrecht, Rn. 361.

Eine Veränderung der derzeitigen Situation kann nur durch die in Art. 140 GG i.V.m. Art. 138 Abs. 1 WRV vorgesehene Ablösung erfolgen, die eine bundesrechtliche Grundsatzregelung im Sinne des Art. 140 GG i.V.m. Art. 138 Abs.1 S. 2 WRV voraussetzt[636]. Sinn und Zweck des Art. 140 GG i.V.m. Art. 138 Abs. 1 WRV ist folglich die Aufhebung der historischen Staatsleistungen gegen Entschädigung[637]. Dabei muss die Entschädigung durch eine einmalige Ausgleichsleistung erbracht werden, die den vollen Ersatz des wegfallenden Rechts bietet[638]. Damit korrespondiert, dass die rechtlichen Grundlagen der Staatsleistungen gegen Entschädigung aufgehoben werden sollen, nicht die einzelnen wiederkehrenden Leistungen[639].

Die beschriebene Entwicklung hat dazu geführt, dass bei der Betrachtung des Art. 140 GG i.V.m. Art. 138 Abs. 1 WRV nicht mehr die Ablösung an sich im Vordergrund steht, sondern die dieser zu Grunde liegende Garantie[640]. Deswegen wird die Situation teilweise als „fortwährender Verfassungsverstoß" bezeichnet, so dass entsprechend die Voraussetzung einer bundesrechtlichen Regelung vor einer

---

636 *Jarass,* in: Jarass/Pieroth, GG, Art. 138, Rn. 1; *Wolff*, Ablösung der Staatsleistungen an die Kirche, ZRP 2003, S. 12; *Morlok,* in: Dreier, GG, Art. 138 WRV, Rn. 25; *Carl Schmitt* bezeichnete die Regelung zutreffend als „dilatorischen Formelkompromiss", *Schmitt*, Verfassungslehre, S. 32 ff.

637 Zur Normgeschichte siehe *Zündorf*, Die Ablösung der Staatsleistungen an die Religionsgesellschaften unter dem Grundgesetz, S. 8 ff.; *v. Doemming/Füsslein/Matz*, Entstehungsgeschichte der Artikel des Grundgesetzes, JÖR 1 (1951), S. 899 ff.; zur historischen Begründung siehe *Isensee*, Staatsleistungen an die Kirchen und Religionsgemeinschaften, in: Handbuch des Staatskirchenrechts der Bundesrepublik Deutschland, Bd. 1, S. 1009 (S. 1010 ff.); *Ebers*, Staat und Kirche S. 210 ff.; zur Diskussion über die Behandlung der Staatsleistungen in der Weimarer Nationalversammlung siehe *Israel*, Geschichte des Reichskirchenrecht, S. 33 ff., S. 46 ff., S. 55; zu beachten ist diesbezüglich auch die Tradition der Steuerimmunität der Kirchen und deren Entwicklung zwischen dem kanonischen und weltlichen Recht, *Mack*, Die kirchliche Steuerfreiheit seit der Dekretalengesetzgebung S. 42 ff.

638 *Huber*, Die Garantie der kirchlichen Vermögensrechte in der Weimarer Verfassung, S. 59.

639 *Huber*, Die Garantie der kirchlichen Vermögensrechte in der Weimarer Verfassung, S. 95; andere Ansicht *Breitfeld*, Die vermögensrechtliche Auseinandersetzung zwischen Kirche und Staat in Preussen auf der Grundlage der Reichsverfassung, S. 49, der davon ausging, dass sich die Staatsleistungen des Jahres 1919 verhältnismäßig leicht ermitteln ließen.

640 Vgl. schon *Huber*, Die Garantie der kirchlichen Vermögensrechte in der Weimarer Verfassung, S. 93 f.; S. 106.

Ablösung durch die Länder in Frage gestellt wird[641]. Dem ist entgegenzuhalten, dass Art. 138 Abs. 1 WRV durch die Inkorporation über Art. 140 GG vollgültiges Verfassungsrecht ist, welches im heutigen Recht fort gilt[642]. Auch sind Staatsleistungen Ausdruck der beginnenden Distanzierung von Kirche und Staat voneinander[643]. Zudem wäre ein entschädigungsloser Wegfall unzulässig[644]. So beschrieb auch der nicht in das Grundgesetz übernommene Art. 173 WRV ausdrücklich, dass bis zum Erlass eines Reichsgesetzes gemäß Art. 138 Abs. 1 WRV die bisherigen auf Gesetz, Vertrag oder besonderen Rechtstiteln beruhenden Staatsleistungen an die Religionsgemeinschaften bestehen blieben. Dies gilt auch in Anbetracht des Umstandes, dass Art. 173 WRV nicht über Art. 140 GG zum Bestandteil des Grundgesetzes geworden ist, da dieser lediglich deklaratorischen Charakter hatte[645]. Unabhängig von Art. 173 WRV wird dies durch Art. 140 GG i.V.m. Art. 138 Abs. 1 S. 2 WRV bestätigt. Inhalt dieser Norm ist, dass die Grundsätze hierfür durch das Reich aufgestellt werden. Insofern bedarf die derzeitige Situation zwar einer Lösung im Sinne der Einheit der Verfassung; andererseits stellt die Nichterfüllung des Gesetzgebungsauftrags keine Verletzung von Verfassungsbestimmungen dar[646].

Durchaus strittig ist, wann eine finanzielle Leistung des Staates an die Kirchen in das historisch gewachsene System der Beziehungen zwischen Staat und Kirche gehört und daher unter die Staatsleistungen mit der damit verbundenen Bestandsgarantie im Sinne des Art. 140 GG i.V.m. Art. 138 Abs. 1 WRV fällt[647]. Der

---

641 *Jarass,* in: Jarass/Pieroth, Art. 138 WRV Rn. 1; *Preuß,* in: Alternativkommentar, GG Art. 140, Rn. 65; andere Ansicht *Korioth,* in: Maunz/Dürig, GG, Art. 138 WRV, Rn. 9; festzuhalten ist jedoch dass Art. 138 Abs. 1 WRV über Art. 140 GG vollgültiges Verfassungsrecht ist und daher wegen des Grundsatzes der Einheit der Verfassung keinen Verfassungsstoß darstellen kann.

642 Die inkorporierten Vorschriften stehen gegenüber den anderen Artikeln des Grundgesetzes nicht auf einer Stufe minderen Rangs, BVerfG, Urteil v. 14.12.1965 – 1 BvR 413, 416/60, BVerfGE 19, S. 206 (S. 219).

643 *V. Campenhausen/de Wall,* Staatskirchenrecht, S. 282.

644 RG v. 20.06.1925, IV Tbg. 83/25, RGZ 111, S. 134 (S. 144); RG v. 13.04.1927, IV 716/26, RGZ 117, S. 27 ff.

645 BFH v. 11.11.1997 – VII E 6/97, NVwZ 1998, S. 882 (S. 883).

646 *Heimerl/Pree,* Handbuch des Vermögensrechts der katholischen Kirche in Bayern und Österreich, S. 201.

647 Zur Darstellung des Meinungsstandes bezüglich des für die Einordnung als Staatsleistung relevanten Zeitpunktes siehe *Axer,* Die Steuervergünstigungen für die Kirchen im Staat des Grundgesetzes, Archiv für katholisches Kirchenrecht 1987, S. 460 (S. 478 f.); dabei wird vertreten, dass jede Staatsleistung unabhängig von der

überwiegenden Meinung nach meint der Begriff der Staatsleistungen im Sinne des Art. 140 GG i.V.m Art. 138 Abs. 1 WRV diejenigen Leistungsbeziehungen, die Bestandteil des historisch gewachsenen Beziehungsgeflechts zwischen Staat und Religionsgemeinschaften der Zeit *vor* der Weimarer Reichsverfassung sind[648].

Die Bestimmung des Art. 140 GG i.V.m. Art. 138 Abs. 1 WRV mit dem Inhalt der Rechtsgrundlagen der Staatsleistungen und deren Ablösung kann sich letztlich nur auf die am 14. August 1919 bestehenden Leistungen beziehen, so dass eine Ausweitung dem Sinn des Art. 140 GG i.V.m. Art. 138 Abs. 1 WRV widersprechen würde[649]. Andernfalls würden nahezu alle heutigen Steuervergünstigungen der Religionsgemeinschaften der Bestandsgarantie des Art. 140 GG i.V.m. Art. 138 Abs. 1 WRV unterfallen. Zudem würde die im Mittelpunkt des Art. 140 GG i.V.m. Art. 138 Abs. 1 WRV stehende Ablösung durch eine Ausweitung in Frage gestellt werden. Entsprechend ist für den Zeitpunkt der Ablösung die Rechtslage am 14. August 1919 entscheidend[650]. *Alexander Hollerbach* schließt die Anwendung auf nicht privilegierte Religionsgemeinschaften zumindest nicht aus[651]. Dem steht jedoch die Beschränkung des Anwendungsbereichs der Garantie des Art. 140 GG i.V.m. Art. 138 Abs. 1 WRV auf die vor 1919 erfolgten Staatsleistungen entgegen.

Einführung der Weimarer Reichsverfassung bis zur tatsächlichen Ablösung der Staatsleistungen unter den Ablösungsvorbehalt des Art. 138 Abs. 1 WRV zu fassen ist; *Zündorf*, Die Ablösung der Staatsleistungen an die Religionsgesellschaften unter dem Grundgesetz, S. 116 ff.; *Lipphard*, Negative Staatsleistungen und Ablösevorbehalt, DVBl. 1975, S. 410 (S. 415).

648 *Droege*, Staatsleistungen an Religionsgemeinschaften im säkularen Kultur- und Sozialstaat, S. 180; *Weber*, Die Ablösung der Staatsleistungen an die Religionsgemeinschaften, S. 47 f.; *Heimerl/Pree*, Handbuch des Vermögensrechts der katholischen Kirche, S. 199; *v. Campenhausen/de Wall*, Staatskirchenrecht, S. 281; *Isensee*, Staatsleistungen an die Kirchen und Religionsgemeinschaften, in: Handbuch des Staatskirchenrechts der Bundesrepublik Deutschland, Bd. 1, S. 1009 (S. 1010 ff.).

649 *Huber*, Die Garantie der kirchlichen Vermögensrechte in der Weimarer Verfassung, S. 96 f.

650 *Huber*, Die Garantie der kirchlichen Vermögensrechte in der Weimarer Verfassung S. 96 ff.; *Wehdeking*, Die Kirchengutsgarantien, S. 115 f. dort auch eine Darstellung der Rechtslage bezüglich der jeweiligen Landesregelungen, welche zum Teil Art. 138 Abs. 1, 2 WRV und Art. 140 GG übernommen haben, S. 137 ff.; zum Zustandekommen des Kompromisses in der Weimarer Nationalversammlung siehe *Ebers*, Staat und Kirche im neuen Deutschland, S. 108 ff., S. 119 ff.

651 *Hollerbach*, Bundesverfassungsgericht und Staatskirchenrecht, AÖR 1967, S. 99 (S. 124); wobei unklar bleibt, ob diese Ausweitung ebenfalls der Garantie des Art. 138 Abs. 1 WRV unterfallen soll.

c) *Qualifizierung der Steuervergünstigungen als negative Staatsleistungen*

Leistungen, die einer Religionsgemeinschaft zu dem maßgeblichen Zeitpunkt des Inkrafttretens der Weimarer Reichsverfassung *vom Reich* gewährt wurden, werden von Art. 140 GG i.V.m. Art. 138 Abs. 1 WRV nicht erfasst, da sich der Ablösungsauftrag an die Länder richtet[652]. Die in dieser Arbeit dargestellten Steuervergünstigungen auf Bundesebene wären somit grundsätzlich nicht hiervon betroffen. Zu berücksichtigen ist, dass die Mehrzahl der heutigen und behandelten Steuergesetze aus der Zeit nach Verabschiedung der Weimarer Reichsverfassung stammt[653]. Die darin enthaltenen Steuervergünstigungen können daher nur als negative Staatsleistungen im Sinne des Art. 140 GG i.V.m. Art. 138 Abs. 1 WRV angesehen werden, wenn erkennbar die Übernahme von Steuervergünstigungen seitens des Reiches beziehungsweise Bundes bezweckt werden sollten, die vorher durch die Länder gewährt wurden. Gerade für die hier behandelten Steuervergünstigungen ist zu berücksichtigen, dass der Bund für Leistungen, die durch „Hochzonung" der Kompetenzen von den Ländern auf diesen übergegangen sind, als Verpflichteter im Sinne des Art. 140 GG i.V.m. Art. 138 Abs. 1 WRV in Betracht kommt[654]. Insofern handelt es sich hierbei nur um scheinbar neu begründete Staatsleistungen, die eher die Novation eines alten Rechtstitels darstellen[655].

---

652 RG v. 20.06.1925 – IV Tgb. 83/25, RGZ 111, S. 134 (S. 139); BVerwG v. 22.03.1996 – 7 KSt 5/96, NVwZ 1996, S. 787; *Isensee*, Staatsleistungen an die Kirchen und Religionsgemeinschaften, in: Handbuch des Staatskirchenrechts der Bundesrepublik Deutschland, Bd. 1, S. 1009 (S. 1030); *Hollerbach*, Urteilsanmerkungen zu BVerfG, Beschluss v. 28.04.1965 – BvR 346/61, JZ 1965, S. 608 (S. 615); andere Ansicht *Zündorf*, Die Ablösung der Staatsleistungen an die Religionsgesellschaften unter dem Grundgesetz, S. 42 ff.

653 KStG v. 30.03.1920, RGBl. I 1920, S. 393; GewStG v. 30.04.1952, BGBl. I 1951, S. 996; GrStG v. 10.08.1951, BGBl. I 1951, S. 519; UStG v. 02.06.1967, BGBl. I 1967, S. 545; GrEStG v. 29.03.1940, RGBl. I 1940, S. 585; RennwLottG v. 08.04.1922, RGBl. I 1922, S. 335 (S. 393); EStG v. 16.10.1934, RGBl. I 1934, S. 1005.

654 *Kästner*, in: Bonner Kommentar, Art. 140 GG, Rn. 592; *Isensee*, Staatsleistungen an die Kirchen und Religionsgemeinschaften, in: Handbuch des Staatskirchenrechts der Bundesrepublik Deutschland, Bd. 1, S. 1009 (S. 1030); *Axer*, Die Steuervergünstigungen für die Kirchen im Staat des Grundgesetzes, Archiv für katholisches Kirchenrecht, 1987, S. 460 (S. 469); die Kompetenz der Steuergesetzgebung ging nach dem ersten Weltkrieg auf das Reich über, siehe hierzu *Birk*, Steuerrecht, Rn. 21.

655 *Huber*, Die Garantie der kirchlichen Vermögenswerte in der Weimarer Verfassung, S. 98.

Zudem sind die Staatsleistungen des Art. 140 GG i.V.m. Art. 138 Abs. 1 WRV von Subventionen und sonstigen Leistungen zu unterscheiden, die Religionsgemeinschaften auf Grund eines *gegenwärtigen* öffentlichen Interesses gewährt werden, während die Staatsleistungen für vorausgegangene Verluste entschädigen[656]. Denn sonstige freiwillige Staatsleistungen, welche der Staat über Art. 140 GG i.V.m. Art. 138 Abs. 1 WRV hinaus gewährt, können von Verfassungs wegen ersatzlos wegfallen[657]. Eine Einordnung als steuerliche Verschonungssubvention kann erfolgen, wenn die aktuelle Förderung der Gemeinwohldienste der Religionsgemeinschaften und die Förderung der Religion an sich im Vordergrund steht, da hier einer gegenwärtigen Zwecksetzung nachgegangen wird[658]. Letztlich werden alle Steuervergünstigungen, die nicht als Staatsleistungen einzuordnen sind, im Zusammenhang mit der Betätigung als Religionsgemeinschaft oder aufgrund der gemeinnützigen Tätigkeit gewährt. Entsprechend erfolgen diese als staatliche Förderung im Zusammenhang mit den sonstigen finanziellen Unterstützungen der Religionsgemeinschaften, so dass diese als Verschonungssubventionen eingeordnet werden[659] und nicht der Garantie des Art. 140 GG i.V.m. Art. 138 Abs. 1 WRV unterfallen.

Problematisch an der Einordnung der Steuervergünstigungen unter den Anwendungsbereich des Art. 140 GG i.V.m. Art. 138 Abs. 1 WRV ist die Tatsache, dass diese eine negative Leistung darstellen, die dem Wortlaut der Norm mit den „Staatsleistungen" nicht unmittelbar entsprechen. Insofern könnte hieraus geschlossen werden, dass Steuervergünstigungen als negative Leistungen nicht hierunter zu subsumieren sind und daher eine Anwendung des Art. 140 GG i.V.m. Art. 138 Abs. 1 WRV auf diese grundsätzlich nicht erfolgen kann.

---

656 *Korioth,* in: Maunz/Dürig, GG Art. 138 WRV, Rn. 6; *Jeand`Heur/Korioth*, Grundzüge des Staatskirchenrechts, Rn. 347; *Unruh*, Religionsverfassungsrecht, Rn. 515; *Mückl*, Kirchliche Organisation, in: Handbuch des Staatsrechts, Bd. 7, Rn. 49; zur Abgrenzung siehe *Isensee*, Gemeinwohl und Bürgersinn im Steuerstaat des Grundgesetzes, in: Festschrift Dürig, S. 33 (S. 47); *derselbe,* Staatsleistungen an die Kirchen und Religionsgemeinschaften, in: Handbuch des Staatskirchenrechts der Bundesrepublik Deutschland, Bd. 1, S. 1009 (S. 1020).

657 *Lehmann*, Die kleinen Religionsgemeinschaften des öffentlichen Rechts im heutigen Staatskirchenrecht, S. 105.

658 So verwendet auch *Isensee* den Begriff der „steuerlichen Verschonungssubvention" in diesem Zusammenhang, *Isensee*, Staatsleistungen an die Kirchen und Religionsgemeinschaften, in: Handbuch des Staatskirchenrechts der Bundesrepublik Deutschland, Bd. 1, S. 1009 (S. 1060).

659 *Weber*, Kirchenfinanzierung im religionsneutralen Staat, NVwZ 2002, S. 1443 (S. 1446).

aa) Ablehnung der Einordnung von Steuervergünstigungen als Staatsleistungen gemäß Art. 138 Abs. 1 WRV

Teilweise wird die Anerkennung der Steuervergünstigungen als so genannte negative Staatsleistungen im Sinne des Art. 140 GG i.V.m. Art. 138 Abs. 1 WRV abgelehnt[660]. Dies wird vor allem darauf gestützt, dass unter Staatsleistungen Beiträge des Staates in Geld oder Naturalien zu verstehen seien und gerade nicht die Freistellung von Steuern[661]. Dies gelte auch in Hinblick auf den von der Rechtsprechung und sonstigen Literatur als Argument für die Einordnung angeführten Rechtsgedanken eines dem § 241 BGB entsprechenden Unterlassens[662]. Ferner wird jene Diskussion der Weimarer Nationalversammlung angeführt, in welcher betont wurde, dass die seinerzeit durch Staatsleistungen begünstigten Religionsgemeinschaften in Zukunft keine steuerlichen Vorrechte mehr genießen sollen[663]. Seitens des Staates, der ein Interesse an der Befreiung von den finanziellen Lasten habe und mit Rücksicht auf das Ziel der Ablösung sei erst recht nicht denkbar, dass negative Leistungen unter Art. 140 GG i.V.m. Art. 138 Abs. 1 WRV fallen[664]. Ausgehend von dem Charakter des Art. 140 GG i.V.m. Art. 138 Abs. 1 WRV als Ablösungsvorschrift, der die Beseitigung der vermögensrechtlichen Beziehungen zwischen Staat und Religionsgemeinschaften fordert, sollen sich danach auch die Staatsleistungen auf positive Unterstützung aus Staatsmitteln

---

660 *Breitfeld*, Die vermögensrechtliche Auseinandersetzung zwischen Kirche und Staat in Preussen auf Grundlage der Reichsverfassung, S. 39; so wird die Garantie des Art. 138 Abs. 1 WRV von *Renck* nur als vorläufig bis zur endgültigen Ablösung eingeordnet, so dass diese lediglich eine Hilfsfunktion einnimmt, *Renck*, Patronate der öffentlichen Hand, DÖV 2003, S. 526 (S. 533); *Brauns*, Staatsleistungen an die Kirchen und ihre Ablösung, S. 44 ff.; zustimmend *Pappermann*, Rezension von Brauns, DVBl. 1970, S. 912; kritisch hingegen *Müller-Volbehr*, Rezension von Brauns, ZevKR, Bd. 16, 1971, S. 236 (S. 237 f.).

661 *Breitfeld*, Die vermögensrechtliche Auseinandersetzung zwischen Kirche und Staat in Preussen auf Grundlage der Reichsverfassung, S. 38 f.

662 *Breitfeld*, Die vermögensrechtliche Auseinandersetzung zwischen Kirche und Staat in Preussen auf Grundlage der Reichsverfassung, S. 38 f.

663 Äußerung des Abgeordneten *Naumann*, Verhandlungen der verfassungsgebenden Deutschen Nationalversammlung, Stenographische Berichte Bd. 328, 1652 D, die Ansicht der Nationalversammlung bezieht sich auf die Zukunft, die Intention des Art. 138 Abs. 1 WRV ist auf bisherige Staatsleistungen bezogen, insofern besteht kein Widerspruch; zudem ist fraglich, ob Äußerung eines Abgeordneten als gesetzgeberische Motivation für die Fassung und Auslegung des Art. 138 Abs. 1 WRV gesehen werden kann.

664 *Brauns*, Staatsleistungen an die Kirchen und ihre Ablösung, S. 50, S. 54.

beschränken[665]. Nur wenn diese Beschränkung nicht zu einer Aufhebung der vermögensrechtlichen Beziehungen führen kann, soll der Staatsleistungsbegriff erweitert ausgelegt werden[666]. Anders als bei positiven Staatsleistungen fehle für die Steuervergünstigungen das Motiv für die Begründung der Leistung, denn eine Steuervergünstigung werde häufig deshalb gewährt, weil der Steuerzweck des betreffenden Gesetzes auf die jeweils begünstigte Religionsgemeinschaft nicht zutreffe[667]. Entsprechend sollen diejenigen Steuervergünstigungen, die wegen eines ansonsten verfehlten Steuerzweckes erfolgen, von Art. 140 GG i.V.m. Art. 138 Abs. 1 WRV ausgenommen sein[668]. Bei der Einordnung der Steuervergünstigungen als negative Staatsleistungen werde der Unterschied zwischen positiven und negativen Staatsleistungen missachtet und der Nebenzweck der Garantie zum Hauptzweck erhoben[669]. *Heinrich A. Wolff* ordnet im Zusammenhang mit der Frage nach der Reichweite negativer Staatsleistungen die Ausweitung des Art. 140 GG i.V.m. Art. 138 Abs. 1 WRV auf diese entsprechend als teleologiewidrig ein[670]. Auch *Czermak* fordert eine grundsätzliche Reduzierung der Ablösung „auf Null“[671], da alle historischen Staatsleistungen aufgrund der finanziellen Abgeltung längst obsolet seien[672]. *Claus Dieter Classen* sieht hingegen den Grund für die aufgrund der Anknüpfung an den Status der Körperschaft des öffentlichen Rechts gewährten Steuervergünstigungen in der besonderen Rechtstreue als eine der Verleihungsvoraussetzungen des Körperschaftstatus, so dass der Verweis auf den Ausgleich für die Säkularisation und der damit verbundenen Garantie des Art. 140 GG i.V.m. Art. 138 Abs. 1 WRV verfehlt sei[673]. Entsprechende Konsequenz ist, dass keine Subsumtion der Steuervergünstigungen unter die Staatsleistungen des Art. 140 GG i.V.m. Art. 138 Abs. 1 WRV erfolgt. Insofern können hiernach die Steuervergünstigungen folglich auch nicht der Bestandsgarantie unterfallen.

---

665 *Brauns*, Staatsleistungen an die Kirchen und ihre Ablösung, S. 45, S. 58; insofern sei auch die Begründung neuer Staatsleistungen verboten, *ebendort*, S. 104.

666 *Brauns*, Staatsleistungen an die Kirchen und ihre Ablösung, S. 48.

667 *Brauns*, Staatsleistungen an die Kirchen und ihre Ablösung, S. 55.

668 *Brauns*, Staatsleistungen an die Kirchen und ihre Ablösung, S. 55.

669 *Brauns*, Staatsleistungen an die Kirchen und ihre Ablösung, S. 58.

670 *Wolff*, Ablösung der Staatsleistungen an die Kirche, ZRP 2003, S. 12 (S. 13).

671 *Czermak*, Die Ablösung der historischen Staatsleistungen an die Kirchen, DÖV 2004, S. 110 (S. 115).

672 *Czermak*, Religions- und Weltanschauungsrecht, Rn. 362.

673 *Classen*, Religionsrecht, Rn. 336.

bb) Einordnung der Steuervergünstigungen als negative Staatsleistungen gemäß Art. 138 Abs. 1 WRV

Weit überwiegend wird die Einordnung der Befreiung von Religionsgemeinschaften von verschiedenen Steuern unter die Staatsleistungen im Sinne des Art. 140 GG i.V.m. Art. 138 Abs. 1 WRV bejaht[674]. Der Umfang der abzulösenden Staatsleistungen sei weit zu bestimmen[675]. Denn mit der Rechtsprechung sei unabhängig von der weiteren Entwicklung des Verhältnisses zwischen Staat und Kirche für die historisch begründeten Steuervergünstigungen davon auszugehen, dass diese der Bestandsgarantie des Art. 140 GG i.V.m. Art. 138 Abs. 1 WRV unterfallen sollten, soweit sie einen organischen Bestandteil der bisherigen bis 1919 zwischen Staat und Kirche bestehenden vermögensrechtlichen Beziehungen bildeten und der Staat andernfalls entsprechende positive Leistungen an die Religionsgemeinschaften hätte erbringen müssen[676].

---

674 BVerfG, Beschluss v. 28.04.1965 – 1 BvR 346/61 – BVerfGE 19, S. 1, (S. 13 ff.); BVerfG, Beschluss v. 30.09.2000 – 2 BvR 708/96, NVwZ 2001, S. 318; *Kästner,* in: Bonner Kommentar, Art. 140 GG, Rn. 587; *Hofmann,* in: Schmidt-Bleibtreu/Hofmann/Hopfauf, GG, Art. 140, Rn. 35; *Germann,* in: Hillgruber/Epping, Beckscher Onlinekommentar, GG, Art. 140, Rn. 122.4; *Korioth,* in: Maunz/Dürig, GG, Art. 138 WRV, Rn. 5; *Morlok,* in: Dreier, GG, Art. 138 WRV, Rn. 17; *Hemmrich,* in: v. Münch/Kunig, GG, Art. 140 Rn. 37; *Hofmann,* in: Denninger/Hoffmann-Riem/Schneider/Stein, Art. 140, Rn. 60; *Mückl,* Kirchliche Organisation, in: Handbuch des Staatsrechts Bd. 7, Rn. 54; *v. Campenhausen/Unruh,* in: v. Mangoldt/Klein/Starck, GG, Art. 138 Abs. 1 WRV, Rn. 6; *Winter,* Staatskirchenrecht der Bundesrepublik Deutschland, S. 253; *Zündorf,* Die Ablösung der Staatsleistungen an die Religionsgesellschaften unter dem Grundgesetz, S. 47 ff.; *Droege,* Staatleistungen an Religionsgemeinschaften im säkularen Kultur- und Sozialstaat, S. 177 ff., S. 199; *Althaus,* Aktuelle Probleme der Kirchenfinanzierung in der Bundesrepublik Deutschland, S. 16; *Lipphardt,* Negative Staatsleistungen und Ablösevorbehalt, DVBl. 1975, S. 410 ff.; *Robbers,* Förderung der Kirchen durch den Staat, in: Handbuch des Staatskirchenrechts der Bundesrepublik Deutschland, Bd. 1, S. 867 (S. 868 f.).

675 Vgl. *Wehdeking,* Die Kirchengutsgarantien, S. 113.

676 So wurden Grundsteuerbefreiungen gewährt, weil der Staat derartige steuerliche Belastungen aus finanzieller Fürsorge für die Religionsgemeinschaften ohnehin durch vermehrte Zuschüsse hätte ausgleichen müssen, RG v. 20.06.1925, IV Tbg. 83/25, RGZ 111, S. 134 (S. 144); *Held,* Die kleinen öffentlich-rechtlichen Religionsgemeinschaften im Staatskirchenrecht der Bundesrepublik Deutschland, S. 92; wobei auch auf den historischen Legitimations- und Funktionszusammenhang, der den Ausgleich erlittener Säkularisationsverluste ausweist, abzustellen ist, *Droege,* Staatsleistungen an Religionsgemeinschaften im säkularen Kultur- und Sozialstaat,

Während sich die reichsgerichtlichen Erwägungen hauptsächlich am Normzweck orientierten, steht in der Literatur oftmals der Verweis auf die Einbeziehung der Unterlassung in den Leistungsbegriff des § 241 BGB im Vordergrund[677]. Das Reichsgericht wendet § 241 BGB nur als erläuternden allgemeinen Rechtsgedanken an, der eine Ausdehnung des Begriffs der Staatsleistung erklärt[678]. Nach anderer Ansicht erfolgt bei den Steuervergünstigungen kein Unterlassen im Sinne einer unterbliebenen Handlung, sondern vielmehr eine Privilegierung[679]. Denn wenn schon keine Steuerpflicht entstehe, dürfe der Staat mangels gesetzlicher Grundlage auch keine Steuer erheben, so dass er keine Handlung unterlasse zu der er berechtigt wäre[680]. Auch wird angeführt, dass § 241 BGB nicht passend sei, da hier das Unterlassen auf staatliches Handeln bezogen werde[681]. Denn es handele sich nicht um eine Art schuldrechtlichen Anspruch auf Unterlassen der Erhebung der Steuern, vielmehr sei die Steuervergünstigung selbst das Privileg, welches einen Wert im Sinne einer Leistung darstelle[682]. Was die dogmatische Einordnung der Steuervergünstigungen als negative Staatsleistungen angeht so wird hier letztlich davon ausgegangen, dass die Entlastung der Religionsgemeinschaften aus deren Sicht vergleichbare Wirkung wie die positive Zuwendung von

---

S. 201; beispielhaft die Ausführung zur Entwicklung des Grundsteuergesetzes bei *Ostendorf*, Steuerneutrale Neubewertung des Grundbesitzes zum 01.01.1964, KStZ 1965, S. 149 (S. 158 f.).

677 *Heimerl/Pree*, Handbuch des Vermögensrechts der katholischen Kirche, S. 200; *Breitfeld*, Die vermögensrechtliche Auseinandersetzung zwischen Kirche und Staat in Preussen auf Grundlage der Reichsverfassung, S. 38; denn schließlich fallen unter die Leistungen im Sinne des Art. 138 Abs. 1 WRV nicht nur Geldleistungen, sondern auch Natural- und Arbeitsleistungen, vgl. *Huber*, Die Garantie der kirchlichen Vermögensrechte in der Weimarer Verfassung, S. 62.

678 Vgl. RGZ v. 20.06.1925, IV Tbg. 83/25, RGZ 111, S. 134 (S. 138); ausführlich zur Rechtsprechung des Reichsgerichtes siehe Lipphardt, Negative Staatsleistungen und Ablösevorbehalt, DVBl. 1975, S. 410 (S. 411ff.).

679 Vgl. *Zündorf*, Die Ablösung der Staatsleistungen an die Religionsgesellschaften unter dem Grundgesetz, S. 48.

680 *Brauns*, Staatsleistungen an die Kirchen und ihre Ablösung, S. 44.

681 *Droege*, Staatsleistungen an Religionsgemeinschaften im säkularen Kultur- und Sozialstaat, S. 197.

682 *Weber*, Die Ablösung der Staatsleistungen an die Religionsgesellschaften, S. 51; siehe dort auch die Darstellung der wesentlichen Reichsgerichtsentscheidungen zur Einordnung von Steuervergünstigungen als Staatsleistungen im Sinne des Art. 138 Abs. 1 WRV, S. 51 ff.

Mitteln hat[683]. Hiervon kann bei Steuervergünstigungen nach Aussage des Reichsgerichts „in der Regel" ausgegangen werden[684]. Insofern soll schon die Vermutung für die Einordnung als Staatsleistung sprechen, wenn eine Steuervergünstigung der Vorweimarer Zeit entstamme[685]. Dies gelte wiederum nicht für die den Steuervergünstigungen ähnliche Befreiung von Gerichtsgebühren, da diese keinen wesentlichen Teil der Unterstützung bildeten, die der Staat den Religionsgemeinschaften zur Bestreitung ihrer Bedürfnisse gewährte; er hätte auch keine entsprechenden positiven Leistungen erbringen müssen, wenn die Gebührenfreiheit nicht bestanden hätte[686]. Dieser Ansicht folgt seither die Rechtsprechung[687]. Danach kann eine Anwendung des Art. 140 GG i.V.m. Art. 138 Abs. 1 WRV auf die meisten Steuervergünstigungen erfolgen, so dass diese dem Anwendungsbereich und damit insbesondere der Bestandsgarantie unterfallen.

cc) Mittelbare Steuervergünstigungen als negative Staatsleistungen

Teilweise werden die mittelbaren Steuervergünstigungen – durch Spenden Dritter an die Religionsgemeinschaften – nicht als negative Staatsleistungen eingeordnet, weil es sich hierbei nicht um Leistungen an die Religionsgemeinschaften handelt, sondern der Spender selbst begünstigt

683 *Isensee*, Staatsleistungen an die Kirchen und Religionsgemeinschaften, in: Handbuch des Staatskirchenrechts der Bundesrepublik Deutschland, Bd. 1, S. 1009 (S. 1025).

684 RG v. 10.10.1927 – IV Tgb. 94/27, Lammers-Simons, Bd. 1, S. 538 (S. 545); bestätigt in RG Beschluss v. 13.07.1931 – IV Tgb. 354/30 – RGBl. 1931 I S. 414 = Lammers/Simons Bd. 4 1932, S. 306 (S. 308).

685 *Isensee*, Staatsleistungen an die Kirchen und Religionsgemeinschaften, in: Handbuch des Staatskirchenrechts der Bundesrepublik Deutschland, Bd. 1, S. 1009 (S. 1025).

686 RG v. 20.06.1925 – IV Tgb. 83/25, RGZ 111, S. 134, *Lammers/Simons*, Die Rechtsprechung des Staatsgerichtshofs für das Deutsche Reich und des Reichsgerichts auf Grund Art. 13 Abs. 2 der Reichsverfassung, Bd. 1, S. 519 (S. 522 ff.); dasselbe, a. a. O., Bd. 1, S. 538 (S. 540 ff.); dasselbe, a. a. O., Bd. 4, S. 306 (S. 307 ff.); BVerfG, Beschluss v. 28.04.1965 – 1 BvR 346/61 – BVerfGE 19, S. 1, (S. 13 ff., 16); *Hemmrich*, in: v. Münch/Kunig, Art. 140, Rn. 37; *Droege*, Staatsleistungen an Religionsgemeinschaften im säkularen Kultur- und Sozialstaat, S. 197.

687 OVG Münster v. 15.07.1969 – V B 144/68, DÖV 1970, S. 102; BFH v. 11.11.1997 – VII E 6/97, NVwZ 1998, S. 882 (S. 883); FG Münster v. 13.02.1992 – 4 KO 3198/91, KirchE 30, S. 39 (S. 40); OVG Niedersachsen v. 22.12.1992 – 12 L 110/89, KirchE 30, S. 443 (S. 445); kritisch OVG Lüneburg v. 07.01.1987 – 13 OVG B 141/86, KirchE 25, S. 1 (S. 2 ff.).

werde[688]. Wie oben dargestellt, kommen faktisch auch die mittelbaren Steuervergünstigungen letztlich den Religionsgemeinschaften zu, weswegen diese den sonstigen Steuervergünstigungen gleichzustellen sind. Andernfalls würde der ökonomische Effekt der mittelbaren Steuervergünstigungen missachtet. So geht auch die überwiegende Ansicht davon aus, dass Leistungen, die mittelbar den Religionsgemeinschaften zugute kommen, Staatsleistungen im Sinne des Art. 140 GG i.V.m. Art. 138 Abs. 1 WRV sein können[689]. Wie bei den sonstigen Steuervergünstigungen ist auch hier zu berücksichtigen, dass die Einordnung als negative Staatsleistung gemäß Art. 140 GG i.V.m. Art. 138 Abs. 1 WRV mit dem damit verbundenen verfassungsrechtlichen Bestandsschutz lediglich erfolgen kann, wenn diese organischer Bestandteil der vermögensrechtlichen Beziehungen zwischen Staat und Religionsgemeinschaft sind und der Staat ohne sie positive Leistungen an die Religionsgemeinschaften hätte erbringen müssen[690].

d) Nur im Ausnahmefall theoretische Einordnung als garantierte Staatsleistung

Die Einordnung der Steuervergünstigungen als negative Staatsleistungen gemäß Art. 140 GG i.V.m. Art. 138 Abs. 1 WRV unter den genannten Bedingungen ist nur theoretisch zuzustimmen. Die streitigen Differenzierungen ergeben sich nur durch die dogmatische Betrachtung von Steuervergünstigungen als Staatsleistungen. Nur insoweit besteht Bedarf für die Begründung einer möglichen Einordnung der Steuervergünstigungen als negative Staatsleistungen. Hieraus ergibt sich die Heranziehung der Einzelnorm des § 241 BGB als allgemeinen Rechtsgedanken im Zusammenhang mit

---

688 *Zündorf*, Die Ablösung der Staatsleistungen an die Religionsgesellschaften unter dem Grundgesetz, S. 35; *Ehlers*, in: Sachs, GG, Art. 138, Rn. 3; *Magen*, in: Mitarbeiterkommentar, GG, Art. 140, Rn. 125; *Morlok*, in: Dreier, GG, Art. 138 WRV Rn. 17.

689 *Droege*, Staatsleistungen an Religionsgemeinschaften im säkularen Kultur- und Sozialstaat, S. 178; *v. Campenhausen/de Wall*, Staatskirchenrecht, S. 285; *Isensee*, Staatsleistungen an die Kirchen und Religionsgemeinschaften, in: Handbuch des Staatskirchenrechts der Bundesrepublik Deutschland, Bd. 1, S. 1009 (S. 1025 f.).

690 BVerfG, Beschluss v. 28.04.1965 – 1 BvR 346/61 – BVerfGE 19, S. 1, S. 13 ff.; vgl. RGZ v. 20.06.1925, IV Tbg. 83/25, RGZ 111, S. 134 (S. 144); *Hofmann*, in: Denninger/Hoffmann-Riem/Schneider/Stein, Art. 140, Rn. 60; *Magen*, in: Mitarbeiterkommentar, GG, Art. 140 Rn. 125.

der staatsrechtlichen beziehungsweise öffentlich-rechtlichen Einordnung des Leistungsbegriffs. Letztlich ist dieser Gedanke als unpassend anzusehen und zu verwerfen. Daher sind die Steuervergünstigungen als negative Staatsleistung als Privilegierung einzuordnen.

Im Ergebnis sind die hier behandelten Steuervergünstigungen damit weitgehend nicht als negative Staatsleistungen und Teil der Bestandsgarantie des Art. 140 GG i.V.m. Art. 138 Abs. 1 WRV einzuordnen. Dieses ergibt sich unabhängig von der dogmatischen Auseinandersetzung durch die praktische Anwendung der Grundsätze. Wie dargelegt ist davon auszugehen, dass die hier behandelten Steuern und deren Vergünstigungen zugunsten der Religionsgemeinschaften nur in den Anwendungsbereich des Art. 140 GG i.V.m. Art. 138 Abs. 1 WRV fallen, soweit sie vor der Weimarer Reichsverfassung geschaffen wurden. Die gegenwärtigen Regelungen der Steuervergünstigungen sowie die ihnen vorhergehenden Fassungen bestanden größtenteils nicht in dem für die Rechtslage als maßgeblich anzunehmenden Zeitpunkt vor dem 14. August 1919. Exemplarisch macht *Beermann* dies anhand der Steuervergünstigung des § 4 Abs. 5 S. 1 KStG deutlich: das erste reichseinheitliche KStG wurde 1920 eingeführt[691], der Tatbestand der Steuervergünstigung erst im Jahre 1925[692]. Gleiches ergibt sich auch dann, wenn der Stichtag des 14. August 1919 nicht als einzig ausschlaggebendes Kriterium für die Einordnung als Staatsleistung angesehen wird. Denn erforderlich für die Charakterisierung als Staatsleistung im Sinne des Art. 140 GG i.V.m. Art. 138 Abs. 1 WRV ist die genannte Einordnung in den Regelungszusammenhang des Gesetzes in das historisch ausgebildete System der staatskirchenrechtlichen Beziehungen[693]. Bei Betrachtung der gegenwärtig bestehenden Regelungen kann die für eine Gleichstellung mit einer positiven Staatsleistung erforderliche Einordnung als organischer Bestandteil der vermögensrechtlichen Staat-Kirche-Beziehungen größtenteils nicht erfolgen[694]. Hierfür bestehen keine hinreichenden Anhaltspunkte. Dies ergibt sich beim Blick auf die historische Entwicklung der steuerrechtlichen Gesetzgebung und deren

---

691 KStG v. 30.03.1920, RGBl. I 1920, S. 393 ff.

692 *Beermann*, Hoheitsbetriebe von Kirchen und Religionsgemeinschaften, S. 76 f.; KStG v. 10.08.1925, RGBl. I 1925, S. 208 ff.

693 BVerfG, Beschluss v. 28.04.1965 – 1 BvR 346/61, BVerfGE 19, S. 1, (S. 13); BVerwG, Beschluss v. 14.02.1996 – 11 VR 40.95, NVwZ 1996, S. 786; *Beermann*, Hoheitsbetriebe von Kirchen und Religionsgemeinschaften, S. 79; *Isensee*, Staatsleistungen an die Kirchen und Religionsgemeinschaften, in: Handbuch des Staatskirchenrechts der Bundesrepublik Deutschland, Bd. 1, S. 1009 (S. 1025).

694 *Beermann*, Hoheitsbetriebe von Kirchen und Religionsgemeinschaften, S. 79.

Systematik im maßgeblichen Zeitraum vor der Weimarer Republik[695]. Im Verhältnis zum vorausgegangenen Kaiserreich setzte sich in der Weimarer Republik eine erhebliche Stärkung des Reiches gegenüber den Ländern im Bereich des Finanzwesens und den damit verbundenen gesetzgeberischen Kompetenzen durch die Zentralisierung der staatlichen Finanzwirtschaft durch[696]. Denn Art. 8 WRV ordnete dem Reich die konkurrierende Gesetzgebung über die Abgaben und sonstige Einnahmen zu, soweit sie ganz oder teilweise für Zwecke in Anspruch genommen wurden, was extensiv durch das Landessteuergesetz vom 30. März 1920[697] und § 2 des Finanzausgleichsgesetz vom 23. Juni 1923[698] zugunsten des Reichs zur Begründung ausschließlicher Reichssteuern interpretiert wurde[699]. Dies erfolgte im Bereich der wesentlichen und auch hier relevanten Steuern wie Einkommensteuer, Körperschaftsteuer, Umsatzsteuer, Grunderwerbsteuer, Erbschaftsteuer, Vermögensteuer, Kraftfahrzeugsteuer unter Ausschluss der Landesgesetzgebung[700]. Die wesentliche Umstrukturierung in der Gesetzgebungskompetenz spricht insoweit schon gegen eine Einordnung der heutigen Regelungen als Staatsleistungen im Sinne des Art. 140 GG i.V.m. Art. 138 Abs. 1 WRV. Denn mit der Kompetenzverlagerung ging die Neufassung der Einzelsteuergesetze einher, was gegen eine Anknüpfung der heute existierenden Einzelsteuergesetze an die vor 1919 bestehenden Regelungen der Einzelstaaten spricht. Erst nach Ende des Kaiserreichs und nach Verabschiedung der Weimarer Reichsverfassung wurde die Grundlage für das heutige Steuersystem geschaffen, so dass auch kein Zusammenhang zu den staatskirchenrechtlichen Beziehungen aufgrund der Vorschriften der deutschen Einzelstaaten herbeigeführt werden kann[701]. Insofern steht der eingangs erwähnte Aspekt der Kompetenzübernahme in Form der „Hochzonung" nicht entgegen. Dies ergibt sich auch mit Blick auf die historische Entwicklung der hier behandelten Einzelsteuergesetze und deren Steuervergünstigungstatbestände zugunsten der Religionsgemeinschaften als Körperschaften des öffentlichen Rechts im konkreten Einzelfall. So existierten in Bezug auf die Gewerbesteuer und deren Steuervergünstigungen in den Einzelstaaten uneinheitliche Regelungen in der Zeit vor

695 Zur historischen Entwicklung der Finanzverfassung des Norddeutschen Bundes und des Kaiserreichs hin zur Weimarer Republik siehe *Vogel/Waldhoff*, Bonner Kommentar, Vorbem. z. Art. 104a GG, Rn. 132 ff.
696 *Vogel/Waldhoff*, Bonner Kommentar, Vorbem. z. Art. 104a GG, Rn. 143 ff.
697 Landessteuergesetz v. 30.03.1920, RGBl. I 1920, S. 402 ff.
698 Finanzausgleichsgesetz v. 23.06.1923, RGBl. I 1923, S. 494 ff.
699 *Vogel/Waldhoff*, Bonner Kommentar, Vorbem. z. Art. 104a GG, Rn. 145.
700 *Vogel/Waldhoff*, Bonner Kommentar, Vorbem. z. Art. 104a GG, Rn. 145.
701 *Beermann*, Hoheitsbetriebe von Kirchen und Religionsgemeinschaften, S. 77.

1919, was sich mit dem Landessteuergesetz vom 30. März 1920 änderte[702]. Auch für das Grundsteuergesetz wurde erstmals 1920 eine reichseinheitliche Regelung getroffen[703]. Hingegen existierte bereits ab 1906 ein Reichserbschaftsteuergesetz[704]. Dieses enthielt in § 12 S. 1 Nr. 1, S. 3 ErbStG einen Steuervergünstigungstatbestand zugunsten der als Körperschaften des öffentlichen Rechts verfassten Religionsgemeinschaften[705]. Bezogen auf die mittelbaren Steuervergünstigungen ist zu berücksichtigen, das vor dem 14. August 1919 keine Normen existierten, die beispielsweise eine Abzugsfähigkeit von Spenden an die Religionsgemeinschaften vorsahen. Jedoch gab es zumindest in den Einzelstaaten vergleichbare Regelungen, die im Ergebnis auch die Zuwendungen von Dritten an die Religionsgemeinschaften steuerrechtlich begünstigten. Ein Beispiel stellt § 8 Abs. 2 Nr. 2 PrEStG in der Fassung vom 19. Juni 1906 dar[706].

Es ist nicht ausgeschlossen, dass in den Einzelstaaten vorher ähnliche Regelungen von Steuervergünstigungen zugunsten der Religionsgemeinschaften existierten. Umgekehrt ist anzunehmen, dass die hier behandelten heute existierenden Steuervergünstigungstatbestände aus der heutigen Perspektive nicht auf den vielfältigen und unterschiedlichen Regelungen der Einzelstaaten beruhen beziehungsweise an diese anknüpfen. Vielmehr beruhen diese eher auf der Systematik der seit 1920 neu geschaffenen und einheitlichen Regelungen. Dieses gilt für einen Großteil der Regelungen, wobei Ausnahmen

702 *Güroff*, in: Glanegger/Güroff, GewStG, § 1, Rn. 1.

703 *Troll/Eisele*, GrStG, S. 19; vgl. zu der vorher bestehenden Steuervergünstigung des Grundsteuergesetzes in Braunschweig, Reichsgericht v. 20.06.1925, IV Tbg. 83/25,RGZ 111, S. 134, (S. 144).

704 *Gebel*, in: Troll/Gebel/Jülicher, ErbStG, Einführung, Rn. 63; Reichserbschaftsteuergesetz v. 03.06.1906, RGBl. 1906, S. 654 ff.

705 *Gebel*, in: Troll/Gebel/Jülicher, ErbStG, Einführung, Rn. 64; Reichserbschaftsteuergesetz v. 03.06.1906, RGBl. 1906, S. 654, (S. 659).

706 Vgl. *Axer*, Die Steuervergünstigungen für die Kirchen im Staat des Grundgesetzes, Archiv für katholisches Kirchenrecht, 1987, S 460 (S. 479 ff.); in § 8 Abs. 2 Nr. 2 des preußischen Einkommensteuergesetzes v. 25.06.1891, Gesetz-Sammlung für die königlichen Preußischen Staaten 1891, S. 175 ff., in der Fassung vom 19.06.1906, Gesetz-Sammlung für die Königlichen Preußischen Staaten 1906, S. 259 (S. 263 f.) heißt es: „ Von dem Gesamteinkommen sind in Abzug zu bringen: Renten und dauernde Lasten, die auf Privatrechtstiteln oder auf Kirchenpatronatsverpflichtungen beruhen"; wie das preußische Oberverwaltungsgericht in Bezug auf § 16 PEStG entschied, waren auch Zuwendungen einer Aktiengesellschaft zum Bau einer Kirche steuerfrei, OVG v. 30.09.1899, J.N.V.A. 36 – Rep. V. A. 18/99, Entscheidungen des Königlich Preußischen Oberverwaltungsgerichtes in Staatsachen, 1900, S. 205 ff.

wie das Reichserbschaftsteuergesetz existieren. Entsprechend können die heute existierenden Steuervergünstigungen größtenteils nicht als garantierte Staatsleistungen im Sinne des Art. 140 GG i.V.m. Art. 138 Abs. 1 WRV eingeordnet werden.

e) Zwischenergebnis

Seitens der kritischen Stimmen wird außer Acht gelassen, dass etwaige Neubegründungen und damit die kritisierte Ausweitung von Staatsleistungen in Zeiten der Geltung des Grundgesetzes gerade nicht mehr unter Art. 140 GG i.V.m. Art. 138 Abs. 1 WRV und dessen Bestandsgarantie fallen und damit umgekehrt alle als Körperschaften des öffentlichen Rechts organisierten Religionsgemeinschaften die hierunter fallenden Steuervergünstigungen über Art. 140 GG i.V.m. Art. 137 Abs. 5 WRV in Anspruch nehmen können[707]. Im Ergebnis wird Art. 140 GG i.V.m. Art. 138 Abs. 1 WRV bei der heutigen Gesetzeslage kaum Relevanz haben, da die in den Einzelsteuergesetzen normierten Steuervergünstigungen ohnehin nicht explizit auf Art. 140 GG i.V.m. Art. 138 Abs. 1 WRV bezogen sind, sondern auf den nunmehr aktuell vorhandenen Rechtsstatus der Religionsgemeinschaften. Eine Abschaffung wäre daher verfassungsrechtlich zulässig.

Das aufgrund der Rechtfertigung aus der Immunität des kirchlichen Vermögens jede Steuervergünstigung zu einem organischen Bestandteil der Vermögensbeziehungen zwischen Staat und Kirche gemacht wird, ohne dass dies im Einzelfall noch eines konkreten Nachweises bedarf, erscheint zu weitgehend[708]. Stattdessen bedarf es stets einer Prüfung im Einzelfall. Umgekehrt findet sich trotz der Neukonstituierung durch das Grundgesetz keine bewusste Entscheidung des Verfassungssystems, die für eine Ausnahme der Steuervergünstigungen aus dem Bereich der Staatleistungen spricht[709].

707 Eine Ausdehnung würde vielmehr mit Rücksicht auf den Legitimationsgrund der Staatsleistungen – welcher in den Verlusten durch die Säkularisation besteht – ein Verstoß gegen Art. 3 Abs. 1 GG bedeuten, da hier Ungleiches gleich behandelt werden würde; *Droege*, Staatsleistungen an Religionsgemeinschaften im säkularen Kultur- und Sozialstaat, S. 408; für die Ausdehnung *Weiß*, Gleichheit oder Privilegien? – Zur Stellung öffentlich-rechtlicher Religionsgemeinschaften KritV 2000, S. 104, S. 133.

708 *Lipphardt*, Negative Staatsleistungen und Ablösevorbehalt, DVBl. 1975, S. 410 (S. 414); *Zündorf*, Die Ablösung der Staatsleistungen an die Religionsgesellschaften unter dem Grundgesetz, S. 49.

709 *Droege*, Staatsleistungen an Religionsgemeinschaften im säkularen Kultur- und Sozialstaat, S. 200.

Letztlich bedarf es damit jeweils der Überprüfung des Einzelfalles um festzustellen, ob durch Art. 140 GG i.V.m. Art. 138 Abs. 1 WRV eine Bestandsgarantie der Steuervergünstigungen besteht. Dabei kann die Beurteilung aufgrund des historischen Anknüpfungspunkts als Entscheidungsgrundlage schwierig sein[710]. Durch eine Regelvermutung würde das von der Rechtsprechung aufgestellte Kriterium für die Einordnung als negative Staatsleistung umgangen. Dies zeigt die oben dargestellte historische Entwicklung der vor dem 14. August 1919 existierenden Steuergesetze, welche ergibt, dass ein Großteil der derzeit existierenden Steuervergünstigungen und deren Vorläuferregelungen als deren Grundlage erst nach dem maßgeblichen Zeitpunkt einheitlich verfasst wurden. Daher zeigt die historische Analyse der Steuergesetzgebung in Bezug auf die hier relevanten Einzelsteuergesetze, dass diese weitgehend aufgrund der nach dem Ersten Weltkrieg eingeführten Steuersystematik regelmäßig nicht in den Anwendungsbereich der Bestandsgarantie des Art. 140 GG i.V.m. Art. 138 Abs. 1 GG fallen.

Unterscheidungsmerkmal für die Einräumung der heutigen Steuervergünstigungen ist der Status der Religionsgemeinschaft als Körperschaft des öffentlichen Rechts, der prinzipiell von allen Religionsgemeinschaften bei Erfüllung der entsprechenden Voraussetzungen erlangt werden kann. Wenn zudem noch in den heutigen Steuergesetzen eine Differenzierung aufgrund der historischen Entwicklung vorliegen würde, wäre die Kritik an der Einordnung von Steuervergünstigungen als Staatsleistungen gemäß Art. 140 GG i.V.m. Art. 138 Abs. 1 WRV berechtigt. Denn dann würde für die Differenzierung auf Kriterien aus der Zeit vor dem Geltungszeitraum der Einzelsteuergesetze zurückgegriffen, was eine Ungleichbehandlung zur Folge hätte. Einziger Tatbestand in diesem Zusammenhang, der konkrete historische Bezüge aufweist, ist die Grundsteuerbefreiung der jüdischen Kultusgemeinden gemäß § 3 Abs. 1 S. 1 Nr. 4 S. 2 GrStG. Diese Steuervergünstigung wurde ausschließlich wegen des den Juden im Nationalsozialismus zugefügten Unrechts eingeführt[711]. Daher weist diese Steuervergünstigung in ihrer Differenzierung aufgrund historischer Gegebenheiten keinen Bezug zu dem hier behandelten Art. 140 GG i.V.m. Art. 138 Abs. 1 WRV auf.

---

710 Vgl. *Peter*, zur geschichtlichen Grundlegung der Staatsleistungen an die evangelische und katholische Kirche unter besonderer Berücksichtigung der baden-württembergischen Gebiete, S. 123; zudem trifft die jeweils betroffene Religionsgemeinschaft die Beweislast, *Huber*, Die Garantie der kirchlichen Vermögensrechte in der Weimarer Verfassung, S. 93.

711 Dies ergibt sich schon aus der Begründung zum Grundsteuergesetz vom 10.08.1951, BGBl. I 1951, S. 519.

Insofern ist die Forderung nach der „Beseitigung der Emotionen provozierenden historischen Staatsleistungen, um kulturstaatsaktivierende Lösungen in einem religiös-weltanschaulichen Staat zu schaffen“[712] zwar teilweise verständlich, aber mit Rücksicht auf die Bedeutung der historischen Auslegung des Art. 140 GG i.V.m. Art. 138 Abs. 1 WRV und dessen Bedingungen an diese Beseitigung und andererseits des Angebotscharakters des Art. 140 GG i.V.m. Art. 137 Abs. 5 WRV nicht ohne weiteres umsetzbar.

Die Zweckrichtung der steuerlichen Begünstigung und der Grund für die Unterscheidung nach dem Status der Religionsgemeinschaften werden heutzutage eher mit der Bedeutung der mit dem Körperschaftstatus verbundenen Stellung und der Verantwortung für die staatliche Rechtsordnung begründet[713]. Zumindest wird durch den historischen Kontext deutlich, wie es zu einer steuerlichen Begünstigung der Religionsgemeinschaften und der theoretischen verfassungsrechtlichen Garantie der Steuervergünstigungen kommen konnte[714]. Betrachtet man den Zeitpunkt des Inkrafttretens der derzeitigen Steuergesetze und deren Bezug zu dem Status als Körperschaft des öffentlichen Rechts, ist der Garantie des Art. 140 GG i.V.m. Art. 138 Abs. 1 WRV für die hier behandelte Fragestellung als kaum praktisch relevant zu charakterisieren; es steht – mit Rücksicht auf dessen Bedeutung im heutigen System der Steuervergünstigungen – der Anknüpfungspunkt des Art. 140 GG i.V.m. Art. 137 Abs. 5 WRV als verfassungsrechtlicher Rechtfertigungsgrund für die genannten Differenzierungen im Vordergrund.

III. Prinzip der weltanschaulich-religiösen Neutralität des Staates

Teilweise wird gefordert, dass die differenzierende Systematik der Steuervergünstigungen als Bestandteil der an Art. 140 GG i.V.m. Art. 137 Abs. 5 WRV anknüpfenden einfachgesetzlichen Vergünstigungen sich aufgrund der unterschiedlichen Behandlung der Religionsgemeinschaften vor den Grundsätzen der Neutralität und Parität rechtfertigen muss und dadurch ein weiterer Begründungszwang besteht[715].

---

712 So die Formulierung bei *v. Campenhausen/ de Wall*, Staatskirchenrecht, S. 289

713 Beispielsweise BVerfG, Beschluss v. 04.10.1965 – 1 BvR 498/62, BVerfGE 19, S. 129, (S. 134).

714 *Axer*, Die Steuervergünstigungen für die Kirchen im Staat des Grundgesetzes, Archiv für katholisches Kirchenrecht, 1987, S. 460, (S. 464).

715 So *Magen*, Körperschaftstatus und Religionsfreiheit, Körperschaftstatus und Religionsfreiheit, S. 202.

Aus dem Verbot der Staatskirche, Art. 140 GG i.V.m. 137 Abs. 1 WRV, der Gewährleistung der Religionsfreiheit, Art. 4 Abs. 1, 2 GG, den Gleichheitsrechten der Art. 3 Abs. 3 S. 1, 33 Abs. 3 GG, Art. 140 GG i.V.m. 136 Abs. 2 WRV und aus Art. 140 GG i.V.m. Art. 136 Abs. 1 WRV wird der Grundsatz der religiösen und weltanschaulichen Neutralität des Staates als „Heimstatt aller Staatsbürger" hergeleitet[716]. Einschlägig für die religiös-weltanschauliche Unparteilichkeit ist als Kern und Ausgangspunkt die religiös-weltanschauliche Gleichheit des 3 Abs. 3 GG[717]. Denn danach darf niemand „wegen ... seines Glaubens, seiner religiösen Anschauungen benachteiligt oder bevorzugt werden", Art. 3 Abs. 3 S. 1 GG. Art. 3 Abs. 3 GG stellt daher ein absolutes Differenzierungsverbot dar[718]. Zu berücksichtigen ist, dass es sich bei der weltanschaulich-religiösen Neutralität um einen aus der Zusammenschau der genannten Normen ergebenden Grundsatz, nicht aber um eine subsumtionsfähige Regel handelt[719]. Es ist dem religiös-weltanschaulich neutralen Staat verwehrt, Glauben und Lehre als solche zu bewerten; maßgeblich ist vielmehr das tatsächliche Verhalten der Religionsgemeinschaft[720].

1. Neutralitätsgebot und Differenzierung nach dem Rechtsstatus der Religionsgemeinschaften

Gemessen an dem Maßstab des Neutralitätsgrundsatzes rechtfertigen die unterschiedlichen Rechtsformen von Religionsgemeinschaften daher keine

716 BVerfG, Urteil v. 14.12.1965 – 1 BvR 413, 416/60, BVerfGE 19, S. 206 (S. 216); BVerfG, Beschluss v. 16.05.1995 – 1 BvR 1087/91; BVerfG, Beschluss vom 16.10.1968 – 1 BvR 241/66, BVerfGE 24, S. 236, (S. 245 f.); BVerfG, Beschluss vom 16.05.1995 – 1 BvR 1087/91, BVerfGE 93, S. 1 (S. 17); BVerfG, *Urteil* vom 24.09.2003 – 2 BvR 1436/02, BVerfGE 108, S. 282 (S. 299); grundlegend zum Neutralitätsprinzip siehe *Schlaich*, Neutralität als verfassungsrechtliches Prinzip; *Huster*, Die ethische Neutralität des Staates; zur Bedeutung der Neutralitätsproblematik als „Ewigkeitsfrage" des Staatskirchenrechts mit kritischem Blick auf die derzeitige Entwicklung, *Heinig*, Verschärfung der oder Abschied von der Neutralität?, JZ 2009, S. 1136 ff.; *Holzke*, Die „Neutralität" des Staates in Fragen der Religion und Weltanschauung, NVwZ 2002, S. 903 ff.; zur Neutralität als Chancengleichheit auch bezüglich finanzieller Fördermaßnahmen, *Maunz*, Die religiöse Neutralität des Staates, Archiv für katholisches Kirchenrecht, 1970, S. 427 (S. 432 f.).

717 So auch *Czermak*, Religions- und Weltanschauungsrecht, Rn. 161.

718 Beispielsweise *Starck*, in: v. Mangoldt/Klein/Starck, GG, Art. 3, Rn. 377 ff.; *Heun*, in: Dreier, GG, Art. 3, Rn. 118.

719 *Waldhoff*, Neue Religionskonflikte und staatliche Neutralität, Gutachten zum 68. Deutschen Juristentag, S. 37.

720 BVerfG, Urteil v. 19.12.2000 – 2 BvR 1500/97, BVerfGE 102, S. 370, (S. 397).

Unterschiede mit Auswirkungen unmittelbar im religiösen Kernstatus, also im Anwendungsbereich von Art. 4 Abs. 1 GG und 137 Abs. 3 GG[721]. Folglich ermöglicht auch Art. 140 GG i.V.m. Art. 137 Abs. 5 WRV keine Ausnahme vom Verbot der Differenzierung aufgrund von Glaubensinhalten, so dass der religiöse Kernstatus aller Religionsgemeinschaften, wie er von Art. 4 Abs. 1 und Abs. 2 GG sowie Art. 140 GG i.V.m. Art. 137 Abs. 2 bis Abs. 4 WRV bestimmt wird, differenzierungsfest ist[722]. Insofern ist zu erörtern, inwiefern durch die differenzierende Systematik der Steuervergünstigungen in Abhängigkeit vom Status der Körperschaft des öffentlichen Rechts hier ein Verstoß gegen den Neutralitätsgrundsatz gegeben ist.

a) Keine Differenzierung nach Glaubensinhalten

Wie bereits festgestellt, sind aufgrund des Neutralitätsgrundsatzes Differenzierungen unzulässig, die sich an Glaubensinhalten ausrichten[723]. Der Grundsatz verbietet die Parteinahme im Sinne eines Identifikationsgebots für oder gegen eine bestimmte Religion und gewährleistet die Offenheit gegenüber den verschiedenen Religionsgemeinschaften, indem diesen die Möglichkeit gegeben wird, den religiös-weltanschaulichen Überzeugungen auch im öffentlichen Leben Geltung zu verschaffen, auch dort wo der Staat diese fördert [724]. Umgekehrt liegt keine verbotene Anknüpfung vor, wenn

721 *Korioth*, in: Maunz/Dürig, Art. 137 WRV, Rn. 69; *Weber*, Gelöste und ungelöste Probleme des Staatskirchenrechts, NJW 1983, S. 2541 (S. 2543 f.); weitergehend *Heinig*, der davon ausgeht, dass jede einfachgesetzliche Differenzierung zwischen den verschiedenen Religionsgemeinschaften voll begründungspflichtig ist, *Heinig*, Öffentlich-rechtliche Religionsgesellschaften S. 199; im Ergebnis ebenso *Weiß* der aufgrund der unterschiedlichen Größe und gesellschaftlicher Wirksamkeit der einzelnen Religionsgemeinschaften zum einen und der teilweise vorhandenen Schwierigkeiten der Erlangung des Status der Körperschaft des öffentlichen Rechts zum anderen davon ausgeht, dass eine pauschale Differenzierung nach dem Korporationsstatus nicht gerechtfertigt ist, so dass hierfür andere sachliche Kriterien heranzuziehen seien, *Weiß*, Gleichheit oder Privilegien? – Zur Stellung öffentlich-rechtlicher Religionsgemeinschaften, KritV 2000, S. 128 ff.

722 *Kästner*, in: Bonner Kommentar, Art. 140 GG, Rn. 378.

723 BVerfG Urteil v. 14.12.1965 – 1 BvR 413, 416/60, BVerfGE 19, S. 206 (S. 216).

724 BVerfG, Beschluß vom 16.05.1995 – 1 BvR 1087/91, BVerfGE 93, S. 1 (S. 17); *Magen*, in: Körperschaftstatus und Religionsfreiheit, S. 176, S. 195; *Droege*, Staatsleistungen an Religionsgemeinschaften im säkularen Kultur- und Sozialstaat, S. 379 f.; v. *Campenhausen/de Wall*, Staatskirchenrecht, S. 370 f.; daher dient dieser Grundsatz auch als Abwehr religionsspezifischer diskriminierender Wirkungen staatlicher Förderungsleistungen, vgl. *Schlaich*, Neutralität als Verfassungsprinzip, S. 256 f.

eine Begründung ohne Bezugnahme zur Religion für die Ungleichbehandlung vorliegt und diese die Ungleichbehandlung an sich als gerechtfertigt erscheinen lässt[725].

Teilweise wird das Neutralitätsgebot als umfassende Untersagung von Privilegien zugunsten der als Körperschaften des öffentlichen Rechts verfassten Religionsgemeinschaften angesehen[726]. Jüngst beriefen sich etwa privatrechtlich organisierte islamische Kultusgemeinden im Zusammenhang mit der Grundsteuerbefreiung von jüdischen Kultusgemeinden darauf, dass in dieser Hinsicht ein Verstoß gegen Art. 3 Abs. 3 GG gegeben sei[727]. Dies wurde im Ergebnis vom Bundesfinanzhof abgelehnt[728].

Von einer unzulässigen Berücksichtigung kann ausgegangen werden, wenn religiöse Aspekte gerade das Motiv einer Bevorzugung darstellen und die Ungleichbehandlung mit Hinweis auf die konkrete Religion erfolgt[729]. Jedoch verlangt das Verbot der inhaltlichen Identifizierung keine vollständige Indifferenz, so dass der Staat grundsätzlich religiöse Aktivitäten einzelner

---

725 *Droege*, Staatsleistungen an Religionsgemeinschaften im säkularen Kultur- und Sozialstaat, S. 394.

726 *Czermak*, Religions- und Weltanschauungsrecht, Rn. 166; so geht *Britz* davon aus, dass aufgrund des Einflusses der christlichen Tradition sich fast immer Gründe finden lassen, die eine Förderung der entsprechenden Religionsgemeinschaften als positive Neutralität rechtfertigen sollen, was zu einer faktischen Privilegierung führe, *Britz*, Der Einfluss christlicher Tradtition auf die Rechtsauslegung als verfassungsrechtliches Gleichheitsproblem?, JZ 2000, S. 1127 ff.; ebenso sieht *Droege* die Gefahr der Instrumentalisierung der weltanschaulich-religiösen Neutralität in beide Richtungen, *Droege*, Staatsleistungen an Religionsgemeinschaften im säkularen Kultur- und Sozialstaat, S. 376 f.

727 FG Niedersachsen v. 22.01.2009 – 1 K 128/07, DStRE 2008, S. 365; FG Niedersachsen v. 04.09.2007 1 V 129/07 , EFG 2007, S. 1980; FG Düsseldorf v. 28.06.2007 – 11 V 1910/07 A BG, EFG 2007, S. 1463; FG Düsseldorf v. 14.11.2008 – 11 K 1674/08 BG, BeckRS 2008, 26027238; FG Hessen v. 08.05.2008 – 3 K 1844/07, BeckRS 2008, 26025049; FG Hessen v. 08.02.2008 – 3 V 1508/07, BeckRS 2008, 26025049; FG Köln v. 05.09.2007 – 4 V 2092/07, EFG 2007, S. 1981; FG Münster, 26.03.2008 – 3 V 4751/07 EW, EFG 2008, S. 1321.

728 BFH, Urteil v. 30.06.2010 – II R 7/09, BStBl. II 2011, S. 48, Vorinstanz FG Düsseldorf v. 14.11.2008 – 11 K 4225/07 BG.

729 BVerfG, Beschluß vom 7. 5. 1953 – 1 BvL 104/52, BVerfGE 2, S. 266 (S. 286); BVerfG, Beschluß vom 24. 9. 1965 – 1 BvR 228/65, BVerfGE 19, S. 119 (S. 126); *Pirson*, Die Förderung der Kirchen als staatliche Aufgabe des säkularen Staates, Essener Gespräche zum Thema Staat und Kirche, Bd. 28, 1994, S. 83 (S. 94).

Religionsgemeinschaften fördern kann[730]. Dies wird als Konzept der fördernden Neutralität bezeichnet[731]. So werden gerade im Gemeinnützigkeitsrecht Religionsgemeinschaften in § 54 AO und § 52 Abs. 2 S. 1 Nr. 2 AO aufgrund ihrer religiösen Aktivität gefördert[732]. Insoweit kann nur dann ein Verstoß gegen den Grundsatz der weltanschaulich-religiösen Neutralität angenommen werden, wenn eine inhaltliche Differenzierung anhand des Glaubens und der Lehre Grundlage der Anwendung der hier gegenständlichen Tatbestände der Steuervergünstigungen und deren differenzierenden Systematik erfolgt. Unter Berücksichtigung dessen darf sich die Verfassung selbst Neutralitätsverstöße erlauben, da es einen verfassungsrechtlich vorgelagerten Neutralitätsbegriff nicht geben kann[733].

b) Differenzierung nur nach dem Status der Körperschaft des öffentlichen Rechts

Was die unterschiedliche Förderung der Religionsgemeinschaften angeht ist festzuhalten, dass die Steuervergünstigungen als fördernde Maßnahmen sich gerade nicht an den inhaltlichen Merkmalen der Religion ausrichten, sondern vielmehr pauschal und formal an den Körperschaftstatus des öffentlichen Rechts anknüpfen[734]. Insofern besteht auch im Hinblick auf die einfachgesetzlich gewährleisteten Steuervergünstigungen kein Bedürfnis seitens des Gesetzgebers, eine an den religiösen Inhalten der Religionsgemeinschaften ausgerichtete differenzierende

---

730 Ebenso *Droege* für die kulturstaatliche Förderung, Staatsleistungen an Religionsgemeinschaften im säkularen Kultur- und Sozialstaat, S. 367 ff., S. 392 f.; ebenfalls argumentierend mit der Förderung im Sozial- und Kulturstaat *Schlaich*, Neutralität als verfassungsrechtliches Prinzip, S. 250 ff.

731 Siehe zur fördernden Religionsneutralität des Grundgesetzes *Waldhoff*, Neue Religionskonflikte und staatliche Neutralität, Gutachten zum 68. Deutschen Juristentag, S. 39 ff.

732 Vgl. § 54 Abs. 2 AO, so dass das Religiöse als Element des Gemeinwohls angesehen wird; *Isensee*, Die Finanzquellen der Kirchen im deutschen Staatskirchenrecht, JuS 1980, S. 94 (S. 96).

733 *Waldhoff*, Neue Religionskonflikte und staatliche Neutralität, Gutachten zum 68. Deutschen Juristentag, S. 38; insbesondere zur Entstehung und Unterscheidung von Verfassung und Verfassungsgesetz *derselbe*, Die Entstehung des Verfassungsgesetzes, in: Depenheuer/Grabenwerther, Verfassungstheorie, § 8.

734 *Kirchhof*, Die Freiheit der Religionen, Essener Gespräche zum Thema Staat und Kirche, Bd. 39, 2005, S. 105 (S. 116), der von einer darauf bezogenen und von der jeweiligen Religion abhängigen Unterscheidungsmöglichkeit des Staates ausgeht; andere Ansicht *Claasen*, Religionsrecht, Rn. 128 m.w. N.

Förderung durch Steuervergünstigungen vorzunehmen. Die bestehenden Steuervergünstigungen knüpfen in keinem Fall an konkrete Religionsinhalte an; Differenzierungskriterium ist stets rein formal der Status der jeweiligen Religionsgemeinschaft.

c) *Aspekt der gestuften Parität*

Die Beachtung der religiös-weltanschaulichen Neutralität des Staates bezüglich der Verteilung staatlicher Leistung und damit der Ausprägung der hier behandelten Steuervergünstigungen als negative Leistungen wird durch den Grundsatz der Parität gewährleistet[735]. Dass der differenzierenden Systematik der Steuervergünstigungen keine neutralitätswidrige inhaltliche Differenzierung zugrunde liegt, ergibt sich damit auch aus dem Aspekt der gestuften Parität. Als Bevorzugungs- und Benachteiligungsverbot ist der Paritätsgrundsatz wesentlicher Bestandteil der religiös-weltanschaulichen Neutralität des modernen Verfassungsstaates. Das religionsrechtliche Paritätsgebot tritt daher als weiteres Grundelement der freiheitlichen Verfassungsordnung neben das Neutralitätsgebot[736]. Das Gebot der religionsrechtlichen Parität hat seine primäre Grundlage im allgemeinen Gleichheitssatz des Art. 3 Abs. 1 GG[737]. So gebietet der Grundsatz der Parität, die verschiedenen Religionsgemeinschaften gleich zu behandeln[738]. Bedeutung kommt dem Grundsatz der Parität

---

735 Vgl. *Droege*, Staatsleistungen an die Religionsgemeinschaften im säkularen Kultur- und Sozialstaat, S. 386.

736 *Winter*, Staatskirchenrecht der Bundesrepublik Deutschland, S. 102; kritisch *Czermak* der zwischen Neutralität und Parität keinen inhaltlichen Unterschied sieht, *Czermak*, Religions- und Weltanschauungsrecht, Rn. 166.

737 Ergänzt wird dieser durch die religionsspezifischen Konkretisierungen in Art. 3 Abs. 3 GG, Art. 33 Abs. 3 GG, Art. 136 Abs. 1, 2, 137 Abs. 5 2, Abs. 7 WRV i.V.m. Art. 140 GG, vgl. *Droege*, Staatsleistungen an die Religionsgemeinschaften im säkularen Kultur- und Sozialstaat, S. 386; *Heinig*, Öffentlich-rechtliche Religionsgesellschaften, S. 183 ff.; *Winter*, Staatskirchenrecht der Bundesrepublik Deutschland, S. 103; *Heckel*, Gleichheit oder Privilegien?, S. 2 ff.; *Morlok*, in: Dreier, GG, Art. 140, Rn. 36.

738 Abgeleitet wird dieser Grundsatz aus Art. 137 Abs. 1, 3 i.V.m. Art. 3 Abs. 1 GG, BVerfG, Urteil v. 24.09.2003 – 2 BvR 1436/02, BVerfGE 108, S. 282 (S. 299 f.); BVerfG, Urteil v. 14.12.1965 – 1 BvR 413, 416/60, BVerfGE 19, S. 206 (S. 216 f.); BVerfG Beschluss v. 28.04.1965 – 1 BvR 346/61, BVerfGE 19, S. 1 (S. 6 ff.); ausführlich zur Anwendung des Gleichheitssatzes im Zusammenhang mit den Religionsgemeinschaften siehe *Heckel*, Die religionsrechtliche Parität, in: Handbuch des Staatskirchenrechts Bd. 1, S. 589 ff.; *derselbe*, Gleichheit oder Privilegien, S. 1 ff.

aufgrund der Tatsache zu, dass die Steuervergünstigungen in Abhängigkeit vom Status der Körperschaft des öffentlichen Rechts erfolgen[739]. Bezüglich der Steuervergünstigungen zugunsten der Körperschaften des öffentlichen Rechts ist die Parität korporative Dimension des religiösen Diskriminierungsverbot und als Gleichbehandlungsgebot eine Ergänzung des Neutralitätsgrundsatzes[740]. Denn wenn der Staat sich in religiösen Fragen neutral verhalten soll, diese aber nicht ignorieren darf, kann er diesen Grundsatz nur einhalten, indem er alle Religionsgemeinschaften in gleicher Weise beachtet[741]. Es sind dabei grundsätzlich Differenzierungen zulässig, die durch tatsächliche Verschiedenheiten der einzelnen Religionsgemeinschaften bedingt sind, so dass eine unterschiedliche Förderung aufgrund von sachlichen Gesichtspunkten gerechtfertigt ist[742]. Als konkreter Rechtfertigungsgrund ist auch eine Differenzierung nach Größe und Bedeutung der Religionsgemeinschaften für die öffentliche Gesamtordnung möglich[743].

Historisch gesehen wurde der Grundsatz der Parität und die Gleichstellung unterschiedlich organisierter Religionsgemeinschaften insbesondere durch den Prozess der Säkularisation etabliert[744]. Im Laufe der Zeit wurde dadurch auch kleinen Religionsgemeinschaften der Erwerb des Status der Körperschaft des öffentlichen Rechts ermöglicht[745]. In der Weimarer Reichsverfassung wurde die vorherige mehrstufige Parität durch die Gleichheit aller Religionsgemeinschaften im Grundstatus aufgehoben, Art. 137 Abs. 2 WRV[746]. Durch die Inkorporation des Art. 137 Abs. 2 WRV in das heutige Grundgesetz gilt dies weiterhin.

---

739 Vgl. *Isensee*, Staatsleistungen an die Kirchen und Religionsgemeinschaften, in: Handbuch des Staatskirchenrechts der Bundesrepublik Deutschland, Bd. 1, S. 1009 (S. 1058), Rn. 186 mit Nachweisen zu kritischer Literatur.

740 Zum allgemeinen Gleichheitssatz im Steuerrecht im Kontext von Steuervergünstigungen siehe *Jochum*, Die Steuervergünstigung, S. 90 ff.

741 *Classen*, Religionsrecht, Rn. 127.

742 *Robbers*, Förderung der Kirchen durch den Staat, in: Handbuch des Staatskirchenrechts der Bundesrepublik Deutschland, Bd. 1, S. 867 (S. 880 f.).

743 *Hollerbach*, Bundesverfassungsgericht und Staatskirchenrecht, AöR, Bd. 92, 1967, S. 99 (S. 112).

744 *Huber*, Deutsche Verfassungsgeschichte seit 1789, Bd. 1, S. 397 ff.

745 *Heckel*, Die religionsrechtliche Parität, in: Handbuch des Staatskirchenrechts der Bundesrepublik Deutschland, Bd. 1, S. 589 (S. 605) der Art. 137 Abs. 5 WRV als einzige explizite Paritäts-Norm der Weimarer Reichsverfassung bezeichnet; *Magen*, Körperschaftstatus und Religionsfreiheit, S. 170 ff.

746 Zum Grundstatus der Religionsgemeinschaften siehe *v. Campenhausen/de Wall*, Staatskirchenrecht, S. 119 ff.

Aufgrund der Differenzierung nach dem Rechtsstatus der Religionsgemeinschaften und der daraus resultierenden unterschiedlichen Systematik der Steuervergünstigungen auf einfachgesetzlicher Ebene erlangen die korporierten Religionsgemeinschaften grundsätzlich und pauschal Steuervergünstigungen, während die privatrechtlich verfassten Religionsgemeinschaften die Voraussetzungen des Gemeinnützigkeitsrechts erfüllen müssen. So äußern kritische Stimmen Zweifel an der Vereinbarkeit der Vorrechte zugunsten der als Körperschaften des öffentlichen Rechts verfassten Religionsgemeinschaften und damit auch der Steuervergünstigungen mit dem Gleichheitssatz[747]. Die ausschließliche Anknüpfung an die Rechtsform von Religionsgemeinschaften wird im Einzelfall unter dem Gesichtspunkt des Paritätsgebots als problematische Ungleichbehandlung angesehen[748].

Der Grundsatz der Parität nimmt freilich als solcher bereits eine Differenzierung zwischen den Religionsgemeinschaften vor. Wie bereits erläutert, werden die konkreten Rechtsformen der Religionsgemeinschaften vom Grundgesetz in ein „Zwei-Klassen-System" eingeordnet, welches die privatrechtliche Organisationsform auf der einen Seite und die öffentlich-rechtliche Organisationsform als Körperschaft des öffentlichen Rechts auf der anderen Seite vorsieht[749]. Damit ist bereits im Grundgesetz selbst die Unterscheidung zwischen den privatrechtlich organisierten Religionsgemeinschaften und denen, die als Körperschaften des öffentlichen Rechts verfasst sind, angelegt. Durch die Unterscheidung an sich ist der Gleichheitsgrundsatz mithin nicht berührt[750]. Aufgrund des Zustandes der gestuften Parität[751] kann trotz der grundsätzlich in Art. 140 GG i.V.m. Art. 137 Abs. 2 WRV angelegten Gleichbehandlung der Religionsgemeinschaften auch heute wegen der Sonderstellung der Körperschaften des öffentlichen Rechts von einer faktisch existierenden mehrstufigen Parität durch das Grundgesetz selbst ausgegangen werden[752]. Als Beispiel möge hier § 54 AO dienen,

747 *Weiß*, Gleichheit oder Privilegien? – Zur Stellung öffentlich-rechtlicher Religionsgemeinschaften, KritV 2000, S. 104 (S. 128 ff.); *Brenner*, Staat und Religion, Veröffentlichungen der Vereinigung der Deutschen Staatsrechtslehrer, Heft 59, S. 265 (S. 285 f.); *Czermak*, Religions- und Weltanschauungsrecht, Rn. 196.

748 So *Morlok*, in: Dreier, GG, Art. 137 WRV, Rn. 96.

749 *V. Campenhausen/de Wall*, Staatskirchenrecht, S. 129.

750 *Korioth*, in: Maunz/Dürig, GG, Art. 137 WRV, Rn. 66.

751 Siehe hierzu *Unruh*, Religionsverfassungsrecht, S. 106; *Korioth*, in: Maunz/Dürig, Art. 137 WRV, Rn. 69; *v. Campenhausen/de Wall*, Staatskirchenrecht, S. 91 f., S. 129.

752 *Czermak*, Religions- und Weltanschauungsrecht, Rn. 180 f.; wobei diskutiert wird, ob von einem zweistufigen System mit dem Unterscheidungsmerkmal des Körperschaftstatus des öffentlichen Rechts oder von einem dreistufigen System, welches zusätzlich die beiden großen christlichen Kirchen von den übrigen als Körperschaften des öffentlichen

der nur für die als Körperschaften des öffentlichen Rechts verfassten Religionsgemeinschaften gilt. Entsprechend der skizzierten mehrstufigen Parität kann grundsätzlich davon ausgegangen werden, dass keine schematische Gleichbehandlung wegen des Grundsatzes der Parität erfolgen muss[753]. Denn zu berücksichtigen ist gerade in Hinblick auf die hier behandelten Steuervergünstigungen, dass die Parität nicht auf Ergebnisgleichheit abzielt, sondern auf Gleichheit in den Chancen der Verwirklichung religiöser Interessen; andernfalls würde die Religionsfreiheit faktisch negiert[754]. Denn neutrale Differenzierungen, die sich an säkularen Kriterien ausrichten, bedeuten letztlich Chancengleichheit[755]. Dies spiegelt sich letztlich auch im Charakter des Status der Körperschaft des öffentlichen Rechts als Angebot an die Religionsgemeinschaften wider. Ein Verstoß gegen den Grundsatz der Parität ist daher im Ergebnis nicht gegeben. Vielmehr legt im Zusammenhang mit der Systematik der Steuervergünstigungen die Verfassung selbst die hier behandelte Ungleichbehandlung fest, so dass schon aus diesem Grund keine Verletzung der weltanschaulich-religiösen Neutralität anzunehmen.

d) *Zwischenergebnis*

Aus dem Gebot der Neutralität kann nur ein Verbot der unmittelbaren Bewertung des Inhalts einer Religion durch den Staat gefolgert werden, entgegenstehende Verfassungsnormen mit nicht „neutralem" Regelungsgehalt kann der aus einer Zusammenschau einzelner Verfassungsrechtssätze gebildete Grundsatz nicht vollständig überspielen[756]. Dies gilt auch für die Differenzierung der Systematik der Steuervergünstigungen anhand des Status der Religionsgemeinschaften, anknüpfend an Art. 140 GG i.V.m. Art. 137 Abs. 5 WRV. In der unterschiedlichen Auswirkung der verfassungsrechtlichen Differenzierung auf die korporierten und

---

Rechts verfassten Religionsgemeinschaften unterscheidet, auszugehen ist, vgl. *v. Campenhausen/de Wall*, Staatskirchenrecht, S. 91 f., Fn. 9 m.w.N.

753 *V. Campenhausen/de Wall*, Staatskirchenrecht, S. 91; vgl. *Heckel*, Gleichheit oder Privilegien?, S. 23 ff.

754 *Heinig*, Öffentlich-rechtliche Religionsgesellschaften, S. 182.

755 Vgl. *Droege*, Staatsleistungen an Religionsgemeinschaften im säkularen Kultur- und Sozialstaat, S. 403 f.

756 *Grzeszick*, Verfassungstheoretische Grundlagen des Verhältnisses von Staat und Religion, in: Heinig/Walter, Staatskirchenrecht oder Religionsverfassungsrecht, S. 131, (S. 144); kritisch zur Säkularität und Neutralität als Verfassungsvoraussetzung *Möllers*, Religiöse Freiheit als Gefahr?, Veröffentlichungen der Vereinigung der Deutschen Staatsrechtslehrer, Heft 68, 2009, S. 47 (53 ff., 89).

die privatrechtlich organisierten Religionsgemeinschaften kann keine Verletzung der weltanschaulich-religiösen Neutralität des Staates gesehen werden[757]. Diese Differenzierung ergibt sich schon auf Ebene der Verfassung, so dass kein Verstoß gegen den gleichrangig bestehenden Grundsatz der weltanschaulich-religiösen Neutralität vorliegen kann.

Die Anknüpfung der Steuervergünstigungen an den Rechtsstatus als Körperschaft des öffentlichen Rechts ist im Ergebnis als religionsneutraler Vorgang anzusehen. Andernfalls müsste im Wortlaut der Regelungen der Steuervergünstigungen zugunsten der Körperschaften des öffentlichen Rechts ein Bezug zum inhaltlichen Merkmal der konkreten religiösen Ausrichtung vorhanden sein. Dies ist nicht der Fall[758]. So verbietet etwa die grundrechtlich geschützte Religionsausübung die Besteuerung gewerblicher oder beruflicher Unternehmertätigkeit auch dann nicht, wenn diese mit der Religionsausübung in Verbindung steht. Denn diese finanzielle Belastung knüpft an einen religionsneutralen Vorgang an und hat nicht die Religionsausübung als solche zum Gegenstand[759]. Ferner kann auch nicht behauptet werden, dass neutral begründete Normen und unmittelbare formale Gleichbehandlung mittelbar nach den unterschiedlichen Glaubensinhalten differenzieren, wie es bei der Erstattungsfähigkeit von angemessenen Beerdigungskosten gemäß § 15 BSHG in Bezug auf die muslimische Leichenwäsche der Fall gewesen ist[760].

Zudem ist in diesem Zusammenhang wiederum darauf zu verweisen, dass über die Regeln des Gemeinnützigkeitsrechts die Möglichkeit zugunsten der privatrechtlich organisierten Religionsgemeinschaften besteht, Steuervergünstigungen gerade aufgrund der Einordnung als Religionsgemeinschaft zu erlangen, § 52 Abs. 2 S. 1 Nr. 2 AO. Insofern werden hier im Endeffekt die privatrechtlich organisierten Religionsgemeinschaften nicht aufgrund ihrer inhaltlichen Ausrichtungen von der Förderung als Religionsgemeinschaft durch Steuervergünstigungen ausgeschlossen. Damit erfolgt im Ergebnis hier auch keine Diffe-

---

757 Dieses gilt, sofern nicht durch die abstrakt-generelle Rechtsnorm als solche und damit in der Begründung diskriminiert wird, *Waldhoff*, Neue Religionskonflikte und staatliche Neutralität, Gutachten zum 68. Deutschen Juristentag, S. 43 f.

758 Vgl. § 1 Abs. 1 KStG; § 3 Nr. 6 S. 1 GewStG; § 13 Abs. 1 Nr. 16 a) ErbStG; § 3 Abs. 1 S. 1 Nr. 4 GrStG; § 2 Abs. 3 UStG; § 4 Nr. 1 GrEStG; § 10 Abs. 1 Nr. 4 EStG; § 3 Nr. 26 EStG; § 10 b Abs. 1 S. 1 Nr. 1 EStG; § 6 Abs. 1 Nr. 4 S. 4 EStG.

759 BVerfG Beschluss v. 04.10.1965 – 1 BvR 498/62, BVerfGE 19, S. 129, (S. 133).

760 VG Berlin v. 03.11.1992 – 8 A 286/89, NVwZ 1994, S. 617; vgl. *Britz*, Der Einfluss christlicher Tradtition auf die Rechtsauslegung als verfassungsrechtliches Gleichheitsproblem?, JZ 2000, S. 1127 (S. 1132 f.).

renzierung, die den religiösen Kernstatus in neutralitätswidriger Weise tangiert.

2. Neutralitätsgebot bezüglich der fehlenden Wirkungsmöglichkeit als Religionsgemeinschaft

Eine an den religiösen Inhalten ausgerichtete Differenzierung, die den Neutralitätsgrundsatz in Frage stellt, könnte deswegen gegeben sein, da es vielen – größenmäßig nicht unbedeutenden[761] – Religionsgemeinschaften aufgrund ihrer Struktur nicht möglich ist, den Status einer Körperschaft des öffentlichen Rechts zu erlangen. Soweit die strukturellen Defizite oder Ausrichtungen als Ausfluss der religiösen Inhalte einzuordnen sind, könnten die mangels des vorhandenen Status der Körperschaft des öffentlichen Rechts nicht gewährleisteten Steuervergünstigungen als Verstoß gegen den Neutralitätsgrundsatz eingeordnet werden[762]. So wird kritisch angemerkt, dass die den als Körperschaften des öffentlichen Rechts verfassten Religionsgemeinschaften eingeräumten Beteiligungs- und Einflussmöglichkeiten diesen Gemeinschaften verhältnismäßig gesehen die gesteigerte Möglichkeit biete, ihre Glaubensaussagen im öffentlichen Leben einzubringen, woraus eine Benachteiligung der privatrechtlich organisierten Religionsgemeinschaften folgen soll[763].

Die hier in Frage stehenden Steuervergünstigungen sind eine rein finanzielle Förderung in der Form einer negativen Leistung. Aus der Förderung der Religionsgemeinschaften auf diesem Wege ergibt sich jedoch keinerlei zusätzliche inhaltliche Möglichkeit, Einfluss auszuüben oder das religiöse Bekenntnis zu verkünden. Zudem folgt hieraus keine Parteinahme für oder

---

761 Nach Angaben des REMID Instituts leben um die 3,5 Millionen Muslime in Deutschland, wobei die Moscheengemeinden teilweise über 100.000 Mitglieder umfassen, Statistik des Religionswissenschaftlichen Medien- und Informationsdienstes e.V. zu den Mitglieder/Anhängerzahlen von Religionsgemeinschaften in Deutschland für das Jahr 2007.

762 So leitet *Weiß* aus der staatlichen Neutralität gegenüber Religionsgemeinschaften aufgrund von Art. 4 GG einen Schutz und Förderung der Bedürfnisverwirklichung einzelner religiöser Gruppen im pluralistischen Gemeinwesen ab und äußert Bedenken, dass derzeit eine „Zementierung bestehender religiöser Anschauungen" aufgrund der Förderung der als Körperschaften des öffentlichen Rechts verfassten Religionsgemeinschaften erfolgt, *Weiß*, Gleichheit oder Privilegien? – Zur Stellung öffentlich-rechtlicher Religionsgemeinschaften, KritV 2000, S. 104 (S. 138 f.).

763 *Weiß*, Gleichheit oder Privilegien? – Zur Stellung öffentlich-rechtlicher Religionsgemeinschaften, KritV 2000, S. 104 (S. 110).

gegen ein bestimmtes konkretes Bekenntnis. Denn über die Geltendmachung der Steuervergünstigungen des Gemeinnützigkeitsrechts besteht auch für die Religionsausübung die Möglichkeit der privatrechtlich organisierten Religionsgemeinschaften, entsprechende Steuervergünstigungen zu erlangen, § 52 Abs. 2 S. 1 Nr. 2 AO. Zwar trifft den Staat auch im Bereich des Art. 4 GG die Pflicht der Grundrechtsförderung als öffentliche Aufgabe, worunter auch die gesellschaftlichen Voraussetzungen der praktischen individuellen und kollektiven Ausübung der grundrechtlichen Freiheiten und Grundrechtsinteressen fallen[764]. Hieraus kann sich aber kein Anspruch im Sinne eines finanziellen Gleichstellungs- und Leistungsanspruchs ergeben[765]. So ist entsprechend davon auszugehen, dass diese Art der Förderung seitens des Staates Bestandteil der pluralen Kulturförderung ist. Es liegt also kein Verletzung des Grundsatzes der weltanschaulich-religiösen Neutralität vor[766].

IV. Zwischenergebnis

Wie eingangs erwähnt wird seitens kritischer Stimmen mit Rücksicht darauf, dass die Steuervergünstigungen gerade nicht als umfassende Privilegien notwendigerweise und unmittelbar aus dem verliehenen Status der Körperschaft des öffentlichen Rechts folgen, eine verfassungsrechtliche Begründung dafür gefordert, warum diese nicht für privatrechtliche Religionsgemeinschaften gelten sollen[767].

---

764 Vgl. hierzu *Häberle*, Grundrechte im Leistungsstaat, Veröffentlichungen der Vereinigung der deutschen Staatsrechtslehrer, Heft 30, S. 43 ff.

765 Vgl. *Droege*, Staatsleistungen an Religionsgemeinschaften im säkularen Kultur- und Sozialstaat, 483 ff.; *v. Campenhausen/de Wall*, Staatskirchenrecht, S. 65 f.; weiterführend *Pagels*, Schutz- und förderpflichtrechtliche Aspekte der Religionsfreiheit 1999, S. 119 ff.

766 *Clement*, Die politische Praxis staatlicher Kirchenförderung, Essener Gespräche, Bd. 28, 1994, S. 41 (S. 45); kritisch *Fischer*, Volkskirche ade! Trennung von Staat und Kirche, S. 91 ff.; ausführlich zu den verfassungsrechtlichen Maßgaben der kulturstaatlichen Förderleistung des Staates an Religionsgemeinschaften siehe *Droege*, Staatsleistungen an Religionsgemeinschaften im säkularen Kultur- und Sozialstaat, S. 367 ff.

767 *Czermak*, Religions- und Weltanschauungsrecht, Rn. 196; *Weiß*, Gleichheit oder Privilegien? – Zur Stellung öffentlich-rechtlicher Religionsgemeinschaften, KritV 2000, S. 104 (S. 110 f.); grundsätzlich ist die Einräumung unterschiedlicher Rechte in Abhängigkeit von der Rechtsform nur verfassungsrechtlich gerechtfertigt, wenn die Verfassung selbst die Ungleichheit festlegt. Wenn die Rechte – wie hier die Steuervergünstigungen einfachgesetzlich gewährt werden, erfordert dies eine volle Begründungspflicht, *Heinig*, Öffentlich-rechtliche Religionsgesellschaften, S. 199.

1. Differenzierung nicht aufgrund der sozio-kulturellen Stellung sondern des Status der Religionsgemeinschaften

Überwiegend wird davon ausgegangen, dass die Ungleichbehandlung wegen der gesellschaftlichen und sozialen Stellung und Bedeutung der als Körperschaften des öffentlichen Rechts anerkannter Religionsgemeinschaften auch für die staatliche Rechtsordnung und dem daraus resultierenden Einfluss auf die Gesellschaft gerechtfertigt ist[768]. Als Kriterien für die Einordnung dienen der Grad ihrer öffentlichen Wirksamkeit, ihre kultur- und sozialpolitische Stellung in der Gesellschaft und auch der Status als Körperschaft des öffentlichen Rechts als solcher[769]. *Martin Heckel* spricht in diesem Zusammenhang von einer „sozialen Effizienz" der Religionsgemeinschaften, die den Sozialstaat entlastet[770]. Für das Kriterium der Dauerhaftigkeit ist eine bestimmte Mindestzahl an Mitgliedern zumindest ein Indikator, so dass das Kriterium eine indizielle Wirkung bezüglich der gesellschaftlichen Bedeutung der Religionsgemeinschaften enthält[771]. So empfahl bezogen auf die Mitgliederzahl auch die Kultusministerkonferenz im Jahre 1945 im Zusammenhang mit der Anerkennung als Körperschaft des öffentlichen Rechts, dass diese so groß sein solle, dass die Organisation der Religionsgemeinschaft eine gewisse Bedeutung im öffentlichen Leben erlangt hat[772]. Mit der Verleihung des Status ist

---

768 BVerfG Beschluss v. 04.10.1965 – 1 BvR 498/62, BVerfGE 19, S. 129 (S. 134); *Hesse*, Die Entwicklung des Staatskirchenrechts seit 1945, JöR Bd. 10, 1961, S. 1 (S. 28) m.w.N.; bezogen auf die kulturelle Bedeutung *Heckel*, Das Gleichbehandlungsgebot im Hinblick auf die Religion, in: Handbuch des Staatskirchenrechts der Bundesrepublik Deutschland, Bd. 1, S. 623 (S. 646); *Heckel*, Art. 3 Abs 3 GG. Aspekte des besonderen Gleichheitssatzes, in: Festschrift Dürig, S. 241 (S. 247).

769 BVerwG v. 14.11.1980 – BVerwG 8 C 12.79, BVerwGE 61, S. 152 (S. 158 ff.); *Robbers*, Förderung der Kirchen durch den Staat, in: Handbuch des Staatskirchenrechts der Bundesrepublik Deutschland, Bd. 1, S. 867 (S. 881).

770 *Heckel*, Art. 3 Abs. 3 GG. Aspekte des besonderen Gleichheitssatzes, in: Festschrift Dürig, S. 241 (S. 247).

771 BVerfG v. 19.12.2000 – 2 BvR 1500/97, BVerfGE 102, S. 370 (S. 384); regelmäßig ist hierfür 1 Promille der Bevölkerung eines Bundeslandes als Mitglieder der betreffenden Religionsgemeinschaft erforderlich, *v. Campenhausen/de Wall*, Staatskirchenrecht, S. 135; *Czermak* erwähnt, dass die Mitgliederzahl nicht umschrieben wird, *Czermak*, Religions- und Weltanschauungsrecht, Rn. 198; ebenso *Weber*, Die Verleihung der Körperschaftsrechte an Religionsgemeinschaften, ZevKR, Bd. 34, 1989, S. 337 (S. 356).

772 Empfehlung der Kultusminsterkonferenz von 1945 Nr. 2 c, abgedruckt in: *Weber*, Die Verleihung der Körperschaftsrechte an Religionsgemeinschaften, ZevKR, Bd. 34, 1989, S. 337 (S. 377 f. Anlage 2).

im Ergebnis daher durchaus eine gewisse gesellschaftliche und öffentliche Bedeutung verknüpft. Zumindest die pauschalen Steuervergünstigungen zugunsten der als Körperschaften des öffentlichen Rechts verfassten Religionsgemeinschaften erfolgen jedoch lediglich mit Hilfe der Einordung unter die eigentlichen in den Einzelsteuergesetzen genannten und steuerbegünstigten Körperschaften des öffentlichen Rechts[773]. Somit ist nicht erkennbar, dass hier die Steuervergünstigungen und deren Systematik primär aufgrund der sozialen oder gesellschaftlichen Funktion der Religionsgemeinschaften erfolgt. Entsprechend kommt *Weiß* zu dem Ergebnis, dass keine sachlichen Gründe ersichtlich sind, die beim Privilegienbündel – daher auch bei den hier behandelten Steuervergünstigungen – eine pauschale Unterscheidung zwischen korporierten und nicht korporierten Religionsgemeinschaften rechtfertigen[774]. Der Körperschaftstatus als solcher rechtfertige eine Unterscheidung nur, soweit es um Berechtigungen geht, die mit diesem Status zusammenhängen, was aber bei den Steuervergünstigungen als sonstige Rechte gerade nicht der Fall sei[775].

Zu Recht wird ferner angeführt, dass für die Erlangung des Status einer Körperschaft des öffentlichen Rechts und den daraus auf einfachgesetzlicher Ebene resultierenden Steuervergünstigungen das Ausmaß der gesellschaftlichen Bedeutung kein Kriterium darstellt, sondern lediglich die Gewähr der Dauerhaftigkeit[776]. Entsprechend ist die angeführte Bedeutung der als Körperschaften des öffentlichen Rechts verfassten Religionsgemeinschaften in gesellschaftlicher und sozialer Hinsicht sehr unterschiedlich, was ebenfalls das Argument

773 Beispielsweise § 1 Abs. 1 KStG, vgl. Körperschaftsteuer-Richtlinien 2004, BStBl. I 2004, Sondernr. 2, R 6 I.; Körperschaftsteuer-Richtlinien 2004, BStBl. I 2004, Sondernr. 2, R 6 I.

774 *Weiß*, Gleichheit oder Privilegien? – Zur Stellung öffentlich-rechtlicher Religionsgemeinschaften, KritV 2000, S. 104 (S. 128 ff.).

775 *Weiß*, Gleichheit oder Privilegien? – Zur Stellung öffentlich-rechtlicher Religionsgemeinschaften, KritV 2000, S. 104 (S. 129), (S. 141); Sonderbehandlungen für diejenigen Religionsgemeinschaften, die eine Körperschaft des öffentlichen Rechts sind, können daher in Abweichung von und somit unbeschadet der Dogmatik zu Art. 3 GG nur gerechtfertigt werden, wenn sie sich aus der Stellung als öffentlich-rechtliche Körperschaft ergeben, *Weiß*, Gleichheit oder Privilegien – Zur Stellung öffentlich-rechtlicher Religionsgemeinschaften, KritV 2000, S. 104 (S. 111).

776 *Weiß*, Gleichheit oder Privilegien? – Zur Stellung öffentlich-rechtlicher Religionsgemeinschaften, KritV 2000, S. 104 (S. 107); *Weber*, Gelöste und ungelöste Probleme des Staatskirchenrechts, NJW 1983, S. 2541 (S. 2543 f.); *Czermak*, Religions- und Weltanschauungsrecht, Rn. 196; Magen, Körperschaftstatus und Religionsfreiheit, S. 171 f.

der öffentlichen Bedeutung für die Gesellschaft und die Rechtsordnung in Frage stellt[777]. Letztlich ist als ausschlaggebende Begründung anzusehen, dass die differenzierende Systematik der Steuervergünstigungen in Art. 140 GG i.V.m. Art. 137 Abs. 5 WRV bereits verfassungsrechtlich verankert ist. Es liegt daher eine auf Ebene der Verfassung grundsätzliche gesetzgeberische Entscheidung vor, welche sich auf einfachgesetzlicher Ebene auswirkt. Wie oben festgestellt, liegt mangels inhaltlicher Bewertung der Religionsgemeinschaften keine Verletzung der weltanschaulich-religiösen Neutralität vor.

2. Berechtigung des Staates zu fördernden Maßnahmen

Zu berücksichtigen ist aber der Charakter der Steuervergünstigungen als finanzielle Förderung seitens des Staates in Form der negativen Leistung. Die Steuervergünstigungen als Bestandteil der Korporationsrechte werden aus Sicht des Staates gewissermaßen als fördernde Maßnahme seitens des Staates gewährleistet. So stellt das Bundesverfassungsgericht im Rahmen der Gebührenfreiheit von Religionsgemeinschaften fest, dass die Beschränkung auf Tätigkeiten, die dem öffentlichen Wohle dienen, nicht willkürlich oder sachfremd, sondern eine hinlängliche Rechtfertigung der Gebührenfreiheit darstellt[778]. Ein interessanter Gedanke in diesem Zusammenhang ist, dass durch die Rechtstreue als Kriterium des Art. 140 GG i.V.m. Art. 137 Abs. 5 WRV verfassungsunmittelbar der gemeinnützige Charakter der Tätigkeit der Religionsgemeinschaft anerkannt wird ohne eine Festlegung darauf, ob der soziale Mehrwert aus religiösen Glaubenslehren, religiösen Praktiken oder einem sozialen Engagement herrührt[779]. Jedoch wird eine „Rechtstreue“ im allgemeinen Sinne von allen gesellschaftlichen Akteuren verlangt, insofern ist diese Annahme auch mangels inhaltlichen Bezugs zu den Aktivitäten der Religionsgemeinschaften zu weitgehend.

Mit Rücksicht auf die vielzitierte Sentenz von *Böckenförde*, dass der Staat von Voraussetzungen lebt, die er selbst nicht garantieren kann[780], ist es dem Staat auch

777 *Weiß*, Gleichheit oder Privilegien? – Zur Stellung öffentlich-rechtlicher Religionsgemeinschaften, KritV 2000, S. 104 (S. 107 f.); *Heckel* meint, dass Abstand sogar größer als gegenüber privatrechtlich organisierten Religionsgemeinschaften sei, *Heckel*, Die Kirchen unter dem Grundgesetz, Veröffentlichungen der Vereinigung der Deutschen Staatsrechtslehrer, Heft 26, 1968, S. 5 (S. 56).

778 BVerfG, Beschluss v. 28.04.1965 – BvR 346/61, BVerfGE 19, S. 1 (S. 7).

779 *Magen*, Körperschaftstatus und Religionsfreiheit, S. 183; *Robbers*, Sinn und Zweck des Körperschaftstatus im Staatskirchenrecht, in: Festschrift Heckel, S. 411 (S. 419 f.).

780 *Böckenförde*, Die Entstehung des Staates als Vorgang der Säkularisation, in: Staat Gesellschaft, Freiheit, S. 42 (S. 60).

im Zusammenhang mit der Gemeinwohlfunktion der Religionsgemeinschaften als Körperschaften des öffentlichen Rechts gestattet, jene gesellschaftlichen Kräfte, welche die ihm versagten Leistungen erbringen können, zu fördern[781]. So urteilte das Bundesverwaltungsgericht, dass positive Religionspflege erlaubt sei, und in diesem Zusammenhang nach der äußeren Größe und Verbreitung, nach dem Grad ihrer öffentlichen Wirksamkeit, der kultur- und sozialpolitischen Stellung in der Gesellschaft und dem Rechtsstatus der Religionsgemeinschaften unterschieden werden dürfe[782], so dass auch bei negativen Leistungen des Staates in Form der Steuervergünstigungen eine Differenzierung anhand des Körperschaftstatus möglich sei[783]. Soweit der Zugang zu der Rechtsform der Körperschaft des öffentlichen Rechts garantiert ist, kann eine Differenzierung anhand dieser Rechtsform erfolgen[784], da eine Vielfalt von möglichen Rechtsformen den Grundsatz der Parität eher verwirklicht, als eine strikte gleiche Einordnung aller Religionsgemeinschaften[785]. Durch das Anknüpfen – vorliegend der Steuervergünstigungen – an den Status der Körperschaft des öffentlichen Rechts ist zudem gewährleistet, dass diese Religionsgemeinschaften nach verallgemeinerungsfähigen Kriterien gefördert werden[786]. Zu bedenken ist, dass eine Pflicht des Staates, Leistungen nach dem „Gießkannenprinzip" zu vergeben, ohne eine Wertung des Empfängers und des Zweckes der Leistung, nicht bestehen kann[787].

---

781 *Isensee*, Verfassungsstaatliche Erwartungen an die Kirche, Essener Gespräche zum Thema Staat und Kirche, Bd. 25, 1991, S. 105 (S. 123).

782 BVerwG v. 15.11.1990 - 7 C 9/89, BVerwGE 87, S. 115.

783 Zur Bewertung der als Körperschaften des öffentlichen Rechts organisierten Religionsgemeinschaften unter dem Gesichtspunkt der Gemeinwohldienlichkeit in Hinblick auf das Neutralitätsgebot siehe *Magen*, Körperschaftstatus und Religionsfreiheit, S. 172 ff.

784 Denn das Grundgesetz gebietet keine schematische Gleichbehandlung, vgl. BVerfG Beschluss v. 04.10.1965 - 1 BvR 498/62, BVerfGE 19, S. 129 (S. 134 f.); *Hollerbach*, Grundlagen des Staatskirchenrechts, in: Handbuch des Staatsrechts Bd. 6, 1. Auflage, § 138, Rn. 134.

785 *Heinig*, Öffentlich-rechtliche Religionsgesellschaften, S. 199.

786 *Isensee*, Staatsleistungen an die Kirchen und Religionsgemeinschaften, in: Handbuch des Staatskirchenrechts der Bundesrepublik Deutschland, Bd. 1, S. 1009 (S. 1061).

787 So bezüglich der Vergabe von öffentlichen Mitteln als Leistungen, *Isensee*, Das Dilemma der Freiheit im Grundrechtsstaat, in: Festschrift Heckel S. 739 (S. 771); zum Gedanke der Effektivierung des Grundrechtsschutzes durch Gewährung materieller Ansprüche siehe *Droege*, Staatsleistungen an Religionsgemeinschaften im säkularen Kultur- und Sozialstaat, S. 484 ff.

Entsprechend gestattet der Gleichheitssatz Unterscheidungen, die auf Erwartungen der Verfassung abstellen[788]. Folglich ergibt sich auch aus dem Grundsatz der Parität kein Leistungsanspruch seitens der Religionsgemeinschaften auf eine Gleichstellung in der Systematik der Steuervergünstigungen[789].

Die aus der Systematik der Steuervergünstigungen zugunsten der Körperschaften des öffentlichen Rechts folgenden Vorrechte der Religionsgemeinschaften stehen letztlich pars pro toto für die grundsätzlichen Strukturen des Staatskirchenrechts und deren Herausforderungen unter dem Aspekt der gesellschaftlichen Veränderungen. Wie die Ausführungen im Ergebnis zeigen, ist die Frage danach, ob diese Systematik gerechtfertigt oder obsolet ist, keine rechtsdogmatische, sondern eine verfassungspolitische Frage[790]. Dem neutralen und säkularen Staat ist die Förderung der Religionsgemeinschaften durch Steuervergünstigungen nicht verwehrt, da dies keine Identifikation mit einer bestimmten Religion bedeutet und aus der Freiheit der Religion nicht ein Verbot der Religionsförderung folgt[791]. So gewähren die institutionellen Regelungen des Staatskirchenrechts den aus langer Beziehung zum Staat vertrauten Großkirchen Räume der Autonomie, Gestaltung und Kooperation[792]. Es kann daher von dem Konzept einer fördernden Neutralität gesprochen werden[793]. Auch sind Leistungen des Staates in Form von Steuervergünstigungen keine Besonderheit des deutschen Rechts; so sehen Länder, in denen grundsätzlich von der Trennung von Staat und Religionsgemeinschaften ausgegangen wird, die Möglichkeit von Steuervergünstigungen vor[794]. Auch in solchen

---

788 *Isensee*, Das Dilemma der Freiheit im Grundrechtsstaat, in: Festschrift Heckel S. 739 (S. 771).

789 Vgl. *Droege*, Staatsleistungen an Religionsgemeinschaften im säkularen Kultur- und Sozialstaat, S. 486 ff.

790 Vgl. *Waldhoff*, Die Zukunft des Staatskirchenrechts, Essener Gespräche zum Thema Staat und Kirche, Bd. 42, 2008, S. 55 (S. 56 f.).

791 *Isensee*, Staatsleistungen an die Kirchen und Religionsgemeinschaften, in: Handbuch des Staatskirchenrechts der Bundesrepublik Deutschland, Bd. 1, S. 1009 (S. 1061 f.).

792 *Waldhoff*, Neue Religionskonflikte und staatliche Neutralität, Gutachten für den 68. Deutschen Juristentag, S. 22.

793 *Waldhoff*, Neue Religionskonflikte und staatliche Neutralität, Gutachten für den 68. Deutschen Juristentag, S. 39 ff.

794 Vgl. *Muckel/Ogorek*, Staatliche Kirchen- und Religionsförderung in Deutschland und den USA, DÖV 2003, S. 305 (S. 306 f.); *Pfeffer*, Church, State and Freedom, S. 183 ff.; dogmatische Grundlage zur Beurteilung von Steuervergünstigungen in den Vereinigten Staaten von Amerika hat der Supreme Court in der Entscheidung Walz v. Tax Commission gelegt, Walz v. Tax Commission, 1970, 397 U.S. S. 664 (S. 667);

Staaten bleibt Raum für die finanzielle Unterstützung der Religionsgemeinschaften, da erst, so *Michael Droege*, „die Blindheit der Religion als solcher gegenüber" die Förderung wegen sozialer und kultureller Aktivitäten ermöglicht[795].

Aus verfassungsrechtlicher Perspektive kann als Resümee davon ausgegangen werden, dass die durch den Status der Körperschaft des öffentlichen Rechts ausgehenden Differenzierungen der Steuervergünstigungen von Religionsgemeinschaften gerechtfertigt sind. Der vielzitierten Formulierung *Konrad Hesses*, dass der Status der Körperschaft des öffentlichen Rechts sich als „Crux der staatskirchenrechtlichen Problematik der Gegenwart" erweist[796], ist für den hier untersuchten Bereich nicht zuzustimmen.

---

vgl. *Kauper*, The Walz Decision: More on the Religion Clauses of the first Amendment, Michigan Law Review, Volume 69.1, S. 179ff.; *Quaas*, Staatliche Hilfen an Kirchen und kirchliche Institutionen in den Vereinigten Staaten von Amerika, S. 126 ff.; zur Situation in Frankreich siehe *Metz*, Staat und Kirche in Frankreich, Essener Gespräche zum Thema Staat und Kirche, Bd. 6, 1972, S. 103 (S. 132 f.).

795 *Droege*, Staatsleistungen an die Religionsgemeinschaften im säkularen Kultur- und Sozialstaat, S. 88.

796 *Hesse*, Freie Kirche im demokratischen Gemeinwesen, ZevKR, Bd. 11, 1965, S. 337 (S. 357).

E. Europarechtliche Bezüge

Die europäische Einigung und der damit verbundene Prozess der Integration stellt die rechtlichen Beziehungen der Religionsgemeinschaften zum Staat und das Staatskirchenrecht im Allgemeinen vor Herausforderungen[797]. So nimmt beispielsweise *Richard Puza* bereits eine Europäisierung des Staatskirchenrechts an, welche auf dem Weg zu einem europäischen Religionsrecht sei[798]. Das Europarecht nimmt dabei die Religionsgemeinschaften gerade nicht in ihrer Eigenart als Religionsgemeinschaften in den Blick, sondern betrifft sie insoweit, als ihre Tätigkeiten einzelne Sachbereiche berühren, die zu den Zuständigkeitsbereichen der europäischen Union gehören, was vor allem für Aktivitäten wirtschaftlicher Art gilt[799]. In diesem Zusammenhang sind auch die konkreten Harmonisierungen des Steuerrechts auf europäischer Ebene und deren Auswirkungen

797 Vgl. *Robbers*, Europarecht und Kirchen, Handbuch des Staatskirchenrechts der Bundesrepublik Deutschland, Bd. 1, S. 315 ff.; *Mückl*, Europäisierung des Staatskirchenrechts; *Mückl*, Grundlagen des Staatskirchenrechts; in: Calliess/Ruffert, Verfassung der europäischen Union, Art. I-52, Rn. 1 ff.; *Häberle*, europäische Verfassungslehre, S. 513 ff.; *Starck*, Die Bedeutung des Christentums und der Kirchen für die Europäische Union, Essener Gespräche zum Thema Staat und Kirche, Bd. 31, 1997, S. 5 ff.; *Muckel*, Die Rechtsstellung der Kirchen und Religionsgemeinschaften nach dem Vertrag über eine Verfassung für Europa, DÖV 2005, S. 191 ff.; *Krimphove*, Europäisches Religions- und Weltanschauungsrecht, EuR 2009, S. 330 ff.; *Waldhoff*, Einwirkungen des Völker- und Europarechts, in: Heinig/Walter, Staatskirchenrecht oder Religionsverfassungsrecht?, S. 251 (S. 265 ff.); einen Überblick der jeweiligen Beziehungen zwischen Staat und Religionsgemeinschaften in den Mitgliedstaaten bietet, *Robbers*, Staat und Kirche in der europäischen Union; zur Problematik der funktionellen Perspektive der wirtschaftlich ausgerichteten europäischen Union auf das historisch bedingt institutionell geprägte Staatskirchenrecht siehe: *Waldhoff*, Neue Religionskonflikte und staatliche Neutralität, Gutachten für den 68. Deutschen Juristentag, S. 51 ff.

798 *Puza*, Sind wir auf dem Weg zu einem europäischen Religionsrecht?, in: Puza/Ihli, Kirchen und Religionsgemeinschaften als „Motoren Europas", S. 251 ff.; andere Ansicht etwa *Korioth*, in: Maunz/Dürig, GG, Art. 140 GG, Rn. 41; *Waldhoff*, in: Calliess/Ruffert, EUV/AEUV, Art. 17 AEUV, Rn. 3 ff.

799 *De Wall*, Neue Entwicklungen im Europäischen Staatskirchenrecht, ZevKR, Bd. 47, 2002, S. 205, (S. 207).

auf die nationale Ebene in Form der staatskirchenrechtlichen Strukturen zu berücksichtigen[800].

Es stellt sich die Frage, wie sich die Regelungen des Europarechts zu den hier behandelten Steuervergünstigungen verhalten, insbesondere bezogen auf die differenzierende Systematik der Steuervergünstigungen als Bestandteil der Beziehungen zwischen dem Staat und den Religionsgemeinschaften. Auf Ebene des primären europäischen Rechts sind der neu geschaffene Art. 17 Abs. 1 AEUV und die mögliche Anwendung des europäischen Beihilfenrecht zu erörtern. Hieraus ergibt sich, ob eine Einflussnahme oder zumindest die Möglichkeit dieser auf europarechtlicher Ebene besteht.

Daneben ist die sekundärrechtliche Ebene zu berücksichtigen. Im Sekundärrecht beziehungsweise auf Rechtsanwendungsebene[801] beziehen sich gezielte Regelungen bezüglich der Religionsgemeinschaften nur auf Randbereiche[802]. Eine explizite Bezugnahme und Berücksichtigung der Religionsgemeinschaften erfolgte in der bereits im Zusammenhang mit § 4 Nr. 27 a UStG erwähnten Mehrwertsteuersystemrichtlinie, welche in Art. 132 Abs. 1 lit. k für die Gestellung von Personal durch religiöse Einrichtungen für karitative und seelsorgerische Zwecke eine Steuervergünstigung vorsieht[803]. Anhand von weiteren konkreten Beispielen wird deutlich, dass die einzelstaatlichen Besonderheiten, die sich aus dem Status der Religionsgemeinschaften ergeben, auf europäischer Ebene ausgenommen werden und daher keine Berücksichtigung finden. Von dem in Art. 8 der Datenschutz-Richtlinie bestehenden grundsätzlichen Verbot personenbezogener Daten wurden in Bezug auf religiöse Überzeugungen Religionsgemeinschaften ausgenommen, denn betroffen hiervon war das deutsche System zur Einziehung der Kirchensteuer, welches mittelbar den Status der Religionsgemeinschaften als Körperschaften des öffentlichen Rechts betraf[804]. Ähnlich

---

800 Zur Harmonisierung des Steuerrechts auf europäischer Ebene in Bezug auf die Religionsgemeinschaften siehe *Bloss*, Cuius religio – EU ius regio?, S. 264 ff.

801 In Unterscheidung zur Rechtsgeltungsebene der explizit religionsrechtlichen Normen, siehe hierzu *Waldhoff*, in: Calliess/Ruffert, EUV/AEUV, Art. 17 AEUV, Rn. 7 ff.

802 *Weber*, Religionsrecht und Religionspolitik der EU, NVwZ 2011, S. 1485, (S. 1488); *derselbe*, Geltungsbereiche des primären und sekundären Europarechts, ZevKR, Bd. 47, 2002, S. 221, (S. 229).

803 Mehrwertsteuersystemrichtlinie 2006/112/EG v. 28.11.2006 über das gemeinsame Mehrwertsteuersystem, ABl. EG 2006 Nr. L 347; siehe hierzu *Hüttemann*, Die Besteuerung der öffentlichen Hand, S. 165 ff.

804 Richtlinie zum Schutz natürlicher Personen bei der Verarbeitung von personenbezogener Daten und zum freien Datenverkehr, Abl. EG 1995 Nr. L 281; siehe hierzu

erfolgte bei den europarechtlichen Vorgaben für den europäischen Fernsehmarkt in der Fernsehrichtlinie aus dem Jahr 1997 in Form von Vorgaben für die Übertragung von Gottesdiensten und Sendungen mit religiösen Inhalt sowie der Garantie des Schutzes religiöser Überzeugungen vor Verletzungen durch kommerzielle Werbe- und Shoppingsendungen eine Berücksichtigung beziehungsweise Anerkennung der nationalen Einordnung der Religion und deren Ausprägung[805]. Auch kann als Beispiel die Richtlinie über die Aufnahme und Ausübung der Tätigkeit der Kreditinstitute dienen. Nach dieser werden Forderungen an Religionsgemeinschaften als Körperschaften des öffentlichen Rechts, sofern diese Steuern erheben, im Rahmen der Bankenaufsicht bei der Bewertung der Ausstattung mit Eigenmitteln besonders günstig gewichtet[806]. Insoweit wird dem nationalen Recht mit den jeweiligen Besonderheiten in Bezug auf die Regelungen im Zusammenhang mit Religion und den Religionsgemeinschaften im europäischen Sekundärrecht Vorrang eingeräumt[807]. Daher gilt als ein Grundsatz auf europäischer Ebene die Achtung des Rechtsstatus der Weltanschauungs- und Religionsgemeinschaften nach dem Recht der Mitgliedstaaten[808].

I. Beeinträchtigungsverbot des Art. 17 Abs. 1 AEUV

Ein konkreter Bezug zu den staatskirchenrechtlichen Systemen der Mitgliedstaaten ist in der Erklärung in der Schlussakte zum Amsterdamer Vertrag vorhanden[809], deren Inhalt nunmehr in Art. 17 des Vertrags über die Arbeitsweise

---

Bloss, Cuius religio - EU ius regio?, S. 265; *Weber*, Religionsrecht und Religionspolitik der EU, NVwZ 2011, S. 1485, (S.1488).

805 Richtlinie zur Änderung der Richtlinie 89/552/EWB zur Koordinierung bestimmter Rechts- und Verwaltungsvorschriften der Mitgliedstaaten über die Ausübung der Fernsehtätigkeit v. 30.06.1997, 97/36/EG, Abl. EG Nr. L 202, 60 ff.; siehe hierzu und zu weiteren Beispielen aus dem kollektiven Arbeitsrecht *Bloss*, Cuius religio - EU ius regio?, S. 266 ff.

806 Richtlinie 2000/12/EG v. 20.03.2000 über die Aufnahme und Ausübung der Tätigkeit der Kreditinstitute, Abl. EG Nr. L 126/1, Art. 46; siehe hierzu *de Wall*, Das Religionsrecht der EU, ZevKR, Bd. 50, 2005, S. 383, (S. 390).

807 *Bloss*, Cuius religio - EU ius regio?, S. 271.

808 *V. Campenhausen/de Wall*, Staatskirchenrecht, S. 367; *Weber*, Religionsrecht und Religionspolitik der EU, NVwZ 2011, S. 1485, (S. 1491).

809 Eine Schilderung der Diskussion ist zu finden bei *Schnabel*, Die Stellung der Kirchen im Verfassungsvertrag der EU, KuR 2003, S. 155 (S. 163 ff.); ausführlich zu den Zielen der Norm und deren Hintergrund siehe *Classen*, in: Grabitz/Hilf/Nettesheim, Das Recht der Europäischen Union, Art. 17 AEUV, Rn. 1 ff.

der europäischen Union aufgenommen wurde[810]. In dessen erstem Absatz heißt es:

„Die Europäische Union achtet den Status, den Kirchen und religiöse Vereinigungen oder Gemeinschaften in den Mitgliedstaaten nach deren Rechtsvorschriften genießen, und beeinträchtigt ihn nicht. Die Europäische Union achtet den Status von weltanschaulichen Gemeinschaften in gleicher Weise."

Die ursprüngliche Fassung der Amsterdamer Erklärung wurde ergänzt durch den dritten Absatz des Art. 17 AEUV, der einen offenen, transparenten und regelmäßigen Dialog der europäischen Union mit den Religionsgemeinschaften vorsieht[811]. Bis zu der erfolgten Kodifizierung fehlte eine konkrete Bezugnahme zu den staatskirchenrechtlichen Systemen und den Religionsgemeinschaften als Institutionen[812]. Dies zeigt sich insbesondere darin, dass bis dahin hilfsweise aus anderen Normen diese Bezugnahme hergestellt wurde. So wurde aus der Achtung der nationalen Identität, Art. 6 Abs. 3 EUV – welcher die Union verpflichtet, einen Mindestbestand an Werten, die das Wesen und Selbstverständnis des jeweiligen Staates prägen zu achten – eine europarechtliche Beziehung zu den nationalen Regelungen bezüglich der Religionsgemeinschaften hergestellt[813]. Dabei wurde bereits vor der Kodifizierung des Art. 17 AEUV die Beziehung zwischen Religionsgemeinschaften und Staat als

---

810 Erklärung Nr. 11 in der Schlussakte zum Vertrag vom Amsterdam v. 10.11.1997, Amtsblatt C 340; übernommen in Art. 17 des Vertrags über die Arbeitsweise der EU vom 09.05.2008, Amtsblatt C 115/47; siehe hierzu *Classen*, in: Grabitz/Hilf/Nettesheim, Das Recht der Europäischen Union, Art. 17 AEUV, Rn. 1 ff.; *Streinz*, in: Streinz, EUV/AEUV, Art. 17 AEUV, Rn. 1 ff.: Zur Entwicklung des „europäischen Religionsverfassungsrechts" siehe *Häberle*, Europäische Verfassungslehre, S. 520 ff.

811 „Die Union pflegt mit diesen Kirchen und Gemeinschaften in Anerkennung der Identität und ihres besonderen Beitrags einen offenen, transparenten und regelmäßigen Dialog.", Art. 17 Abs. 3 des Vertrags über die Arbeitsweise der EU vom 09.05.2008, Amtsblatt C 115/47; siehe hierzu *Kotzur* in Geiger/Khan/Kotzur, EUV/AEUV, Art. 17 AEUV, Rn. 1; *Classen*, in: Grabitz/Hilf/Nettesheim, Das Recht der Europäischen Union, Art. 17 AEUV, Rn. 41 ff.

812 Bis dahin wurde lediglich durch Art. 9 EMRK die Religionsfreiheit auf europäischer Ebene verfasst im Sinne einer europäischen Regelung, welche sich auch auf das Selbstbestimmungsrecht der Religionsgemeinschaften an sich bezieht, vgl. *Häberle*, Europäische Verfassungslehre, S. 519; *Robbers*, Europarecht und Kirchen, in: Handbuch des Staatskirchenrechts der Bundesrepublik Deutschland, Bd. 1, S. 315 (S. 316 f.).

813 *Robbers*, Europarecht und Kirchen, in: Handbuch des Staatskirchenrechts der Bundesrepublik Deutschland, Bd. 1, S. 315 (S. 323); *Hillgruber*, Staat und Religion, DVBl. 1999, S. 1155 (S. 1178).

wesentlicher Bestandteil der nationalen Identität angesehen[814]. Die Religionsgemeinschaften werden nunmehr ausgehend von der Kirchenerklärung zum Vertrag von Amsterdam und jetzt durch den Vertrag von Lissabon auch als Institution berücksichtigt[815]. Im Primärrecht wird auf diese Weise Bezug zu den Religionsgemeinschaften genommen und deren intermediären ideellen Leistungen anerkannt[816]. Entsprechend kommt Art. 17 Abs. 1 AEUV in Bezug auf Art. 6 EUV eine klarstellende Funktion und eine darüber hinausgehende Bedeutung zu[817].

1. Inhaltlicher Umfang der Regelung

Häberle sieht die Formulierung des Art. 17 Abs. 1 AEUV als Grundlage eines europäischen Religionsverfassungsrechts an[818]. Einerseits enthält die Vorschrift keinerlei Einräumung einer Regelungskompetenz zugunsten der europäischen Union bezogen auf das Staatskirchenrecht und kann eher als Entgegenwirken der bisherigen Nichtberücksichtigung des institutionsbezogenen Staatskirchenrechts seitens der europäischen Gemeinschaft eingestuft werden[819]. Andererseits kann die europäische Union Rechtsakte setzen, die Auswirkungen auf religionsrechtliche Sachverhalte haben, so dass von einer mittelbaren Sachkompetenz auszugehen ist[820]. Zumindest ist im Ergebnis davon auszugehen, dass diese Vorschrift als zentraler Dreh- und Angelpunkt auf europäischer Ebene in Bezug auf das nationale Staatskirchenrecht anzusehen ist[821]. Konkrete Auswirkungen und Konsequenzen hatte die Kirchenerklärung in Form von Bezugnahme und

---

814 Siehe hierzu *Mückl*, Religions- und Weltanschauungsfreiheit im Europarecht, S. 25 ff.; *Starck*, Die Bedeutung des Christentums und der Kirchen für die Europäische Union, Essener Gespräche zum Thema Staat und Kirche, Bd. 31, 1997,S. 5 (S. 22 f.).

815 *Waldhoff*, in: Calliess/Ruffert, Verfassung der europäischen Union, Art. I-52, Rn. 13.

816 *Waldhoff*, in: Calliess/Ruffert, EUV/AEUV, Art. 17 AEUV, Rn. 1.

817 Vgl. *Grzeszick*, Die Kirchenerklärung zur Schlussakte des Vertrags von Amsterdam, ZevKR, Bd. 48, 2003, S. 284 (291 f.); *Mückl*, Europäisierung des Staatskirchenrechts, S. 455.

818 *Häberle*, Europäische Verfassungslehre, S. 513 ff.

819 Vgl. *Robbers*, Europarecht und Kirchen, in: Handbuch des Staatskirchenrechts der Bundesrepublik Deutschland, Bd. 1, S. 315 (S. 324); *de Wall*, Europäisches Staatskirchenrecht, ZevKR, Bd. 45, 2000, S. 157 (S. 160 ff.).

820 *Mückl*, Religions- und Weltanschauungsfreiheit im Europarecht, S. 31; *Unruh*, Religionsverfassungsrecht, Rn. 596.

821 *Muckel*, Die Rechtsstellung der Kirchen und Religionsgemeinschaften nach dem EU-Verfassungsvertrag, DÖV 2005, S. 191 (S. 196).

Begründung der Ausnahmeklausel zugunsten der Religionsgemeinschaften in der Gleichbehandlungsrichtlinie[822].

Der Begriff des Status, welcher nun auf europäischer Ebene berücksichtigt wird, umfasst das Rechtsverhältnis zwischen Mitgliedstaat und Religionsgemeinschaft, welches unbeeinträchtigt bleiben soll[823]. Zu dieser Beachtung gehört auch die Respektierung historisch gewachsener Besonderheiten wie die staatskirchenrechtlichen Aspekte der Neutralität und Parität, das Staatskirchenverbot sowie das kirchliche Selbstbestimmungsrecht[824]. *Waldhoff* spricht vom Schutz der dogmatisch-historischen Grundpfeiler des nationalen Staatskirchenrechts[825]. Entsprechend kann mit Rücksicht auf die nationalen Besonderheiten grundsätzlich seitens der europäischen Union eine differenzierende Betrachtung der nationalen Regelungen – beispielsweise bezüglich der Verschiedenartigkeit der Organisationsformen von Religionsgemeinschaften – erfolgen. Es geht insoweit um die Begrenzung des Rechts der europäischen Union in Form des Schutzes nationaler Kompetenzen[826]. Andererseits zielt Art. 17 Abs. 3 AEUV auf eine Einbeziehung der Religionsgemeinschaften in den Prozess der europäischen Integration ab[827]. Seitens der europäischen Union hat insoweit eine Abwägung der Regelungsziele mit der nationalen Identität des Staatskirchenrechts zu erfolgen[828].

Durch Art. 17 Abs. 1 AEUV werden die vielfältigen Organisationsformen von Religionsgemeinschaften auf nationaler Ebene anerkannt und damit auch die

822 Gleichbehandlungsrichtlinie 2000/78/EG v. 27.11.2000, Abl. EG 2000, L 303/16, Rn. 24; *Bloss*, Cuius religio – EU ius regio?, S. 259, S. 267 f.

823 *Waldhoff*, in: Calliess/Ruffert, Verfassung der europäischen Union, Art. I-52, Rn. 12; zur Achtung und Unberührtheit des Status siehe *Classen*, in: Grabitz/Hilf/Nettesheim, Das Recht der Europäischen Union, Art. 17 AEUV, Rn. 28 ff.

824 *Muckel*, Die Rechtsstellung der Kirchen und Religionsgemeinschaften nach dem EU-Verfassungsvertrag, DÖV 2005, S. 191 (S. 198 f.); *Mückel*, Religions- und Weltanschauungsfreiheit im Europarecht, S. 28; allgemein zur Wahrung der nationalen Identität: *Bleckmann*, Die Wahrung der „nationalen Identität" im Unions-Vertrag, JZ 1997, S. 265 ff.

825 *Waldhoff*, Die Zukunft des Staatskirchenrechts, Essener Gespräche zum Thema Staat und Kirche, Bd. 42, 2008, S. 55 (S. 90).

826 *Classen*, in: Grabitz/Hilf/Nettesheim, Das Recht der Europäischen Union, Art. 17 AEUV, Rn. 3; so auch *Grzeszick*, Die Kirchenerklärung zur Schlussakte des Vertrags von Amsterdam, ZevKR, Bd. 48, 2003, S. 284, (S. 298 f.).

827 *Classen*, in: Grabitz/Hilf/Nettesheim, Das Recht der Europäischen Union, Art. 17 AEUV, Rn. 5, 12.

828 *Weber*, Religionsrecht und Religionspolitik der EU, NVwZ 2011, S. 1485, (S. 1486 f.).

nationalen Besonderheiten – wie beispielsweise der Status der Körperschaft des öffentlichen Rechts, Art. 140 GG i.V.m. Art. 137 Abs. 5 WRV der Religionsgemeinschaften – berücksichtigt[829]. So wird auch im Zusammenhang mit der Religionsfreiheit dem Art. 9 Abs. 1 EMRK in nunmehr ständiger Rechtsprechung des Europäischen Gerichtshof für Menschenrechte die Gewährleistung zumindest des Kernbestands eines kirchlichen Selbstbestimmungsrechts entnommen, wie es im deutschen Recht in Art. 140 GG i.V.m. Art. 137 Abs. 3 WRV gewährleistet wird[830]. Bezüglich des Rechtsstatus der Religionsgemeinschaften kann daher von einer Bereichsausnahme im engeren Sinne ausgegangen werden[831]. Für dieses Verständnis spricht der Sinn der Norm: diese weist als negative Kompetenznorm keinen materiellen Gehalt auf, vielmehr ist der Ausgleich der betroffenen Rechte der Religionsgemeinschaften auf nationaler Ebene vorzunehmen[832]. Die Rechtsstellung der Religionsgemeinschaften wird also durch die Regelung des Art. 17 Abs. 1 AEUV gestärkt[833].

2. Art. 17 Abs. 1 AEUV und Steuervergünstigungen

Fraglich ist, ob die Steuervergünstigungen ebenfalls unter dem Aspekt des zu beachtenden Status durch die Vorschrift berücksichtigt und daher die nationalen

829 *Kotzur* in Geiger/Khan/Kotzur, EUV/AEUV, Art. 17 AEUV, Rn. 2; *Waldhoff*, in: Calliess/Ruffert, Verfassung der europäischen Union, Art. I-52, Rn. 13; *derselbe*, in: Calliess/Ruffert, EUV/AEUV, Art. 17 AEUV, Rn. 12; *Mückl*, Religions- und Weltanschauungsfreiheit im Europarecht, S. 12 f.; *Muckel*, Die Rechtsstellung der Kirchen und Religionsgemeinschaften nach dem Vertrag über eine Verfassung für Europa, DÖV 2005, S. 191 (S. 198); *Bloss*, Cuius religio – EU ius regio?, S. 271; *Streinz*, in: Streinz, EUV/AEUV, Art. 17 AEUV, Rn. 9.

830 *Weber*, Religionsrecht und Religionspolitik der EU, NVwZ 2011, S. 1485, (S.1491); *Mückl*, Europäisierung des Staatskirchenrechts, S. 475 f.; *de Wall*, Das Religionsrecht der EU, ZevKR, Bd. 50, 2005, S. 383, (S. 393 ff.); *derselbe*, Zur aktuellen Lage des Religionsrechts der Europäischen Union, ZevKR, Bd. 52, 2007, S. 310, (S. 316 f.); *Korioth*, in: Maunz/Dürig, GG, Art. 140 GG, Rn. 36; ausführlich zur Rechtsprechung des EGMR siehe *Weber*, Europäische Menschenrechtskonvention und religiöse Vereinigungsfreiheit, in: Festschrift Sellner, 2010, S. 19 ff. m.w.N.

831 *Mückl*, Europäisierung des Staatskirchenrechts, S. 456.

832 *Classen*, in: Grabitz/Hilf/Nettesheim, Das Recht der Europäischen Union, Art. 17 AEUV, Rn. 35.

833 *Muckel*, Die Rechtsstellung der Kirchen und Religionsgemeinschaften nach dem Vertrag über eine Verfassung für Europa, DÖV 2005, S. 191.

systematischen Besonderheiten geschützt werden[834]. Denn nur dann wären die Steuervergünstigungen europarechtlich existent.

a) Nur einfachgesetzliche Anknüpfung der Steuervergünstigungen

Problematisch ist die Tatsache, dass lediglich eine einfachgesetzliche Anknüpfung der Steuervergünstigungen zugunsten der als Körperschaften des öffentlichen Rechts organisierten Religionsgemeinschaften existiert und gerade nicht wie bei den staatskirchenrechtlichen Grundprinzipien eine feste Verbundenheit mit dem Status der Körperschaft des öffentlichen Rechts vorliegt. Wenn nun alle einfachgesetzlichen Regelungen – und damit auch die Steuervergünstigungen – eines Mitgliedstaates zum Status im Sinne der Vorschrift zu zählen wären, so würde dies eine generelle Bereichsausnahme der nationalen staatskirchenrechtlichen Regelungen bedeuten, was die Gefahr der Beeinträchtigung der Gemeinschaftsziele zur Folge haben könnte[835]. Eine solche erfolgt jedoch durch Art. 17 AEUV nicht[836]. Daher wird durch die Vorschrift nicht jede konkrete Ausprägung des nationalen Staatskirchenrechts auf europarechtlicher Ebene geschützt[837].

b) Gewichtung der Regelung im Staat-Kirche-Verhältnis als Maßstab

Als Lösung für die Einordnung von Rechten wie den Steuervergünstigungen schlägt *Stefan Muckel* eine Gewichtung vor: Je stärker eine staatskirchenrechtlich geprägte Rechtsvorschrift Ausdruck der grundsätzlichen Regelung des Staat-Kirche-Verhältnisses ist, desto eher sei sie – auch bei bestimmten materiellen Rechtspositionen – vom Beeinträchtigungsverbot und damit von Art. 17 Abs. 1 AEUV umfasst[838]. Die hier behandelten Steuervergünstigungen die lediglich Bestandteil des Privilegienbündels der als Körperschaften des öffentlichen Rechts verfassten Religionsgemeinschaften sind, würden demnach nicht dem Anwendungsbereich

---

834 Siehe hierzu *Muckel*, Die Rechtsstellung der Kirchen und Religionsgemeinschaften nach dem EU-Verfassungsvertrag, DÖV 2005, S. 191 (S. 199); *Patt*, Finanzielle Zuwendungen an Religionsgemeinschaften sowie deren Untergliederungen und EG-Beihilferecht, EuR 2006, S. 577 (S. 583).

835 *Muckel*, Die Rechtsstellung der Kirchen und Religionsgemeinschaften nach dem EU-Verfassungsvertrag, DÖV 2005, S. 191 (S. 199).

836 *Waldhoff*, in: Calliess/Ruffert, EUV/AEUV, Art. 17 AEUV, Rn. 10, 13; *Streinz*, in: Streinz, EUV/AEUV, Art. 17 AEUV, Rn. 10.

837 *Leinemann*, Das Religionsrecht in Europa, in: Kreß, Religionsfreiheit als Leitbild, 2004, S. 185 (S. 196).

838 *Muckel*, Die Rechtsstellung der Kirchen und Religionsgemeinschaften nach dem EU-Verfassungsvertrag, DÖV 2005, S. 191 (S. 199).

des Art. 17 Abs. 1 AEUV unterfallen und wären nicht von europarechtlichen Auswirkungen ausgenommen[839].

Im Gegensatz zu der Gewichtung plädiert hingegen *Christopher Patt* mit Bezugnahme auf die gemeinnützige Funktion der Religionsgemeinschaften für die Einstufung der steuerrechtlichen Privilegierungsvorschriften in ein System der speziellen Förderung von Religionsgemeinschaften als Anerkennung für deren Gemeinwohlaufgaben, um so die Vorschrift sinnvoll auszufüllen[840]. Auch *Bernd Grzeszick* spricht sich – noch bezogen auf die Kirchenerklärung im Vertrag von Amsterdam – für eine weite Auslegung aus[841].

c) Gefährdung europäischer Zielsetzungen als Maßstab

Eine sinnvolle Alternative zu den vorgeschlagenen Einordnungen der nationalen Regelungen aus unionsrechtlicher Perspektive ist jedoch unabhängig von den beiden genannten Vorschlägen möglich. Abgrenzungskriterium wäre die Frage nach der Gefährdung integrationspolitischer Ziele. Denn mit dem Ziel eines gemeinsamen Markts durch das Konzept einer politischen über eine wirtschaftliche Integration wird ohnehin eine Konzeption seitens der europäischen Union verfolgt, welche die Religionsgemeinschaften in ihren eigentümlichen Tätigkeiten nicht erfasst[842]. Für diese Konzeption spricht auch, dass im Konfliktfall eine Güterabwägung im Sinne einer praktischen Konkordanz erfolgt, so dass Art. 17 AEUV ein Differenzierungsgebot darstellt[843]. Zudem ist nur der Bereich der wirtschaftlichen Integration im Zusammenhang mit Art. 17 Abs. 1 AEUV aus europarechtlicher Sicht schützenswert.

Unter diesem Gesichtspunkt stellt es einen Unterschied dar, ob europarechtliche Sachthemen auf der Sekundärebene – wie Lebensmittelrecht, Datenschutz oder Fernsehen – betroffen sind[844], oder aus europarechtlicher Perspektive

839 *Muckel*, Die Rechtsstellung der Kirchen und Religionsgemeinschaften nach dem EU-Verfassungsvertrag, DÖV 2005, S. 191 (S. 199).

840 *Patt*, Finanzielle Zuwendungen an Religionsgemeinschaften sowie deren Untergliederungen und EG-Beihilferecht, EuR 2006, S. 577 (S. 583).

841 *Grzeszick*, Die Kirchenerklärung zur Schlussakte des Vertrags von Amsterdam, ZevKR, Bd. 48, 2003, S. 284 (S. 294).

842 *Waldhoff*, Die Zukunft des Staatskirchenrechts, Essener Gespräche zum Thema Staat und Kirche, Bd. 42, 2008, S. 55 (S. 86).

843 *Waldhoff*, in: Calliess/Ruffert, EUV/AEUV, Art. 17 AEUV, Rn. 13.

844 Vgl. beispielsweise *Leinemann*, Das Religionsrecht in Europa in Kreß, Religionsfreiheit als Leitbild, S. 185 (S. 196); *de Wall*, Europäisches Staatskirchenrecht, ZevKR, Bd. 45, 2000, S. 157 (S. 160 ff.).

unabhängig von der sachlichen Thematik die nationalen Strukturen begutachtet werden. Vorteil der genannten Auslegung des Art. 17 Abs. 1 AEUV wäre zudem, dass die schwierige Frage danach, inwieweit eine Regelung wesentlicher Bestandteil der grundsätzlichen Beziehung zwischen Staat und Religionsgemeinschaft ist und inwiefern die Regelung des Art. 17 Abs. 1 AEUV Ausdruck des religiösen Selbstverständnisses ist, nicht in die Abwägung einbezogen werden muss. Darüber hinaus würde die europäische Union sich auch auf den Schutz der ihr übertragenen thematischen Kompetenzen konzentrieren.

d) Keine konkrete Gefährdung von Gemeinschaftszielen

Eine Einflussnahme auf die Gemeinschaftsziele und eine damit verbundene Gefährdung dieser müsste sich aus der Systematik der Steuervergünstigungen aufgrund inhaltlicher Anknüpfungspunkte ergeben. Denkbar ist dies wegen der damit verbundenen Förderung der sozial- und gemeinnützigen Funktion der Religionsgemeinschaften seitens des Staates.

Eine Gefährdung der Gemeinschaftsziele durch die differenzierende Systematik der Steuervergünstigungen ist letztlich nicht gegeben. Denn das Steuerrecht ist als Kompetenz bei den Mitgliedstaaten verblieben[845], so dass auch die vorgenommene Differenzierung anhand des Status der Körperschaft des öffentlichen Rechts dem Mitgliedstaat überlassen ist. Auch verbleibt die Kompetenz in staatskirchenrechtlichen Fragen und deren Auswirkungen bei den Mitgliedsstaaten[846]. Hierin enthalten ist auch die Berücksichtigung und Auswirkung historischer Besonderheiten, wie der gestuften Parität. Zwar liegt im deutschen Recht keine feste Verbundenheit mit, sondern nur eine Anknüpfung der Steuervergünstigungen an den Status der Körperschaft des öffentlichen Rechts vor, so dass die Systematik der Steuervergünstigungen kein integraler Bestandteil des Grundsatzes der Parität ist. Jedoch sind die Steuervergünstigungen der Einzelsteuergesetze durch die Anknüpfung an den Status der Körperschaft des öffentlichen Rechts durch diesen Status bedingt und daher Auswirkung der Anerkennung als Körperschaft des öffentlichen Rechts. Eine Einwirkung des Europarechts auf die Regelung etwa durch die steuerrechtliche Gleichbehandlung jeglicher Religionsgemeinschaften unabhängig von deren Rechtsstatus würde eine tiefgreifende Einflussnahme auf die Stellung des Rechtsstatus der Religionsgemeinschaften und damit des Grundsatzes der gestuften Parität bedeuten. Umgekehrt ist durch

---

845 *Isensee*, Gemeinnützigkeit und Europäisches Gemeinschaftsrecht, in: Jachmann, Gemeinnützigkeit, DStJG 2003, S. 93 (S. 106).

846 So auch *Triebel*, Europa und die Kirchen, Una Sancta 1999, S. 59 ff.

die differenzierende Systematik der Steuervergünstigungen keine konkrete Gefährdung von Gemeinschaftszielen ersichtlich.

e) Zwischenergebnis

Nach den grundsätzlichen politischen Zielen der Europäischen Union sind Eingriffe in das Staatskirchenrecht nicht zu legitimieren[847]. Denn im Kompetenzgefüge der europäischen Primärrechtsquellen existiert keine eigenständige Ermächtigungsgrundlage zur Regelung staatskirchenrechtlicher Materien, vielmehr besteht das Prinzip der Einzelermächtigung[848]. Es ist mit *Wolfgang Rüfner* davon auszugehen, dass sich die Europäische Union für Fragen der Dogmatik des Verfassungsrechts wie den Status der Körperschaft des öffentlichen Rechts der Religionsgemeinschaften kaum interessiert und sich vielmehr punktuelle, nicht auf die Religionsgemeinschaften bezogene, sondern mittelbare Einwirkungen ergeben[849]. Vielmehr spricht die starke Prägung durch nationale Traditionen für einen Pluralismus staatskirchenrechtlicher Ordnungen in der Europäischen Union[850].

Die Systematik der Steuervergünstigungen kann als Ausfluss des historisch gewachsenen staatskirchenrechtlichen Grundsatzes der Parität gesehen werden. Daher kann die Systematik der Steuervergünstigungen unter diesem Gesichtspunkt als Bestandteil des von der unionsrechtlichen Ebene durch Art. 17 Abs. 1 AEUV unangetasteten Bereiches der staatskirchenrechtlichen Besonderheiten angesehen werden[851].

---

847 *Rüfner*, Staatskirchenrechtliche Überlegungen zu Status und Finanzierung der Kirchen im vereinten Europa, in: Verfassungsrecht im Wandel, S. 485, (S. 488); *Robbers*, Europarecht und Kirchen, in: Handbuch des Staatskirchenrechts der Bundesrepublik Deutschland, Bd. 1, S. 315, (S. 323).

848 Normiert in Art. 5 EUV; BVerfG, Urteil v. 12.10.1993 – 2 BvR 2134, 2159/92, BVerfGE 89, S. 155, (S. 192 f., 209 f.); *Link*, Staat und Kirche im Rahmen des europäischen Einigungsprozesses, ZevKR, Bd. 42, 1997, S. 130, (S. 132 ff.); *Bloss*, Cuius religio – EU ius regio?, S. 260; *Weber*, Religionsrecht und Religionspolitik der EU, NVwZ 2011, S. 1486 ff.

849 *Rüfner*, Staatskirchenrechtliche Überlegungen zu Status und Finanzierung der Kirchen im vereinten Europa, in: Verfassungsrecht im Wandel, S. 485, (S. 488); so auch *Bloss*, Cuius religio – EU ius regio?, S. 260 f.

850 *Korioth*, in: Maunz/Dürig, GG, Art. 140 GG, Rn. 41; *de Wall*, Europäisches Staatskirchenrecht, ZevKR, Bd. 45, 2000, S. 157, (S. 160, S. 170 ff.).

851 Aufgrund der Achtung der Systematik der Steuervergünstigungen als Ausfluss der Parität ergibt sich daher auch im Umkehrschluss kein Anspruch auf Gleichstellung der privatrechtlich organisierten Religionsgemeinschaften aus Art. 14 i.V.m. 9 EMRK bezüglich der Steuervergünstigungen als Privilegierung, so dass sich die

Aufgrund der Anknüpfung der Systematik der Steuervergünstigungen an den Rechtsstatus der Religionsgemeinschaften ist im Ergebnis davon auszugehen, dass diese in ihrer grundsätzlichen Systematik Bestandteil der durch Art. 17 Abs. 1 AEUV geschützten rechtlichen Beziehungen zwischen Staat und Religionsgemeinschaft sind und durch die Anwendung des Schutzbereiches eine Änderung der Regelungen auf europarechtlicher Ebene nicht möglich ist.

II. Anwendung des europäisches Beihilferechts

1. Einordnung der Steuervergünstigungen als Beihilfe

Die Thematik der Steuervergünstigungen und deren Systematik kann auf europäischer Ebene auch wirtschaftsrechtlich relevant sein[852]. Beihilfen sind alle freiwilligen Begünstigungen von Unternehmen oder Produktionszweigen, soweit sie nicht durch eine entsprechende marktgerechte Gegenleistung des Begünstigten kompensiert werden, so dass auch Steuervergünstigungen unter den Begriff der

---

durchaus problematische Frage danach, in welchem Umfang die Europäische Menschenrechtskonvention es dem Gesetzgeber erlaubt, Vorrechte an den Rechtsstatus der Religionsgemeinschaften anzuknüpfen, zumindest diesbezüglich erledigt hat, vgl. hierzu *Weber*, Die Rechtsprechung des EGMR zur religiösen Vereinigungsfreiheit und der Körperschaftstatus der Religionsgemeinschaften in Deutschland, NVwZ, 2009, S. 503 (S. 507); zumal Art. 14 EMRK dieselben Anforderungen für einen Gleichstellungsanspruch wie Art. 3 GG stellt, so dass mit Rücksicht auf die hierzu gemachten Ausführungen auch aus materiell-rechtlichen Gründen sich kein Gleichstellungsanspruch bezüglich der Steuervergünstigungen der als Körperschaften des öffentlichen Rechts verfassten Religionsgemeinschaften ergeben kann, vgl. EGMR, Urteil v. 31.07.2008 – 40825/98 Religionsgemeinschaft der Zeugen Jehovas u.a./Österreich, NVwZ 2009, S. 509 (S. 512); EGMR, Urteil v. 12.03.2009 – 42967/98 Löffelmann/Österreich; *Peukert* in Frowein/Peukert, Europäische Menschenrechtskonvention, Art. 14, Rn. 7 ff.

852 Vgl. *Waldhoff*, in: Calliess/Ruffert, Verfassung der europäische Union, Art. I-52, Rn. 1, 11; zur Problematik der funktionellen Perspektive der wirtschaftlich ausgerichteten europäischen Union auf das historisch bedingt institutionell geprägte Staatskirchenrecht siehe *Waldhoff*, Neue Religionskonflikte und staatliche Neutralität, Gutachten für den 68. Deutschen Juristentag, S. 51 ff.; zur europarechtlichen Perspektive auf die karitativen Tätigkeiten der Religionsgemeinschaften siehe *Weber*, Die karitative Tätigkeit der Kirchen zwischen Grundgesetz und Gemeinschaftsrecht – Rechtslage und Perspektiven in: v. Campenhausen, Deutsches Staatskirchenrecht zwischen Grundgesetz und EU-Gemeinschaft, S. 81 ff.; *de Wall*, Neue Entwicklungen im Europäischen Staatskirchenrecht, ZevKR, Bd. 47, 2002, S. 205, (S. 208 f.).

Beihilfe des Art. 107 Abs. 1 AEUV fallen können[853]. Nach der Rechtsprechung des europäischen Gerichtshofs gilt dies auch für gemeinnützigkeitsabhängige Steuervergünstigungen[854]. Dabei müssen nach der Rechtsprechung des europäischen Gerichtshofs folgende Voraussetzung vorliegen: die Maßnahme muss einigen Unternehmen oder Produktionszweigen einen einseitigen Vorteil gewähren (sog. Selektivität), dieser muss unmittelbar oder mittelbar aus staatlichen Mitteln gewährt werden, hierdurch der Wettbewerb verfälscht oder drohen verfälscht zu werden und schließlich eine Beeinträchtigung des Handels zwischen den Mitgliedstaaten möglich sein[855].

2. Erfassung von wirtschaftlichen Aktivitäten der Religionsgemeinschaften

Problematisch ist insbesondere die Einordnung der Religionsgemeinschaften unter das Tatbestandsmerkmal des Unternehmens im Sinne des Art. 107 Abs. 1 AEUV. Im Kontext mit den hier behandelten Steuervergünstigungen sind Fallkonstellationen denkbar, in denen die Religionsgemeinschaften nicht als solche sondern

---

853 Grundlegend: EuGH, Entscheidung vom 23.02.1961, de gezamenlijke Steenkolenmijnen in Limburg/EGKS Hohe Behörde, - 30/59, Slg. 1961, S. 3; EuGH, Urteil v. 15.03.1994 - C-387/92, Banco Exterior, Slg. 1994, I-877, Rn. 13; erstmals setzte sich der EuGH 1974 mit dem Verhältnis von Steuern und Beihilfe auseinander, EuGH, Urteil v. 02.07.1974 - 173/73, Italien/Kommission, Slg. 1974, I-709, Rn. 29 ff.; Entscheidung der Kommission v. 05.03.2003, Abl. 2003 L 199/28; *Khan*, in: Geiger/Khan/Kotzur, EUV/AEUV, Art. 107 AEUV, Rn. 8.; *Triantafyllou*, in: von der Groeben/Schwarze, EUV/EGV, Art. 87, Rn. 92 ff.; *Geiger*, EUV/EGV, Art. 87 Rn. 8; *Cremer*, in: Calliess/Ruffert, EUV/EGV, Art. 87 Rn. 9 ff.; ausführlich *Götz*, Steuervergünstigungen als Gegenstand der europäischen Beaihilfenaufsicht, in: Festschrift Vogel, 2000, S. 579 (S. 579 ff., 586 ff.); *Jochum*, Die Steuervergünstigung, S. 423 f.; *Kämper*, Nationale Steuervergünstigungshoheit und Europarecht, S. 60 ff.; *Jansen*, Vorgaben des europäischen Beihilferechts für das nationale Steuerrecht, S. 41 ff.; im Zusammenhang mit dem Gemeinnützigkeitsrechts siehe *Hüttemann*, Gemeinnützigkeits- und Spendenrecht, § 1, Rn. 114 ff.; *Benicke*, Die Bedeutung des EG-Rechts für gemeinnützige Einrichtungen, EuZW 1996, S. 165, (S. 169).

854 EuGH, Urteil v. 10.01.2004 - C-222/04, Cassa di Risparmio di Firenze, Slg. 2006, I-325; siehe hierzu *Hüttemann*, Steuervergünstigungen wegen Gemeinnützigkeit und europäisches Beihilfeverbot, DB 2006, S. 914 ff.; zur Einordnung im Zusammenhang mit gemeinnützigen Körperschaften siehe *Helios*, in: Schauhoff, Handbuch der Gemeinnützigkeit, § 22, Rn. 10 ff., 58 ff.

855 EuGH, Urteil v. 24.07.2003 - C-280/00, Altmark Trans GmbH Slg. 2003, I-7747, Rn. 75; *Hüttemann*, Gemeinnützigkeits- und Spendenrecht, § 1, Rn. 114 m.w.N.

als wirtschaftlich tätiges Unternehmen fungieren. Insofern steht im Rahmen des Art. 107 Abs. 1 AEUV ein tätigkeitsbezogener Anknüpfungspunkt im Vordergrund[856]. So ist der religiöse Bereich in Bezug auf seine wirtschaftlichen Aspekte nicht grundsätzlich vom Beihilferecht freigestellt[857]. Eine mögliche Anwendung des Beihilferechts würde sich folglich ergeben, wenn die Religionsgemeinschaften außerhalb ihrer religiösen Aktivitäten unionsrechtlich relevante Unternehmungen entfalten würden[858]. Entscheidend ist dies im Bereich der dem Gemeinnützigkeitsrecht unterfallenden Aktivitäten[859]. Berücksichtigt man, dass die karitativen Tätigkeiten der Religionsgemeinschaften und deren nach außen hin ausgeübtes Wirken einen erheblichen Wirtschaftsfaktor darstellen, besteht für diese Tätigkeiten die Möglichkeit in den Anwendungsbereich des Beihilferechts zu fallen[860].

Betroffen vom Anwendungsbereich ist also das karitative Wirken der Religionsgemeinschaften und die damit zusammenhängende wirtschaftliche Bedeutung[861]. Dies gilt, soweit bezogen auf die Tätigkeit der Religionsgemeinschaft die erforderliche Unternehmenseigenschaft vorliegt. Grundsätzliche Voraussetzung für die Anwendung des Beihilferechts ist daher die Einordnung der Religionsgemeinschaften als Unternehmer[862]. Für die Einordnung kann auf die

---

856 *Kästner*, in: Bonner Kommentar, Art. 140 GG, Rn. 190.

857 Entscheidung der Kommission v. 16.9.1997, Abl. V. 03.06.1998 L 1998, 159, S. 58 ff.

858 *Mückl*, Europäisierung des Staatskirchenrechts, S. 521 f.; zur Anwendung des EG-Beihilfenrechts im Zusammenhang mit gemeinnützigen Körperschaften siehe *Hüttemann*, Gemeinnützigkeits- und Spendenrecht, § 1, Rn. 111 ff.

859 Siehe hierzu *Kube*, Die Zukunft des Gemeinnützigkeitsrechtes in der europäischen Marktordnung, IStR 2005, S. 469 ff.; *Patt*, Finanzielle Zuwendungen an Religionsgemeinschaften sowie deren Untergliederungen und EG-Beihilferecht, EuR 2006, S. 577 ff.; *Isensee*, Gemeinnützigkeit und Europäisches Gemeinschaftsrecht, in: Jachmann, Gemeinnützigkeit, DStJG 2003, S. 93 ff.

860 *Schwarz*, Die karitative Tätigkeit der Kirchen im Spannungsfeld von nationalem Recht und Gemeinschaftsrecht, EuR 2002, S. 192 (S. 207 ff.); *Patt*, Finanzielle Zuwendungen an Religionsgemeinschaften sowie deren Untergliederungen und EG-Beihilferecht, EuR 2006, S. 577 ff.; *Unruh*, Religionsverfassungsrecht, Rn. 603 ff.; *v. Campenhausen/de Wall*, S. 361 ff.; *Mückl*, Europäisierung des Staatskirchenrechts, S. 521 ff.; *Weber*, Karitative Tätigkeit der Kirchen zwischen Grundgesetz und Gemeinschaftsrecht, in: v. Campenhausen, Deutsches Staatskirchenrecht zwischen Grundgesetz und EU-Gemeinschaft, 2000, S. 81 (S. 98 ff.).

861 Zur Bewertung des karitativen Wirkens aus europarechtlicher Perspektive siehe *Schwarz*, Die karitative Tätigkeit der Kirchen im Spannungsfeld von nationalem Recht und Gemeinschaftsrecht, EuR 2002, S. 192 ff.

862 Zur Anwendbarkeit des EG-Beihilferechts siehe *Patt*, Finanzielle Zuwendungen an Religionsgemeinschaften sowie deren Untergliederungen und EG-Beihilferecht,

im Gemeinnützigkeitsrecht vorgenommene Differenzierung der „Sphärentheorie“ zurückgegriffen werden: Eine unternehmerische Tätigkeit wird im Bereich der wirtschaftlichen Geschäftsbetriebe und des Zweckbetriebs angenommen; hingegen unterfallen vermögensverwaltende Tätigkeiten nicht hierunter, was ebenso regelmäßig für ideelle und unentgeltliche Tätigkeiten gilt[863].

Die Religionsgemeinschaften als solche stellen keine Unternehmen dar[864]. Jedoch sind erwerbswirtschaftliche Betätigungen der Religionsgemeinschaften wie Klosterbrauereien, landwirtschaftliche Betriebe, Verlage und Druckereien als unternehmerische Tätigkeit einzuordnen; hingegen sind spezifisch religiöse Betätigungen auf den Gebieten von Gottesdienst, Seelsorge, theologischer Forschung, Ausbildung, Glaubenswerbung und Mission nicht erfasst[865]. Bei karitativen Leistungen ist danach zu differenzieren, ob diese selbstlos erbracht werden und nicht eine wirtschaftliche Leistung am Markt bedeuten[866]. Soweit Dienstleistungen erbracht werden, bei denen ein Wettbewerb zu anderen Anbietern besteht, wie es etwa bei Krankenhäusern und Altenheimen der Fall ist, kann es zu Abgrenzungsschwierigkeiten kommen[867]. Insbesondere in Bezug auf die Tätigkeiten der kirchlichen Einrichtungen als privatrechtliche Organisationen und deren Wirken kann folglich die Vorschrift des Art. 107 Abs. 1 AEUV

EuR 2006, S. 577 (S. 582 ff.); *Kästner*, in: Bonner Kommentar, Art. 140 GG, Rn. 190; zum Verhältnis des Beihilferechts zum mitgliedstaatlichen Steuerrecht siehe *Helmke*, Die Finanzkompetenz der Europäischen Gemeinschaft, S. 153 ff.

863 Siehe hierzu *Hüttemann*, Gemeinnützigkeits- und Spendenrecht, § 1, Rn. 114; ausführlich *Helios*, Steuerliche Gemeinnützigkeit und EG-Beihilfenrecht, S. 87 ff.; *Hüttemann*, Steuervergünstigungen wegen Gemeinnützigkeit und europäisches Beihilfenverbot, DB 2006, S. 914, (S. 918 ff).

864 *Classen*, in: Grabitz/Hilf/Nettesheim, Das Recht der Europäischen Union, Art. 17 AEUV, Rn. 68.

865 *Weber*, Die Kirchen und das europäische Subventionsrecht, ZevKR, Bd. 50, 2005, S. 419, (S. 430 f.); *Mückl*, Europäisierung des Staatskirchenrechts, S. 521 f.; *Kästner*, in: Bonner Kommentar, Art. 140 GG Rn. 190.

866 *Weber*, Die Kirchen und das europäische Subventionsrecht, ZevKR, Bd. 50, 2005, S. 419, (430 f.); *Mückl*, Europäisierung des Staatskirchenrechts, S. 521 f.; *Kästner*, in: Bonner Kommentar, Art. 140 GG Rn. 191; vgl. hierzu auch die Mitteilung der Kommission zu Leistungen der Daseinsvorsorge in Europa v. 20.09.2000, KOM 2000, 0580, Rn. 30 wonach die nichtwirtschaftlichen Tätigkeiten von Religionsgemeinschaften von den wettbewerbs- und binnenmarktrechtlichen Vorschriften in der Regel nicht erfasst werden; dieses ist hingegen bei der Aufnahme von wirtschaftlichen Tätigkeiten bei der Erfüllung des Gemeinwohlauftrages der Fall.

867 *Kästner*, in: Bonner Kommentar, Art. 140 GG, Rn. 191.

durch die Einordnung als Unternehmer relevant sein[868]. So entschied der europäische Gerichtshof im Fall eines Verbandes der allgemeinen Wohlfahrtspflege in Form der Organisation eines Rettungsdienstes in Rheinland-Pfalz, dass diese als Unternehmen, die mit Dienstleistungen von allgemeinem wirtschaftlichen Interesse betraut sind, in Betracht kommen[869]. Dieses kann insoweit auf die von Religionsgemeinschaften erbrachten Dienstleistungen übertragen werden[870]. Hierauf bezogen erwägt *Weber* entweder karitative Tätigkeiten bereits aus dem Tatbestand des Art. 107 AEUV auszunehmen oder aber von gerechtfertigten und daher zulässigen Beihilfen auszugehen[871]. So geht auch *Karl-Hermann Kästner* davon aus, dass es allgemein anerkannt sei, dass staatliche Leistungen an Träger diakonischer und karitativer Einrichtungen keine unzulässige Beihilfe im Sinne der Art. 107 ff. AEUV darstellen[872]. Problematisch sind die Fälle, in denen staatliche Leistungen allgemein zur Erfüllung von Gemeinwohlverpflichtungen gewährt werden[873]. Der europäische Gerichtshof hat in diesem Zusammenhang entschieden, dass eine staatliche Maßnahme dann tatbestandlich nicht unter die Beihilfevorschriften fällt, wenn diese als Ausgleich anzusehen ist, der die Gegenleistung für Leistungen bildet, die von den Unternehmen, denen sie zugute kommt, zur Erfüllung gemeinwirtschaftlicher Verpflichtungen erbracht werden, so dass diese Unternehmen in Wirklichkeit keinen finanziellen Vorteil erhalten[874]. So bewertet *Kästner* den staatlichen Kirchensteuereinzug auch nicht als Beihilfe im Sinne des Art. 107 Abs. 1 AEUV, da die Kirchensteuer sachlich die Qualität eines

868 Vgl. *Schwarz*, Die karitative Tätigkeit der Kirchen im Spannungsfeld von nationalem Recht und Gemeinschaftsrecht, EuR 2002, S. 192 ff.; Zur Regulierung und Begrenzung des karitativen Wirkens durch europarechtliche Normierungen siehe *Weber*, Karitative Tätigkeiten der Kirchen zwischen Grundgesetz und Gemeinschaftsrecht, in v. Campenhausen, Deutsches Staatskirchenrecht zwischen Grundgesetz und EU-Gemeinschaft, 2002, S. 81 (S. 90 ff.).

869 EuGH, Urteil v. 25.10.2001 – C-475/99, Ambulanz Glöckner Slg. 2001, I-8089.

870 *Weber*, Die Kirchen und das Europäische Subventionsrecht, ZevKR, Bd. 50, 2005, S. 419, (S. 434 ff.).

871 Insoweit wird zwischen Tatbestands- und Rechtfertigungsebene differenziert, *Weber*, Die Kirchen und das europäische Subventionsrecht, ZevKR, Bd. 50, 2005, S. 432.

872 *Kästner*, in: Bonner Kommentar, Art. 140 GG, Rn. 191.

873 *Weber*, Die Kirchen und das europäische Subventionsrecht, ZevKR, Bd. 50, 2005, S. 419, (S. 433 f.)

874 EuGH, Urteil v. 24.07.2003 – C-280/00, Altmark Trans GmbH Slg. 2003, I-7747, Rn. 87; siehe ausführlich hierzu *Weber*, Die Kirchen und das Europäische Subventionsrecht, ZevKR, Bd. 50, 2005, S. 419, (S. 434 ff.).

unionsrechtlich unbedenklichen Mitgliedsbeitrags hat, für dessen Erhebung durch den Staat zudem ein kostendeckendes Entgelt gezahlt wird[875].

Wie sich aus der Systematik der Steuervergünstigungen ergibt, sind die wirtschaftlich und daher beihilferechtlich relevanten Tätigkeiten der als Körperschaften des öffentlichen Rechts verfassten Religionsgemeinschaften nicht von den grundsätzlichen Steuervergünstigungen der Körperschaften des öffentlichen Rechts erfasst. Zudem werden diese ohnehin größtenteils durch privatrechtlich organisierte kirchliche Einrichtungen ausgeübt. Daher sind die Religionsgemeinschaften, welche im Mittelpunkt der differenzierenden Systematik der Steuervergünstigungen stehen, nicht durch die Anwendung des Beihilferechts betroffen. Vielmehr können eher die Tätigkeiten, welche zugunsten der Religionsgemeinschaften ausgeübt werden und den § 52 Abs. 2 S. 1 Nr. 2 AO und § 54 Abs. 1 AO unterfallen, dem Anwendungsbereich des Beihilferechts zugeordnet werden[876].

Was die Bewertung der möglicherweise beihilferechtlich relevanten Tätigkeiten der kirchlichen Einrichtungen aus europäischer Perspektive angeht, könnte im Kontext des neu geschaffenen Art. 17 Abs. 1 AEUV die von *Muckel* vorgeschlagene Gewichtung[877] eine sinnvolle Anwendung finden, um Tätigkeiten mit einem religiösen Schwerpunkt von denjenigen abzugrenzen, die im Ergebnis eher als rein wirtschaftliche und damit als beihilferechtlich relevant Berücksichtigung finden können[878]. Für diese Annahme spricht auch die Abgrenzung für wettbewerbsrelevante Leistungen im sozialen Bereich durch die europäische Kommission in der Mitteilung „Leistungen der Daseinsvorsorge in Europa“[879]: Wenn die Steuervergünstigungen zugunsten der als Körperschaften des öffentlichen Rechts verfassten Religionsgemeinschaften in der Ermöglichung gemeinnütziger

---

875 *Kästner*, in: Bonner Kommentar, Art. 140 GG, Rn. 194.

876 *Patt*, Finanzielle Zuwendungen an Religionsgemeinschaften sowie deren Untergliederungen und EG-Beihilferecht, EuR 2006, S. 577 (S. 580 f.).

877 *Muckel*, Die Rechtsstellung der Kirchen und Religionsgemeinschaften nach dem EU-Verfassungsvertrag, DÖV 2005, S. 191 (S. 199).

878 Ähnlich in diesem Zusammenhang *Unruh*, Religionsverfassungsrecht, Rn. 604 f.

879 Danach fallen Tätigkeiten unter anderem von Religionsgemeinschaften und religiösen Einrichtungen, die weitgehend soziale Aufgaben ohne Gewinnabsicht erfüllen und deren Zweck nicht der Ausübung einer gewerblichen Tätigkeit entspricht unter Berücksichtigung des besonderen sozialen und kulturellen Umfelds, in dem die betreffenden Tätigkeiten ausgeübt werden, nicht in den Anwendungsbereich der wettbewerbsrechtlichen Vorschriften, Mitteilung der Kommission „Leistungen der Daseinsvorsorge in Europa“ v. 19.01.2001 Abl. 2001 C 17/4 (9); vgl. EuGH, Urteil v. 07.12.1993 – C-109/92, Wirth, Slg. 1993 I-6447.

Aktivitäten durch den Sozial- und Kulturstaat zu sehen sind[880], muss dieser Bereich von der Anwendung des Beihilferechts ausgenommen werden.

Aufgrund des Einnahmeverzichts seitens des Staates auf die Steuereinnahmen werden die Steuervergünstigungen auch entsprechend der weiteren Voraussetzung des Art. 107 Abs. 1 AEUV aus staatlichen Mitteln bewilligt[881]. Ferner setzt Art. 107 Abs. 1 AEUV voraus, dass die Beihilfe den Wettbewerb verfälscht oder zu verfälschen droht. Entscheidend für die Steuervergünstigungen ist hierbei, dass die begünstigte Religionsgemeinschaft die ihr hierdurch zugute kommende verbesserte Vermögens- und Kostenstruktur zugunsten ihrer Wettbewerbsstellung einsetzt[882]. Weiterhin setzt Art. 107 Abs. 1 AEUV voraus, dass der Handel zwischen den Mitgliedstaaten beeinträchtigt wird. Erforderlich wäre damit ein staatsübergreifendes Handeln in Bezug auf die Tätigkeiten der Religionsgemeinschaften. Mit Rücksicht auf die zunehmend europaweit agierenden gemeinnützigen Einrichtungen auch von Religionsgemeinschaften ist daher durchaus denkbar, dass es zu einer Auslandsberührung zumindest im Zusammenhang mit den karitativen Tätigkeiten der Religionsgemeinschaften im grenznahen Bereich kommen kann[883]. Ferner kann für die tatbestandliche Rechtfertigung in Bezug auf die anhand des Status der Religionsgemeinschaften differenzierende Systematik der Steuervergünstigungen angedacht werden, die Rechtsprechung des europäischen Gerichtshofs heranzuziehen, wonach durch das Wesen oder die allgemeinen Zwecke des Systems eine Rechtfertigung erfolgen kann[884]. Letztendlich ist im Ergebnis davon auszugehen, dass die hier betrachtete Systematik der Steuervergünstigungen der Religionsgemeinschaften sich auf deren eigentümlichen Tätigkeitsbereich bezieht und daher insoweit dem Anwendungsbereich des Art. 107 Abs. 1 AEUV entzogen ist.

---

880 Im Zusammenhang mit der Analyse aus europäischer Perspektive *Mückl*, Europäisierung des Staatskirchenrechts, S. 304.

881 *Helios*, in: Schauhoff, Handbuch der Gemeinnützigkeit, § 22, Rn. 76.

882 *Helios*, in: Schauhoff, Handbuch der Gemeinnützigkeit, § 22, Rn. 78; so auch im Zusammenhang mit dem Begriff der Vermögensverwaltung *Hüttemann*, Wirtschaftliche Betätigung und steuerliche Gemeinnützigkeit, S. 148 ff.

883 Vgl. hierzu *Helios*, in: Schauhoff, Handbuch der Gemeinnützigkeit, § 22, Rn. 80; so auch *Hüttemann*, Gemeinnützigkeits- und Spendenrecht, § 1, Rn. 118.

884 EuGH, Urteil v. 02.07.1974, 173/73, Italien/Kommission Slg. 1974, 709, Rn. 33; EuGH, Urteil v. 17.06.1999, C-75/97, Belgien/Kommission, Slg. 1999, I-3671, Rn. 33; siehe hierzu *Helios*, in: Schauhoff, Handbuch der Gemeinnützigkeit, § 22, Rn. 71.

3. Zwischenergebnis

Wie die eingangs aufgeführten konkreten Beispiele zeigen, meidet die europäische Ebene in der Rechtsanwendung die Statusfragen der Religionsgemeinschaften und interessiert sich letztlich nicht für die hier behandelte differenzierende Systematik der Steuervergünstigungen. Mit *Waldhoff* lässt sich der Kern der Problematik so beschreiben, dass das deutsche Staatskirchenrecht, zumindest seinem historischen Herkommen nach, institutionell, hingegen die Europäische Union im Grundsatz funktionell ausgerichtet ist[885]. Art. 17 AEUV dient dabei dem Abbau des unionalen Defizits, welches in der Berücksichtigung der Religionsgemeinschaften lediglich in dem säkularen Gehäuse ihres Handelns und nicht in ihrem Proprium besteht[886].

Die Systematik der Steuervergünstigungen besteht nur insoweit zugunsten der als Körperschaften des öffentlichen Rechts verfassten Religionsgemeinschaften, als diese Tätigkeiten im Zusammenhang mit der Betätigung als Religionsgemeinschaft ausüben. Wenn mögliche beihilferechtlich relevante wirtschaftliche Tätigkeiten vorliegen, ist eine Steuervergünstigung für diese nur nach den für alle Religionsgemeinschaften und andere Organisationsformen geltenden Vorschriften und Maßstäben möglich. Dies ist dann nicht mehr der Bestandteil der hier betrachteten privilegierenden Systematik der Steuervergünstigungen. Insofern ist bei der Bewertung der differenzierenden Systematik der Steuervergünstigungen zugunsten der als Körperschaften des öffentlichen Rechts verfassten Religionsgemeinschaften davon auszugehen, dass diese als solche nicht die Eigenschaft eines Unternehmens erfüllen und vom Anwendungsbereich des Art. 107 Abs. 1 AEUV erfasst sind. Auch ist im Zusammenhang mit der beihilferechtlichen Betrachtung der Systematik der Steuervergünstigungen der neu geschaffene Art. 17 Abs. 1 AEUV zu berücksichtigen, durch welchen die steuerrechtlich differenzierende und privilegierende Systematik der Steuervergünstigungen dem Anwendungsbereich des EU-Beihilferechts entzogen wird[887].

---

885 *Waldhoff*, in: Calliess/Ruffert, EUV/AEUV, Art. 17 AEUV, Rn. 11.

886 *Waldhoff*, in: Calliess/Ruffert, EUV/AEUV, Art. 17 AEUV, Rn. 11; ansonsten gerät das Spezifische des Auftrags aus dem Blick, den sie gerade in den seitens des europäischen Rechts betrachteten Funktionen wahrnehmen, *Link*, Staat und Kirche im Rahmen des europäischen Einigungsprozesses, ZevKR, Bd. 42, 1997, S. 130, (S. 131).

887 *Patt*, Finanzielle Zuwendungen an Religionsgemeinschaften sowie deren Untergliederungen und EG-Beihilferecht, EuR 2006, S. 577 (S. 583); mit Bezugnahme auf die Kirchensteuer im Ergebnis ebenso *Marré*, Kirchenfinanzierung in Kirche und Staat der Gegenwart, S. 77; *Mückl*, Europäisierung des Staatskirchenrechts, S. 521; so sollen auch mangels gemeinschaftrechtlicher Regelung, die das System der Kirchenfinanzierung in Deutschland berührt, Staatsleistungen an die

Zudem ist die Systematik der Steuervergünstigungen unabhängig von den staatskirchenrechtlichen Aspekten systembedingter Ausfluss des mitgliedstaatlichen Steuersystems und des dort gewählten einfachgesetzlichen Belastungsgedanken[888]. Insofern steht im Ergebnis das Recht der europäischen Union hier der differenzierenden Systematik der Steuervergünstigungen und deren Ausprägungen nicht entgegen, da diese historischen Traditionen entsprechen, die nationale und kulturelle Identität des Mitgliedstaats dadurch geprägt ist und im nationalen Rechtssystem umfassende Religionsfreiheit gewährt wird[889].

Religionsgemeinschaften im Ergebnis nicht zu den verbotenen Beihilfen gehören, *Robbers*, Europarecht und Kirchen, in: Handbuch des Staatskirchenrechts der Bundesrepublik Deutschland, Bd. 1, S. 315 (S. 332); im Ergebnis ebenso *Mückl*, Europäisierung des Staatskirchenrechts, S. 539.

888 *Isensee*, Gemeinnützigkeit und Europäisches Gemeinschaftsrecht, in: Jachmann DStJG 2003, S. 93 (S. 117).

889 *Hammer*, Zum Verhältnis von Staat und Kirchen in Europa, DÖV 2006, S. 542 (S. 548).

F. Zusammenfassung in Thesen

1. Steuervergünstigungen zugunsten von Religionsgemeinschaften erfolgen auf zwei Ebenen. Dabei werden grundsätzlich in Abhängigkeit vom Rechtsstatus die Religionsgemeinschaften als Körperschaften des öffentlichen Rechts, Art. 140 GG i.V.m. Art. 137 Abs. 5 WRV, und die sonstigen, privatrechtlich organisierten Religionsgemeinschaften unterschieden.
2. Die Körperschaften des öffentlichen Rechts sind in vielen Fällen nicht als Steuersubjekt in den Einzelsteuergesetzen erfasst. Sie sind folglich unmittelbar und pauschal als Religionsgemeinschaft von der jeweiligen Steuer befreit, so dass diesen unmittelbar umfassende Steuervergünstigungen zugute kommen.
3. Die privatrechtlich organisierten Religionsgemeinschaften sind hingegen grundsätzlich steuerpflichtig. Für diese sind Steuervergünstigungen nach den Tatbeständen der Einzelsteuergesetze in Verbindung mit den Voraussetzungen des Gemeinnützigkeitsrechts, §§ 51 ff. AO, möglich. Daher müssen durch diese die dort normierten Voraussetzungen für die Erlangung von Steuervergünstigungen erfüllt werden.
4. Aufgrund der pauschalen Steuervergünstigungen zugunsten der als Körperschaften des öffentlichen Rechts verfassten Religionsgemeinschaften führt die systematische Unterscheidung zu einer Privilegierung dieser Religionsgemeinschaften.
5. Auf verfassungsrechtlicher Ebene sind die privilegierenden Steuervergünstigungen lediglich als sonstiges Recht, das an den Körperschaftstatus des Art. 140 GG i.V.m. Art. 137 Abs. 5 WRV anknüpft, aber nicht zwingend mit ihm verbunden ist, einzuordnen. Der Körperschaftstatus rechtfertigt daher die Systematik der Steuervergünstigungen, fordert diese aber nicht zwingend.
6. Soweit die Steuervergünstigungen im Zeitpunkt der Ablösung bestanden, können diese im Einzelfall als negative Staatsleistungen gem. Art. 140 GG i.V.m. Art. 138 Abs. 1 WRV garantiert sein. Praktisch ist dies weitgehend nicht der Fall. Dieser Zuordnung kommt in Anbetracht der heutigen Ausweitung der Steuervergünstigungen auf alle Körperschaften des öffentlichen Rechts eher theoretische Bedeutung zu.

7. Durch die Systematik der Steuervergünstigungen wird lediglich nach dem Rechtsstatus der Religionsgemeinschaften differenziert und nicht an das inhaltliche Merkmal der Religion angeknüpft. Daher ist keine Verletzung des Grundsatzes der weltanschaulich-religiösen Neutralität zu befürchten.
8. Dies ergibt sich auch aus der Berechtigung des Staates zur Förderung der Religionsgemeinschaften als Bestandteil des Sozial- und Kulturstaates und des verfassungsrechtlich angelegten Grundsatzes der gestuften Parität, welcher selbst nach dem Status der Körperschaft des öffentlichen Rechts differenziert.
9. Daher bestehen im Ergebnis keine Bedenken gegen die differenzierende und privilegierende Systematik der Steuervergünstigungen in verfassungsrechtlicher Hinsicht. Zu diskutieren ist lediglich, inwiefern neue Formen von Religionsgemeinschaften besser in die Systematik integriert werden können. Dies könnte durch die Schaffung eines dritten Rechtsstatus für Religionsgemeinschaften erfolgen.
10. Da durch die differenzierende Systematik der Steuervergünstigungen lediglich auf die Religionsgemeinschaften an sich Bezug genommen wird, sind die unionsrechtlichen Ziele durch die Regelungen der Steuervergünstigungen nicht gefährdet. Daher ist auf europarechtlicher Ebene die Systematik der Steuervergünstigungen durch den neu geschaffenen Art. 17 Abs. 1 AEUV geschützt. Ebenso findet das europäische Beihilferecht auf die Tätigkeiten der Religionsgemeinschaften als solche keine Anwendung.

Literaturverzeichnis

Althaus, Rüdiger: Aktuelle Probleme der Kirchenfinanzierung in der Bundesrepublik Deutschland, in: Grabenwarter, Christoph; Lüdecke, Norbert (Hrsg.) Standpunkte im Kirchen- und Staatskirchenrecht (= Forschungen zur Kirchenrechtswissenschaft, Bd. 33), Würzburg 2002, S. 9–29.

Axer, Peter: Die Steuervergünstigungen für die Kirchen im Staat des Grundgesetzes, Archiv für katholisches Kirchenrecht 1987, S. 460–485.

Beermann, Albert; Gosch, Dietmar (Hrsg.): Abgabenordnung und Finanzgerichtsordnung Kommentar, Bonn/Berlin, Loseblattsammlung, Stand: 101. Lieferung, Februar 2013.

Beermann, Gerrit Nils: Hoheitsbetriebe von Kirchen und Religionsgemeinschaften, (= Schriften zum Staatskirchenrecht Bd. 28), Frankfurt am Main 2005.

Benicke, Christoph: Die Bedeutung des EG-Rechts für gemeinnützige Einrichtungen, EuZW 1996, S. 165–176.

Berkenheide, Josef: Zur Änderung der Steuerbefreiungen im Umsatzsteuerrecht 1980, DStZ 1980, S. 140–150.

Bertelsmann Stiftung (Hrsg.): Religionsmonitor 2008 Muslimische Religiosität in Deutschland Überblick zu religiösen Einstellungen und Praktiken, Gütersloh 2008.

Birk, Dieter: Steuerrecht, 15. Auflage, Heidelberg 2012.

Bleckmann, Albert: Die Wahrung der „nationalen Identität" im Unions-Vertrag, JZ 1997, S. 265–269.

Bloss, Lasia: Cuius religio – EU ius regio? (= Jus Ecclesiasticum, Beiträge zum evangelischen Kirchenrecht und zum Staatskirchenrecht, Bd. 87), Tübingen 2008.

Blümich, (Begr.); Heuermann, Bernd (Hrsg.): Kommentar zum Einkommensteuergesetz, Körperschaftsteuergesetz Gewerbesteuergesetz, München, Loseblattsammlung, Stand: 118. Lieferung, April 2013.

Böckenförde, Ernst-Wolfgang: Die Entstehung des Staates als Vorgang der Säkularisation, Staat, Gesellschaft, Freiheit – Studien zur Staatstheorie und zum Verfassungsrecht, Frankfurt am Main 1976, S. 42–64.

Bohl, Elke Dorothea: Der öffentlich-rechtliche Körperschaftstatus der Religionsgemeinschaften – Verleihungsvoraussetzungen und Verfahren (= Nomos Universitätsschriften Recht Bd. 359), Baden-Baden 2000.

Boruttau, Ernst Paul (Hrsg.): Grunderwerbsteuergesetz, Kommentar, 17. Auflage, München 2011.

Brauns, Hans-Jochen: Staatsleistungen an die Kirchen und ihre Ablösung, Berlin 1970.

Brenner, Michael: Staat und Religion, in: Veröffentlichungen der Vereinigung der Deutschen Staatsrechtlehrer, Heft 59, Berlin 2000, S. 265–297.

Breitfeld, Artur: Die vermögensrechtliche Auseinandersetzung zwischen Kirche und Staat in Preußen auf Grundlage der Reichsverfassung (= Abhandlungen aus dem Staats- und Verwaltungsrecht, Heft 41), Breslau 1929.

Britz, Gabriele: Der Einfluss christlicher Tradition auf die Rechtsauslegung als verfassungsrechtliches Gleichheitsproblem? Zu den praktischen Grenzen religiöser Neutralität im säkularen Staat, JZ 2000, S. 1127–1133.

Broll, Berthold: Steuerung kirchlicher Wohlfahrtspflege durch die verfassten Kirchen, Gütersloh 1999.

Brox, Norbert: Kirchengeschichte des Altertums, 6. Auflage, Düsseldorf 1998.

Buchna, Johannes; Seeger, Andreas; Brox, Wilhelm (Hrsg.): Gemeinnützigkeit im Steuerrecht, 10. Auflage, Achim 2010.

Bunjes, Johann (Begr.); Geist, Reinhold (Hrsg.): Umsatzsteuergesetz, 11. Auflage, München 2012.

Calliess, Christian; Ruffert, Matthias (Hrsg.): Verfassung der Europäischen Union Kommentar der Grundlagenbestimmungen, München 2006.

–: EUV/AEUV, Das Verfassungsrecht der Europäischen Union mit Europäischer Grundrechtecharta, 4. Auflage, München 2011.

Classen, Claus Dieter: Religionsrecht, Tübingen 2006.

Clement, Wolfgang: Politische Dimension und Praxis der staatlichen Förderung der Kirchen, in: Marré, Heiner; Schümmelfelder, Dieter (Hrsg.), Die staatliche Förderung von Gesellschaft und Kirche (= Essener Gespräche zum Thema Staat und Kirche, Bd. 28), Münster 1994, S. 41–57.

Czermak, Gerhard: Religions- und Weltanschauungsrecht, Berlin/Heidelberg 2008.

–: Die Ablösung der historischen Staatsleistungen an die Kirchen, DÖV 2004, S. 110–116.

Demel, Michael: Gebrochene Normalität – Die staatskirchenrechtliche Stellung der jüdischen Gemeinden in Deutschland (= Jus Ecclesiasticum, Beiträge zum evangelischen Kirchenrecht und zum Staatskirchenrecht, Bd. 97), Tübingen 2011.

Denninger, Erhard; Hoffmann-Riem, Wolfgang; Schneider, Hans-Peter; Stein, Ekkehart (Hrsg.): Kommentar zum Grundgesetz für die Bundesrepublik Deutschland – Alternativkommentar, Neuwied, Loseblattsammlung, Stand: 2. Lieferung, August 2002.

de Wall, Heinrich: Die Fortwirkung der Säkularisation im heutigen Staatskirchenrecht, in: Marré, Heiner; Schümmelfelder, Dieter; Kämper, Burkhard (Hrsg.) Säkularisation und Säkularisierung (= Essener Gespräche zum Thema Staat und Kirche, Bd. 38), Münster 2004, S. 53–79.

–: Europäisches Staatskirchenrecht, ZevKR, Bd. 45, 2000, S. 157 - 172.

–: Neue Entwicklungen im Europäischen Staatskirchenrecht, ZevKR, Bd. 47, 2002, S. 205–219.

–: Das Religionsrecht der EU, ZevKR, Bd. 50, 2005, S. 383–402.

–: Zur aktuellen Lage des Religionsrechts der Europäischen Union, ZevKR, Bd. 52, 2007, S. 310–324.

–; Muckel, Stefan: Kirchenrecht, 3. Auflage, München 2012.

Dreier, Horst (Hrsg.): Grundgesetz Kommentar, 3 Bände, 2. Auflage, Tübingen 2004 ff..

Droege, Michael: Staatsleistungen an Religionsgemeinschaften im säkularen Kultur- und Sozialstaat (= Schriften zum öffentlichen Recht, Bd. 945), Berlin 2004 .

Ebers, Godehard Josef: Staat und Kirche im neuen Deutschland, München 1930.

Erle, Bernd; Sauter, Thomas (Hrsg.): Heidelberger Kommentar zum Körperschaftsteuergesetz, 3. Auflage, Heidelberg 2010.

Feldhoff, Norbert: Kirchenfinanzen in der Krise, (= Kirche und Gesellschaft, Nr. 315), Köln 2004.

Fischer, Georg: Finanzierung der kirchlichen Sendung, Paderborn u.a. 2005.

Fischer, Erwin: Volkskirche ade! Trennung von Staat und Kirche, 4. Auflage, Frankfurt am Main 1993.

Franz, Christoph: Grundlagen der Besteuerung gemeinnütziger Körperschaften bei wirtschaftlicher Betätigung (= Schriften zum Steuerrecht, Bd. 38), Berlin 1991.

Frerk, Carsten: Violettbuch Kirchenfinanzen – Wie der Staat die Kirchen finanziert, Aschaffenburg 2010.

Friesenhahn, Ernst: Die Kirchen und Religionsgemeinschaften als Körperschaften des öffentlichen Rechts, in: Friesenhahn, Ernst; Scheuner, Ulrich; Listl, Joseph (Hrsg.); Handbuch des Staatskirchenrechts der Bundesrepublik Deutschland, Bd. 1, 1. Auflage Berlin 1974, S. 545–585.

Frotscher, Gerrit: Körperschaftsteuer, Gewerbesteuer, 2. Auflage München 2008.

–; Maas, Ernst (Hrsg.): Körperschaftsteuergesetz, Umwandlungsgesetz, Freiburg i. Br., Loseblattsammlung, Stand: 118. Lieferung, Juni 2013.

Frowein, Jochen Abr.; Peukert, Wolfgang (Hrsg.): Europäische Menschenrechtskonvention EMRK-Kommentar, 3. Auflage, Kehl am Rhein 2009.

Gabriel, Karl: Christentum zwischen Tradition und Postmoderne, 7. Auflage, Freiburg im Breisgau u.a. 2000.

–: Kirche, Religion und Religiosität in Deutschland, in: Mörschel, Tobias (Hrsg.), Macht Glaube Politik? Religion und Politik in Europa und Amerika, Göttingen 2006, S. 103–114.

Gaul, Dieter: Die Anwendung des Gleichheitsgebots auf ehrenamtliche Mitarbeiter in karitativen Organisationen bei Steuerbegünstigungen für Pauschalerstattungen, DStZ 1993, S. 1169–1173.

Geiger, Rudolf; Khan, Daniel-Erasmus; Kotzur, Markus: EUV/AEUV Vertrag über die Europäische Union und Vertrag über die Arbeitsweise der Europäischen Union, 5. Auflage München 2010.

Giese, Friedrich: Staat und Kirche im neuen Deutschland, in: Jahrbuch des öffentlichen Rechts, Bd. 20, Tübingen 1932, S. 116–167.

Glanegger, Peter; Güroff Georg: Gewerbesteuergesetz, 7. Auflage München 2009.

Gosch, Dietmar: Körperschaftsteuergesetz Kommentar, 2. Auflage, München 2009.

Götz, Volkmar: Steuervergünstigungen als Gegenstand der europäischen Beihilfeaussicht, in: Kirchhof, Paul; Lehner Moris; Raupach, Arndt; Rodi, Michael (Hrsg.), Staaten und Schulden Festschrift für Klaus Vogel zum 70. Geburtstag, Heidelberg 2000, S. 579–591.

Graf, Friedrich Wilhelm: Die Wiederkehr der Götter – Religion in der modernen Kultur, Bonn 2004.

Grzeszick, Bernd: Die Kirchenerklärung zur Schlußakte des Vertrags von Amsterdam, ZevKR, Bd. 48, 2003, S. 284–300.

–: Verfassungstheoretische Grundlagen des Verhältnisses von Staat und Religion, in: Heinig, Hans Michael; Walter, Christian (Hrsg.), Staatskirchenrecht oder Religionsverfassungsrecht? Ein begriffspolitischer Grundsatzstreit, Tübingen 2007, S. 131–152.

Häberle, Peter: Rezension von: Hans-Jochen Brauns, Staatsleistungen an die Kirchen und ihre Ablösung, Archiv des öffentliches Rechts, Bd. 97, Tübingen 1972, S. 325–328.

–: Europäische Verfassungslehre, 7. Auflage, Baden-Baden 2011.

–: Grundrechte im Leistungsstaat, in: Veröffentlichungen der Vereinigung der deutschen Staatsrechtslehrer, Heft 30, Berlin 1972, S. 43–131.

–: Grenzen aktiver Glaubensfreiheit, DÖV, 1969, S. 385–389.

Hammer, Felix: Das Verhältnis von Staat und Kirchen in Europa zwischen staatskirchlichen Privilegien und weltanschaulich neutraler Distanz, DÖV 2006, S. 542–549.

Hammer, Gerhard: Steuer- und Gebührenbefreiung der Kirchen in: Listl, Joseph; Pirson, Dietrich (Hrsg.), Handbuch des Staatskirchenrechts der Bundesrepublik Deutschland, Bd. 1, 2. Auflage, Berlin 1994, S. 1065–1099.

Hartmann, Alfred; Metzenmacher, Wilhelm (Begr.): Umsatzsteuergesetz Kommentar, Berlin, Loseblattsammlung, Stand: Lieferung 08/12, November 2012.

Heckel, Martin: Art. 3 III GG. Aspekte des besonderen Gleichheitssatzes in: Maurer, Hartmut (Hrsg.) Festschrift für Günter Dürig zum 70. Geburtstag, München 1990, S. 241–267.

–: Gleichheit oder Privilegien? Der Allgemeine und der Besondere Gleichheitssatz im Staatskirchenrecht, (= Jus Ecclesiasticum, Beiträge zum evangelischen Kirchenrecht und zum Staatskirchenrecht, Bd. 47), Tübingen 1993

–: Die religionsrechtliche Parität, in: Listl, Joseph; Pirson, Dietrich (Hrsg.), Handbuch des Staatskirchenrechts der Bundesrepublik Deutschland, Bd. 1, 2. Auflage, Berlin 1994, S. 589–622.

–: Das Gleichbehandlungsgebot im Hinblick auf die Religion, in: Listl, Joseph; Pirson, Dietrich (Hrsg.), Handbuch des Staatskirchenrechts der Bundesrepublik Deutschland, Bd. 1, 2. Auflage, Berlin 1994, S. 623–650.

–: Die Kirchen unter dem Grundgesetz, in: Veröffentlichungen der Vereinigung der Deutschen Staatsrechtslehrer, Heft 26, Berlin 1968, S. 5–56.

Heimerl, Hans; Pree, Helmuth: Handbuch des Vermögensrechts der katholischen Kirche unter besonderer Berücksichtigung der Rechtsverhältnisse in Bayern und Österreich, Regensburg 1993.

Helmke, Robin: Die Finanzkompetenz der Europäischen Gemeinschaft, (= Steuerwissenschaftliche Schriften Bd. 16), Baden-Baden 2009.

Hensel, Albert: Verfassungsrechtliche Bindungen des Steuergesetzgebers Besteuerung nach der Leistungsfähigkeit – Gleichheit vor dem Gesetz, Vierteljahresschrift für Steuer- und Finanzrecht, Berlin 1930, S. 441–493.

–: Steuerrecht, 3. Auflage Berlin 1933.

Heinig, Hans-Michael: Öffentlich-rechtliche Religionsgesellschaften – Studien zur Rechtsstellung der nach Art. 137 Abs. 5 WRV korporierten Religionsgesellschaften in Deutschland und in der Europäischen Union, (= Schriften zum öffentlichen Recht Bd. 921), Berlin 2003.

–; Walter, Christian (Hrsg.): Staatskirchenrecht oder Religionsverfassungsrecht? Ein begriffspolitischer Grundsatzstreit, Tübingen 2007.

–: Verschärfung der oder Abschied von der Neutralität? Zwei verfehlte Alternativen in der Debatte um den herkömmlichen Grundsatz religiös-weltanschaulicher Neutralität, JZ 2009, S. 1136–1140.

Held, Gottfried: Die kleinen öffentlich-rechtlichen Religionsgemeinschaften im Staatskirchenrecht der Bundesrepublik (= Jus Ecclesiasticum, Beiträge zum evangelischen Kirchenrecht und zum Staatskirchenrecht, Bd. 22), München 1974.

Helios, Marcus: Steuerliche Gemeinnützigkeit und EG-Beihilfenrecht, Hamburg 2005.

Hero, Markus: Auf dem Weg zum religiösen Markt? Neue Religiösität und Esoterik in: Hero, Markus; Krech, Volkhard; Zweiler Helmut (Hrsg.), Religiöse Vielfalt in Nordrhein-Westfalen – Empirische Befunde und Perspektiven der Globalisierung vor Ort, Paderborn 2008, S. 165–177.

Herrmann, Carl; Heuer, Gerhard; Raupach, Arndt: Einkommensteuer- und Körperschaftsteuergesetz Kommentar, Köln, Loseblattsammlung, Stand: 257. Lieferung, Juni 2013.

Hesse, Konrad: Die Entwicklung des Staatskirchenrechts seit 1945, in: Leibholz, Gerhard (Hrsg.) Jahrbuch des öffentlichen Rechts der Gegenwart, Bd. 10, Tübingen 1961, S. 1–80.

–: Freie Kirche im demokratischen Gemeinwesen – zur Gegenwartslage des Verhältnisses von Staat und Kirche in der Bundesrepublik Deutschland, ZevKR, Bd. 11, 1965, S. 337–362.

–: Das Selbstbestimmungsrecht der Kirchen und Religionsgemeinschaften, in: Listl, Joseph; Pirson, Dietrich (Hrsg.), Handbuch des Staatskirchenrechts der Bundesrepublik Deutschland, Bd. 1, 2. Auflage, Berlin 1994, S. 521–559.

Hey, Johanna: Die Steuerbegünstigung der gemeinnützigen Tätigkeit der öffentlichen Hand, StuW 2000, S. 467–474.

Hillgruber, Christian: Der Körperschaftstatus von Religionsgemeinschaften – Objektives Grundverhältnis oder subjektives Grundrecht, NVwZ 2001, S. 1347–1355.

–: Staat und Religion, DVBl. 1999, S. 1155–1178.

–; *Epping, Volker (Hrsg.):* Beck´scher Onlinekommentar Grundgesetz, München, Stand: 15.05.2013.

Hollerbach, Alexander: Urteilsanmerkungen zu BVerfG, Beschluss v. 28.04.1965 – BvR 346/61, JZ, 1965, S. 608–615.

–: Die Kirchen unter dem Grundgesetz, in: Veröffentlichungen der Vereinigung der Deutschen Staatsrechtslehrer, Heft 26, Berlin 1968, S. 57–106.

–: Bundesverfassungsgericht und Staatskirchenrecht, AÖR, Bd. 92, Tübingen 1967, S. 99–127.

–: Grundlagen des Staatskirchenrechts, in: Isensee, Josef; Kirchhof, Paul (Hrsg.) Handbuch des Staatsrechts, Bd. 6, 1. Auflage Heidelberg 1989, S. 471–555.

Holzke, Frank: Die „Neutralität" des Staates in Fragen der Religion und Weltanschauung, NVwZ 2002, S. 903–913.

Huber, Ernst Rudolf: Die Garantie der kirchlichen Vermögensrechte in der Weimarer Verfassung – Zwei Abhandlungen zum Problem der Neukonstituierung von Staat und Kirche, Tübingen 1927.

–: Deutsche Verfassungsgeschichte seit 1789, Bd. 1: Reform und Restauration 1789 bis 1830, 2. Auflage, Stuttgart u.a. 1967.

Huber, Peter M.: Die korporative Religionsfreiheit und das Selbstbestimmungsrecht nach Art. 137 Abs. 3 WRV einschließlich ihrer Schranken, in: Heinig, Hans Michael; Walter, Christian (Hrsg.) Staatskirchenrecht oder Religionsverfassungsrecht?, Tübingen 2007, S. 155–184.

Hübschmann, Walter; Hepp, Ernst; Spitaler, Armin (Hrsg.): Kommentar zur Abgabenordung und Finanzgerichtsordnung, Köln, Loseblattsammlung, Stand: 222. Lieferung, Juni 2013.

Huster, Stefan: Die ethische Neutralität des Staates – Eine liberale Interpretation der Verfassung, (= Jus publicum, Bd. 90), Tübingen 2002.

Hüttemann, Rainer: Wirtschaftliche Betätigung und steuerliche Gemeinnützigkeit, Köln 1991.

–: Die Besteuerung der öffentlichen Hand, (= Rechtsordnung und Steuerwesen, Bd. 30), Köln 2002.

–: Steuervergünstigungen wegen Gemeinnützigkeit und europäisches Beihilfenverbot, DB 2006, S. 914–921.

–: Gesetz zur weiteren Stärkung des bürgerschaftlichen Engagements und seine Auswirkungen auf das Gemeinnützigkeits- und Spendenrecht, DB 2007, S. 2053–2059.

–: Gemeinnützigkeits- und Spendenrecht, 2. Auflage, Köln 2012.

–: Der neue Anwendungserlass zum Abschnitt „Steuerbegünstigte Zwecke", DB 2012, S. 250–257.

–; *Schauhoff, Stefan:* Der BFH als Wettbewerbshüter – Neue Rechtsprechung zum steuerbegünstigten Zweckbetrieb, DB 2011, S. 319–325.

Igl, Gerhard (Hrsg.): Rechtliche Rahmenbedingungen bürgerschaftlichen Engagements, Opladen 2002.

Isensee, Josef: Staatsleistungen an die Kirchen und Religionsgemeinschaften in: Listl, Joseph; Pirson, Dietrich (Hrsg.), Handbuch des Staatskirchenrechts der Bundesrepublik Deutschland, Bd. 1, 2. Auflage, Berlin 1994, S. 1009–1063.

–: Das Dilemma der Freiheit im Grundrechtsstaat, in: Kästner, Karl-Hermann; Nörr, Knut Wolfgang; Schlaich, Klaus (Hrsg.), Festschrift für Martin Heckel zum 70. Geburtstag, Tübingen 1999, S. 739–773.

–: Verfassungsrechtliche Erwartungen an die Kirche, in: Marré, Heiner; Stüting, Johannes (Hrsg.), Verantwortung der Kirche für den Staat (= Essener Gespräche zum Thema Staat und Kirche, Bd. 25), Münster 1991, S. 105–146.

–: Gemeinwohl und Bürgersinn im Steuerstaat des Grundgesetzes, in: Maurer, Hartmut (Hrsg.) Festschrift für Günter Dürig zum 70. Geburtstag, München 1990, S. 33–65.

–: Die Finanzquellen der Kirchen im deutschen Staatskirchenrecht, JuS 1980, S. 94–100.

Israel, Carl: Geschichte des Reichskirchenrechts dargestellt auf Grund der stenographischen Berichte über die Verhandlungen der verfassungsgebenden deutschen Nationalversammlung in Weimar, Berlin 1922.

Jansen, Bela: Vorgaben des europäischen Beihilferechts für das nationale Steuerrecht, (= Schriften des Europa-Instituts der Universität des Saarlandes Bd. 43), Baden-Baden 2003.

Jeand'Heur, Bernd; Korioth, Stefan: Grundzüge des Staatskirchenrechts, Stuttgart/München u.a. 2000.

Jochum, Georg: Steuerrecht I, Grundlagen – Allgemeines Steuerrecht – Internationales Steuerrecht, Stuttgart 2010.

–: Die Steuervergünstigung – Vergünstigungen und vergleichbare Subventionsleistungen im deutschen und europäischen Steuer-, Finanz- und Abgabenrecht, Berlin 2006.

Jurina, Josef: Die Religionsgemeinschaften mit privatrechtlichem Rechtsstatus in: Listl, Joseph; Pirson, Dietrich (Hrsg.), Handbuch des Staatskirchenrechts der Bundesrepublik Deutschland, Bd. 1, 2. Auflage, Berlin 1994, S. 689–713.

Kahl, Wolfgang; Waldhoff, Christian; Walter, Christian (Hrsg.): Bonner Kommentar zum Grundgesetz, Heidelberg, Loseblattsammlung, Stand: 161. Lieferung, Mai 2013.

Kapp, Ebeling Jürgen (Hrsg.): Erbschaftsteuer- und Schenkungsteuergesetz, Köln, Loseblattsammlung, Stand: 61. Lieferung, Mai 2013.

Kämper, Andrea: Nationale Steuervergünstigungshoheit und Europarecht, Frankfurt am Main u.a., 2008.

Kewenig, Wilhelm: Das Grundgesetz und die staatliche Förderung der Religionsgemeinschaften, in: Krautscheid, Joseph; Marré, Heiner (Hrsg.), Essener Gespräche zum Thema Staat und Kirche, Bd. 6, Münster 1972, S. 1–53.

Kirchhof, Paul: Die Kirchen und Religionsgemeinschaften als Körperschaften des öffentlichen Rechts, in: Listl, Joseph; Pirson, Dietrich (Hrsg.), Handbuch des Staatskirchenrechts der Bundesrepublik Deutschland, Bd. 1, 2. Auflage, Berlin 1994, S. 651–687.

–: Einkommensteuergesetz, 12. Auflage, Köln 2013.

–; *Söhn, Hartmut; Mellinghof, Rudolf:* Einkommensteuergesetz Kommentar, Heidelberg, Loseblattsammlung, Stand: 240. Lieferung, Mai 2013.

–: Die Freiheit der Religionen und ihr unterschiedlicher Beitrag zu einem freien Gemeinwesen, in: Kämper, Burkhard, Thönnes, Hans-Werner (Hrsg.), Religionen in Deutschland und das Staatskirchenrecht (= Essener Gespräche zum Thema Staat und Kirche, Bd. 39) Münster 2005, S. 105–146.

–: Der allgemeine Gleichheitssatz in: Isensee, Josef; Kirchhof, Paul (Hrsg.), Handbuch des Staatsrechts Bd. 5, Heidelberg 1992, S. 837–971.

Klein, Franz (Begr.): Abgabenordnung, 11. Auflage, München 2012.

Koch, Karl; Scholtz, Rolf-Detlev (Hrsg.): Abgabenordnung, 5. Auflage, Köln u.a.1996.

Kopp, Ferdinand: Religionsgemeinschaften als wirtschaftliche Vereine i.S. von § 22 BGB? NJW 1989, S. 2497–2504.

Krimphove, Dieter: Europäisches Religions- und Weltanschauungsrecht, EuZ 2009, S. 330–348.

Kröger, Gerhard: Vereinsförderungsgesetz und karitative Zwecke, DStZ 1990, S. 79–84.

Kube, Hanno: Die Zukunft des Gemeinnützigkeitsrechtes in der europäischen Marktordnung, IStR 2005, S. 469–476.

Kühn, Rolf; von Wedelstädt, Alexander (Hrsg.): Abgabenordung und Finanzgerichtsordnung, 20. Auflage, Stuttgart 2011.

Lang, Joachim: Gemeinnützigkeitsabhängige Steuervergünstigungen, StuW 1987, S. 221–252.

–: Systematisierung der Steuervergünstigungen – Ein Beitrag zur Lehre vom Steuertatbestand, Berlin 1974 .

–: Förderung gemeinnütziger Körperschaften, DStZ 1988, S. 18–31.

Lange, Friedrich: Juristische Personen des öffentlichen Rechts als Unternehmer im Umsatzsteuerrecht, UR 2000, S. 1–13.

Lehmann, Jürgen: Die kleinen Religionsgesellschaften des öffentlichen Rechts im heutigen Staatskirchenrecht, Oldenstadt 1959.

Leinemann, Felix: Das Religionsrecht in Europa – Der Beitrag und die Stellung der christlichen Kirchen, in: Kreß, Hartmut (Hrsg.), Religionsfreiheit als Leitbild – Staatskirchenrecht in Deutschland und Europa im Prozess der Reform, (= Ethik Interdisziplinär, Bd. 5), Münster u.a. 2004, S. 185–198.

Leisner, Walter: Karitas – innere Angelegenheit der Kirchen, DÖV 1977, S. 475–484.

Lenski, Edgar; Steinberg Wilhelm (Begr.): Kommentar Gewerbesteuergesetz, Köln, Loseblattsammlung Stand: 106. Lieferung, April 2013.

Lienemann, Wolfgang (Hrsg.): Die Finanzen der Kirche – Studien zu Struktur, Geschichte und Legitimation kirchlicher Ökonomie, (= Forschungen und Berichte der evangelischen Studiengemeinschaften, Bd. 43), München 1986.

Link, Christoph: Kirchliche Rechtsgeschichte – Kirche, Staat und Recht in der europäischen Geschichte von den Anfängen bis ins 21. Jahrhundert, München 2009.

–: Zeugen Jehovas und Körperschaftstatus, ZevKR, Bd. 43, 1998, S. 1–54.

–: Staat und Kirche im Rahmen des europäischen Einigungsprozesses, ZevKR, Bd. 42, 1997, S. 130–154.

Lipphardt, Hanns-Rudolf: Negative Staatsleistungen und Ablösevorbehalt, DVBl. 1975, S. 410–416.

Listl, Joseph: Glaubens-, Bekenntnis- und Kirchenfreiheit, in: Listl, Joseph; Pirson, Dietrich (Hrsg.), Handbuch des Staatskirchenrechts der Bundesrepublik Deutschland, Bd. 1, 2. Auflage, Berlin 1994, S. 439–479.

Losch, Bernhard: Erwachsenenbildung und Akademien, in: Listl, Joseph; Pirson, Dietrich (Hrsg.), Handbuch des Staatskirchenrechts der Bundesrepublik Deutschland, Bd. 1, 2. Auflage, Berlin 1994, S. 867–890.

Loschelder, Wolfgang: Der Islam und die religionsrechtliche Ordnung des Grundgesetzes, in: Marré, Heiner; Stüting, Johannes (Hrsg.), Der Islam in der Bundesrepublik Deutschland, (= Essener Gespräche zum Thema Staat und Kirche, Bd. 20), Münster 1986, S. 149–176.

Mack, Eugen: Die kirchliche Steuerfreiheit in Deutschland seit der Dekretalengesetzgebung, (= Kirchenrechtliche Abhandlungen, Heft 88), Stuttgart 1916

Magen, Stefan: Körperschaftsstatus und Religionsfreiheit, Zur Bedeutung des Art. 137 V WRV im Kontext des Grundgesetzes (= Jus Ecclesiasticum, Beiträge zum evangelischen Kirchenrecht und zum Staatskirchenrecht, Bd. 75), Tübingen 2004.

Maier, Hans: Die politischen und gesellschaftlichen Grundlagen des Staats-Kirche-Verhältnisses in der Bundesrepublik Deutschland, in: Friesenhahn, Ernst; Scheuner, Ulrich (Hrsg.), Handbuch des Staatskirchenrechts der Bundesrepublik Deutschland, Bd. 1, 1. Auflage, Berlin 1974, S. 87–105.

Maier, Helmut Ernst: Grundlagen und Probleme der Klosterbesteuerung nach geltendem deutschen Steuerrecht, Berlin 1959.

Marré, Heiner: Die Kirchenfinanzierung in Kirche und Staat der Gegenwart, in: Lüdicke, Klaus (Hrsg.), Münsterischer Kommentar zum Codex Iuris Canonici, Beiheft 4, 4. Auflage, Essen 2006.

–: Kooperation von Staat und Kirche und staatliche Kirchenförderung – vorbildhaft für Europa, in: Bohnert, Joachim; Gramm Christof (Hrsg.), Verfassung – Philosophie – Kirche, Festschrift für Alexander Hollerbach zum 70. Geburtstag, Berlin 2001, S. 879–892.

Martin, Jochen: Artikel Konstantin, in Kasper, Walter (Hrsg.), Lexikon für Theologie und Kirche, Bd. 6, 2. Auflage, Freiburg im Breisgau, 1997.

Matheja, Kurt W.: Sachzuwendungen an gestelltes Personal, UR 1980, S. 195–196 .

Maunz, Theodor; Dürig, Günter (Begr.) : Grundgesetz, Kommentar, München, Loseblattsammlung, Stand: 67. Lieferung, November 2012 .

–: Die religiöse Neutralität des Staates, Archiv für katholisches Kirchenrecht, Bd. 139, Mainz 1970, S. 427–442.

Meincke, Jens Peter: Erbschaftsteuer- und Schenkungsteuergesetz, Kommentar, 16. Auflage, München 2012.

Metz, René: Staat und Kirche in Frankreich – Auswirkungen des Trennungssystems – Neuere Entwicklungstendenzen, in: Krautscheid, Josef; Marré, Heiner (Hrsg.), Essener Gespräche zum Thema Staat und Kirche, Bd. 6, Münster 1972, S. 103–145.

Meyer-Teschendorf, Klaus: Der Körperschaftstatus der Kirchen. Zur Systemadäquanz des Art. 137 V WRV im pluralistischen Gemeinwesen des Grundgesetzes, in: Mikat, Paul (Hrsg.) Kirche und Staat in der neueren Entwicklung, Darmstadt 1980, 498–552.

–: Staat und Kirche im pluralistischen Gemeinwesen, (= Jus Ecclesiasticum Beiträge zum evangelischen Kirchenrecht und zum Staatskirchenrecht, Bd. 26), Tübingen 1979.

Moench, Dietmar; Weinmann, Norbert: Kommentar zum Erbschaft- und Schenkungsteuergesetz, Freiburg im Breisgau, Loseblattsammlung, Stand: 65. Lieferung, Juli 2013.

Morlok, Martin; Heinig, Michael: Parität im Leistungsstaat – Körperschaftstatus nur bei Staatsloyalität? Ein Beitrag zur Dogmatik des Art. 140 GG i.V. mit Art. 137 V 2 WRV, NVwZ, Frankfurt a.M. 1999, S. 697–706.

Möllers, Christoph: Religiöse Freiheit als Gefahr?, in: Veröffentlichungen der Vereinigung der Deutschen Staatsrechtslehrer, Heft 68, Berlin 2009, S. 47–93.

Muckel, Stefan: Muslimische Gemeinschaften als Körperschaften des öffentlichen Rechts, DÖV, Stuttgart 1995, S. 311–317.

–: Körperschaftsrechte für die Zeugen Jehovas?, JA, Berlin 2001, S. 456–462.

–: Ogorek, Markus: Staatliche Kirchen- und Religionsförderung in Deutschland und den USA, DÖV 2003, S. 305–313.

–: Die Rechtsstellung der Kirchen und Religionsgemeinschaften nach dem Vertrag über eine Verfassung für Europa, DÖV 2005, S. 191–200.

–: Der Islam im öffentlichen Recht des säkularen Verfassungsstaat, Berlin 2008.

Mückl, Stefan: Grundlagen des Staatskirchenrechts, in: Isensee, Josef; Kirchhof, Paul (Hrsg.), Handbuch des Staatsrechts Bd. 7: Freiheitsrechte, 3. Auflage, Heidelberg 2009, S. 711–789.

–: Kirchliche Organisation, in: Isensee, Josef; Kirchhof, Paul (Hrsg.), Handbuch des Staatsrechts Bd. 7: Freiheitsrechte, 3. Auflage, Heidelberg 2009, S. 791–830.

–: Religions- und Weltanschauungsfreiheit im Europarecht, Heidelberg 2002

–: Europäisierung des Staatskirchenrechts, (= Neue Schriften zum Staatsrecht, Bd. 1), Baden-Baden 2005.

Müller-Volbehr, Jörg: Rezension von: Brauns, Hans-Jochen, Staatsleistungen an die Kirche und ihre Ablösung, ZevKR, Bd. 16, 1971, S. 236–240.

Nachtkamp, Hans H.: Erfüllung gesamtgesellschaftlicher Aufgaben durch Religionsgemeinschaften und deren Abgeltung durch Transferzahlungen und Steuervergünstigungen, in: Rinderer, Claus (Hrsg.) Finanzwissenschaftliche Aspekte von Religionsgemeinschaften, Baden-Baden 1989, S. 101–120.

Nettesheim, Martin (Hrsg.): Das Recht der Europäischen Union, Kommentar, Tübingen, Loseblattsammlung, Stand: 50. Lieferung Mai 2013.

Neureither, Georg: Recht und Freiheit im Staatskirchenrecht – Das Selbstbestimmungsrecht der Religionsgemeinschaften als Grundlage des staatskirchenrechtlichen Systems der Bundesrepublik Deutschland, (= Staatskirchenrechtliche Abhandlungen, Bd. 37), Berlin 2002.

Nolte, Paul: Religion und Bürgergesellschaft – brauchen wir einen religionsfreundlichen Staat?, Berlin 2009.

Ostendorf, Bernhard: Steuerneutrale Neubewertung des Grundbesitzes zum 01.01.1964, KStZ 1965, S. 149–160.

Pagels, Carsten: Schutz- und förderpflichtrechtliche Aspekte der Religionsfreiheit, (= Schriften zum internationalen und zum öffentlichen Recht, Bd. 35), Frankfurt am Main 1999.

Pahlke, Armin; Franz, Willy: Grunderwerbsteuergesetz, Kommentar, 3. Auflage, München 2005.

–; *Koenig, Ulrich:* Abgabenordnung, Kommentar, 2. Auflage, München 2009.

Pappermann, Ernst: Rezension von: Brauns, Hans Jochen: Staatsleistungen an die Kirchen und ihre Ablösung, DVBl. 1970, S. 912.

Patt, Christopher: Finanzielle Zuwendungen an Religionsgemeinschaften sowie deren Untergliederungen und EG-Beihilferecht, EuZ 2006, S. 577–603.

Peter K. (Begr.); Burhoff, A.; Stöcker, E. E.: Umsatzsteuer Kommentar, Herne/Berlin, Loseblattsammlung, Stand: 102. Lieferung, Februar 2013.

Peter, Hansjoachim: Zur geschichtlichen Grundlegung der Staatsleistungen an die evangelische und katholische Kirche unter besonderer Berücksichtigung der badenwürttembergischen Gebiete, Heidelberg 1971.

Pfeffer, Leo: Church, State and Freedom, Boston 1953.

Pieroth, Bodo; Görisch, Christoph: Was ist eine Religionsgemeinschaft?, JuS 2002, S. 937–941.

Pirson, Dietrich: Die Förderung der Kirchen als staatliche Aufgabe des säkularen Staates, in: Heiner, Marré; Stüting, Johannes (Hrsg.), Die staatliche Förderung von Gesellschaft und Kirche, (= Essener Gespräche zum Thema Staat und Kirche, Bd. 28), Münster 1994, S. 83–100.

Pollack, Detlef: Säkularisierung – ein moderner Mythos? Studien zum religiösen Wandel in Deutschland, Tübingen 2003.

–: Rückkehr des Religiösen? Studien zum religiösen Wandel in Deutschland und Europa II, Tübingen 2009.

Pree, Helmuth: Artikel Steuerfreiheit der Kirche, in: Kasper, Walter (Hrsg.) Lexikon für Theologie und Kirche, Bd. 9, 3. Auflage, Freiburg i. Br. 2000.

Pues, Lothar; Scheerbarth, Walter: Gemeinnützige Stiftungen im Zivil- und Steuerrecht, 3. Auflage, München 2008.

Puza, Richard: Sind wir auf dem Weg zu einem europäischen Religionsrecht?, in: Puza, Richard; Ihli, Stefan (Hrsg.), Kirchen und Religionsgemeinschaften als „Motoren Europas“ (= Tübinger Kirchenrechtliche Studien), Bd. 1, Münster 2007, S. 251–286.

Quaas, Michael: Staatliche Hilfen an Kirchen und kirchliche Institutionen in den Vereinigten Staaten von Amerika – Ein Beitrag zur kritischen Entwicklung und Gegenwartsproblematik des Verhältnisses von Staat und Kirche in den USA, (= Staatskirchenrechtliche Abhandlungen, Bd. 6), Berlin 1977.

Rahner, Karl; Vorgrimler, Herbert: Kleines Konzilkompendium, 25. Auflage, Freiburg i. Br. 2008.

Rau, Günter; Dürrwächter, Erich,; Flick, Hans; Geist, Reinhold (Begr.), Kommentar zum Umsatzsteuergesetz, Köln, Loseblattsammlung, Stand: 153. Lieferung, März 2013.

Reiß, Wolfram; Kraeusel, Jörg; Langer Michael; Wäger, Christoph: Umsatzsteuergesetz mit Nebenbestimmungen, Gemeinschaftsrecht, Kommentar, Bonn, Loseblattsammlung, Stand: 104. Lieferung, Mai 2013.

Renck, Ludwig: Patronate der öffentlichen Hand, DÖV 2003, S. 526–533.

Robbers, Gerhard: Förderung der Kirche durch den Staat, in: Listl, Joseph; Pirson, Dietrich (Hrsg.), Handbuch des Staatskirchenrechts der Bundesrepublik Deutschland, Bd. 1, 2. Auflage, Berlin 1994, S. 867–890.

–: Europarecht und Kirchen, in: Listl, Joseph; Pirson, Dietrich (Hrsg.), Handbuch des Staatskirchenrechts der Bundesrepublik Deutschland, Bd. 1, 2. Auflage, Berlin 1994, S. 315–332.

–: Sinn und Zweck des Körperschaftstatus im Staatskirchenrecht, in: Kästner, Karl-Hermann; Nörr, Knut Wolfgang; Schlaich, Klaus (Hrsg.), Festschrift für Martin Heckel zum 70. Geburtstag, Tübingen 1999, S. 411–425.

–: Staat und Kirche in der europäischen Union, 2. Auflage Baden-Baden 2005.

Röben, Volker: Religionsgemeinschaften und wirtschaftliche Tätigkeiten, in: Grote, Rainer, Marauhn, Thilo (Hrsg.) Religionsfreiheit zwischen individueller Selbstbestimmung, Minderheitenschutz und Staatskirchenrecht – Völker- und verfassungsrechtliche Perspektiven (= Beiträge zum ausländischen öffentlichen Recht und Völkerrecht, Bd. 146), Berlin u.a. 2001, S. 547–577.

Rodi, Michael: Die Subventionsrechtsordnung (= Jus Publicum, Bd. 52), Tübingen 2000.

Rüfner, Wolfgang: Staatskirchenrechtliche Überlegungen zu Status und Finanzierung der Kirchen im vereinten Europa, in: Ipsen, Jörn; Rengeling, Hans-Werner; Mössner, Jörg Manfred; Weber, Albrecht (Hrsg.) Verfassungsrecht im Wandel, Köln u.a. 1995.

Sachs, Michael (Hrsg.): Grundgesetz Kommentar, 6. Auflage, München 2011.

Sacksofsky, Ute: Religiöse Freiheit als Gefahr?, in: Veröffentlichungen der Vereinigung der Deutschen Staatsrechtslehrer, Heft 68, Berlin 2009, S. 7–46.

Sailer, Christian: Die staatliche Finanzierung der Kirchen und das Grundgesetz, ZRP 2001, S. 80–87.

Schauhoff, Stephan (Hrsg): Zur Erbschafsteuerfreiheit von Zuwendungen an gemeinnützige Einrichtungen, ZEV, 1995, S. 439–444.

–: Handbuch der Gemeinnützigkeit, 3. Auflage, München 2010

Scheuner, Ulrich: Das System der Beziehungen von Staat und Kirche im Grundgesetz. Zur Entwicklung des Staatskirchenrechts, in: Friesenhahn, Ernst; Scheuner, Ulrich (Hrsg.), Handbuch des Staatskirchenrechts der Bundesrepublik Deutschland. Bd. 1, 1. Auflage, Berlin 1974, S. 5–86.

–: Die Religionsfreiheit im Grundgesetz, DÖV 1969, S. 585–593.

Schlaich, Klaus: Der Öffentlichkeitsauftrag der Kirchen, in: Listl, Joseph; Pirson, Dietrich (Hrsg.), Handbuch des Staatskirchenrechts der Bundesrepublik Deutschland, Bd. 2, 2. Auflage, Berlin 1994, S. 131–180.

–: Neutralität als verfassungsrechtliches Prinzip vornehmlich im Kulturverfassungs- und Staatskirchenrecht, Tübingen 1972.

Schleder, Herbert: Spendenabzug – Abgrenzung der steuerbegünstigten Zwecke, DB 1985, S. 1263–1265.

Schlief, Karl Eugen: Die Organisationsstruktur der katholischen Kirche, in: Listl, Joseph; Pirson, Dietrich (Hrsg.), Handbuch des Staatskirchenrechts der Bundesrepublik Deutschland, Bd. 1, 2. Auflage, Berlin 1994, S. 347–382.

–: Die Entwicklung des Verhältnisses von Staat und Kirche und seine Ausgestaltung im Bonner Grundgesetz – Geschichte, Entstehungsgeschichte und Auslegung des Art. 140 GG i.V.m. Art. 137 WRV, Münster 1961.

Schmidt-Bleibtreu, Bruno; Hofmann, Hans; Hopfauf, Axel (Hrsg.): Kommentar zum Grundgesetz, 12. Auflage, Köln/München 2011.

Schmitt, Carl: Verfassungslehre, 1. Auflage, München/Leipzig 1928.

Schnabel, Patrick Roger: Die Stellung der Kirchen im Verfassungsvertrag der EU, KuR, 2003, S. 155–178.

Scholtz, Rolf-Detlev: Steuerbegünstigte Zwecke, FR 1976, S. 181–189.

Scholz, Rainer: „Neue Jugendreligionen" und Grundrechtsschutz nach Art. 4 GG, NVwZ 1992, S. 1152–1155.

Schön, Wolfgang: Kirchliche Hoheitsbetriebe, DStZ 1999, S. 701–706.

Schwarz, Bernhard (Hrsg.): Kommentar zur Abgabenordnung, Freiburg im Breisgau, Loseblattsammlung, Stand: 154. Lieferung, Juni 2013.

Schwarz, Kyrill-A.: Die karitative Tätigkeit der Kirchen im Spannungsfeld zwischen nationalem Recht und Gemeinschaftsrecht, EuR 2002, S. 192–215.

Sen, Faruk, Der Islam in Deutschland, in: Heuberger, Valeria (Hrsg.): Der Islam in Europa, Frankfurt am Main, 1999, S. 117–124.

Seer, Roman M.; Wolsztynski, Wolfgang: Steuerrechtliche Gemeinnützigkeit der öffentlichen Hand, Berlin 2002.

Seifart, Werner (Begr.); von Campenhausen Axel (Hrsg.): Stiftungsrecht-Handbuch, 3. Auflage München 2009.

Siegel, Manfred: Der Begriff des „Betriebs gewerblicher Art" im Körperschaft- und Umsatzsteuerrecht, Berlin 1999.

Smend, Rudolf: Staat und Kirche nach dem Bonner Grundgesetz, ZevKR, Bd. 1, 1951, S. 4–14.

Solte, Ernst-Lüder: Die Organisationsstruktur der übrigen als öffentliche Körperschaften verfassten Religionsgemeinschaften und ihre Stellung im Staatskirchenrecht in: Listl, Joseph; Pirson, Dietrich (Hrsg.), Handbuch des Staatskirchenrechts der Bundesrepublik Deutschland, Bd. 1, 2. Auflage, Berlin 1994, S. 417–436.

Sölch, Otto; Ringleb, Karl (Begr.); Wagner Wilfried (Hrsg.): Umsatzsteuergesetz, Kommentar, München, Loseblattsammlung, Stand: 68. Lieferung, September 2012.

Stadie, Holger: Umsatzsteuergesetz Kommentar, 2. Auflage, Köln 2012.

Starck, Christian: Die Bedeutung des Christentums und der Kirchen für die Europäische Union, in: Marré, Heiner; Schümmelfelder, Dieter; Kämper, Burkhard (Hrsg.), Die Staat-Kirche-Ordnung in Hinblick auf die Europäische Union, (= Essener Gespräche zum Thema Staat und Kirche, Bd. 31), Münster 1997, S. 5–30.

Starosta, Thomas: Religionsgemeinschaften und wirtschaftliche Betätigung, Hamburg 1986.

Stemmler, Eberhard: Evangelische Kirche und Staat in der Bundesrepublik Deutschland seit 1945, in: Denzler, Georg (Hrsg.), Kirche und Staat auf Distanz - Historische und aktuelle Perspektiven, München 1977, S. 126–136

Streck, Michael (Hrsg.): Körperschaftsteuergesetz mit Nebengesetzen, 7. Auflage, München 2008 .

Streinz, Rudolf: EUV/AEUV Vertrag über die Europäische Union und Vertrag über die Arbeitsweise der Europäischen Union, 2. Auflage, München 2012.

Thieme, Hauke; Dorenkamp, Nico: Auswirkungen des Gemeinnützigkeitsrechts auf die öffentliche Hand im Hinblick auf das Subjekt der Gemeinnützigkeit und die Zulässigkeit eines Ergebnisausgleichs, FR 2003, S. 693–744.

Tipke, Klaus; Lang, Joachim (Hrsg.): Steuerrecht, 21. Auflage, Köln 2013

–: Die Steuerrechtsordnung, Bd. 1, 2. Auflage, Köln 2000.

–; *Kruse, Heinrich Wilhelm u.a.:* Abgabenordung, Finanzgerichtsordnung, Kommentar zur AO und FGO, Köln, Loseblattsammlung, Stand: 132. Lieferung, Juli 2013.

Triebel, Matthias: Europa und die Kirchen, Una Sancta, Meitingen/Freising 1999, S. 59–67.

Troll, Max (Begr.); Gebel, Dieter, Jülicher, Marc (Hrsg.): Erbschaftsteuer- und Schenkungsteuergesetz, München, Loseblattsammlung, Stand: 45. Lieferung, Januar 2013.

Troll, Max (Begr.); Eisele, Dirk: Grundsteuergesetz, 10. Auflage, München 2010.

Umbach, Dieter; Clemens, Thomas (Hrsg.): Grundgesetz. Mitarbeiterkommentar und Handbuch, Heidelberg 2002.

Unabhängige Sachverständigenkommission zur Prüfung des Gemeinnützigkeits- und Spendenrechts: Gutachten der Unabhängigen Sachverständigenkommission zur Prüfung des Gemeinnützigkeits- und Spendenrechts, Bonn 1988.

Unruh, Peter: Religionsverfassungsrecht, 2. Auflage, Baden-Baden 2012.

Veyne, Paul: Als unsere Welt christlich wurde. Aufstieg einer Sekte zur Weltmacht, München 2008.

Viskorf, Herman-Ulrich; Glier, Josef; Hübner, Heinrich; Knobel, Wolfgang; Schuck, Stephan: Erbschaftsteuer- und Schenkungsteuergesetz, Bewertungsgesetz Kommentar, 2. Auflage Herne/Berlin 2001.

Vogel, Alfred; Schwarz Bernhard: Kommentar zum Umsatzsteuergesetz, Freiburg i. Br., Loseblattsammlung, Stand: 169. Lieferung, Juli 2013.

Voll, Otto J.: Handbuch des Bayrischen Staatskirchenrechts, München 1985.

von Campenhausen, Axel: Amtliche Beglaubigungen der öffentlich-rechtlich korporierten Kirchen im weltlichen Recht, DVBl. 1987, S. 984–989.

–; de Wall, Heinrich: Staatskirchenrecht – Eine systematische Darstellung des Religionsverfassungsrechts in Deutschland und Europa, 4. Auflage München 2006.

von der Groeben, Hans; Schwarze, Jürgen (Hrsg.): Kommentar zum Vertrag über die Europäische Union und zur Gründung der Europäischen Gemeinschaft, 6. Auflage, Baden-Baden 2003.

von Doemming, Klaus-Berto; Füsslein, Rudolf Werner; Matz, Werner: Entstehungsgeschichte der Artikel des Grundgesetzes im Auftrage des Parlamentarischen Rates und des Bundesministers des Innern auf Grund der Verhandlungen des Parlamentarischen Rates, (= Jahrbuch des öffentlichen Rechts der Gegenwart, Bd. 1), Tübingen 1951.

von Garmissen, Bernd Albrecht: Landwirtschaftliches Grundvermögen in kirchlicher Hand, Frankfurt a.M. 2002.

von Haehling, Raban: Art. Toleranzedikte, in: Kasper, Walter (Hrsg.) Lexikon für Theologie und Kirche 10 , 3. Auflage, Freiburg im Breisgau 2001.

von Mangoldt, Hermann; Klein, Friedrich; Starck, Christian (Hrsg.): Kommentar zum Grundgesetz, 6. Auflage, München 2010.

Von Münch, Ingo; Kunig, Philip (Hrsg.): Grundgesetz-Kommentar, 6. Auflage, München 2012.

Waldhoff, Christian: Neue Religionskonflikte und staatliche Neutralität - Erfordern weltanschauliche und religiöse Entwicklungen Antworten des Staates?, Gutachten D für den 68. Deutschen Juristentag, München 2010.

–: Die Zukunft des Staatskirchenrechts, in: Kämper, Burkhard; Thönnes, Hans-Werner (Hrsg.), Die Verfassungsordnung für Religion und Kirche in Anfechtung und Bewährung, (= Essener Gespräche zum Thema Staat und Kirche Bd. 42), Münster 2008, S. 55–101.

–: Die Kirchen und das Grundgesetz nach 60 Jahren, in: Waldhoff, Christian; Hillgruber, Christian (Hrsg.), 60 Jahre Bonner Grundgesetz - eine geglückte Verfassung?, (= Bonner Rechtswissenschaftliche Abhandlungen. Neue Folge, Bd. 7), Göttingen 2010.

–: Die Entstehung des Verfassungsgesetzes, in: Depenheuer Otto; Grabenwarter, Christoph (Hrsg.), Verfassungstheorie, Tübingen, 2010, § 8.

Wallenhorst, Rolf; Halaczinsky, Raymond (Hrsg.): Die Besteuerung gemeinnütziger Vereine, Stiftungen und der juristischen Personen des öffentlichen Rechts, 6. Auflage, München 2009.

Weber, Hermann: Die Religionsgemeinschaften als Körperschaften des öffentlichen Rechts im System des Grundgesetzes, (= Schriften des öffentlichen Rechts, Bd. 32), Berlin 1966.

–: Gelöste und ungelöste Probleme des Staatskirchenrechts, NJW 1983, S. 2541–2554.

–: Die Verleihung der Körperschaftsrechte an Religionsgemeinschaften – grundsätzliche und aktuelle Probleme, in von Campenhausen, Axel; Link, Christoph u.a. (Hrsg.) ZevKR, Bd. 34, 1989, S. 337–382.

–: Verfassungsunmittelbare Gewährleistung der Gerichtsgebührenfreiheit der Kirchen? - BverwG, NvwZ, 1996, 786 und 787, JuS 1997, S. 113–117.

–: Der Körperschaftstatus der Religionsgemeinschaften in der Bundesrepublik Deutschland nach dem „Zeugen-Jehovas-Urteil" des Bundesverfassungsgerichts, in: Besier, Gerhard; Seiwert, Hubert (Hrsg.), Religion-Staat-Kirche, Berlin 2001, S. 47–77.

–: Kirchenfinanzierung im religionsneutralen Staat, NVwZ 2002, S. 1443–1455.

–: Geltungsbereiche des primären und sekundären Europarechts, ZevKR, Bd. 47, 2002, S. 221–247.

–: Die karitative Tätigkeit der Kirchen zwischen Grundgesetz und Gemeinschaftsrecht – Rechtslage und Perspektiven, in: von Campenhausen, Axel (Hrsg.), Deutsches Staatskirchenrecht zwischen Grundgesetz und EU-Gemeinschaft, Symposion im Kirchenamt der Evangelischen Kirche in Deutschland am 25. und 26. April 2002 in Hannover, (= Schriften zum Staatskirchenrecht, Bd. 12), Frankfurt am Main 2003, S. 81–106.

–: Die Kirchen und das Europäische Subventionsrecht, ZevKR, Bd. 50, 2005, S. 419–443.

–: Europäische Menschenrechtskonvention und religiöse Vereinigungsfreiheit, in: Dolde, Klaus-Peter; Hansmann, Klaus; Paetow, Stefan; Schmidt-Assmann, Eberhard (Hrsg.), Verfassung – Umwelt – Wirtschaft, Festschrift für Dieter Sellner zum 75. Geburtstag, München 2010, S. 19–36.

–: Religionsrecht und Religionspolitik der EU, NVwZ 2011, S. 1485–1492.

Weber, Werner: Die Ablösung der Staatsleistungen an die Religionsgesellschaften, Stuttgart 1948.

Wehdeking, Thomas Pieter: Die Kirchengutsgarantien, (= Jus Ecclesiasticum, Beiträge zum evangelischen Kirchenrecht und zum Staatskirchenrecht, Bd. 12), München 1971.

Weides, Peter: Die Religionsgemeinschaften im Steuerrecht, in: Rüfner, Wolfgang (Hrsg.), Festschrift der Rechtswissenschaftlichen Fakultät zur 600-Jahr-Feier der Universität Köln, Köln 1988, S. 885–919.

Weinzierl, Erika: Artikel Immunität, in: Höfer, Josef; Rahner, Karl (Hrsg.) Lexikon für Theologie und Kirche, Bd. 5, 2. Auflage, Freiburg im Breisgau 1960.

Weiß, Wolfgang: Gleichheit oder Privilegien? – Zur Stellung öffentlich-rechtlicher Religionsgemeinschaften in: Albrecht, Peter-Alexis; Denninger, Erhard u.a. (Hrsg.), Kritische Vierteljahresschrift für Gesetzgebung und Rechtswissenschaft, 83. Jahrgang, Baden-Baden 2000, S. 104–141.

Werminghoff, Albert: Die deutschen Reichskriegssteuergesetze von 1422 bis 1427 und die deutsche Kirche – Ein Beitrag zur Geschichte des vorreformatorischen deutschen Staatskirchenrechts, Weimar 1916.

Wick, Volker: Die Trennung von Staat und Kirche, (= Jus Ecclesiaticum, Beiträge zum evangelischen Kirchenrecht und zum Staatskirchenrecht Bd. 81), Tübingen 2007.

Winter, Jörg: Staatskirchenrecht der Bundesrepublik Deutschland, 2. Auflage Köln 2008.

Wohlmuth, Josef (Hrsg.), Dekrete der ökumenischen Konzilen, Bd. 3 Konzilen der Neuzeit, Paderborn u.a. 2002.

Wolff, Heinrich Amadeus: Ablösung der Staatsleistungen an die Kirche, ZRP 2003, S. 12–14.

Wollny, Paul; Strickrodt, Georg: Artikel Steuervergünstigung, in: Strickrodt, Georg; Wöhe, Günther; Flämig, Christian; Felix, Günther; Sebiger, Heinz; Hartz, Wilhelm (Hrsg.), Handwörterbuch des Steuerrechts, 2. Auflage, München/ Bonn 1981.

Zündorf, Volker: Die Ablösung der Staatsleistungen an die Religionsgesellschaften unter dem Grundgesetz, Münster 1967.

www.ingramcontent.com/pod-product-compliance
Ingram Content Group UK Ltd.
Pitfield, Milton Keynes, MK11 3LW, UK
UKHW021235031026
15588UKWH00001B/92

9 783631 655191